**Bilingual Dictionary**

# English-Turkish
# Turkish-English
## Dictionary

Compiled by
**Nagme Yazgin**

**STAR Foreign Language BOOKS**

Turkish

© Publishers

ISBN : 978 1 908357 56 4

All rights reserved with the Publishers. No part of this publication may be reproduced or transmitted in any form or by any means, electronic, mechanical, photocopying, recording or otherwise, without the prior written permission of the Publishers.

This Edition : 2022

Published by
**STAR Foreign Language BOOKS**
a unit of
**Star Books**
56, Langland Crescent
Stanmore HA7 1NG, U.K.
info@starbooksuk.com
www.bilingualbooks.co.uk

Printed in India at
Star Print-O-Bind, New Delhi-110 020

## About this Dictionary

Developments in science and technology today have narrowed down distances between countries, and have made the world a small place. A person living thousands of miles away can learn and understand the culture and lifestyle of another country with ease and without travelling to that country. Languages play an important role as facilitators of communication in this respect.

To promote such an understanding, **STAR Foreign Language BOOKS** has planned to bring out a series of bilingual dictionaries in which important English words have been translated into other languages, with Roman transliteration in case of languages that have different scripts. This is a humble attempt to bring people of the word closer through the medium of language, thus making communication easy and convenient.

Under this series of *one-to-one dictionaries*, we have published almost 57 languages, the list of which has been given in the opening pages. These have all been compiled and edited by teachers and scholars of the relative languages.

Publishers

DENBIGH SCHOOL

00020567

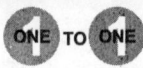

## ONE TO ONE
## Bilingual Dictionaries in this Series

|  |  |
|---|---|
| English-Afrikaans / Afrikaans-English | Abraham Venter |
| English-Albanian / Albanian-English | Theodhora Blushi |
| English-Amharic / Amharic-English | Girun Asanke |
| English-Arabic / Arabic-English | Rania-al-Qass |
| English-Bengali / Bengali-English | Amit Majumdar |
| English-Bosnian / Bosnian-English | Boris Kazanegra |
| English-Bulgarian / Bulgarian-English | Vladka Kocheshkova |
| English-Burmese (Myanmar) / Burmese (Myanmar)-English | Kyaw Swar Aung |
| English-Cambodian / Cambodian-English | Engly Sok |
| English-Cantonese / Cantonese-English | Nisa Yang |
| English-Chinese (Mandarin) / Chinese (Mandarin)-Eng | Y. Shang & R. Yao |
| English-Croatian / Croatain-English | Vesna Kazanegra |
| English-Czech / Czech-English | Jindriska Poulova |
| English-Danish / Danish-English | Rikke Wend Hartung |
| English-Dari / Dari-English | Amir Khan |
| English-Dutch / Dutch-English | Lisanne Vogel |
| English-Estonian / Estonian-English | Lana Haleta |
| English-Farsi / Farsi-English | Maryam Zaman Khani |
| English-French / French-English | Aurélie Colin |
| English-Georgian / Georgina-English | Eka Goderdzishvili |
| English-Gujarati / Gujarati-English | Sujata Basaria |
| English-German / German-English | Bicskei Hedwig |
| English-Greek / Greek-English | Lina Stergiou |
| English-Hindi / Hindi-English | Sudhakar Chaturvedi |
| English-Hungarian / Hungarian-English | Lucy Mallows |
| English-Italian / Italian-English | Eni Lamllari |
| English-Japanese / Japanese-English | Miruka Arai & Hiroko Nishimura |
| English-Korean / Korean-English | Mihee Song |
| English-Latvian / Latvian-English | Julija Baranovska |
| English-Levantine Arabic / Levantine Arabic-English | Ayman Khalaf |
| English-Lithuanian / Lithuanian-English | Regina Kazakeviciute |
| English-Malay / Malay-English | Azimah Husna |
| English-Nepali / Nepali-English | Anil Mandal |
| English-Norwegian / Norwegian-English | Samuele Narcisi |
| English-Pashto / Pashto-English | Amir Khan |
| English-Polish / Polish-English | Magdalena Herok |
| English-Portuguese / Portuguese-English | Dina Teresa |
| English-Punjabi / Punjabi-English | Teja Singh Chatwal |
| English-Romanian / Romanian-English | Georgeta Laura Dutulescu |
| English-Russian / Russian-English | Katerina Volobuyeva |
| English-Serbian / Serbian-English | Vesna Kazanegra |
| English-Sinhalese / Sinhalese-English | Naseer Salahudeen |
| English-Slovak / Slovak-English | Zuzana Horvathova |
| English-Slovenian / Slovenian-English | Tanja Turk |
| English-Somali / Somali-English | Ali Mohamud Omer |
| English-Spanish / Spanish-English | Cristina Rodriguez |
| English-Swahili / Swahili-English | Abdul Rauf Hassan Kinga |
| English-Swedish / Swedish-English | Madelene Axelsson |
| English-Tagalog / Tagalog-English | Jefferson Bantayan |
| English-Tamil / Tamil-English | Sandhya Mahadevan |
| English-Thai / Thai-English | Suwan Kaewkongpan |
| English-Tigrigna / Tigrigna-English | Tsegazeab Hailegebriel |
| English-Turkish / Turkish-English | Nagme Yazgin |
| English-Ukrainian / Ukrainian-English | Katerina Volobuyeva |
| English-Urdu / Urdu-English | S. A. Rahman |
| English-Vietnamese / Vietnamese-English | Hoa Hoang |
| English-Yoruba / Yoruba-English | O. A. Temitope |

## STAR Foreign Language BOOKS

**ENGLISH-TURKISH**

# A

**a** *a.* bir
**aback** *adv.* geriye
**abaction** *n.* hayvan hırsızlığı
**abactor** *n.* hayvan hırsızı
**abandon** *v.t.* terk etmek
**abase** *v.t.* alçaltmak
**abasement** *n.* alçaltma
**abash** *v.t.* utandırmak
**abate** *v.t.* dindirmek
**abatement** *n.* hafifleme
**abbey** *n.* manastır
**abbreviate** *v.t.* kısaltmak
**abbreviation** *n.* kısaltma
**abdicate** *v.t.* çekilmek
**abdication** *n.* çekilme
**abdomen** *n.* karın
**abdominal** *a.* abdominal
**abduct** *v.t.* kaçırmak
**abduction** *n.* kaçırma
**abed** *adv.* yatakta
**aberrance** *n.* sapıklık
**abet** *v.t.* kışkırtmak
**abetment** *n.* cesaretlendirme
**abeyance** *n.* sahipsizlik
**abhor** *v.t.* iğrenmek
**abhorrence** *n.* ikrah
**abide** *v.i* itaat
**abiding** *a.* baki
**ability** *n.* yetenek
**abject** *a.* sefil
**ablactate** *v.t* sütten kesmek
**ablactation** *n* sütten kesme
**ablaze** *adv.* hararetli
**able** *a.* ehil
**ablepsy** *n.* ablepsi
**ablush** *adv.* yüzü kızarmış
**ablution** *n.* abdest
**abnegate** *v.t* feragat etmek
**abnegation** *n.* feragat
**abnormal** *a.* anormal
**aboard** *adv.* içinde
**abode** *n.* ikametgah
**abolish** *v.t* feshetmek
**abolition** *v.* yürürlükten çıkarmak
**abominable** *a.* tiksindirici
**aboriginal** *a.* Aborjin
**aborigines** *n. pl* Aborjinler
**abort** *v.i* kürtaj yaptırmak
**abortion** *n* kürtaj
**abortive** *adv* beyhude
**abound** *v.i.* bol olmak
**about** *adv* hakkında
**about** *prep* civarında
**above** *adv* üstündeki
**above** *prep.* üstünde
**abreast** *adv* yan yana
**abridge** *v.t* özetlemek
**abridgement** *n.* özet
**abroad** *adv* yurtdışında
**abrogate** *v.t.* feshetmek
**abrupt** *a.* ani
**abruption** *n.* ayrılma
**abscess** *n.* çıban
**abscond** *v.i* kaçmak
**absence** *n.* eksiklik
**absent** *a.* eksik
**absent** *v.t* mevcut olmamak
**absolute** *a.* tam
**absolutely** *adv* mutlaka
**absolve** *v.t* bağışlamak
**absonant** *adj* zıt
**absorb** *v.t* emmek
**abstain** *v.i.* kaçınmak
**abstract** *a.* soyut
**abstract** *n.* soyut yapıt
**abstract** *v.t* soyutlamak
**abstraction** *n.* tecrit
**absurd** *a.* saçma
**absurdity** *n.* saçmalık
**abundance** *n.* bolluk
**abundant** *a.* bol

**abuse** *v.t.* kötüye kullanmak
**abuse** *n.* suistimal
**abusive** *a.* kötüleyici
**abutted** *v* dayanmak
**abyss** *n* uçurum
**academic** *a* akademik
**academy** *n* akademi
**acarpous** *adj.* kısır
**accede** *v.t.* razı olmak
**accelerate** *v.t* hızlandırmak
**acceleration** *n* hızlandırma
**accent** *n* aksan
**accent** *v.t* vurgulamak
**accept** *v.* kabul etmek
**acceptable** *a* kabul edilebilir
**acceptance** *n* kabul
**access** *n* erişim
**accession** *n* terfi
**accessory** *n* aksesuar
**accident** *n* kaza
**accidental** *a* kazara
**accipitral** *adj* şahinsi
**acclaim** *v.t* övmek
**acclaim** *n* beğeni
**acclamation** *n* tezahürat
**acclimatise** *v.t* alıştırmak
**accommodate** *v.t* yerleştirmek, uzlaştırmak
**accommodation** *n.* konaklama
**accompaniment** *n* refakat
**accompany** *v.t.* eşlik etmek
**accomplice** *n* suç ortağı
**accomplish** *v.t.* başarmak
**accomplished** *a* usta
**accomplishment** *n.* başarı
**accord** *v.t.* anlaşmak
**accord** *n.* anlaşma
**accordingly** *adv.* gereğince
**account** *n.* hesap
**account** *v.t.* hesap vermek
**accountable** *a* sorumlu
**accountancy** *n.* muhasebecilik

**accountant** *n.* muhasebeci
**accredit** *v.t.* yetki vermek
**accrementition** *n* akrementisyon
**accrete** *v.t.* büyümek
**accrue** *v.i.* artmak
**accumulate** *v.t.* biriktirmek
**accumulation** *n* birikim
**accuracy** *n.* doğruluk
**accurate** *a.* doğru
**accursed** *a.* melun
**accusation** *n* suçlama
**accuse** *v.t.* suçlamak
**accused** *n.* zanlı
**accustom** *v.t.* alıştırmak
**accustomed** *a.* alışkın
**ace** *n* as
**acentric** *adj* periferik
**acephalous** *adj.* başsız
**acephalous** *n.* başsız
**acetify** *v.* ekşimek
**ache** *n.* ağrı
**ache** *v.i.* ağrımak
**achieve** *v.t.* başarmak
**achievement** *n.* başarı
**achromatic** *adj* akromatik
**acid** *a* asit
**acid** *n* asit
**acidity** *n.* asitlik
**acknowledge** *v.* kabul etmek
**acknowledgement** *n.* ikrar
**acne** *n* akne
**acorn** *n.* palamut
**acoustic** *a* akustik
**acoustics** *n.* akustik
**acquaint** *v.t.* haberdar olmak
**acquaintance** *n.* haberdar
**acquest** *n* kazanılmış mal
**acquiesce** *v.i.* kabullenmek
**acquiescence** *n.* ittihaz
**acquire** *v.t.* elde etmek
**acquirement** *n.* kazanım
**acquisition** *n.* kazanç

**acquit** *v.t.* aklamak
**acquittal** *n.* beraat
**acre** *n.* akre
**acreage** *n.* yüzölçümü
**acrimony** *n* hırçınlık
**acrobat** *n.* akrobat
**across** *adv.* çaprazlama
**across** *prep.* öbür tarafına
**act** *n.* kanun
**act** *v.i.* davranış sergilemek
**acting** *n.* oyunculuk
**action** *n.* eylem
**activate** *v.t.* etkinleştirmek
**active** *a.* faal
**activity** *n.* aktivite
**actor** *n.* aktör
**actress** *n.* aktris
**actual** *a.* asıl
**actually** *adv.* aslında
**acumen** *n.* feraset
**acute** *a.* şiddetli
**adage** *n.* vecize
**adamant** *a.* kararlı
**adamant** *n.* katı madde
**adapt** *v.t.* uyarlamak
**adaptation** *n.* adaptasyon
**adays** *adv* gündüzleyin
**add** *v.t.* eklemek
**addict** *v.t.* bağımlı olmak
**addict** *n.* bağımlı
**addiction** *n.* bağımlılık
**addition** *n.* ek
**additional** *a.* ilave
**addle** *adj* kafası karışmış
**address** *v.t.* hitap etmek
**address** *n.* adres
**addressee** *n.* muhatap
**adduce** *v.t.* ileri sürmek
**adept** *n.* üstat
**adept** *a.* becerikli
**adequacy** *n.* yeterlilik
**adequate** *a.* yeterli

**adhere** *v.i.* yapışmak
**adherence** *n.* bağlılık
**adhesion** *n.* yapışma
**adhesive** *n.* yapıştırıcı
**adhesive** *a.* yapışkan
**adhibit** *v.t.* yapıştırmak
**adieu** *n.* elveda
**adieu** *interj.* allahaısmarladık
**adjacent** *a.* bitişik
**adjective** *n.* sıfat
**adjoin** *v.t.* bitiştirmek
**adjourn** *v.t.* sona ermek
**adjournment** *n.* erteleme
**adjudge** *v.t.* hüküm vermek
**adjunct** *n.* ilave
**adjuration** *n* yemin
**adjure** *v.t.* yalvarmak
**adjust** *v.t.* düzenlemek
**adjustment** *n.* düzenleme
**administer** *v.t.* yönetmek
**administration** *n.* idare
**administrative** *a.* idari
**administrator** *n.* yönetici
**admirable** *a.* beğenilen
**admiral** *n.* amiral
**admiration** *n.* takdir
**admire** *v.t.* beğenmek
**admissible** *a.* makbul
**admission** *n.* kabul
**admit** *v.t.* itiraf etmek
**admittance** *n.* giriş izni
**admonish** *v.t.* ihtar etmek
**admonition** *n.* ihtar
**adnascent** *adj.* adnasent
**ado** *n.* tantana
**adobe** *n.* kerpiç
**adolescence** *n.* ergenlik
**adolescent** *a.* ergen
**adopt** *v.t.* edinmek, evlat edinmek
**adoption** *n* benimseme, evlat edinme
**adorable** *a.* tapılası
**adoration** *n.* tapınma

**adore** *v.t.* tapmak
**adorn** *v.t.* süslemek
**adscititious** *adj* edinilmiş
**adscript** *adj.* ardından yazılan
**adulation** *n* pohpohlama
**adult** *a* erişkin
**adult** *n.* yetişkin
**adulterate** *v.t.* seyreltmek
**adulteration** *n.* hile katma
**adultery** *n.* zina
**advance** *v.t.* ilerlemek
**advance** *n.* avans, avantaj
**advancement** *n.* ilerleme
**advantage** *n.* avantaj
**advantage** *v.t.* avantaj sağlamak, yararlanmak
**advantageous** *a.* avantajlı
**advent** *n.* vuku
**adventure** *n* macera
**adventurous** *a.* cesaret isteyen
**adverb** *n.* zarf
**adverbial** *a.* zarf niteliğinde
**adversary** *n.* muhalif
**adverse** *a* karşıt
**adversity** *n.* zorluk
**advert** *v.* değinmek
**advertise** *v.t.* reklamını yapmak
**advertisement** *n* reklam
**advice** *n* nasihat
**advisability** *n* tavsiye edilebilirlik
**advisable** *a.* makul
**advise** *v.t.* tavsiye etmek
**advocacy** *n.* müdafaa
**advocate** *n* avukat
**advocate** *v.t.* savunmak
**aerial** *a.* havai
**aerial** *n.* anten
**aeriform** *adj.* gaz halinde
**aerify** *v.t.* gaz haline getirmek
**aerodrome** *n* hangar
**aeronautics** *n.pl.* havacılık
**aeroplane** *n.* uçak

**aesthetic** *a.* estetik
**aesthetics** *n.pl.* estetik
**aestival** *adj* yaza özgü
**afar** *adv.* uzakta
**affable** *a.* cana yakın
**affair** *n.* iş, aşk ilişkisi
**affect** *v.t.* etkilemek
**affectation** *n* sahtelik
**affection** *n.* düşkünlük
**affectionate** *a.* düşkün
**affidavit** *n* taahhüt
**affiliation** *n.* yakın ilişki
**affinity** *n* benzerlik
**affirm** *v.t.* doğrulamak
**affirmation** *n* tasdik
**affirmative** *a* olumlu
**affix** *v.t.* sonek
**afflict** *v.t.* acı vermek
**affliction** *n.* dert
**affluence** *n.* refah
**affluent** *a.* zengin
**afford** *v.t.* karşılamak
**afforest** *v.t.* ağaçlandırmak
**affray** *n* arbede
**affront** *v.t.* hakaret etmek
**affront** *n* hakaret
**afield** *adv.* evden uzak
**aflame** *adv.* alev alev
**afloat** *adv.* yüzen
**afoot** *adv.* ayakta
**afore** *prep.* daha önceki
**afraid** *a.* korkmuş
**afresh** *adv.* yeniden
**after** *prep.* arka
**after** *adv* ardından
**after** *conj.* -dan sonra
**after** *a* daha sonra
**afterwards** *adv.* daha sonra
**again** *adv.* tekrar
**against** *prep.* karşı
**agamist** *n* evliliğe karşı kimse
**agape** *adv.*, ağzı açık kalmış

**agaze** *adv* ağzı açık
**age** *n.* yaş
**aged** *a.* yaşlanmış
**agency** *n.* ajans
**agenda** *n.* ajanda
**agent** *n* ajan
**aggravate** *v.t.* kötüleştirmek
**aggravation** *n.* kötüleştirme
**aggregate** *v.t.* toplamak
**aggression** *n* saldırı
**aggressive** *a.* saldırgan
**aggressor** *n.* saldırgan
**aggrieve** *v.t.* gücendirmek
**aghast** *a.* donakalmış
**agile** *a.* çevik
**agility** *n.* çeviklik
**agist** *v.t.* kullandırmak
**agitate** *v.t.* kışkırtmak
**agitation** *n* çalkantı
**aglow** *adv.* parlayan
**agnus** *n* hayıt
**ago** *adv.* evvel
**agog** *adj.* arzulu
**agonist** *n* agonist
**agonize** *v.t.* eziyet etmek
**agony** *n.* ıstırap
**agoraphobia** *n.* agorafobi
**agrarian** *a.* zirai
**agree** *v.i.* anlaşmak
**agreeable** *a.* uygun
**agreement** *n.* anlaşma
**agricultural** *a* tarımsal
**agriculture** *n* tarım
**agriculturist** *n.* ziraatçı
**agronomy** *n.* tarımbilim
**ague** *n* sıtma
**ahead** *adv.* ileride
**aheap** *adv* yığınla
**aid** *n* yardım
**aid** *v.t* yardımcı olmak
**aigrette** *n* sorguç
**ail** *v.t.* hasta etmek

**ailment** *n.* rahatsızlık
**aim** *n.* amaç
**aim** *v.i.* amaçlamak
**air** *n* hava
**aircraft** *n.* hava taşıtı
**airy** *a.* havalı
**ajar** *adv.* aralık
**akin** *a.* benzer
**alacrious** *adj* çevik
**alacrity** *n.* atiklik
**alamort** *adj.* ölümüne
**alarm** *n* alarm
**alarm** *v.t* alarm vermek
**alas** *interj.* eyvah
**albeit** *conj.* gerçi
**albion** *n* İngiltere
**album** *n.* albüm
**albumen** *n* albümin
**alchemy** *n.* simya
**alcohol** *n* alkol
**ale** *n* bira
**alegar** *n* sirke
**alert** *a.* uyanık
**alertness** *n.* uyanıklık
**algebra** *n.* cebir
**alias** *n.* namı diğer
**alias** *adv.* diğer adıyla
**alibi** *n.* mazeret
**alien** *a.* yabancı
**alien** *adj* ecnebi
**alienate** *v.t.* yabancılaştırmak
**aliferous** *adj.* kanatlı
**alight** *v.i.* inmek
**align** *v.t.* hizaya getirmek
**alignment** *n.* hiza
**alike** *a.* benzer
**alike** *adv* benzer şekilde
**aliment** *n.* besin
**alimony** *n.* nafaka
**aliquot** *n.* bölüntü
**alive** *a* canlı
**alkali** *n* alkali

| | |
|---|---|
| **all** *a.* tümü | **aloud** *adv.* yüksek sesle |
| **all** *n* her şey | **alp** *n.* alp |
| **all** *adv* hepsini | **alpha** *n* alfa |
| **all** *pron* hepsi | **alphabet** *n.* alfabe |
| **allay** *v.t.* azaltmak | **alphabetical** *a.* alfabetik |
| **allegation** *n.* iddia | **alphonsine** *n.* alfonsin |
| **allege** *v.t.* iddia etmek | **alpinist** *n* alpinist |
| **allegiance** *n.* sadakat | **already** *adv.* zaten |
| **allegorical** *a.* kinayeli | **also** *adv.* ayrıca |
| **allegory** *n.* kinaye | **altar** *n.* sunak |
| **allergy** *n.* alerji | **alter** *v.t.* değiştirmek |
| **alleviate** *v.t.* azaltmak | **alteration** *n* değişim |
| **alleviation** *n.* azalma | **altercation** *n.* çekişme |
| **alley** *n.* patika | **alternate** *a.* değişimli |
| **alliance** *n.* ittifak | **alternate** *v.t.* değişimli olarak yapmak |
| **alligator** *n* timsah | |
| **alliterate** *v.* aliterasyon yapmak | **alternative** *n.* alternatif |
| **alliteration** *n.* aliterasyon | **alternative** *a.* değişik |
| **allocate** *v.t.* ayırmak | **although** *conj.* rağmen |
| **allocation** *n.* pay etme | **altimeter** *n* altimetre |
| **allot** *v.t.* bölüştürmek | **altitude** *n.* yükseklik |
| **allotment** *n.* hisse | **altivolant** *adj* yüksekte uçan |
| **allow** *v.t.* izin vermek | **alto** *n* alto |
| **allowance** *n.* harçlık | **altogether** *adv.* hep beraber |
| **alloy** *n.* alaşım | **aluminate** *v.t.* alüminat etmek |
| **allude** *v.i.* anıştırmak | **aluminium** *n.* alüminyum |
| **allure** *v.t.* ayartmak | **alumna** *n* mezun kız |
| **allurement** *n* albeni | **alveary** *n* kovan |
| **allusion** *n* dokundurma | **alvine** *adj.* bağırsaksal |
| **allusive** *a.* dokundurmalı | **always** *adv* her zaman |
| **ally** *v.t.* ittifak etmek | **am** *adv* öö |
| **ally** *n.* müttefik | **amalgam** *n* amalgam |
| **almanac** *n.* almanak | **amalgamate** *v.t.* alaşım |
| **almighty** *a.* yüce | **amalgamation** *n* füzyon |
| **almond** *n.* badem | **amass** *v.t.* yığmak |
| **almost** *adv.* neredeyse | **amateur** *n.* amatör |
| **alms** *n.* sadaka | **amatory** *adj* aşıkane |
| **aloft** *adv.* havada | **amaurosis** *n* amoroz |
| **alone** *a.* yalnız | **amaze** *v.t.* şaşırtmak |
| **along** *adv.* boyunca | **amazement** *n.* hayret |
| **along** *prep.* yanında | **ambassador** *n.* büyükelçi |
| **aloof** *adv.* ilgisiz, soğuk | **ambient** *adj.* muhit |

**ambiguity** *n.* muğlaklık
**ambiguous** *a.* belirsiz
**ambition** *n.* hırs
**ambitious** *a.* hırslı
**ambrite** *n.* ambrit
**ambry** *n.* kiler
**ambulance** *n.* ambulans
**ambulant** *adj* seyyar
**ambulate** *v.t* gezmek
**ambush** *n.* pusu
**ameliorate** *v.t.* ondurmak
**amelioration** *n.* tadil
**amen** *interj.* amin
**amenable** *a* uysal
**amend** *v.t.* düzeltmek
**amendment** *n.* düzeltme
**amends** *n.pl.* tazminat
**amenorrhoea** *n* amenore
**amiability** *n.* sevimlilik
**amiable** *a.* sevimli
**amicable** *adj.* dostane
**amid** *prep.* ortasına, ortasında
**amiss** *adv.* kusurlu
**amity** *n.* ahbaplık
**ammunition** *n.* cephane
**amnesia** *n* hafıza kaybı
**amnesty** *n.* genel af
**among** *prep.* içinde, arasına
**amongst** *prep.* arasında, aralarında
**amoral** *a.* ahlak dışı
**amorous** *a.* aşıkane
**amount** *n* miktar
**amount** *v.i* toplama ulaşmak
**amount** *v.* sonuca varmak
**amour** *n* aşk
**ampere** *n* amper
**amphibious** *adj* amfibi
**amphitheatre** *n* amfiteatr
**ample** *a.* bol
**amplification** *n* amplifikasyon
**amplifier** *n* yükselteç
**amplify** *v.t.* yükseltmek

**amuck** *adv.* cinnet
**amulet** *n.* muska
**amuse** *v.t.* eğlendirmek
**amusement** *n* eğlence
**an** *art* bir
**anabaptism** *n* anabatizm
**anachronism** *n* çağaşım
**anaclisis** *n* anakliz
**anadem** *n* çiçekli taç
**anaemia** *n* anemi
**anaesthesia** *n* anestezi
**anaesthetic** *n.* anestetik
**anal** *adj.* anal
**analogous** *a.* analojik
**analogy** *n.* analoji
**analyse** *v.t.* analiz etmek
**analysis** *n.* analiz
**analyst** *n* analist
**analytical** *a* analitik
**anamnesis** *n* anamnez
**anamorphous** *adj* anamorfoz
**anarchism** *n.* anarşizm
**anarchist** *n* anarşist
**anarchy** *n* anarşi
**anatomy** *n.* anatomi
**ancestor** *n.* ata
**ancestral** *a.* soysal
**ancestry** *n.* soy
**anchor** *n.* çapa, sunucu
**anchorage** *n* demirleme
**ancient** *a.* antik
**ancon** *n* ankon
**and** *conj.* ve
**androphagi** *n.* yamyamlar
**anecdote** *n.* anekdot
**anemometer** *n* rüzgar ölçer
**anew** *adv.* yeniden
**anfractuous** *adj* anfraktüöz
**angel** *n* melek
**anger** *n.* sinir
**angina** *n* anjin
**angle** *n.* açı

**angle** *n* olta
**angry** *a.* sinirli
**anguish** *n.* ıstırap
**angular** *a.* köşeli
**anigh** *adv.* takriben
**animal** *n.* hayvan
**animate** *v.t.* canlandırmak
**animate** *a.* hayat dolu
**animation** *n* animasyon
**animosity** *n* husumet
**animus** *n* kin
**aniseed** *n* anason
**ankle** *n.* ayak bileği
**anklet** *n* halhal
**annalist** *n.* tarihçi
**annals** *n.pl.* vakayiname
**annectent** *adj.* anektan
**annex** *v.t.* ilhak etmek
**annexation** *n* istila
**annihilate** *v.t.* imha etmek
**annihilation** *n* imha
**anniversary** *n.* yıldönümü
**announce** *v.t.* duyurmak
**announcement** *n.* duyuru
**annoy** *v.t.* kızdırmak
**annoyance** *n.* rahatsızlık
**annual** *a.* yıllık
**annuitant** *n* yıllıkçı
**annuity** *n.* yıllık taksit
**annul** *v.t.* feshetmek
**annulet** *n* halkacık
**anoint** *v.t.* meshetmek
**anomalous** *a* kuralsız
**anomaly** *n* kuralsızlık
**anon** *adv.* derhal
**anonymity** *n.* yazarı bilinmeyiş
**anonymity** *n.* imzasızlık
**anonymous** *a.* anonim
**another** *a* başka
**answer** *n* cevap
**answer** *v.t* cevaplamak
**answerable** *a.* cevaplanabilir

**ant** *n* karınca
**antacid** *adj.* antasid
**antagonism** *n* husumet
**antagonist** *n.* antagonist
**antagonize** *v.t.* karşıtlık yaratmak
**antarctic** *a.* antarktik
**antecardium** *n* antekardiyum
**antecede** *v.t.* -den önce olmak
**antecedent** *n.* önce gelen
**antecedent** *a.* önceki
**antedate** *n* eski tarih
**antelope** *n.* antilop
**antenatal** *adj.* antenatal
**antennae** *n.* anten
**antenuptial** *adj.* evlilik öncesi
**anthem** *n* marş
**anthology** *n.* antoloji
**anthropoid** *adj.* antropoit
**anti** *pref.* anti
**anti-aircraft** *a.* uçaksavar
**antic** *n* maskaralık
**anticipate** *v.t.* beklemek
**anticipation** *n.* beklenti
**antidote** *n.* panzehir
**antinomy** *n.* çelişki
**antipathy** *n.* antipati
**antiphony** *n.* antifoni
**antipodes** *n.* zıtlık
**antiquarian** *a.* antika
**antiquarian** *n* antikacı
**antiquary** *n.* antikacı
**antiquated** *a.* çağdışı
**antique** *a.* antika
**antiquity** *n.* eskilik
**antiseptic** *n.* antiseptik
**antiseptic** *a.* antiseptik
**antithesis** *n.* antitez
**antithesis** *n* antitez
**antler** *n.* boynuz
**antonym** *n.* karşıt anlamlı
**anus** *n.* anüs
**anvil** *n.* örs

**anxiety** *n.* kaygı
**anxious** *a.* endişeli
**any** *a.* bir, hiç, herhangi
**any** *adv.* daha
**anyhow** *adv.* bir şekilde
**apace** *adv.* süratle
**apart** *adv.* ayrı
**apartment** *n.* apartman
**apathy** *n.* ilgisizlik
**ape** *n* maymun
**ape** *v.t.* taklit etmek
**aperture** *n.* gedik
**apex** *n.* zirve
**aphorism** *n* aforizma
**apiary** *n.* kovanlık
**apiculture** *n.* arıcılık
**apish** *a.* taklitçi
**apnoea** *n* soluksuzluk
**apologize** *v.i.* özür dilemek
**apologue** *n* ahlaki hikaye
**apology** *n.* özür
**apostle** *n.* havari
**apostrophe** *n.* kesme işareti
**apotheosis** *n.* tanrılaştırma
**apparatus** *n.* aparat
**apparel** *n.* kuşam
**apparel** *v.t.* donatmak
**apparent** *a.* belli
**appeal** *n.* temyiz, cazibe
**appeal** *v.t.* temyiz etmek, cazip gelmek
**appear** *v.i.* görünmek, meydana çıkmak
**appearance** *n* görünüş
**appease** *v.t.* yatıştırmak
**appellant** *n.* temyize giden
**append** *v.t.* raptetmek
**appendage** *n.* eklenti
**appendicitis** *n.* apandisit
**appendix** *n.* apandis
**appendix** *n.* uzantı
**appetence** *n.* iştah

**appetent** *adj.* iştahlı
**appetite** *n.* iştah
**appetite** *n.* arzu
**appetizer** *n* meze
**applaud** *v.t.* alkışlamak
**applause** *n.* alkış
**apple** *n.* elma
**appliance** *n.* cihaz
**applicable** *a.* uygulanabilir
**applicant** *n.* aday
**application** *n.* uygulama, başvuru
**apply** *v.t.* uygulamak, başvurmak
**appoint** *v.t.* tayin etmek
**appointment** *n.* atama, randevu
**apportion** *v.t.* taksim etmek
**apposite** *adj* münasip
**apposite** *a.* yerinde
**appositely** *adv* uygun şekilde
**appraise** *v.t.* takdir biçmek
**appreciable** *a.* kayda değer
**appreciate** *v.t.* takdir etmek, değerlendirmek
**appreciation** *n.* takdir, değerlendirme
**apprehend** *v.t.* idrak etmek, gözaltına almak
**apprehension** *n.* evham
**apprehensive** *a.* evhamlı
**apprentice** *n.* çırak
**apprise** *v.t.* değer biçmek
**approach** *v.t.* yaklaşmak
**approach** *n.* yaklaşım
**approbate** *v.t* tasvip etmek
**approbation** *n.* tasvip
**appropriate** *v.t.* sahiplenmek
**appropriate** *a.* uygun
**appropriation** *n.* tahsisat
**approval** *n.* onay
**approve** *v.t.* onaylamak
**approximate** *a.* yaklaşık
**appurtenance** *n* teferruat
**apricot** *n.* kayısı

apron *n.* önlük
apt *a.* eğilimli
aptitude *n.* kabiliyet
aquarium *n.* akvaryum
aquarius *n.* kova burcu
aqueduct *n* sukemeri
arable *adj* tarıma elverişli
arbiter *n.* arabulucu
arbitrary *a.* keyfi
arbitrate *v.t.* arabuluculuk yapmak
arbitration *n.* hakemlik
arbitrator *n.* arabulucu
arc *n.* yay
arcade *n* pasaj
arch *n.* kemer
arch *v.t.* kavis yapmak
arch *a* cin gibi
archaic *a.* arkaik
archangel *n* başmelek
archbishop *n.* başpiskopos
archer *n* okçu
architect *n.* mimar
architecture *n.* mimari
archives *n.pl.* arşivler
Arctic *n* Arktik
ardent *a.* gayretli
ardour *n.* gayret
arduous *a.* güç
area *n* alan
areca *n* areka
arefaction *n* kuruyuş
arena *n* arena
argil *n* balçık
argue *v.t.* tartışmak
argument *n.* tartışma
argute *adj* cırlak
arid *adj.* kuru
aries *n* koç burcu
aright *adv* doğru dürüst
aright *adv.* doğru biçimde
arise *v.i.* ortaya çıkmak
aristocracy *n.* aristokrasi

aristocrat *n.* aristokrat
aristophanic *adj* aristofanik
arithmetic *n.* aritmetik
arithmetical *a.* aritmetiksel
ark *n* duba
arm *n.* kol, silah
arm *v.t.* silahlanmak
armada *n.* donanma
armament *n.* silahlanma
armature *n.* armatür
armistice *n.* ateşkes
armlet *a* haliç
armour *n.* zırh
armoury *n.* cephane
army *n.* ordu
around *prep.* yakınında, etrafında
around *adv* civarında, aşağı yukarı
arouse *v.t.* ortaya çıkmak, harekete geçmek
arraign *v.* suçlamak
arrange *v.t.* düzenlemek, anlaşmaya varmak
arrangement *n.* düzenleme, anlaşma
arrant *n.* kötü şöhretli
array *v.t.* çeki düzen vermek
array *n.* tertip
arrears *n.pl.* bakiye
arrest *v.t.* tutuklamak
arrest *n.* gözaltı
arrival *n.* varış
arrive *v.i.* varmak
arrogance *n.* kibir
arrogant *a.* kibirli
arrow *n* ok
arrowroot *n.* ararot
arsenal *n.* cephanelik
arsenic *n* arsenik
arson *n* kundakçılık
art *n.* sanat
artery *n.* atardamar
artful *a.* kurnaz

**arthritis** *n* arterit
**artichoke** *n.* enginar
**article** *n* makale
**articulate** *a.* kolay anlaşılan
**artifice** *n.* hüner
**artificial** *a.* yapay
**artillery** *n.* ağır silah
**artisan** *n.* artizan
**artist** *n.* sanatçı
**artistic** *a.* artistik
**artless** *a.* açıksözlü
**as** *adv.* gibi
**as** *conj.* çünkü
**as** *pron.* olarak
**asafoetida** *n.* şeytantersi
**asbestos** *n.* asbestos
**ascend** *v.t.* yukarı çıkmak
**ascent** *n.* rampa
**ascertain** *v.t.* keşfetmek
**ascetic** *n.* sofu
**ascetic** *a.* çileci
**ascribe** *v.t.* hamletmek
**ash** *n.* kül
**ashamed** *a.* mahcup
**ashore** *adv.* kıyıda
**aside** *adv.* bir tarafta
**aside** *n.* apar
**asinine** *adj.* ahmak
**ask** *v.t.* sormak, istemek
**asleep** *adv.* uykuda
**aspect** *n.* görünüş
**asperse** *v.* iftira etmek
**aspirant** *n.* talip
**aspiration** *n.* emel
**aspire** *v.t.* talip olmak
**ass** *n.* eşek, kaba kıç
**assail** *v.* taarruz etmek
**assassin** *n.* suikastçı
**assassinate** *v.t.* suikast düzenlemek
**assassination** *n* suikast
**assault** *n.* saldırı

**assault** *v.t.* saldırmak
**assemble** *v.t.* toplanmak
**assembly** *n.* meclis, toplantı
**assent** *v.i.* razı olmak
**assent** *n.* anlaşmak
**assert** *v.t.* öne sürmek
**assess** *v.t.* değerlendirmek, talep etmek
**assessment** *n.* değerlendirme
**asset** *n.* mal
**assibilate** *v.* ıslık gibi ses çıkarmak
**assign** *v.t.* tayin etmek
**assignee** *n.* tayin, ödev
**assimilate** *v.* asimile etmek
**assimilation** *n* asimilasyon
**assist** *v.t.* yardım etmek
**assistance** *n.* yardım
**assistant** *n.* asistan, yardımcı
**associate** *v.t.* ilişkilendirmek
**associate** *a.* bağlı
**associate** *n.* ortak
**association** *n.* ilişki, dernek
**assoil** *v.t.* çözmek
**assort** *v.t.* sınıflandırmak
**assuage** *v.t.* azaltmak
**assume** *v.t.* varsaymak
**assumption** *n.* varsayım
**assurance** *n.* güvence
**assure** *v.t.* temin etmek
**astatic** *adj.* astatik
**asterisk** *n.* yıldız imi
**asterism** *n.* asterizm
**asteroid** *adj.* asteroit
**asthma** *n.* astım
**astir** *adv.* ayakta
**astonish** *v.t.* şaşırtmak
**astonishment** *n.* hayret
**astound** *v.t* şoke etmek
**astray** *adv.* yoldan çıkmış
**astrologer** *n.* astrolog
**astrology** *n.* astroloji
**astronaut** *n.* astronot

**astronomer** *n.* astronom
**astronomy** *n.* astronomi
**asunder** *adv.* parçalar halinde
**asylum** *n* akıl hastanesi
**at** *prep.* -de, -da
**atheism** *n* ateizm
**atheist** *n* ateist
**athirst** *adj.* hevesli
**athlete** *n.* atlet
**athletic** *a.* atletik
**athletics** *n.* atletizm
**athwart** *prep.* enine
**atlas** *n.* atlas
**atmosphere** *n.* atmosfer
**atoll** *n.* resif
**atom** *n.* atom
**atomic** *a.* atomik
**atone** *v.i.* kefaret etmek
**atonement** *n.* kefaret
**atrocious** *a.* zalim
**atrocity** *n* vahşet
**attach** *v.t.* iliştirmek
**attache** *n.* ataşe
**attachment** *n.* ek, bağlılık
**attack** *n.* saldırı
**attack** *v.t.* saldırmak
**attain** *v.t.* ulaşmak
**attainment** *n.* ulaş
**attaint** *v.t.* lekelemek
**attempt** *v.t.* teşebbüs etmek
**attempt** *n.* teşebbüs
**attend** *v.t.* katılmak, hazır bulunmak
**attendance** *n.* katılım
**attendant** *n.* görevli
**attention** *n.* dikkat
**attentive** *a.* dikkatli
**attest** *v.t.* doğrulamak
**attire** *n.* esvap
**attire** *v.t.* kuşanmak
**attitude** *n.* tutum
**attorney** *n.* avukat
**attract** *v.t.* cezbetmek

**attraction** *n.* cazibe
**attractive** *a.* çekici
**attribute** *v.t.* atfetmek
**attribute** *n.* vasıf
**auction** *n* müzayede
**auction** *v.t.* açık artırma ile satmak
**audible** *a* duyulur
**audience** *n.* seyirci
**audit** *n.* denetim
**audit** *v.t.* denetlemek
**auditive** *adj.* işitsel
**auditor** *n.* denetçi
**auditorium** *n.* toplantı salonu
**auger** *n.* delgi
**aught** *n.* zerre
**augment** *v.t.* büyütmek
**augmentation** *n.* büyüme
**August** *n.* Ağustos
**august** *n* saygın
**aunt** *n.* hala, teyze
**auriform** *adj.* oriform
**aurilave** *n.* kulak temizleme aygıtı
**aurora** *n* seher
**auspicate** *v.t.* başlamak
**auspice** *n.* fal
**auspicious** *a.* hayırlı
**austere** *a.* sade
**authentic** *a.* otantik
**author** *n.* yazar
**authoritative** *a.* amirane
**authority** *n.* otorite
**authorize** *v.t.* yetkilendirmek, izin vermek
**autobiography** *n.* otobiyografi
**autocracy** *n* otokrasi
**autocrat** *n* otokrat
**autocratic** *a* otokratik
**autograph** *n.* imza
**automatic** *a.* otomatik
**automobile** *n.* otomobil
**autonomous** *a* otonom
**autumn** *n.* Sonbahar

**auxiliary** *a.* yan
**auxiliary** *n.* yedek
**avail** *v.t.* fayda sağlamak
**available** *a* mevcut, kullanılabilir
**avale** *v.t.* alçaltmak
**avarice** *n.* para hırsı
**avenge** *v.t.* intikam almak
**avenue** *n.* cadde
**average** *n.* ortalama
**average** *a.* vasat
**average** *v.t.* ortalamasını almak
**averse** *a.* isteksiz
**aversion** *n.* isteksizlik
**avert** *v.t.* yön değiştirmek
**aviary** *n.* kuşane
**aviation** *n.* havacılık
**aviator** *n.* havacı
**avid** *adj.* coşkun
**avidity** *adv.* açgözlülük
**avidly** *adv* hevesle
**avoid** *v.t.* sakınmak, önlemek
**avoidance** *n.* sakınma, önleme
**avow** *v.t.* açıkça söylemek
**avulsion** *n.* avulsiyon
**await** *v.t.* beklemek, gözlemek
**awake** *v.t.* uyandırmak
**awake** *a* uyanık
**award** *v.t.* ödüllendirmek
**award** *n.* ödül
**aware** *a.* farkında
**away** *adv.* uzakta
**awe** *n.* huşu
**awful** *a.* berbat, korkunç
**awhile** *adv.* bir müddet
**awkward** *a.* garip, mahcup edici
**axe** *n.* balta
**axis** *n.* eksen
**axle** *n.* dingil

# B

**babble** *n.* boşboğazlık
**babble** *v.i.* gevezelik etmek
**babe** *n.* bebek
**babel** *n* babil
**baboon** *n.* babun
**baby** *n.* bebek
**bachelor** *n.* bekar, üniversite mezunu
**back** *n.* sırt
**back** *adv.* arkasında, arkada
**backbite** *v.t.* çekiştirmek
**backbone** *n.* omurga
**background** *n.* arkaplan
**backhand** *n.* ters vuruş
**backslide** *v.i.* kötü yola düşmek
**backward** *a.* ters
**backward** *adv.* geriye doğru
**bacon** *n.* domuz eti
**bacteria** *n.* bakteri
**bad** *a.* kötü
**badge** *n.* rozet
**badger** *n.* üstelemek
**badly** *adv.* fena şekilde, kötü bir şekilde
**badminton** *n.* badminton
**baffle** *v.t.* şaşırtmak
**bag** *n.* çanta
**bag** *v. i.* kapmak
**baggage** *n.* bagaj
**bagpipe** *n.* gayda
**bail** *n.* kefalet
**bail** *v.t.* kefaletle serbest bırakmak
**bailable** *a.* kefil olunabilir
**bailiff** *n.* mübaşir
**bait** *n* yem
**bait** *v.t.* yemlemek, kandırmak
**bake** *v.t.* fırında pişirmek
**baker** *n.* fırıncı
**bakery** *n* fırın

balance *n.* denge
balance *v.t.* dengelemek
balcony *n.* balkon
bald *a.* kel
bale *n.* balya, denek
bale *v.t.* balyalamak
baleen *n.* balina
baleful *a.* meşum
ball *n.* top
ballad *n.* balad
ballet *n.* bale
balloon *n.* balon
ballot *n* aday listesi
ballot *v.i.* oylama yapmak
balm *n.* merhem
balsam *n.* balsam
bam *n.* bam
bamboo *n.* bambu
ban *n.* yasak
ban *n* vali
banal *a.* banal
banana *n.* muz
band *n.* band, bando
bandage *n.* bandaj
bandage *v.t* bandajlamak
bandit *n.* haydut
bang *v.t.* çarpmak
bang *n.* gürültü
bangle *n.* bilezik
banish *v.t.* sürgüne yollamak
banishment *n.* sürgün
banjo *n.* banjo
bank *n.* banka
bank *v.t.* bankaya yatırmak
banker *n.* bankacı
bankrupt *n.* iflas etmiş
bankruptcy *n.* iflas
banner *n.* ilan, bayrak
banquet *n.* ziyafet
banquet *v.t.* ziyafet vermek
bantam *n.* ziyafet
banter *v.t.* şakalaşmak

banter *n.* alay
bantling *n.* ufaklık
banyan *n.* banyan
baptism *n.* vaftiz
baptize *v.t.* vaftiz etmek
bar *n.* bar, çubuk
bar *v.t* sokmamak, engellemek
barb *n.* diken
barbarian *a.* gaddar
barbarian *n.* barbar
barbarism *n.* barbarlık
barbarity *n* vahşet
barbarous *a.* barbar
barbed *a.* dikenli
barber *n.* berber
bard *n.* ozan
bare *a.* çıplak, açık
bare *v.t.* soymak
barely *adv.* güçbela, hemen hemen
bargain *n.* pazarlık
bargain *v.t.* pazarlık etmek
barge *n.* filika
bark *n.* hav hav, çığırtkanlık
bark *v.t.* havlamak
barley *n.* arpa
barn *n.* ahır
barnacles *n* kıskaç
barometer *n* barometre
barouche *n.* fayton
barrack *n.* kışla
barrage *n.* baraj
barrator *ns.* baratarya suçlusu
barrel *n.* fıçı
barren *n* meyvesiz, çorak
barricade *n.* barikat
barrier *n.* bariyer
barrister *n.* dava vekili
barter *v.t.* takas etmek
barter *n.* takas
barton *n.* barton
basal *adj.* baz alınan
base *n.* temel

**base** *a.* alt, esas
**base** *v.t.* dayandırmak
**baselard** *n.* hançer
**baseless** *a.* asılsız, temelsiz
**basement** *n.* bodrum, zemin
**bashful** *a.* utangaç
**basial** *n.* baziyon
**basic** *a.* basit, esas, ana
**basil** *n.* fesleğen
**basin** *n.* leğen
**basis** *n.* kaynak
**bask** *v.i.* güneşlenmek
**basket** *n.* sepet
**bass** *n.* bas
**bastard** *n.* piç
**bastard** *a.* bayağı
**bat** *n* yarasa
**bat** *n* sopa
**bat** *v. i* vuruş yapmak
**batch** *n* yığın
**bath** *n* banyo
**bathe** *v. t* banyo yapmak
**baton** *n* değnek, baton
**batsman** *n.* vurucu
**battalion** *n* tabur
**battery** *n* pil
**battle** *n* savaş
**battle** *v. i.* savaşmak
**bawd** *n.* fahişe
**bawl** *n.i.* haykırmak
**bawn** *n.* çevrilmiş yer
**bay** *n* körfez
**bayard** *n.* doru at
**bayonet** *n* süngü
**be** *v.t.* olmak
**be** *pref.* bulunmak
**beach** *n* plaj
**beacon** *n* fener
**bead** *n* boncuk
**beadle** *n.* mübaşir
**beak** *n* gaga
**beaker** *n* deney şişesi

**beam** *n* ışın
**beam** *v. i* ışık saçmak
**bean** *n.* fasulye
**bear** *n* ayı
**bear** *v.t* dayanmak, üstlenmek
**beard** *n* sakal
**bearing** *n* taşıyan
**beast** *n* canavar
**beastly** *a* hayvanca
**beat** *v.t.* dövmek, yenmek
**beat** *n* vuruş, ritm
**beautiful** *a* güzel
**beautify** *v. t* güzelleştirmek
**beauty** *n* güzellik
**beaver** *n* kunduz
**because** *conj.* çünkü
**beck** *n.* ırmak
**beckon** *v.t.* işaretle çağırmak
**beckon** *v. t* çağırmak
**become** *v. i* olmak, haline gelmek
**becoming** *a* cazip
**bed** *n* yatak
**bedding** *n.* yatak takımı
**bedevil** *v. t* altüst etmek
**bedight** *v.t.* bezemek
**bed-time** *n.* uyku vakti
**bee** *n.* arı
**beech** *n.* gürgen
**beef** *n* sığır eti
**beehive** *n.* arı kovanı
**beer** *n* bira
**beet** *n* pancar
**beetle** *n* böcek
**befall** *v. t* başına gelmek
**before** *prep* önce, evvel
**before** *adv.* önce, önde, karşı
**before** *conj* önce
**beforehand** *adv.* öncesinde
**befriend** *v.t.* dostça davranmak
**beg** *v.t.* yalvarmak
**beget** *v. t* sebep olmak
**beggar** *n* dilenci

**begin** *n* başlamak
**beginning** *n.* başlangıç
**begird** *v.t.* kuşatmak
**beguile** *v. t* ayartmak
**behalf** *n* taraf
**behave** *v. i.* davranmak
**behaviour** *n* davranış
**behead** *v.t.* kafasını kesmek
**behind** *adv* arkada, gerisinde
**behind** *prep* arka
**behold** *v. t* gözlemlemek
**being** *n* oluş
**belabour** *v. t* şiddetle dövmek, alaya almak
**belated** *adj.* gecikmiş
**belch** *v. t* geğirmek, püskürtme
**belch** *n* geğirme, püskürtme
**belief** *n* inanç
**believe** *v. t* inanmak
**bell** *n* zil
**belle** *n* dilber
**bellicose** *a* kavgacı
**belligerency** *n* kavgacılık
**belligerent** *a* kavgacı
**belligerent** *n* muharip
**bellow** *v. i* kükremek
**bellows** *n.* körük
**belly** *n* göbek
**belong** *v. i* ait olmak
**belongings** *n.* şahsi eşya
**beloved** *a* sevilen
**beloved** *n* sevgili
**below** *adv* aşağı, alt
**below** *prep* aşağı, altta
**belt** *n* kemer
**belvedere** *n* tepe köşkü
**bemask** *v. t* maskelemek
**bemire** *v. t* çamura batırmak
**bemuse** *v. t* aklını karıştırmak
**bench** *n* bank
**bend** *n* kıvrım
**bend** *v. t* eğmek, bükmek

**beneath** *adv* altta
**beneath** *prep* aşağıda, altında
**benefaction** *n.* ihsan
**benefice** *n* tımar
**beneficial** *a* hayırlı
**benefit** *n* fayda
**benefit** *v.t.* faydalanmak
**benevolence** *n* iyilikseverlik
**benevolent** *a* yardımsever
**benight** *v. t* karanlıkta bırakmak
**benign** *adj* iyi kalpli
**benignly** *adv* merhametle
**benison** *n* takdis
**bent** *n* eğri
**bequeath** *v.t.* vasiyet etmek
**bereave** *v.t.* mahrum etmek
**bereavement** *n* mahrumiyet
**berth** *n* ranza
**beside** *prep.* yanına, yanında
**besides** *prep* ayrıca
**besides** *adv* dahası
**besiege** *v. t* kuşatmak
**beslaver** *v. t* göklere çıkarmak
**bestow** *v. t* hediye etmek
**bestrew** *v. t* saçmak
**bet** *v.i* bahse girmek
**bet** *n* bahis
**betel** *n* betel
**betray** *v.t.* aldatmak
**betrayal** *n* ihanet
**betroth** *v. t* sözlenmek
**betrothal** *n.* söz kesme
**better** *a* daha iyi
**better** *adv.* daha iyi
**better** *v. t* iyileştirmek
**betterment** *n* ıslah
**between** *prep* arada, arasında
**beverage** *n* içecek
**bewail** *v. t* feryat etmek
**beware** *v.i.* sakınmak
**bewilder** *v. t* hayrette bırakmak
**bewitch** *v.t* büyü yapmak

**beyond** *prep.* ötede
**beyond** *adv.* fazla, ileri
**bi** *pref* iki kere, ikişer
**biangular** *adj.* iki açılı
**bias** *n* önyargı
**bias** *v. t* taraf tutmak
**biaxial** *adj* iki mihverli
**bibber** *n* ayyaş
**bible** *n* incil
**bibliographer** *n* bibliograf
**bibliography** *n.* bibliografya
**bicentenary** *adj* ikiyüz senelik
**biceps** *n* biseps
**bicker** *v. t* atışmak
**bicycle** *n.* bisiklet
**bid** *v.t* fiyat teklifinde bulunmak
**bid** *n* fiyat teklifi
**bidder** *n* teklif veren kimse
**bide** *v. t* yıkılmamak
**biennial** *adj* iki yılda bir olan
**bier** *n* cenaze teskeresi
**big** *a* büyük
**bigamy** *n* iki eşlilik
**bight** *n* körfez
**bigot** *n* bağnaz kimse
**bigotry** *n* bağnazlık
**bile** *n* safra
**bilingual** *a* iki dilli
**biliteral** *adj* biliteral
**bilk** *v.t.* ödememek
**bill** *n* fatura
**billion** *n* milyar
**billow** *n* büyük dalga
**billow** *v.i* kabarmak
**bimenasl** *adj* bimenasl
**bimonthly** *adj.* iki ayda bir
**binary** *adj* biner, ikili
**bind** *v.t* bağlamak
**binding** *a* bağlayıcı
**binocular** *n.* dürbün
**biographer** *n* biyografi yazarı
**biography** *n* biyografi

**biologist** *n* biyolog
**biology** *n* biyoloji
**bioscope** *n* film makinesi
**biped** *n* iki ayaklı
**birch** *n.* huş ağacı
**bird** *n* kuş
**birdlime** *n* ökse
**birth** *n.* doğum
**biscuit** *n* bisküvi
**bisect** *v.t* ikiye ayırmak
**bisexual** *adj.* biseksüel
**bishop** *n* piskopos
**bison** *n* bizon
**bisque** *n* sırsız porselen
**bit** *n* parça, küçük kısım
**bitch** *n* dişi köpek
**bite** *v.t.* ısırmak
**bite** *n* ısırık
**bitter** *a* acı
**bi-weekly** *adj* iki haftada bir
**bizarre** *adj* acayip
**blab** *v.t. & i* boşboğazlık etmek
**black** *a* siyah
**blacken** *v.t.* karartmak
**blackmail** *n* şantaj
**blackmail** *v.t* şantaj yapmak
**blacksmith** *n* demirci
**bladder** *n* mesane
**blade** *n.* bıçak ağzı
**blain** *n* çıban
**blame** *v. t* suçlamak
**blame** *n* kınama
**blanch** *v.t. & i* ağartmak
**bland** *adj.* mülayim, tatsız
**blank** *a* boş
**blank** *n* boşluk
**blanket** *n* battaniye
**blare** *v. t* boru sesi çıkarmak
**blast** *n* infilak
**blast** *v.i* infilak etmek
**blaze** *n* alev
**blaze** *v.i* alevlenmek

**bleach** *v. t* ağartmak
**blear** *v. t* yaşartmak
**bleat** *n* meleme
**bleat** *v. i* melemek
**bleb** *n* kabarcık
**bleed** *v. i* kanamak
**blemish** *n* kusur
**blend** *v. t* harmanlamak
**blend** *n* harman
**bless** *v. t* kutsamak
**blether** *v. i* saçmalamak
**blight** *n* yıkım
**blind** *a* âmâ
**blindage** *n* paravan
**blindfold** *v. t* gözlerini bağlamak
**blindness** *n* körlük
**blink** *v.t. & i* göz kırpmak
**bliss** *n* neşe
**blister** *n* kabarcık
**blizzard** *n* tipi
**bloc** *n* blok
**block** *n* büyük parça, blok
**block** *v.t* önünü kapatmak
**blockade** *n* abluka
**blockhead** *n* kalın kafalı
**blood** *n* kan
**bloodshed** *n* katliam
**bloody** *a* kanlı
**bloom** *n* filizlenme
**bloom** *v.i.* çiçek açmak
**blossom** *n* filiz
**blossom** *v.i* çiçeklenmek
**blot** *n.* kusur
**blot** *v. t* lekelemek, gelişigüzel boyamak
**blouse** *n* buluz
**blow** *v.i.* esmek, üflemek
**blow** *n* esinti, üfleme
**blue** *n* mavi
**blue** *a* mavi
**bluff** *v. t* blöf yapmak
**bluff** *n* blöf

**blunder** *n* gaf
**blunder** *v.i* gaf yapmak
**blunt** *a* dobra
**blur** *n* bulanıklık
**blurt** *v. t* yumurtlamak
**blush** *n* kızarıklık
**blush** *v.i* yüzü kızarmak
**boar** *n* yaban domuzu
**board** *n* pano
**board** *v.t.* binmek
**boast** *v.i* böbürlenmek
**boast** *n* böbürlenme
**boat** *n* gemi
**boat** *v.i* sandalla gezmek, nakletmek
**bodice** *n* korsaj
**bodily** *a* bedensel
**bodily** *adv.* tamamen
**body** *n* beden
**bodyguard** *n.* koruma
**bog** *n* bataklık
**bog** *v.i* gömülmek
**bogle** *n* gulyabani
**bogus** *a* yapmacık
**boil** *n* çıban
**boil** *v.i.* kaynamak
**boiler** *n* kazan
**bold** *a.* cesur, çarpıcı
**boldness** *n* yüreklilik
**bolt** *n* sürgü, yıldırım
**bolt** *v. t* süngülemek
**bomb** *n* bomba
**bomb** *v. t* bombalamak
**bombard** *v. t* topa tutmak
**bombardment** *n* bombardıman
**bomber** *n* bomba atan kimse
**bonafide** *adv* hilesiz
**bonafide** *a* hakiki
**bond** *n* bağ
**bondage** *n* esaret
**bone** *n.* kemik
**bonfire** *n* şenlik ateşi
**bonnet** *n* başlık

**bonton** *n* asalet
**bonus** *n* ikramiye
**book** *n* kitap
**book** *v.t.* yer ayırmak
**bookish** *n.* nazari
**book-keeper** *n* muhasebeci
**booklet** *n* broşür
**book-mark** *n.* kitap ayracı
**book-seller** *n* kitapçı
**book-worm** *n* kitap kurdu
**boon** *n* nimet
**boor** *n* kaba
**boost** *n* artış
**boost** *v. t* artırmak, güçlendirmek
**boot** *n* çizme
**booth** *n* çardak
**booty** *n* ganimet
**booze** *v. i* kafayı çekmek
**border** *n* sınır
**border** *v.t* sınır koymak
**bore** *v. t* can sıkmak
**bore** *n* bela, delik
**born** *v.* doğmak
**borne** *adj.* götürülmüş
**bornrich** *adj.* varlıklı
**borrow** *v. t* ödünç almak
**bosom** *n* göğüs
**boss** *n* patron
**botany** *n* botanik
**botch** *v. t* yamamak
**both** *a* her ikisi
**both** *pron* her ikisi
**both** *conj* her ikisi de
**bother** *v. t* canını sıkmak
**botheration** *n* can sıkıntısı
**bottle** *n* şişe
**bottler** *n* şişeleme fabrikası
**bottom** *n* kıç
**bough** *n* ağaç dalı
**boulder** *n* aşınmış kaya
**bouncer** *n* fedai
**bound** *n.* hudut

**boundary** *n* sınır
**bountiful** *a* eli açık
**bounty** *n* hediye
**bouquet** *n* buket
**bout** *n* devre, müsabaka
**bow** *v. t* reverans yapmak
**bow** *n* yay
**bow** *n* fiyonk
**bowel** *n.* bağırsak
**bower** *n* gölgelik
**bowl** *n* kase
**bowl** *v.i* bowling oynamak, şaşırtmak
**box** *n* kutu
**boxing** *n* boks
**boy** *n* erkek çocuk
**boycott** *v.t.* boykot etmek
**boycott** *n* boykot
**boyhood** *n* çocukluk
**brace** *n* bağ
**bracelet** *n* bilezik
**brag** *v. i* methetmek
**brag** *n* övünme
**braille** *n* kabartmalı alfabe
**brain** *n* beyin
**brake** *n* fren
**brake** *v. t* fren yapmak
**branch** *n* dal
**brand** *n* marka
**brandy** *n* konyak
**brangle** *v. t* dalaşmak
**brass** *n.* pirinç
**brave** *a* cesur
**bravery** *n* cesaretlilik
**brawl** *v. i. & n* dalaşmak
**bray** *n* anırma
**bray** *v. i* anırmak
**breach** *n* ihlal
**bread** *n* ekmek
**breaden** *v.t. & i* ekmekleştirmek
**breadth** *n* genişlik
**break** *v. t* kırmak

**break** *n* ara
**breakage** *n* kırılma
**breakdown** *n* arıza
**breakfast** *n* kahvaltı
**breakneck** *adj.* aşırı
**breast** *n* göğüs
**breath** *n* nefes
**breathe** *v. i.* nefes almak
**breeches** *n.* dizlik
**breed** *v.t* doğurmak
**breed** *n* cins
**breeze** *n* meltem
**breviary** *n.* katolik dua kitabı
**brevity** *n* kısalık, özlük
**brew** *v.t.* demlemek
**brewery** *n* birahane
**bribe** *n* rüşvet
**bribe** *v.t.* rüşvet vermek
**brick** *n* tuğla
**bride** *n* gelin
**bridegroom** *n.* damat
**bridge** *n* köprü
**bridle** *n* at başlığı
**brief** *a.* özlü
**brigade** *n.* tugay
**brigadier** *n* tuğ
**bright** *a* parlak
**brighten** *v. t* parlatmak
**brilliance** *n* parlaklık
**brilliant** *a* ışıl ışıl
**brim** *n* kenar
**brine** *n* salamura
**bring** *v. t* getirmek
**brinjal** *n* patlıcan
**brink** *n.* eşik
**brisk** *adj* hareketli
**bristle** *n* kıl
**british** *adj* Britanyalı
**brittle** *a.* kırılgan
**broad** *a* engin
**broadcast** *n* yayın
**broadcast** *v. t* yayımlamak

**brocade** *n* brokar
**broccoli** *n.* brokoli
**brochure** *n* broşür
**brochure** *n* kitapçık
**broker** *n* komisyoncu
**bronze** *n. & adj* bronz
**brood** *n* damızlık
**brook** *n.* dere
**broom** *n* süpürge
**broth** *n* etsuyu
**brothel** *n* genelev
**brother** *n* ağabey
**brotherhood** *n* kardeşlik
**brow** *n* kaş
**brown** *a* kahverengi
**brown** *n* kahverengi
**browse** *n.* göz atmak
**bruise** *n.* bere, ezik
**bruit** *n.* bruit
**brush** *n.* fırça
**brustle** *v. t* çatırdamak
**brutal** *a* vahşi
**brute** *n.* hayvan gibi
**bubble** *n.* kabarcık
**bucket** *n.* kova
**buckle** *n.* toka
**bud** *n.* gonca
**budge** *v. i. & n* kımıldamak
**budget** *n* bütçe
**buff** *n* devetüyü
**buffalo** *n.* bufalo
**buffoon** *n* şaklaban
**bug** *n.* böcek
**bugle** *n* borazan
**build** *v. t* inşa etmek
**build** *n* yapı
**building** *n* bina
**bulb** *n.* ampul, çiçek soğanı
**bulk** *n* hacim
**bulky** *a* hacimli
**bull** *n* boğa
**bull'seye** *n* boğa gözü

**bulldog** *n* buldog
**bullet** *n* kurşun
**bulletin** *n* tebliğ, bildiri
**bullock** *n* tosun
**bully** *n* kabadayı
**bully** *v.t.* kabadayılık etmek
**bulwark** *n* siper
**bumper** *n.* tampon
**bumpy** *adj* tümsekli
**bunch** *n* demet
**bundle** *n* bohça
**bungalow** *n* tek katlı ev
**bungle** *v. t* acemice iş yapmak
**bungle** *n* beceriksizlik
**bunk** *n* boş laf
**bunker** *n* sığınak, depo
**buoy** *n* şamandıra
**buoyancy** *n* batmazlık
**burden** *n* yük
**burden** *v. t* yüklemek
**burdensome** *a* külfetli
**Bureacuracy** *n.* bürokrasi
**bureau** *n.* büro
**bureaucrat** *n* bürokrat
**burglar** *n* hırsız
**burglary** *n* hırsızlık yapmak
**burial** *n* cenaze töreni
**burke** *v. t* bastırmak
**burn** *v. t* yakmak
**burn** *n* yanık
**burrow** *n* oyuk
**burst** *v. i.* patlamak
**burst** *n* patlama
**bury** *v.t.* gömmek
**bus** *n* otobüs
**bush** *n* çalı
**business** *n* iş
**businessman** *n* iş adamı
**bustle** *v. t* telaş etmek
**busy** *a* meşgul
**but** *prep* dışında
**but** *conj.* fakat, ama

**butcher** *n* kasap
**butcher** *v. t* hayvan kesmek
**butter** *n* tereyağ
**butter** *v. t* yağlamak
**butterfly** *n* kelebek
**buttermilk** *n* yayık ayranı
**buttock** *n* kaba et
**button** *n* düğme
**button** *v.t.* düğmelemek
**buy** *v.t.* satın almak
**buyer** *n.* satın alıcı
**buzz** *v. i* vızıldamak
**buzz** *n.* vızıltı
**by** *prep* tarafından
**by** *adv* yanında, yakın
**bye-bye** *interj.* bay bay
**by-election** *n* ara seçim
**bylaw, bye-law** *n* kanunen
**bypass** *n* atlama
**by-product** *n* yan ürün
**byre** *n* ahır
**byword** *n* özdeyiş

# C

**cab** *n.* taksi
**cabaret** *n.* kabare
**cabbage** *n.* lahana
**cabin** *n.* kabin
**cabinet** *n.* dolap, kabine
**cable** *n.* kablo
**cable** *v.t.* tel çekmek
**cache** *n* önbellek
**cachet** *n* kaşe
**cackle** *v. i* gevezelik
**cactus** *n.* kaktüs
**cad** *n* kimse
**cadet** *n.* harbiyeli
**cadge** *v. i* avuç açmak
**cadmium** *n* kadmiyum

cafe *n.* kafe
cage *n.* kafes
cain *n* kabil
cake *n.* pasta
calamity *n.* felaket
calcium *n* kalsiyum
calculate *v.t.* hesaplamak
calculation *n.* hesap
calculator *n* hesap makinesi
calendar *n.* takvim
calf *n.* dana, baldır
call *v.t.* çağırmak, telefon etmek
call *n.* çağrı
caller *n* telefonla eden
calligraphy *n* el yazısı
calling *n.* çağırma
callous *a.* hissiz
callow *adj* toy
calm *n.* sakin
calm *n.* dingin
calm *v.t.* sakinleşmek
calmative *adj* yatıştırıcı
calorie *n.* kalori
calumniate *v.t.* iftira etmek
camel *n.* deve
camera *n.* fotoğraf makinası
camlet *n* sugeçirmez kumaş
camp *n.* kamp
camp *v. i.* kamp yapmak
campaign *n.* kampanya
camphor *n.* kâfur
can *n.* teneke
can *v.t.* yapabilmek
can *v.* yapabilmek
canal *n.* kanal
canard *n* uydurma
cancel *v.t.* iptal etmek
cancellation *n* iptal
cancer *n.* kanser, yengeç burcu
candid *a.* candan
candidate *n.* aday
candle *n.* mum

candour *n.* açık kalplilik
candy *n.* şekerleme
candy *v.t.* kristalleştirmek
cane *n.* değnek
cane *v.t.* değnekle dövmek
canister *n.* teneke kutu
cannon *n.* top
cannonade *n. v. & t* topa tutmak
canon *n* nizam
canopy *n.* gölgelik
canteen *n.* matara, kantin
canter *n* eşkin
canton *n* kanton
cantonment *n.* kışla
canvas *n.* tuval
canvass *v.t.* oy toplamak
cap *n.* kapak, doruk
cap *v.t.* örtmek
capability *n.* yetenek
capable *a.* yetenekli
capacious *a.* geniş
capacity *n.* kapasite
cape *n.* pelerin, burun
capital *n.* başkent, sermaye
capital *a.* belli başlı
capitalist *n.* kapitalist
capitulate *v. t* teslim olmak
caprice *n.* kapris
capricious *a.* kaprisli
Capricorn *n* Oğlak burcu
capsicum *n* kırmızı biber
capsize *v. i.* alabora olmak
capsular *adj* kapsül gibi
captain *n.* kaptan
captaincy *n.* kaptanlık
caption *n.* başlık
captivate *v.t.* tutsak etmek
captive *n.* tutsak
captive *a.* tutsak
captivity *n.* tutsaklık
capture *v.t.* ele geçirmek
capture *n.* yakalama

**car** *n.* araba
**carat** *n.* karat
**caravan** *n.* karavan
**carbide** *n.* karbit
**carbon** *n.* karbon
**card** *n.* kart
**cardamom** *n.* kakule
**cardboard** *n.* karton
**cardiacal** *adj.* kardiyak
**cardinal** *a.* asal
**cardinal** *n.* kardinal
**care** *n.* dert
**care** *v. i.* umrunda olmak
**career** *n.* kariyer
**careful** *a* dikkatli
**careless** *a.* dikkatsiz
**caress** *v.t.* okşamak
**cargo** *n.* kargo
**caricature** *n.* karikatür
**carious** *adj* çürük
**carl** *n* çiftçi
**carnage** *n* kıyım
**carnival** *n* karnaval
**carol** *n* Noel ilahisi
**carpal** *adj* karpal
**carpenter** *n.* marangoz
**carpentry** *n.* marangozluk
**carpet** *n.* halı
**carriage** *n.* at arabası
**carrier** *n.* taşıyıcı
**carrot** *n.* havuç
**carry** *v.t.* taşımak
**cart** *n.* el arabası
**cartage** *n.* navlun
**carton** *n* karton kutu
**cartoon** *n.* karikatür
**cartridge** *n.* kartuş
**carve** *v.t.* uymak, paylaştırmak
**cascade** *n.* çağlayan
**case** *n.* kutu, durum, dava
**cash** *n.* nakit
**cash** *v.t.* tahsil etmek

**cashier** *n.* kasiyer
**casing** *n.* kasa
**cask** *n* fıçı
**casket** *n* tabut, küçük kutu
**cassette** *n.* kaset
**cast** *v.t.* fırlatmak, rol taksimi yapmak
**cast** *n.* döküm
**caste** *n* kast
**castigate** *v.t.* azarlamak
**casting** *n* döküm
**cast-iron** *n* sert
**castle** *n.* kale
**castoroil** *n.* hintyağı
**castral** *adj* kastral
**casual** *a.* tesadüfen
**casualty** *n.* kazazede, arıza
**cat** *n.* kedi
**catalogue** *n.* katalog
**cataract** *n.* katarakt, şelale
**catch** *v.t.* yakalamak
**catch** *n.* av
**categorical** *a.* kategorik
**category** *n.* kategori
**cater** *v. i* ihtiyacını karşılamak
**caterpillar** *n* tırtıl
**cathedral** *n.* katedral
**catholic** *a.* katolik
**cattle** *n.* sığır
**cauliflower** *n.* karnabahar
**causal** *adj.* nedensel
**causality** *n* sebebiyet
**cause** *n.* sebep
**cause** *v.t* sebep olmak
**causeway** *n* geçit
**caustic** *a.* kostik
**caution** *n.* uyarı
**caution** *v.t.* dikkatini çekmek
**cautious** *a.* ihtiyatlı
**cavalry** *n.* süvari
**cave** *n.* mağara
**cavern** *n.* büyük mağara
**cavil** *v. t* bahane

**cavity** *n.* kovuk
**caw** *n.* gak
**caw** *v. i.* gaklamak
**cease** *v. i.* durdurmak
**ceaseless** *a.* aralıksız
**cedar** *n.* sedir
**ceiling** *n.* tavan
**celebrate** *v.t. & i.* kutlamak
**celebration** *n.* kutlama
**celebrity** *n* ünlü
**celestial** *adj* kutsal
**celibacy** *n.* bekarlık
**celibacy** *n.* dini nedenlerle evlenmeme
**cell** *n.* hücre
**cellar** *n* kiler
**cellular** *adj* gözenekli
**cement** *n.* çimento
**cement** *v.t.* güçlendirmek
**cemetery** *n.* mezarlık
**cense** *v. t* tütsülemek
**censer** *n* buhurluk
**censor** *n.* sansür
**censor** *v.t.* sansürlemek
**censorious** *adj* devamlı kusur bulan
**censorship** *n.* sansür
**censure** *n.* tekdir
**censure** *v.t.* kınamak
**census** *n.* nüfus sayımı
**cent** *n* sent
**centenarian** *n* asırlık
**centenary** *n.* yüzüncü yıl dönümü
**centennial** *adj.* yüz yıllık
**center** *n* merkez
**centigrade** *a.* santigrad
**centipede** *n.* çıyan
**central** *a.* merkezi
**centre** *n* merkez
**centrifugal** *adj.* döngeçlemeli
**centuple** *n. & adj* yüz misli
**century** *n.* asır

**ceramics** *n* seramik
**cerated** *adj.* balmumuyla kaplı
**cereal** *n.* tahıl
**cereal** *a* tahıllı
**cerebral** *adj* beyinsel
**ceremonial** *a.* merasimli
**ceremonious** *a.* törenle ilgili
**ceremony** *n.* tören
**certain** *a* belirli
**certainly** *adv.* kesinlikle
**certainty** *n.* kesinlik
**certificate** *n.* sertifika
**certify** *v.t.* belgelemek
**cerumen** *n* kulak kiri
**cesspool** *n.* çirkef
**chain** *n* zincir
**chair** *n.* sandalye
**chairman** *n* kurul başkanı
**chaise** *n* gezinti arabası
**chaise** *n* iskemle
**challenge** *n.* meydan okuma
**challenge** *v.t.* meydan okumak
**chamber** *n.* meclis
**chamberlain** *n* teşrifatçı
**champion** *n.* şampiyon
**champion** *v.t.* savunmak
**chance** *n.* şans, olasılık
**chancellor** *n.* rektör
**chancery** *n* yargıtay
**change** *v.t.* değiştirmek
**change** *n.* değişim
**channel** *n* kanal
**chant** *n* ilahi
**chaos** *n.* kaos
**chaotic** *adv.* karmakarışık
**chapel** *n.* şapel
**chapter** *n.* bölüm
**character** *n.* karakter
**charge** *v.t.* şarj etmek, görevlendirmek
**charge** *n.* şarj, görev
**chariot** *n* savaş arabası

| | |
|---|---|
| **charitable** *a.* hayırsever | **chide** *v.t.* kusur bulmak |
| **charity** *n.* hayırseverlik | **chief** *a.* şef |
| **charm** *n.* cazibe | **chieftain** *n.* kabile reisi |
| **charm** *v.t.* büyülemek | **child** *n* çocuk |
| **chart** *n.* grafik, çizelge | **childhood** *n.* çocukluk |
| **charter** *n* dolmuş uçak, patent | **childish** *a.* çocukça |
| **chase** *v.t.* kovalamak | **chiliad** *n.* bin yıl |
| **chase** *n.* av | **chill** *n.* ürperti |
| **chaste** *a.* iffetli | **chilli** *n.* kırmızı biber |
| **chastity** *n.* iffet | **chilly** *a* serim |
| **chat** *n.* sohbet | **chimney** *n.* baca |
| **chat** *v. i.* sohbet etmek | **chimpanzee** *n.* şempanze |
| **chatter** *v.t.* gevezelik etmek | **chin** *n.* çene |
| **chauffeur** *n.* şoför | **china** *n.* porselen |
| **cheap** *a* ucuz | **chirp** *v.i.* cıvıldamak |
| **cheapen** *v.t.* ucuzlamak | **chirp** *n* cıvıltı |
| **cheat** *v.t.* aldatmak | **chisel** *n* keski |
| **cheat** *n.* hile | **chisel** *v.t.* keskiyle kesmek |
| **check** *v.t.* kontol etmek | **chit** *n.* pusula |
| **check** *n* fiş | **chivalrous** *a.* mert |
| **checkmate** *n* şah mat | **chivalry** *n.* şövalyelik |
| **cheek** *n* yanak | **chlorine** *n* klor |
| **cheep** *v. i* cıvıldamak | **chloroform** *n* kloroform |
| **cheer** *n.* neşe | **chocolate** *n* çikolata |
| **cheer** *v.t.* alkış tutmak | **choice** *n.* seçim |
| **cheerful** *a.* neşeli | **choir** *n* koro |
| **cheerless** *a* neşesiz | **choke** *v.t.* boğulmak |
| **cheese** *n.* peynir | **cholera** *n.* kolera |
| **chemical** *a.* kimyasal | **choose** *v.t.* seçim yapmak |
| **chemical** *n.* kimyasal madde | **chop** *v. t* pirzola |
| **chemise** *n* kombinezon | **chord** *n.* akort |
| **chemist** *n.* eczacı | **choroid** *n* koroid |
| **chemistry** *n.* kimya | **chorus** *n.* koro |
| **cheque** *n.* çek | **Christ** *n.* Mesih |
| **cherish** *v.t.* bağrına basmak | **Christendom** *n.* Hristiyan alemi |
| **cheroot** *n* ucu açık puro | **Christian** *n* Hristiyan |
| **chess** *n.* satranç | **Christian** *a.* Hristiyan |
| **chest** *n* göğüs | **Christianity** *n.* Hristiyanlık |
| **chestnut** *n.* kestane | **Christmas** *n* Noel |
| **chevalier** *n* şövalye | **chrome** *n* krom |
| **chew** *v. t* çiğnemek | **chronic** *a.* kronik |
| **chicken** *n.* tavuk | **chronicle** *n.* vakayiname |

**chronograph** *n* kronograf
**chronology** *n.* kronoloji
**chuckle** *v. i* kıkırdamak
**chum** *n* oda arkadaşı
**church** *n.* kilise
**churchyard** *n.* kilise avlusu
**churl** *n* hödük
**churn** *v.t. & i.* köpürtmek
**churn** *n.* yayık
**cigar** *n.* puro
**cigarette** *n.* sigara
**cinema** *n.* sinema
**cinnabar** *n* zincifre
**cinnamon** *n* tarçın
**cipher,cipher** *n.* şifre
**circle** *n.* daire
**circuit** *n.* devre
**circular** *a* dairesel
**circular** *n.* genelge
**circulate** *v. i.* dolaştırmak
**circulation** *n* sirkülasyon
**circumference** *n.* çevre
**circumfluence** *n.* etrafından akma
**circumspect** *adj.* tedbirli
**circumstance** *n* durum
**circus** *n.* sirk
**cist** *n* sanduka
**citadel** *n.* kale
**cite** *v. t* alıntılamak
**citizen** *n* vatandaş
**citizenship** *n* vatandaşlık
**citric** *adj.* sitrik
**city** *n* şehir
**civic** *a* kent
**civics** *n* yurttaşlık bilgisi
**civil** *a* medeni
**civilian** *n* sivil
**civilization** *n.* medeniyet
**civilize** *v. t* medenileştirmek
**clack** *n. & v. i* çatırtı
**claim** *n* iddia
**claim** *v. t* iddia etmek

**claimant** *n* davacı
**clamber** *v. i* tırmanmak
**clamour** *n* yaygara
**clamour** *v. i.* yaygara koparmak
**clamp** *n* kelepçe
**clandestine** *adj.* gizli
**clap** *v. i.* alkışlamak
**clap** *n* alkış
**clarification** *n* açıklama
**clarify** *v. t* açıklamak
**clarion** *n.* boru
**clarity** *n* berraklık
**clash** *n.* çatışma
**clash** *v.t.* çatışmak
**clasp** *n* toka
**class** *n* sınıf, ders
**classic** *a* klasik
**classic** *n* klasik
**classical** *a* klasik
**classification** *n* sınıflandırma
**classify** *v. t* sınıflandırmak
**clause** *n* fıkra
**claw** *n* pençe
**clay** *n* kil
**clean** *adj.* temiz
**clean** *v. t* temizlemek
**cleanliness** *n* temizlik
**cleanse** *v. t* temizlemek
**clear** *a* temiz
**clear** *v. t* temizlemek
**clearance** *n* temizlik
**clearly** *adv* açıkça
**cleft** *n* yarık
**clergy** *n* ruhban sınıfı
**clerical** *a* büro
**clerk** *n* kâtip
**clever** *a.* zeki
**clew** *n.* yumak
**click** *n.* tıkırtı
**client** *n..* müşteri
**cliff** *n.* uçurum
**climate** *n.* iklim

**climax** *n.* orgasm
**climb** *v.i* tırmanmak
**climb** *n.* tırmanma
**cling** *v. i.* yapışmak
**clinic** *n.* klinik
**clink** *n.* çın
**cloak** *n.* pelerin
**clock** *n.* saat
**clod** *n.* kesek
**cloister** *n.* manastır
**close** *n.* kapalı
**close** *a.* yakın
**close** *v. t* kapatmak
**closet** *n.* klozet
**closure** *n.* kapatıcı
**clot** *n.* pıhtı
**clot** *v. t* pıhtılaşmak
**cloth** *n* kumaş, bez
**clothe** *v. t* giydirmek
**clothes** *n.* elbise
**clothing** *n* giysi
**cloud** *n.* bulut
**cloudy** *a* bulutlu
**clove** *n* karanfil
**clown** *n* palyaço
**club** *n* kulüp
**clue** *n* ipucu
**clumsy** *a* sakar
**cluster** *n* küme
**cluster** *v. i.* kümelemek
**clutch** *n* debriyaj
**clutter** *v. t* karmakarışık etmek
**coach** *n* koç
**coachman** *n* arabacı
**coal** *n* kömür
**coalition** *n* koalisyon
**coarse** *a* sert
**coast** *n* kıyı
**coat** *n* palto
**coating** *n* kaplama
**coax** *v. t* dil dökmek
**cobalt** *n* kobalt

**cobbler** *n* ayakkabı tamircisi
**cobra** *n* kobra
**cobweb** *n* örümcek ağı
**cocaine** *n* kokain
**cock** *n* horoz
**cocker** *v. t* şımartmak
**cockle** *v. i* dalgalandırmak
**cock-pit** *n.* kokpit
**cockroach** *n* hamamböceği
**coconut** *n* hindistancevizi
**code** *n* kod
**co-education** *n.* karma eğitim
**coefficient** *n.* katsayı
**co-exist** *v. i* birlikte yaşamak
**co-existence** *n* birlikte yaşama
**coffee** *n* kahve
**coffin** *n* tabut
**cog** *n* çark dişi
**cogent** *adj.* muhik
**cognate** *adj* kandaş
**cognizance** *n* idrak
**cohabit** *v. t* birlikte yaşamak
**coherent** *a* tutarlı
**cohesive** *adj* yapışkan
**coif** *n* külah
**coin** *n* madeni para
**coinage** *n* para basma
**coincide** *v. i* tesadüf etmek
**coir** *n* hindistancevizi lifi
**coke** *v. t* dönüştürmek
**cold** *a* soğuk
**cold** *n* nezle
**collaborate** *v. i* işbirliği yapmak
**collaboration** *n* işbirliği
**collapse** *v. i* çökmek
**collar** *n* yaka
**colleague** *n* meslektaş
**collect** *v. t* toplamak
**collection** *n* koleksiyon
**collective** *a* ortaklaşa
**collector** *n* tahsildar
**college** *n* kolej

**collide** *v. i.* çarpışmak
**collision** *n* çarpışma
**collusion** *n* ihtilaf
**colon** *n* kalın bağırsak
**colon** *n* iki nokta üst üste
**colonel** *n.* albay
**colonial** *a* sömürgeci
**colony** *n* koloni
**colour** *n* renk
**colour** *v. t* boyamak
**colter** *n* sapan bıçağı
**column** *n* kolon
**coma** *n.* koma
**comb** *n* tarak
**combat** *v.t.* dövüşmek
**combat** *n* dövüş
**combatant** *a.* kavgacı
**combatant** *n* dövüşçü
**combination** *n* bileşim
**combine** *v. t* birleştirmek
**come** *v. i.* gelmek
**comedian** *n.* komedyen
**comedy** *n.* komedi
**comet** *n* kuyruklu yıldız
**comfit** *n.* bonbon
**comfort** *v. t* rahatlatmak
**comfort** *n.* konfor
**comfortable** *a* konforlu
**comic** *a* komik
**comic** *n* mizah dergisi
**comical** *a* gülünç
**comma** *n* virgül
**command** *n* emir
**command** *v. t* emretmek
**commandant** *n* kumandan
**commander** *n* komutan
**commemorate** *v.t.* anmak
**commemoration** *n.* anma töreni
**commence** *v. t* başlatmak
**commencement** *n* başlangıç
**commend** *v. t* övmek
**commendable** *a.* övgüye değer

**commendation** *n* övgü
**comment** *v. i* yorumlamak
**comment** *n* yorum
**commentary** *n* eleştiri
**commentator** *n* eleştirmen
**commerce** *n* ticaret
**commercial** *a* ticari
**commiserate** *v. t* derdini paylaşmak
**commission** *n.* komisyon
**commissioner** *n.* komisyoncu
**commissure** *n.* birleşme noktası
**commit** *v.t.* söz vermek, bir eylemde bulunmak
**committee** *n* komite
**commodity** *n.* ürün
**common** *a.* ortak
**commoner** *n.* burjuva
**commonplace** *a.* basmakalıp
**commonwealth** *n.* milletler topluluğu
**commotion** *n* kargaşa
**commove** *v. t* kışkırtmak
**communal** *a* müşterek
**commune** *v. t* söyleşmek
**communicate** *v. t* iletişim kurmak
**communication** *n.* iletişim
**communiqué** *n.* bildiri
**communism** *n* komunizm
**community** *n.* toplum
**commute** *v. t* seyahat etmek
**compact** *a.* kompakt
**compact** *n.* pudralık
**companion** *n.* yoldaş
**company** *n.* şirket
**comparative** *a* karşılaştırmalı
**compare** *v. t* karşılaştırmak
**comparison** *n* karşılaştırma
**compartment** *n.* bölme
**compass** *n* pusula
**compassion** *n* şefkat
**compel** *v. t* mecbur etmek

**compensate** *v.t* telafi etmek
**compensation** *n* telafi
**compete** *v. i* rekabet etmek
**competence** *n* yeterlik
**competent** *a.* kabiliyetli
**competition** *n.* yarışma
**competitive** *a* hırslı
**compile** *v. t* derlemek
**complacent** *adj.* halinden memun
**complain** *v. i* şikayet etmek
**complaint** *n* şikayet
**complaisance** *n.* müsamaha
**complaisant** *adj.* müsamahakar
**complement** *n* tamamlayıcı şey
**complementary** *a* tamamlayıcı
**complete** *a* tamamlanmış
**complete** *v. t* tamamlamak
**completion** *n.* tamamlama
**complex** *a* karmaşık
**complex** *n* bileşik
**complexion** *n* ten rengi
**compliance** *n.* itaat
**compliant** *adj.* uysal
**complicate** *v. t* karmaşıklaştırmak
**complication** *n.* komplikasyon
**compliment** *n.* iltifat
**compliment** *v. t* iltifat etmek
**comply** *v. i* razı olmak
**component** *adj.* bileşen
**compose** *v. t* bestelemek, oluşturmak
**composition** *n* kompozisyon
**compositor** *n* mürettip
**compost** *n* harç
**composure** *n.* sükunet
**compound** *n* bileşik
**compound** *a* bileşik
**compound** *n* bileşim
**compound** *v. i* birleştirmek
**compounder** *n.* bileşim
**comprehend** *v. t* kavramak
**comprehension** *n* idrak

**comprehensive** *a* idraklı
**compress** *v.t.* sıkıştırmak
**compromise** *n* uzlaşma
**compromise** *v. t* uzlaşmak
**compulsion** *n* baskı
**compulsory** *a* mecburi
**compunction** *n.* esef
**computation** *n.* ölçüm
**compute** *v.t.* hesaplamak
**comrade** *n.* komrad, yoldaş
**conation** *n.* konasyon
**concave** *adj.* içbükey
**conceal** *v.t.* gizlemek
**concede** *v.t.* teslim etmek
**conceit** *n* kibir
**conceive** *v. t* idrak etmek
**concentrate** *v. t* konsantre olmak
**concentration** *n.* konsantre
**concept** *n* olgu
**conception** *n* oluş, gebe kalmak
**concern** *v. t* ilgilendirmek
**concern** *n* endişe
**concert** *n.* konser
**concert** *v. t* planlamak
**concession** *n* imtiyaz
**conch** *n.* helezoni sedef kabuk
**conciliate** *v.t.* gönlünü almak
**concise** *a* özlü
**conclude** *v. t* sonuç çıkarmak
**conclusion** *n.* sonuç, son kısım
**conclusive** *a* kesin
**concoct** *v. t* tertip etmek, uydurmak
**concoction** *n.* karışım
**concord** *n.* imtizaç
**concrescence** *n.* beraber büyüme
**concrete** *n* beton
**concrete** *a* somut
**concrete** *v. t* bütün haline getirmek
**concubinage** *n.* metreslik
**concubine** *n* cariye
**conculcate** *v.t.* ezmek
**condemn** *v.t.* kınamak

**condemnation** *n* kınama
**condense** *v. t* yoğunlaştırmak
**condite** *v.t.* turşusunu kurmak
**condition** *n* koşul
**conditional** *a* şarta bağlı
**condole** *v. i.* başsağlığı dilemek
**condolence** *n* başsağlığı
**condonation** *n.* göz yumma
**conduct** *n* davranış
**conduct** *v. t* idare etmek
**conductor** *n* iletken, lider
**cone** *n.* koni
**confectioner** *n* şekerlemeci
**confectionery** *n* şekerleme
**confer** *v. i* müzakere etmek
**conference** *n* konferans
**confess** *v.t.* itiraf etmek
**confession** *n* itiraf
**confidant** *n* sırdaş
**confide** *v. i* sırrını söylemek
**confidence** *n* itimat, güven
**confident** *a.* kendinden emin
**confidential** *a.* gizli
**confine** *v. t* sınırlamak
**confinement** *n.* kapatılma
**confirm** *v. t* teyid etmek
**confirmation** *n* teyid
**confiscate** *v. t* el koymak
**confiscation** *n* haczetmek
**conflict** *n.* itilaf, uyuşmazlık
**conflict** *v. i* zıtlaşmak
**confluence** *n* birlikte akma
**confluent** *adj.* birlikte akan
**conformity** *n.* uygunluk
**conformity** *n.* benzeyiş
**confraternity** *n.* kardeşlik cemiyeti
**confrontation** *n.* yüzleştirme
**confuse** *v. t* kafasını karıştırmak
**confusion** *n* karışıklık
**confute** *v.t.* yalanlamak
**conge** *n.* ayrılma
**congenial** *a* cana yakın

**conglutinate** *v.t.* kaynaştırmak
**congratulate** *v. t* tebrik etmek
**congratulation** *n* tebrik
**congress** *n* kongre
**conjecture** *n* varsayım
**conjecture** *v. t* varsaymak
**conjugal** *a* evlilikle ilgili
**conjugate** *v.t. & i.* çekimlemek
**conjunct** *adj.* müşterek
**conjunctiva** *n.* konjonktiv
**conjuncture** *n.* bitiştiren
**conjure** *v.t.* yalvarmak
**conjure** *v.i.* rica etmek
**connect** *v.t.* bağlamak
**connection** *n* bağ
**connivance** *n.* göz yumma
**conquer** *v. t* fethetmek
**conquest** *n* fetih
**conscience** *n* vicdan
**conscious** *a* bilinçli
**consecrate** *v.t.* takdis etmek
**consecutive** *adj.* ardışık
**consecutively** *adv* ardışık olarak
**consensus** *n.* oy birliği
**consent** *n.* rıza
**consent** *v. i* muvafakat etmek
**consent** *v.t.* razı olmak
**consequence** *n* netice
**consequent** *a* ardıl
**conservative** *a* tutucu
**conservative** *n* muhavazakar
**conserve** *v. t* muhafaza etmek
**consider** *v. t* dikkate almak
**considerable** *a* önemli oranda
**considerate** *a.* düşünceli
**consideration** *n* saygı, düşünce
**considering** *prep.* nazaran
**consign** *v.t.* tahsis etmek
**consign** *v.t.* emanet etmek
**consignment** *n.* sevkiyat
**consist** *v. i* ibaret olmak
**consistence,-cy** *n.* tutarlılık

**consistent** *a* tutarlı
**consolation** *n* teselli
**console** *v. t* teselli etmek
**consolidate** *v.t.* pekiştirmek
**consolidation** *n* birlik
**consonance** *n.* ahenk
**consonant** *n.* sessiz harf
**consort** *n.* arkadaş
**conspectus** *n.* genel bakış
**conspicuous** *a.* çarpıcı
**conspiracy** *n.* komplo
**conspirator** *n.* komplocu
**conspire** *v. i.* komplo kurmak
**constable** *n* polis memuru
**constant** *a* sabit
**constellation** *n.* takım yıldız
**constipation** *n.* kabızlık
**constituency** *n* seçmenler
**constituent** *n.* seçmen
**constituent** *adj.* kurucu
**constitute** *v. t* teşkil etmek
**constitution** *n* anayasa, yapı
**constrict** *v.t.* kısıtlamak
**construct** *v.t.* inşa etmek
**construction** *n* inşaat
**consult** *v. t* danışmak
**consultation** *n* danışma
**consume** *v. t* tüketmek
**consumption** *n* tüketim
**consumption** *n* verem
**contact** *n.* temas
**contact** *v. t* temas etmek
**contagious** *a* bulaşıcı
**contain** *v.t.* içermek
**contaminate** *v.t.* bulaştırmak
**contemplate** *v. t* düşünüp taşınmak
**contemplation** *n* düşünüp taşınma
**contemporary** *a* çağdaş
**contempt** *n* hor görme
**contemptuous** *a* kibirli
**contend** *v. i* çekişmek
**content** *a.* içerik

**content** *v. t* memnun etmek
**content** *n* hoşnut
**content** *n.* içerik
**contention** *n* çekişme
**contentment** *n* memnuniyet
**contest** *v. t* yarışmak, mücadele etmek
**contest** *n.* yarışma, mücadele
**context** *n* bağlam
**continent** *n* kıta
**continental** *a* kıtasal
**contingency** *n.* durumsallık
**continual** *adj.* süregelen
**continuation** *n.* devam
**continue** *v. i.* devam etmek
**continuity** *n* devamlılık
**continuous** *a* devamlı
**contour** *n* dış hatlar
**contra** *pref.* aksi
**contraception** *n.* kontrasepsiyon
**contract** *n* kontrat
**contract** *v. t* kapmak
**contractor** *n* müteahhit
**contradict** *v. t* çelişmek
**contradiction** *n* çelişki
**contrapose** *v.t.* karşıt gruplara ayırmak
**contrary** *a* karşıt
**contrast** *v. t* karşılaştırma
**contrast** *n* karşıtlık
**contribute** *v. t* katkıda bulunmak
**contribution** *n* katkı
**control** *n* kontrol
**control** *v. t* kontrol etmek
**controller** *n.* denetçi
**controversy** *n* ihtilaf
**contuse** *v.t.* çürütmek
**conundrum** *n.* muamma
**convene** *v. t* toplamak
**convener** *n* toplantı organizatörü
**convenience** *n.* elverişlilik
**convenient** *a* elverişli

**convent** *n* manastır
**convention** *n.* toplantı
**conversant** *a* aşina
**conversant** *adj.* deneyimli
**conversation** *n* muhabbet
**converse** *v.t.* konuşmak
**conversion** *n* dönüşüm
**convert** *v. t* dönüştürmek
**convert** *n* dönüşüm, din değiştiren kimse
**convey** *v.t.* iletmek
**conveyance** *n* nakletme
**convict** *v.t.* mahkum etmek
**convict** *n* mahkum
**conviction** *n* mahkumiyet
**convince** *v. t* ikna etmek
**convivial** *adj.* şen
**convocation** *n.* çağrı
**convoke** *v.t.* toplantıya çağırmak
**convolve** *v.t.* evriştirmek
**coo** *n* ötüş
**coo** *v. i* ötmek
**cook** *v. t* pişirmek
**cook** *n* aşçı
**cooker** *n* ocak
**cool** *a* soğuk, serinkanlı
**cool** *v. i.* soğutmak
**cooler** *n* soğutucu
**coolie** *n* amele
**co-operate** *v. i* işbirliği yapmak
**co-operation** *n* işbirliği
**co-operative** *a* birlikte çalışan
**co-ordinate** *a.* düzenli
**co-ordinate** *v. t* koordine etmek
**co-ordination** *n* koordinasyon
**coot** *n.* yaban ördeği
**co-partner** *n* ortak
**cope** *v. i* uğraşmak
**coper** *n.* cambaz
**copper** *n* bakır
**coppice** *n.* koru
**coprology** *n.* koproloji

**copulate** *v.i.* çiftleşmek
**copy** *n* kopya
**copy** *v. t* kopyalamak
**coral** *n* mercan
**corbel** *n.* bindirmelik
**cord** *n* kablo, kordon
**cordate** *adj.* kordat
**cordial** *a* samimi
**core** *n.* öz
**coriander** *n.* kişniş
**Corinth** *n.* Korint
**cork** *n.* tapa
**cormorant** *n.* karabatak
**corn** *n* mısır, nasır
**cornea** *n* kornea
**corner** *n* köşe
**cornet** *n.* kornet
**cornicle** *n.* boynuzcuk
**coronation** *n* taç giyme töreni
**coronet** *n.* küçük taç
**corporal** *a* bedeni
**corporate** *adj.* tüzel
**corporation** *n* kurum
**corps** *n* teşkilat
**corpse** *n* ceset
**correct** *a* doğru
**correct** *v. t* doğrulamak
**correction** *n* doğrulama
**correlate** *v.t.* karşılıklı ilişkisi olmak
**correlation** *n.* ilinti
**correspond** *v. i* haberleşmek
**correspondence** *n.* mektuplaşma
**correspondent** *n.* dış ülke muhabiri
**corridor** *n.* koridor
**corroborate** *v.t.* pekiştirmek
**corrosive** *adj.* aşındırıcı
**corrupt** *v.t.* yozlaştırmak
**corrupt** *a.* yoz, namussuz
**corruption** *n.* yozlaşma
**cosier** *n.* pabuççu
**cosmetic** *a.* kozmetik
**cosmetic** *n.* kozmetik

**cosmic** *adj.* kozmik
**cost** *v.t.* mal olmak
**cost** *n.* masraf
**costal** *adj.* kaburgalara ait
**costly** *a.* masraflı
**costume** *n.* kostüm
**cosy** *a.* sıcacık
**cot** *n.* karyola
**cote** *n.* ağıl
**cottage** *n* kır evi
**cotton** *n.* pamuk
**couch** *n.* kanepe
**cough** *n.* öksürük
**cough** *v. i.* öksürmek
**council** *n.* konsey, meclis
**councillor** *n.* meclis üyesi
**counsel** *n.* nasihat
**counsel** *v.t.* nasihat vermek
**counsellor** *n.* danışman
**count** *n.* kont
**count** *v.t.* saymak
**countenance** *n.* çehre
**counter** *n.* sayaç
**counter** *v. t* karşı çıkmak
**counteract** *v.t.* etkisizleştirmek
**countercharge** *n.* karşıt iddia
**counterfeit** *a.* sahte
**counterfeiter** *n.* sahteci
**countermand** *v.t.* feshetmek
**counterpart** *n.* karşılık
**countersign** *v.t.* ayrıca imzalamak
**countess** *n.* kontes
**countless** *a.* sayısız
**country** *n.* ülke
**county** *n.* ilçe
**coup** *n.* darbe
**couple** *n* çift, iki tane
**couple** *v. t* eşleştirmek
**couplet** *n.* beyit
**coupon** *n.* kupon
**courage** *n.* cesaret
**courageous** *a.* cesaretli

**courier** *n.* kurye
**course** *n.* ders, süreç
**court** *n.* saray, mahkeme
**court** *v.t.* fayda sağlamak
**courteous** *a.* nazik
**courtesan** *n.* metres
**courtesy** *n.* kibarlık
**courtier** *n.* nedim
**courtship** *n.* iltifat
**courtyard** *n.* avlu
**cousin** *n.* kuzen
**covenant** *n.* ahit
**cover** *v.t.* kapsamak, örtmek
**cover** *n.* kapak, örtü
**coverlet** *n.* örtü
**covet** *v.t.* imrenmek
**cow** *n.* inek
**cow** *v.t.* yıldırmak
**coward** *n.* korkak
**cowardice** *n.* korkaklık
**cower** *v.i.* çömelmek
**cozy** *adj.* samimi
**crab** *n* yengeç
**crack** *n* çatlak
**crack** *v. i.* çatlamak, şifreyi çözmek
**cracker** *n* kraker
**crackle** *v.t.* çatırdamak
**cradle** *n* beşik
**craft** *n* zanaat, hile
**craftsman** *n* zanaatkar
**crafty** *a* cingöz
**cram** *v. t* tıkıştırmak
**crambo** *n.* kelime oyunu
**crane** *n* vinç
**crankle** *v.t.* katlamak
**crash** *v. i.* kaza yapmak, bozulmak
**crash** *n* kaza, bilgisayar arızası
**crass** *adj.* ahmak
**crate** *n.* küfe
**crave** *v.t.* arzulamak
**craw** *n.* kursak
**crawl** *v. t* sürünmek

crawl *n* kulaç
craze *n* delilik
crazy *a* deli
creak *v. i* gıcırdamak
creak *n* gıcırtı
cream *n* krem
crease *n* buruşukluk
create *v. t* yaratmak
creation *n* yaratım
creative *adj.* yaratıcı
creator *n* yaratıcı
creature *n* yaratık
credible *a* güvenilir
credit *n* kredi
creditable *a* itibarlı
creditor *n* alacaklı
credulity *adj.* saflık
creed *n.* iman
creed *n* mezhep
creek *n.* dere
creep *v. i* kaymak
creeper *n* sarmaşık
cremate *v. t* ceset yakmak
cremation *n* kremasyon
crest *n* doruk
crevet *n.* baharatlık
crew *n.* ekip
crib *n.* yemlik
cricket *n* kriket
crime *n* suç
criminal *n* suçlu
criminal *a* suçlu
crimp *n* kıvrım
crimple *v.t.* büzüşmek
crimson *n* kıpkırmızı
cringe *v. i.* büzülmek
cripple *n* sakat
crisis *n* kriz
crisp *a* çıtır
criterion *n* kriter
critic *n* eleştirmen
critical *a* kritik

criticism *n* eleştiri
criticize *v. t* eleştirmek
croak *n.* kurbağa sesi
crockery *n.* çanak
crocodile *n* timsah
croesus *n.* karun
crook *a* eğri
crop *n* ekin
cross *v. t* çaprazlamak, karşıya geçmek
cross *n* çarpı, haç
cross *a* kızgın
crossing *n.* geçiş
crotchet *n.* tuhaflık
crouch *v. i.* çömelmek
crow *n* karga
crow *v. i* böbürlenmek
crowd *n* kalabalık
crown *n* taç, hükümdarlık
crown *v. t* taç giydirmek
crucial *adj.* can alıcı, çok önemli
crude *a* ham, kaba
cruel *a* acımasız
cruelty *n* acımasızlık
cruise *v.i.* gemi yolculuğu
cruiser *n* kruvazör
crumb *n* kırıntı
crumble *v. t* ufalamak
crump *adj.* sıkıntılı
crusade *n* haçlı seferi
crush *v. t* ezmek
crust *n.* kabuk
crutch *n* destek
cry *n* feryat
cry *v. i* ağlamak
cryptography *n.* kriptografi
crystal *n* kristal
cub *n* hayvan yavrusu, acemi
cube *n* küp
cubical *a* kübik
cubiform *adj.* kübik
cuckold *n.* boynuzlu erkek

cuckoo *n* guguk kuşu
cucumber *n* salatalık
cudgel *n* çomak
cue *n* isteka
cuff *n* kolluk, kelepçe
cuff *v. t* şamar atmak
cuisine *n.* mutfak
cullet *n.* cam kırığı
culminate *v.i.* sonuçlanmak
culpable *a* kabahatli
culprit *n* suçlu
cult *n* kült, mezhep
cultivate *v. t* yetiştirmek
cultrate *adj.* keskin ağızlı
cultural *a* kültürel
culture *n* kültür
culvert *n.* mecra
cunning *a* kurnaz
cunning *n* açıkgözlük
cup *n.* fincan
cupboard *n* dolap
Cupid *n* aşk tanrısı
cupidity *n* tamah
curable *a* tedavisi mümkün
curative *a* müdavi
curb *n* mani
curb *v. t* gemlemek
curcuma *n.* zerdeçal
curd *n* pıhtı
cure *n* şifa
cure *v.t.* tedavi etmek
curfew *n* karartma zamanı
curiosity *n* merak
curious *a* meraklı
curl *n.* büklüm, lüle
currant *n.* kuşüzümü
currency *n* döviz
current *n* akıntı
current *a* şimdiki
curriculum *n* müfredat
curse *n* lanet
curse *v. t* lanetlemek

cursory *a* gelişigüzel
curt *a* sert
curtail *v. t* kısa kesmek
curtain *n* perde
curve *n* kıvrım
curve *v. t* kıvırmak
cushion *n* minder
cushion *v. t* hafifletmek
custard *n* muhallebi
custodian *n* muhafız
custody *v* hapsedilmek
custom *n.* gelenek
customary *a* geleneksel
customer *n* müşteri
cut *v. t* kesmek
cut *n* kesik, pay
cutis *n.* dermis
cuvette *n.* küvet
cycle *n* devre
cyclic *a* devirli
cyclist *n* bisikletçi
cyclone *n.* kasırga
cyclostyle *n* siklostil
cyclostyle *v. t* siklostilleştirilmiş
cylinder *n* silindir
cynic *n* kinik
cypher *n* şifre
cypress *n* selvi

# D

dabble *v. i.* serpmek
dacoit *n.* çete üyesi
dacoity *n.* çete hırsızlığı
dad, daddy *n* baba
daffodil *n.* nergis
daft *adj.* salak
dagger *n.* hançer
daily *a* günlük
daily *adv.* günlük

**daily** *n.* gazete
**dainty** *a.* itinalı
**dainty** *n.* lezzetli şey
**dairy** *n* mandıra
**dais** *n.* çardak
**daisy** *n* papatya
**dale** *n* vadi
**dam** *n* baraj
**damage** *n.* zarar
**damage** *v.t.* zarar vermek
**dame** *n.* hanım
**damn** *v.t.* kahretmek
**damnation** *n.* kahır
**damp** *a* nemli
**damp** *n* rutubet
**damp** *v.t.* köreltmek
**damsel** *n.* küçük hanım
**dance** *n* dans
**dance** *v.t.* dans etmek
**dandelion** *n.* hindiba
**dandle** *v.t.* hoplatmak
**dandruff** *n* saç kepeği
**dandy** *n* çıtkırıldım
**danger** *n.* tehlike
**dangerous** *a* tehlikeli
**dangle** *v. t* sarkmak
**dank** *adj.* rutubetli
**dap** *v.i.* dalmak
**dare** *v. i.* yeltenmek
**daring** *n.* cüret
**daring** *a* yiğit
**dark** *a* koyu renkli
**dark** *n* karanlık
**darkle** *v.i.* karartmak
**darling** *n* sevgili
**darling** *a* güzelim
**dart** *n.* dart
**dash** *v. i.* hızla koşmak
**dash** *n* tire
**date** *n* tarih
**date** *v. t* buluşmak
**daub** *n.* sıva

**daub** *v.t.* sıvamak
**daughter** *n* kız çocuk
**daunt** *v. t* yıldırmak
**dauntless** *a* azimli
**dawdle** *v.i.* aylaklık etmek
**dawn** *n* şafak
**dawn** *v. i.* şafak sökmek
**day** *n* gün
**daze** *n* hayret
**daze** *v. t* afallatmak
**dazzle** *n* pırıltı
**dazzle** *v.t.* göz kamaştırmak
**deacon** *n.* diyakoz
**dead** *a* ölü
**deadlock** *n* çıkmaz
**deadly** *a* ölümcül
**deaf** *a* sağır
**deal** *n* anlaşma
**deal** *v. i* anlaşmak
**dealer** *n* satıcı
**dealing** *n.* muamele
**dean** *n.* dekan
**dear** *a* sevgili
**dearth** *n* yokluk
**death** *n* ölüm
**debar** *v.t.* menetmek
**debase** *v.t.* değerini düşürmek
**debate** *n.* tartışma
**debate** *v.t.* tartışmak
**debauch** *v.t.* azdırmak
**debauch** *n* ahlaksızlık
**debauchee** *n* hovarda
**debauchery** *n* hovardalık
**debility** *n* dermansızlık
**debit** *n* borç
**debit** *v. t* borç kaydetmek
**debris** *n* debris
**debt** *n* borç
**debtor** *n* borçlu
**decade** *n* on yıl
**decadent** *a* batmış
**decamp** *v. i* sıvışmak

**decay** *n* çürük
**decay** *v. i* çürümek
**decease** *n* ölüm
**decease** *v. i* vefat etmek
**deceit** *n* hile
**deceive** *v. t* kandırmak
**december** *n* Aralık
**decency** *n* edep
**decennary** *n.* on yıllık
**decent** *a* uygun
**deception** *n* aldatmaca
**decide** *v. t* karar vermek
**decillion** *n.* desilyon
**decimal** *a* ondalık sayı
**decimate** *v.t.* kırıp geçirmek
**decision** *n* karar
**decisive** *a* kararlı
**deck** *n* deste, güverte
**deck** *v. t* bezemek
**declaration** *n* bildiri
**declare** *v.t.* bildirmek
**decline** *n* reddetmek
**decline** *v.t.* meyil, düşüş
**declivitous** *adj.* meyilli
**decompose** *v.t.* ayrıştırmak
**decomposition** *n.* dekompozisyon
**decontrol** *v.t.* kontrolü kaldırmak
**decorate** *v. t* dekore etmek
**decoration** *n* dekorasyon
**decorum** *n* edep
**decrease** *v. t* azalmak
**decrease** *n* düşüş
**decree** *n* kararname
**decree** *v. i* buyurmak
**decrement** *n.* azalma
**dedicate** *v.t.* adamak
**dedication** *n* ithaf
**deduct** *v.t.* eksiltmek
**deed** *n* eylem
**deem** *v.i.* farzetmek
**deep** *a.* derin
**deer** *n* geyik

**defamation** *n* aşağılama
**defame** *v.t.* adını lekelemek
**default** *n.* varsayılan
**defeat** *n* yenilgi
**defeat** *v.t.* yenmek
**defect** *n* kusur
**defence** *n* savunma
**defend** *v. t* savunmak
**defendant** *n* davalı
**defensive** *adv.* savunucu
**deference** *n* hürmet
**defiance** *n* muhalefet
**deficient** *adj.* eksik
**deficit** *n* zarar
**defile** *n.* bozmak
**define** *v. t* tanımlamak
**definite** *a* kesin
**definition** *n* tanım
**deflation** *n.* deflasyon
**deflect** *v.t. & i.* saptırmak
**deft** *adj.* becerikli
**degrade** *v. t* alçaltmak
**degree** *n* derece
**dehort** *v.i.* caydırmak
**deist** *n.* deist
**deity** *n.* ilah
**deject** *v. t* kederlendirmek
**dejection** *n* hüzün
**delay** *v.t. & i.* ertelemek
**delegate** *n* delege
**delegate** *v. t* görevlendirmek
**delegation** *n* delegasyon
**delete** *v. t* silmek
**delibate** *v.t.* sıçratmak
**deliberate** *v. i* müzakere etmek
**deliberate** *a* kasti
**deliberation** *n* müzakere
**delicate** *a* narin
**delicious** *a* lezzetli
**delight** *n* hoş
**delight** *v.t.* sevindirmek
**deliver** *v. t* teslim etmek, doğurmak

**delivery** *n* teslimat, doğum
**delta** *n* delta
**delude** *v.t.* yanıltmak
**delusion** *n.* delilik
**demand** *n* talep
**demand** *v. t* talep etmek
**demarcation** *n.* hudut
**dement** *v.t* bunamak
**demerit** *n* ihtar
**democracy** *n* demokrasi
**democratic** *a* demokratik
**demolish** *v.t.* imha etmek
**demon** *n.* şeytan
**demonetize** *v.t.* tedavülden kaldırmak
**demonstrate** *v. t* gösteri yapmak
**demonstration** *n.* gösteri
**demoralize** *v.t.* moralini bozmak
**demur** *n* itiraz
**demur** *v. t* karşı çıkmak
**demurrage** *n.* demoraj
**den** *n* mağara
**dengue** *n.* dang
**denial** *n* inkar
**denote** *v. i* belirtmek
**denounce** *v. t* ihbar etmek
**dense** *a* yoğun
**density** *n* yoğunluk
**dentist** *n* diş doktoru
**denude** *v.t.* aşındırmak
**denunciation** *n.* kınanma
**deny** *v.t.* inkar etmek
**depart** *v. i.* sapmak
**department** *n* bölüm
**departure** *n* ayrılış
**depauperate** *v.t.* fakir
**depend** *v. i.* bir şeye bağlı olmak
**dependant** *n* bağlı
**dependence** *n* bağlılık
**dependent** *a* muhtaç
**depict** *v.t.* betimlemek
**deplorable** *a* acınacak durumda

**deploy** *v.t.* konuşlanmak
**deponent** *n.* şahit
**deport** *v.t.* sınırdışı etmek
**depose** *v. t* azletmek
**deposit** *n.* emanet, depozit
**deposit** *v. t* para yatırmak
**depot** *n* depo
**depreciate** *v.t.i.* amortisman
**depredate** *v.t.* yağmalamak
**depress** *v. t* moralini bozmak
**depression** *n* depresyon
**deprive** *v. t* yoksun bırakmak
**depth** *n* derinlik
**deputation** *n* delegasyon
**depute** *v. t* atamak
**deputy** *n* mebus
**derail** *v.t.* raydan çıkarmak
**derive** *v.t.* türemek
**descend** *v. i.* inmek
**descendant** *n* neslinden olan
**descent** *n.* köken
**describe** *v. t* tarif etmek
**description** *n* tarif
**descriptive** *a* tanımlayıcı
**desert** *v.t.* ayrılmak
**desert** *n* çöl
**deserve** *v.t.* hak etmek
**design** *v.t.* tasarlamak
**design** *n.* tasarı
**desirable** *a* çekici
**desire** *n* arzu
**desire** *v.t* arzulamak
**desirous** *a* arzulu
**desk** *n* çalışma masası
**despair** *n* umutsuzluk
**despair** *v. i* umudunu kesmek
**desperate** *a* umutsuz
**despicable** *a* aşağılık
**despise** *v. t* küçümsemek
**despot** *n* despot
**destination** *n* varış noktası
**destiny** *n* kader

**destroy** *v. t* harap etmek
**destruction** *n* yıkım
**detach** *v. t* ayırmak
**detachment** *n* ayırma
**detail** *n* detay
**detail** *v. t* ayrıntıya inmek
**detain** *v. t* alıkoymak
**detect** *v. t* saptamak
**detective** *a* polisiye
**detective** *n.* detektif
**determination** *n.* kararlılık
**determine** *v. t* karar vermek
**dethrone** *v. t* tahtından indirmek
**develop** *v.t.* geliştirmek
**development** *n.* gelişme
**deviate** *v. i* saptırmak
**deviation** *n* sapma
**device** *n* cihaz
**devil** *n* şeytan
**devise** *v. t* tasarlamak
**devoid** *a* mahrum
**devote** *v. t* adamak
**devotee** *n* tutkun
**devotion** *n* bağlılık
**devour** *v. t* bitirmek
**dew** *n.* çiy
**diabetes** *n* diyabet
**diagnose** *v. t* teşhis koymak
**diagnosis** *n* teşhis
**diagram** *n* diyagram
**dial** *n.* kadran
**dialect** *n* lehçe
**dialogue** *n* diyalog
**diameter** *n* çap
**diamond** *n* elmas
**diarrhoea** *n* ishal
**diary** *n* günce
**dice** *n.* oyun zarları
**dice** *v. i.* doğramak
**dictate** *v. t* emretmek, yazdırmak
**dictation** *n* dikte
**dictator** *n* diktatör

**diction** *n* diksiyon
**dictionary** *n* sözlük
**dictum** *n* vecize
**didactic** *a* didaktik
**die** *v. i* ölmek
**die** *n* boya
**diet** *n* diyet
**differ** *v. i* aynı fikirde olmamak
**difference** *n* fark
**different** *a* farklı
**difficult** *a* zor
**difficulty** *n* zorluk
**dig** *n* kinaye
**dig** *v.t.* kazmak
**digest** *v.t.* sindirmek
**digest** *n.* derleme
**digestion** *n* sindirim
**digit** *n* rakam
**dignify** *v.t* yüceltmek
**dignity** *n* asalet
**dilemma** *n* ikilem
**diligence** *n* özen
**diligent** *a* özenli
**dilute** *v. t* sulandırmak
**dilute** *a* sulandırılmış
**dim** *a* loş
**dim** *v. t* sönükleştirmek
**dimension** *n* boyut
**diminish** *v. t* azaltmak
**din** *n* patırtı
**dine** *v.t.* akşam yemeği yemek
**dinner** *n* akşam yemeği
**dip** *n.* sos
**dip** *v. t* daldırmak
**diploma** *n* diploma
**diplomacy** *n* diplomasi
**diplomat** *n* diplomat
**diplomatic** *a* diplomatik
**dire** *a* acil
**direct** *a* doğrudan
**direct** *v. t* emretmek
**direction** *n* yön

**director** *n.* yönetici
**directory** *n* dizin
**dirt** *n* kir
**dirty** *a* kirli
**disability** *n* engellilik
**disable** *v. t* alıkoymak
**disabled** *a* engelli
**disadvantage** *n* dezavantaj
**disagree** *v. i* anlaşmamak
**disagreeable** *a.* nahoş
**disagreement** *n.* anlaşmazlık
**disappear** *v. i* ortadan kaybolmak
**disappearance** *n* ortadan kayboluş
**disappoint** *v.t.* hayal kırıklığına uğratmak
**disapproval** *n* onaylamama
**disapprove** *v. t* onaylamamak
**disarm** *v. t* silahsızlandırmak
**disarmament** *n.* silahları bırakma
**disaster** *n* felaket
**disastrous** *a* feci
**disc** *n.* disk
**discard** *v. t* atmak
**discharge** *v. t* ödemek, boşaltmak
**discharge** *n.* ödeme, boşaltma
**disciple** *n* havari
**discipline** *n* disiplin
**disclose** *v. t* açığa vurmak
**discomfort** *n* rahatsızlık
**disconnect** *v. t* bağlantıyı kesmek
**discontent** *n* hoşnutsuzluk
**discontinue** *v. t* durdurmak
**discord** *n* uyuşmazlık
**discount** *n* indirim
**discourage** *v.t.* cesaretini kırmak
**discourse** *n* söylem
**discourteous** *a* nezaketsiz
**discover** *v. t* keşfetmek
**discovery** *n.* keşif
**discretion** *n* basiret
**discriminate** *v.t.* ayrımcılık yapmak
**discrimination** *n* ayrımcılık

**discuss** *v.t.* tartışmak
**disdain** *n* kibir
**disdain** *v.t.* tepeden bakmak
**disease** *n* hastalık
**disguise** *n* sahte kılık
**disguise** *v. t* kılık değiştirmek
**dish** *n* çanak
**dishearten** *v. t* cesaretini kırmak
**dishonest** *a* sahtekar
**dishonesty** *n.* sahtekarlık
**dishonour** *v. t* namussuzluk
**dishonour** *n* haysiyetsizlik
**dislike** *v. t* hoşlanmamak
**dislike** *n* antipati
**disloyal** *a* vefasız
**dismiss** *v.t.* azletmek
**dismissal** *n* azat
**disobey** *v. t* itaatsizlik etmek
**disorder** *n* düzensizlik
**disparity** *n* eşitsizlik
**dispensary** *n* sağlıkevi
**disperse** *v. t* dağılmak
**displace** *v. t* yerinden sökmek
**display** *v. t* sergilemek
**display** *n* sergi
**displease** *v. t* kızdırmak
**displeasure** *n* gücenme
**disposal** *n* elden çıkarma
**dispose** *v. t* elden çıkarmak
**disprove** *v. t* aksini ispat etmek
**dispute** *n* çekişme
**dispute** *v. i* çekişmek
**disqualification** *n* diskalifiye
**disqualify** *v.t.* diskalifiye etmek
**disquiet** *n* endişe
**disregard** *n* ihmal
**disregard** *v. t* aldırmamak
**disrepute** *n* kötü nam
**disrespect** *n* nezaketsizlik
**disrupt** *v. t* aksatmak
**dissatisfaction** *n* tatminsizlik
**dissatisfy** *v.t.* tatmin edememek

**dissect** v. t kesip parçalara ayırmak
**dissection** n parçalara ayırma
**dissimilar** a ayrımlı
**dissolve** v.t çözünmek
**dissuade** v. t caydırmak
**distance** n uzaklık
**distant** a uzak
**distil** v. t damlamak
**distillery** n damıtımevi
**distinct** a aşikar
**distinction** n seçkinlik
**distinguish** v. i farkı görmek
**distort** v. t biçimini bozmak
**distress** n elem
**distress** v. t üzmek
**distribute** v. t dağıtmak
**distribution** n dağıtım
**district** n mahalle
**distrust** n itaatsizlik
**distrust** v.t. itimat etmemek
**disturb** v. t rahatsız etmek
**ditch** n hendek
**ditto** n. adı geçen
**dive** v. i dalmak
**dive** n dalış
**diverse** a çeşitli
**divert** v. t yönlendirmek
**divide** v. t bölmek
**divine** a ilahi
**divinity** n ilahilik
**division** n bölüm
**divorce** n boşanma
**divorce** v. t boşanmak
**divulge** v. t ifşa etmek
**do** v. t yapmak
**docile** a uysal
**dock** n. rıhtım
**doctor** n doktor
**doctorate** n doktora
**doctrine** n öğreti
**document** n doküman
**dodge** n kaçış

**dodge** v. t hileyle kaçıp kurtulmak
**doe** n dişi karaca
**dog** n köpek
**dog** v. t peşinden gitmek
**dogma** n dogma
**dogmatic** a dogmatik
**doll** n oyuncak bebek
**dollar** n dolar
**domain** n alan
**dome** n kubbe
**domestic** a yerel
**domestic** n aile içi
**domicile** n mesken
**dominant** a baskın
**dominate** v. t baskın olmak
**domination** n hakimiyet
**dominion** n hakimiyet
**donate** v. t bağış yapmak
**donation** n. bağış
**donkey** n eşek
**donor** n bağışçı
**doom** n alın yazısı
**doom** v.t. mahkum etmek
**door** n kapı
**dose** n doz
**dot** n nokta
**dot** v. t noktalamak
**double** a çift
**double** v.t. ikiye katlamak
**double** n hile
**doubt** v. i şüphelenmek
**doubt** n şüphe
**dough** n hamur
**dove** n güvercin
**down** adv aşağıya
**down** prep aşağı doğru
**down** v. t aşağı indirmek
**downfall** n düşüş
**downpour** n sağanak
**downright** adv çekinmeden
**downright** a dobra dobra
**downward** a aşağı doğru

**downward** *adv* aşağı doğru
**downwards** *adv* aşağı doğru
**dowry** *n* çeyiz
**doze** *n.* hafif uyku
**doze** *v. i* şekerleme yapmak
**dozen** *n* düzine
**draft** *v. t* taslak çizmek
**draft** *n* taslak
**draftsman** *a* tasarı hazırlayan
**drag** *n* tırmık
**drag** *v. t* sürüklemek
**dragon** *n* dragon
**drain** *n* akaç
**drain** *v. t* süzmek
**drainage** *n* kanal
**dram** *n* dirhem
**drama** *n* drama
**dramatic** *a* çarpıcı
**dramatist** *n* drama yazarı
**draper** *n* kumaşçı
**drastic** *a* şiddetli
**draught** *n* cereyan
**draw** *v.t* çizmek, kura çekmek
**draw** *n* kura
**drawback** *n* sakınca
**drawer** *n* çekmece
**drawing** *n* çizim
**drawing-room** *n* salon
**dread** *n* büyük korku
**dread** *v.t* çok korkmak
**dread** *a* iğrenç
**dream** *n* rüya
**dream** *v. i.* rüya görmek
**drench** *v. t* ıslatmak
**dress** *n* giysi
**dress** *v. t* giyinmek
**dressing** *n* sargı
**drill** *n* matkap
**drill** *v.t.* matkaplamak
**drink** *n* içecek
**drink** *v. t* içmek
**drip** *n* damla

**drip** *v. i* damlatmak
**drive** *v. t* araç sürmek
**drive** *n* gezinti, cadde
**driver** *n* sürücü
**drizzle** *n* çisenti
**drizzle** *v. i* çiselemek
**drop** *n* damla, düşüş
**drop** *v. i* damlamak, düşürmek
**drought** *n* kuraklık
**drown** *v.i* boğulmak
**drug** *n* ilaç
**druggist** *n* eczacı
**drum** *n* davul
**drum** *v.i.* davul çalmak
**drunkard** *n* ayyaş
**dry** *a* kuru
**dry** *v. i.* kurutmak
**dual** *a* ikili
**duck** *n.* ördek
**duck** *v.i.* eğilmek
**due** *a* yeterli
**due** *n* gerekli
**due** *adv* üzere
**duel** *n* düello
**duel** *v. i* düello yapmak
**duke** *n* dük
**dull** *a* sıkıcı
**dull** *v.t.* donuklaştırmak
**duly** *adv* layıkıyla
**dumb** *a* dilsiz, budala
**dunce** *n* mankafa
**dung** *n* gübre
**duplicate** *a* sahte
**duplicate** *n* kopya
**duplicate** *v. t* kopyalamak
**duplicity** *n* düzenbazlık
**durable** *a* dayanıklı
**duration** *n* müddet
**during** *prep* sırasında
**dusk** *n* alacakaranlık
**dust** *n* toz
**dust** *v.t.* toz almak

**duster** *n* toz bezi
**dutiful** *a* görevine bağlı
**duty** *n* görev, gümrük tarifesi
**dwarf** *n* cüce
**dwell** *v. i* ikamet etmek
**dwelling** *n* ikametgah
**dwindle** *v. t* gittikçe küçülmek
**dye** *v. t* boyamak
**dye** *n* boya
**dynamic** *a* dinamik
**dynamics** *n.* devinbilim
**dynamite** *n* dinamit
**dynamo** *n* dinamo
**dynasty** *n* hanedan
**dysentery** *n* dizanteri

# E

**each** *a* her
**each** *pron.* her bir
**eager** *a* hevesli
**eagle** *n* kartal
**ear** *n* kulak
**early** *adv* erken
**early** *a* erkenci
**earn** *v. t* kazanmak, hak etmek
**earnest** *a* azimli
**earth** *n* dünya
**earthen** *a* topraktan
**earthly** *a* olanaklı
**earthquake** *n* deprem
**ease** *n* kolaylık
**ease** *v. t* kolaylaştırmak, dindirmek
**east** *n* doğu
**east** *adv* doğu
**east** *a* doğu
**easter** *n* paskalya
**eastern** *a* doğu
**easy** *a* kolay
**eat** *v. t* yemek

**eatable** *n.* yenebilir
**eatable** *a* yenebilir
**ebb** *n* çekilme
**ebb** *v. i* çekilmek
**ebony** *n* abanoz
**echo** *n* yankı
**echo** *v. t* yankılanmak
**eclipse** *n* gök tutulması
**economic** *a* idareli
**economical** *a* ekonomik
**economics** *n.* ekonomi
**economy** *n* ekonomi
**edge** *n* uç
**edible** *a* yenilebilir
**edifice** *n* büyük yapı
**edit** *v. t* düzenlemek
**edition** *n* sürüm
**editor** *n* editör
**editorial** *a* editoryal
**editorial** *n* başyazı
**educate** *v. t* eğitmek
**education** *n* eğitim
**efface** *v. t* gidermek
**effect** *n* etki
**effect** *v. t* etkilemek
**effective** *a* etkili
**effeminate** *a* kadınsı
**efficacy** *n* etkililik
**efficiency** *n* etkinlik
**efficient** *a* etkin
**effigy** *n* büst
**effort** *n* çaba
**egg** *n* yumurta
**ego** *n* benlik
**egotism** *n* bencillik
**eight** *n* sekiz
**eighteen** *a* onsekiz
**eighty** *n* seksen
**either** *a.,* ikisinden biri
**either** *adv.* ikisinden biri
**eject** *v.t.* çıkarmak
**elaborate** *v. t* detaylandırmak

**elaborate** *a* özenli
**elapse** *v. t* akıp gitmek
**elastic** *a* esnek
**elbow** *n* dirsek
**elder** *a* daha yaşlı
**elder** *n* kıdemli kişi
**elderly** *a* ihtiyar
**elect** *v. t* seçmek
**election** *n* seçim
**electorate** *n* seçmen
**electric** *a* elektrikli
**electricity** *n* elektrik
**electrify** *v. t* elektriklendirmek
**elegance** *n* zarafet
**elegant** *adj* zarif
**elegy** *n* ağıt
**element** *n* element
**elementary** *a* başlayanlar için
**elephant** *n* fil
**elevate** *v. t* yükseltmek
**elevation** *n* yükselme
**eleven** *n* onbir
**elf** *n* elf
**eligible** *a* nitelikli
**eliminate** *v. t* elemek
**elimination** *n* eleme
**elope** *v. i* kaçmak
**eloquence** *n* belagat
**eloquent** *a* belagatlı
**else** *a* başka
**else** *adv* veyahut
**elucidate** *v. t* açıklığa kavuşturmak
**elude** *v. t* akla gelmemek
**elusion** *n* yakayı sıyırma
**elusive** *a* akla gelmeyen
**emancipation** *n.* kurtuluş
**embalm** *v. t* mumyalamak
**embankment** *n* bent
**embark** *v. t* gemiye binmek
**embarrass** *v. t* utandırmak
**embassy** *n* elçilik
**embitter** *v. t* acılaştırmak

**emblem** *n* amblem
**embodiment** *n* cisimleşme
**embody** *v.t.* cisimleştirmek
**embolden** *v.t.* gaza getirmek
**embrace** *v.t.* kucaklamak
**embrace** *n* kucaklaşma
**embroidery** *n* nakış
**embryo** *n* embriyo
**emerald** *n* zümrüt
**emerge** *v. i* yüzeye çıkmak
**emergency** *n* aciliyet
**eminence** *n* saygınlık
**eminent** *a* seçkin
**emissary** *n* emisari
**emit** *v. t* çıkarmak
**emolument** *n* temettü
**emotion** *n* duygu
**emotional** *a* duygusal
**emperor** *n* imparator
**emphasis** *n* vurgu
**emphasize** *v. t* vurgulamak
**emphatic** *a* frapan
**empire** *n* imparatorluk
**employ** *v. t* işe almak
**employee** *n* çalışan
**employer** *n* işveren
**employment** *n* memuriyet
**empower** *v. t* yetki vermek
**empress** *n* imparatoriçe
**empty** *a* boş
**empty** *v* boşaltmak
**emulate** *v. t* taklit etmek
**enable** *v. t* etkinleştirmek
**enact** *v. t* sahnelemek
**enamel** *n* mine
**enamour** *v. t* büyülemek
**encase** *v. t* örtmek
**enchant** *v. t* büyülemek
**encircle** *v.t.* kuşatmak
**enclose** *v. t* çevrelemek
**enclosure** *n.* çevirme
**encompass** *v. t* kuşatmak

**encounter** *n.* karşılaşma
**encounter** *v. t* karşılaşmak
**encourage** *v. t* yüreklendirmek
**encroach** *v. i* tecâvüz etmek
**encumber** *v.t.* engel olmak
**encyclopaedia** *n.* ansiklopedi
**end** *v. t* sonlandırmak
**end** *n.* son
**endanger** *v.t.* tehlikeye atmak
**endear** *v.t* çekici kılmak
**endearment** *n.* sevgi belirtisi
**endeavour** *n* çabalamak
**endeavour** *v.i* gayret
**endorse** *v.t.* onaylamak
**endow** *v. t* bahşetmek
**endurable** *a* katlanılır
**endurance** *n.* dayanıklılık
**endure** *v.t.* dayanmak
**enemy** *n* düşman
**energetic** *a* enerjik
**energy** *n.* enerji
**enfeeble** *v.t.* kuvvetten düşürmek
**enforce** *v.t.* zorlamak
**enfranchise** *v.t.* sorumluluktan kurtarmak
**engage** *v. t* meşgul etmek
**engagement** *n.* nişan
**engine** *n* motor
**engineer** *n* mühendis
**English** *n* İngilizce, İngiliz
**engrave** *v. t* hakketmek
**engross** *v.t* hazırlamak
**engulf** *v.t* yutmak
**enigma** *n* muamma
**enjoy** *v. t* zevk almak
**enjoyment** *n* zevk
**enlarge** *v. t* büyütmek
**enlighten** *v.t.* aydınlatmak
**enlist** *v. t* askere almak
**enliven** *v.t.* canlandırmak
**enmity** *n* düşmanlık
**ennoble** *v.t.* asilleştirmek

**enormous** *a* kocaman
**enough** *a* yeterli
**enough** *adv* kafi
**enrage** *v. t* kızdırmak
**enrapture** *v. t* mest etmek
**enrich** *v. t* zenginleştirmek
**enrol** *v. t* kaydolmak
**enshrine** *v. t* saklamak
**enslave** *v.t.* esir etmek
**ensue** *v.i* doğmak
**ensure** *v. t* sağlamak
**entangle** *v. t* dolaştırmak
**enter** *v. t* girmek
**enterprise** *n* girişim
**entertain** *v. t* eğlendirmek
**entertainment** *n.* eğlence
**enthrone** *v. t* tahta çıkarmak
**enthusiasm** *n* coşku
**enthusiastic** *a* hevesli
**entice** *v.t.* ayartmak
**entire** *a* bütün
**entirely** *adv* tamamen
**entitle** *v.t.* hak tanımak
**entity** *n* varlık
**entomology** *n.* entomoloji
**entrails** *n.* bağırsaklar
**entrance** *n* giriş
**entrap** *v.t.* yakalamak
**entreat** *v.t.* yalvarmak
**entreaty** *n.* yalvarma
**entrust** *v. t* emanet etmek
**entry** *n* giriş
**enumerate** *v.t.* saymak
**envelop** *v. t* kuşatmak
**envelope** *n* zarf
**enviable** *a* kıskanılacak
**envious** *a* kıskanç
**environment** *n.* çevre
**envy** *n* haset
**envy** *v. t* haset etmek
**epic** *n* epik
**epidemic** *n* salgın

**epigram** *n* vecize
**epilepsy** *n* epilepsi
**epilogue** *n* son söz
**episode** *n* bölüm
**epitaph** *n* kitabe
**epoch** *n* çağ
**equal** *a* eşit
**equal** *v. t* emsali olmak
**equal** *n* eşit
**equality** *n* eşitlik
**equalize** *v.t.* dengelemek
**equate** *v. t* denklemek
**equation** *n* eşitlem
**equator** *n* ekvator
**equilateral** *a* eşkenar
**equip** *v. t* kuşatmak
**equipment** *n* ekipman
**equitable** *a* tarafsız
**equivalent** *a* eşdeğer
**equivocal** *a* iki anlamlı
**era** *n* devir
**eradicate** *v. t* kökünü kurutmak
**erase** *v. t* silmek
**erect** *v. t* dikmek
**erect** *a* dikili
**erection** *n* ereksiyon
**erode** *v. t* aşındırmak
**erosion** *n* aşınma
**erotic** *a* erotik
**err** *v. i* yanılmak
**errand** *n* ayak işi
**erroneous** *a* hatalı
**error** *n* hata
**erupt** *v. i* fışkırmak
**eruption** *n* patlama
**escape** *n* kaçış
**escape** *v.i* kaçmak
**escort** *n* eskort
**escort** *v. t* eşlik etmek
**especial** *a* özel
**essay** *n.* deneme
**essay** *v.t.* girişmek

**essayist** *n.* deneme yazarı
**essence** *n.* öz
**essential** *a.* gerekli
**establish** *v.t.* kurmak
**establishment** *n* kuruluş
**estate** *n* arazi
**esteem** *n* saygı
**esteem** *v. t* addetmek
**estimate** *n.* tahmin
**estimate** *v. t* değer biçmek
**estimation** *n.* paha biçme
**etcetera** *n.* vesaire
**eternal** *a.* sonsuz
**eternity** *n.* sonsuzluk
**ether** *n.* eter
**ethical** *a* ahlaki
**ethics** *n.* etik
**etiquette** *n* görgü kuralları
**etymology** *n.* kökbilim
**eunuch** *n* önük
**evacuate** *v. t* tahliye etmek
**evacuation** *n* tahliye
**evade** *v. t* kaytarmak
**evaluate** *v. t* değerlendirmek
**evaporate** *v. i* buharlaşmak
**evasion** *n* kaytarma
**even** *a* eşit
**even** *v. t* eşitlemek
**even** *adv* tamamıyla
**evening** *n* akşam
**event** *n* olay
**eventually** *adv.* neticede
**ever** *adv* hep
**evergreen** *a* hep yeşil
**evergreen** *n* yaprağını dökmeyen
**everlasting** *a.* baki
**every** *a* her
**evict** *v. t* tahliye etmek
**eviction** *n* tahliye
**evidence** *n* delil
**evident** *a.* bariz
**evil** *n* müsibet

**evil** *a.* aksi
**evoke** *v. t* çağrıştırmak
**evolution** *n* evrim
**evolve** *v.t* evrimleşmek
**ewe** *n* marya
**exact** *a* aynı
**exaggerate** *v.t.* abartmak
**exaggeration** *n.* abartı
**exalt** *v. t* yüceltmek
**examination** *n.* sınav, muayene
**examine** *v. t* test etmek
**examinee** *n* sınava giren
**examiner** *n* denetçi
**example** *n* örnek
**excavate** *v.t.* kazmak
**excavation** *n.* kazı
**exceed** *v.t* aşmak
**excel** *v.i* sivrilmek
**excellence** *n.* mükemmellik
**excellency** *n* ekselans
**excellent** *a.* mükemmel
**except** *v. t* ayrı tutmak
**except** *prep* dışında
**exception** *n* istisna
**excess** *n* ilave
**excess** *a* aşırı
**exchange** *n* değiş tokuş
**exchange** *v. t* değiş tokuş etmek
**excise** *n* tüketim vergisi
**excite** *v. t* heyecanlandırmak
**exclaim** *v.i* haykırmak
**exclamation** *n* ünlem
**exclude** *v. t* saymamak
**exclusive** *a* ayrıcalıklı
**excommunicate** *v.t.* aforozlamak
**excursion** *n.* gezi
**excuse** *v.t* mazur görmek
**excuse** *n* özür
**execute** *v. t* icra etmek, idam etmek
**execution** *n* icra, idam
**executioner** *n.* cellat
**exempt** *v.t.* muaf tutmak

**exempt** *adj.* muaf
**exercise** *n.* egzersiz
**exercise** *v. t* egzersiz yapmak
**exhaust** *v.t.* bitkin düşürmek
**exhibit** *n.* teşhir
**exhibit** *v. t* sergilemek
**exhibition** *n.* sergi
**exile** *n.* sürgün
**exile** *v. t* sürgüne göndermek
**exist** *v.i* var olmak
**existence** *n* varlık
**exit** *n.* çıkış
**expand** *v.t.* genişlemek
**expansion** *n.* genişleme
**ex-parte** *a* tek taraflı
**ex-parte** *adv* tek taraflı
**expect** *v. t* ummak
**expectation** *n.* beklenti
**expedient** *a* münasip
**expedite** *v.t.* çabuklaştırmak
**expedition** *n* seyahat
**expel** *v.t.* kovmak
**expend** *v. t* sarfetmek
**expenditure** *n* sarf
**expense** *n.* harcama
**expensive** *a* pahalı
**experience** *n* deneyim
**experience** *v.t.* deneyimlemek
**experiment** *n* deney
**expert** *a* uzman
**expert** *n* uzman
**expire** *v.i.* süresi dolmak
**expiry** *n* vade
**explain** *v.t.* açıklamak
**explanation** *n* açıklama
**explicit** *a.* aşikar
**explode** *v.t.* patlamak
**exploit** *n* kahramanlık
**exploit** *v. t* sömürmek
**exploration** *n* keşif
**explore** *v.t* keşfetmek
**explosion** *n.* patlama

explosive *n.* patlayıcı
explosive *a* patlayıcı
exponent *n* yandaş
export *n* ihracat
export *v.t.* ihraç etmek
expose *v. t* ifşa etmek
express *v.t.* ifade etmek
express *a* acele
express *n* ekspres
expression *n.* ifade
expressive *a.* dışavurumcu
expulsion *n.* uzaklaştırma
extend *v. t* uzatmak
extent *n.* uzatma
external *a* dış
extinct *a* tükenmiş
extinguish *v.t* söndürmek
extol *v.t.* methetmek
extra *a* ek
extra *adv* ayrıca
extract *n* alıntı
extract *v. t* çıkarmak
extraordinary *a.* olağanüstü
extravagance *n* israf
extravagant *a* müsrif
extreme *a* aşırı
extreme *n* uç
extremist *n* müfrit
exult *v. i* coşmak
eye *n* göz
eyeball *n* göz yuvarı
eyelash *n* kirpik
eyelet *n* delik
eyewash *n* göz banyosu

**F**

fable *n.* fabl
fabric *n* kumaş
fabricate *v.t* uydurmak

fabrication *n* uydurma
fabulous *a* inanılmaz
facade *n* cephe
face *n* yüz
face *v.t* yüzleşmek
facet *n* façeta
facial *a* yüze ilişkin
facile *a* kolay
facilitate *v.t* kolaylaştırmak
facility *n* hizmet
fac-simile *n* suret
fact *n* gerçek
faction *n* gruplaşma
factious *a* fitneci
factor *n* etken
factory *n* fabrika
faculty *n* fakülte
fad *n* heves
fade *v.i* solmak
faggot *n* çalı çırpı
fail *v.i* başarısız olmak
failure *n* başarısızlık
faint *a* halsiz
faint *v.i* bayılmak
fair *a* adil, açık renkli
fair *n.* fuar
fairly *adv.* hayli
fairy *n* peri
faith *n* inanç
faithful *a* sadakatli
falcon *n* doğan
fall *v.i.* düşmek
fall *n* düşüş
fallacy *n* safsata
fallow *n* yoz
false *a* hatalı, sahte
falter *v.i* bocalamak
fame *n* ün
familiar *a* tanıdık
family *n* aile
famine *n* kıtlık
famous *a* ünlü

fan *n* vantilatör
fanatic *a* fanatik
fanatic *n* fanatik
fancy *n* düş
fancy *v.t* hoşlanmak
fantastic *a* harika
far *adv.* uzakta
far *a* uzak
far *n* uzak
farce *n* fars
fare *n* yol parası
farewell *n* veda
farewell *interj.* elveda
farm *n* çiftlik
farmer *n* çiftçi
fascinate *v.t* hayran bırakmak
fascination *n.* cazibe
fashion *n* moda
fashionable *a* modaya uygun
fast *a* hızlı
fast *adv* tamamen
fast *n* oruç
fast *v.i* oruç tutmak
fasten *v.t* bağlamak
fat *a* şişman
fat *n* yağ
fatal *a* ölümcül
fate *n* kader
father *n* baba
fathom *v.t* derinliğini ölçmek
fathom *n* kulaç
fatigue *n* yorgunluk
fatigue *v.t* yorulmak
fault *n* kusur
faulty *a* arızalı
fauna *n* fauna
favour *v.t* desteklemek
favour *n* iyilik
favourable *a* lehte
favourite *a* gözde
favourite *n* favori
fear *n* korku

fear *v.i* kuşkulanmak
fearful *a.* korkunç
feasible *a* makul
feast *n* şölen
feast *v.i* bayram yapmak
feat *n* verim
feather *n* tüy
feature *n* özellik
February *n* Şubat
federal *a* federal
federation *n* federasyon
fee *n* ücret
feeble *a* çelimsiz
feed *v.t* beslemek
feed *n* gıda
feel *v.t* hissetmek
feeling *n* his
feign *v.t* taslamak
felicitate *v.t* kutlamak
felicity *n* refah
fell *v.t* kesmek
fellow *n* üye
female *a* dişi
female *n* bayan
feminine *a* kadınsı
fence *n* çit
fence *v.t* çitle çevirmek
fend *v.t* uzaklaştırmak
ferment *n* galeyan
ferment *v.t* mayalanmak
fermentation *n* fermentasyon
ferocious *a* azgın
ferry *n* feribot
ferry *v.t* taşımak
fertile *a* bereketli
fertility *n* doğurganlık
fertilize *v.t* gübrelemek
fertilizer *n* gübre
fervent *a* ateşli
fervour *n* coşku
festival *n* festival
festive *a* şen

**festivity** *n* cümbüş
**festoon** *n* feston
**fetch** *v.t* alıp getirmek
**fetter** *n* köstek
**fetter** *v.t* köstek olmak
**feud** *n.* kan davası
**feudal** *a* feodal
**fever** *n* ateş
**few** *a* az
**fiasco** *n* fiyasko
**fibre** *n* lif
**fickle** *a* dönek
**fiction** *n* kurgu
**fictitious** *a* hayali
**fiddle** *n* keman
**fiddle** *v.i* aylaklık etmek
**fidelity** *n* bağlılık
**fie** *interj* yuh
**field** *n* saha
**fiend** *n* zalim
**fierce** *a* acımasız
**fiery** *a* ateşli
**fifteen** *n* onbeş
**fifty** *n.* elli
**fig** *n* incir
**fight** *n* kavga
**fight** *v.t* kavga etmek
**figment** *n* uydurma
**figurative** *a* timsali
**figure** *n* biçim
**figure** *v.t* düşünmek
**file** *n* dosya
**file** *v.t* dosyalamak
**file** *n* törpü
**file** *v.t* törpülemek
**file** *n* sicil
**file** *v.i.* kayda geçirmek
**fill** *v.t* doldurmak
**film** *n* film
**film** *v.t* film çekmek
**filter** *n* filtre
**filter** *v.t* filtrelemek

**filth** *n* pislik
**filthy** *a* pis
**fin** *n* yüzgeç
**final** *a* son
**finance** *n* finans
**finance** *v.t* finanse etmek
**financial** *a* finansal
**financier** *n* finansör
**find** *v.t* bulmak
**fine** *n* ceza
**fine** *v.t* ceza kesmek
**fine** *a* iyi
**finger** *n* parmak
**finger** *v.t* parmaklamak
**finish** *v.t* bitirmek
**finish** *n* bitiş
**finite** *a* sonu olan
**fir** *n* köknar
**fire** *n* ateş
**fire** *v.t* ateşlemek
**firm** *a* sıkı
**firm** *n.* firma
**first** *a* ilk
**first** *n* birinci
**first** *adv* ilkin
**fiscal** *a* mali
**fish** *n* balık
**fish** *v.i* balık avlamak
**fisherman** *n* balıkçı
**fissure** *n* fisür
**fist** *n* yumruk
**fistula** *n* fistül
**fit** *v.t* yakışmak
**fit** *a* zinde
**fit** *n* kriz
**fitful** *a* değişken
**fitter** *n* montajcı
**five** *n* beş
**fix** *v.t* onarmak
**fix** *n* tamir
**flabby** *a* gevşek
**flag** *n* bayrak

flagrant *a* göze batan
flame *n* alev
flame *v.i* tutuşmak
flannel *n* fanila
flare *v.i* alevlenmek
flare *n* alevlenme, çan etek
flash *n* flaş
flash *v.t* aydınlatmak
flask *n* matara
flat *a* dümdüz
flat *n* apartman dairesi
flatter *v.t* yağlamak
flattery *n* dalkavukluk
flavour *n* lezzet
flaw *n* kusur
flea *n.* pire
flee *v.i* firar etmek
fleece *n* post
fleece *v.t* dolandırmak
fleet *n* filo
flesh *n* et
flexible *a* esnek
flicker *n* titreme
flicker *v.t* titreşmek
flight *n* uçuş
flimsy *a* dayanıksız
fling *v.t* fırlatmak
flippancy *n* küstahlık
flirt *n* flört
flirt *v.i* flört etmek
float *v.i* batmamak
flock *n* sürü
flock *v.i* toplanmak
flog *v.t* kamçılamak
flood *n* sel
flood *v.t* sel basmak
floor *n* zemin
floor *v.t* zeminleştirmek
flora *n* bitki örtüsü
florist *n* çiçekçi
flour *n* un
flourish *v.i* gelişmek

flow *n* akış
flow *v.i* akmak
flower *n* çiçek
flowery *a* süslü
fluent *a* akıcı
fluid *a* akıcı
fluid *n* sıvı
flush *v.i* yüzü kızarmak
flush *n* kızartı
flute *n* flüt
flute *v.i* flüt çalmak
flutter *n* çırpınma
flutter *v.t* çırpınmak
fly *n* uçuş
fly *v.i* uçmak
foam *n* köpük
foam *v.t* köpüklenmek
focal *a* fokal
focus *n* odak
focus *v.t* odaklanmak
fodder *n* saman
foe *n* hasım
fog *n* sis
foil *v.t* set çekmek
fold *n* kat
fold *v.t* katlamak
foliage *n* yeşillik
follow *v.t* izlemek
follower *n* destekçi
folly *n* akılsızlık
foment *v.t* kışkırmak
fond *a* düşkün
fondle *v.t* okşamak
food *n* yemek
fool *n* budala
foolish *a* budalaca
foolscap *n* büyük boy kağıt
foot *n* ayak
for *prep* için
for *conj.* çünkü, amacıyla
forbid *v.t* yasaklamak
force *n* kuvvet

**force** *v.t* zorlamak
**forceful** *a* kuvvetli
**forcible** *a* tesirli
**forearm** *n* ön kol
**forearm** *v.t* silahlanmak
**forecast** *n* hava tahmini
**forecast** *v.t* tahmin etmek
**forefather** *n* ata
**forefinger** *n* işaret parmağı
**forehead** *n* alın
**foreign** *a* yabancı
**foreigner** *n* yabancı
**foreknowledge** *n.* önbilgi
**foreleg** *n* ön ayak
**forelock** *n* perçem
**foreman** *n* usta
**foremost** *a* en önemli
**forenoon** *n* öğleden evvel
**forerunner** *n* mübeşşir
**foresee** *v.t* ileriyi görmek
**foresight** *n* önsezi
**forest** *n* orman
**forestall** *v.t* önlemek
**forester** *n* korucu
**forestry** *n* ormancılık
**foretell** *v.t* gaipten haber vermek
**forethought** *n* basiret
**forever** *adv* ebediyen
**forewarn** *v.t* önceden uyarmak
**foreword** *n* önsöz
**forfeit** *v.t* ceza olarak kaybetmek
**forfeit** *n* bedel
**forfeiture** *n* ceza
**forge** *n* demirhane
**forge** *v.t* demir dövmek
**forgery** *n* sahtecilik
**forget** *v.t* unutmak
**forgetful** *a* unutkan
**forgive** *v.t* affetmek
**forgo** *v.t* feragat etmek
**forlorn** *a* ıssız
**form** *n* şekil

**form** *v.t.* şekillendirmek
**formal** *a* resmi
**format** *n* biçim
**formation** *n* biçimlendirme
**former** *a* önceki
**former** *pron* geçen
**formerly** *adv* önceden
**formidable** *a* zorlu
**formula** *n* formül
**formulate** *v.t* formülleştirmek
**forsake** *v.t.* yüzüstü bırakmak
**forswear** *v.t.* tövbe etmek
**fort** *n.* hisar
**forte** *n.* güçlü taraf
**forth** *adv.* ileri
**forthcoming** *a.* yaklaşan
**forthwith** *adv.* derhal
**fortify** *v.t.* güçlendirmek
**fortitude** *n.* dayanıklı
**fort-night** *n.* iki hafta
**fortress** *n.* büyük hisar
**fortunate** *a.* talihli
**fortune** *n.* talih
**forty** *n.* kırk
**forum** *n.* forum
**forward** *a.* gelişmiş
**forward** *adv* ileri
**forward** *v.t* ilerletmek
**fossil** *n.* fosil
**foster** *v.t.* büyütmek
**foul** *a.* ayıp
**found** *v.t.* kurmak
**foundation** *n.* kuruluş
**founder** *n.* kurucu
**foundry** *n.* dökmecilik
**fountain** *n.* fıskiye
**four** *n.* dört
**fourteen** *n.* ondört
**fowl** *n.* av kuşu
**fowler** *n.* avcı kuş
**fox** *n.* tilki

fraction *n.* kesir
fracture *n.* kırık
fracture *v.t* çatlamak
fragile *a.* kırılgan
fragment *n.* parça
fragrance *n.* koku
fragrant *a.* kokulu
frail *a.* narin
frame *v.t.* suç yüklemek
frame *n* çerçeve
frank *a.* dürüst
frantic *a.* dellenmiş
fraternal *a.* kardeşçe
fraternity *n.* kardeşlik
fratricide *n.* kardeş katilliği
fraud *n.* hile
fraudulent *a.* hileli
fraught *a.* endişeli
fray *n* arbede
free *a.* özgür, bedava
free *v.t* özgür bırakmak
freedom *n.* özgürlük
freeze *v.i.* dondurmak
freight *n.* nakliye
French *a.* Fransız
French *n* Fransız, Fransızca
frenzy *n.* çılgınlık
frequency *n.* sıklık
frequent *n.* sık
fresh *a.* taze
fret *n.* aşındırma
fret *v.t.* aşındırmak
friction *n.* sürtünme
Friday *n.* Cuma
fridge *n.* buzluk
friend *n.* arkadaş
fright *n.* korku
frighten *v.t.* korkutmak
frigid *a.* duygusuz
frill *n.* fırfır
fringe *n.* kahkül
fringe *v.t* kenar takmak

frivolous *a.* önemsiz
frock *n.* cübbe
frog *n.* kurbağa
frolic *n.* muziplik
frolic *v.i.* gülüp geçmek
from *prep.* -dan, -den
front *n.* ön
front *a* ön
front *v.t* önünde bulunmak
frontier *n.* hudut
frost *n.* ayaz
frown *n.* kaç çatma
frown *v.i* kaşlarını çatmak
frugal *a.* tutumlu
fruit *n.* meyve
fruitful *a.* verimli
frustrate *v.t.* hüsrana uğratmak
frustration *n.* hüsran
fry *v.t.* kızartmak
fry *n* kızartma
fuel *n.* yakıt
fugitive *a.* kaçak
fugitive *n.* kaçak
fulfil *v.t.* tamamlamak
fulfilment *n.* tamamlama
full *a.* dolu
full *adv.* tamamen
fullness *n.* doluluk
fully *adv.* tamamıyla
fumble *v.i.* yoklamak
fun *n.* eğlenceli
function *n.* işlev
function *v.i* faaliyette bulunmak
functionary *n.* görevli
fund *n.* fon
fundamental *a.* esas
funeral *n.* cenaze
fungus *n.* mantar
funny *n.* komik
fur *n.* kürk
furious *a.* sinirli
furl *v.t.* sarmak

| | |
|---|---|
| furlong *n.* | milin sekizde biri |
| furnace *n.* | ocak |
| furnish *v.t.* | döşemek |
| furniture *n.* | mobilya |
| furrow *n.* | evlek |
| further *adv.* | daha uzaktaki |
| further *a* | daha |
| further *v.t* | ilerlemesini sağlamak |
| fury *n.* | gazap |
| fuse *v.t.* | kaynaştırmak |
| fuse *n* | sigorta |
| fusion *n.* | kaynaşma |
| fuss *n.* | yaygara |
| fuss *v.i* | yaygara koparmak |
| futile *a.* | nafile |
| futility *n.* | faydasızlık |
| future *a.* | gelecek |
| future *n* | gelecek |

# G

| | |
|---|---|
| gabble *v.i.* | gevezelik etmek |
| gadfly *n.* | atsineği |
| gag *v.t.* | susturmak |
| gag *n.* | tıkaç |
| gaiety *n.* | sevinç |
| gain *v.t.* | elde etmek |
| gain *n* | kazanç |
| gainsay *v.t.* | inkar etmek |
| gait *n.* | gidiş |
| galaxy *n.* | galaksi |
| gale *n.* | sert rüzgar |
| gallant *a.* | efendi |
| gallant *n* | efendi |
| gallantry *n.* | efendilik |
| gallery *n.* | galeri |
| gallon *n.* | galon |
| gallop *n.* | at koşusu |
| gallop *v.t.* | dörtnala koşmak |
| gallows *n..* | darağacı |

| | |
|---|---|
| galore *adv.* | bolca |
| galvanize *v.t.* | galvanizlemek |
| gamble *v.i.* | kumar oynamak |
| gamble *n* | kumar |
| gambler *n.* | kumarbaz |
| game *n.* | oyun |
| game *v.i* | kumar oynamak |
| gander *n.* | erkek kaz |
| gang *n.* | çete |
| gangster *n.* | gangster |
| gap *n* | boşluk |
| gape *v.i.* | bakakalmak |
| garage *n.* | garaj |
| garb *n.* | giysi |
| garb *v.t* | giydirmek |
| garbage *n.* | çöplük |
| garden *n.* | bahçe |
| gardener *n.* | bahçıvan |
| gargle *v.i.* | gargara yapmak |
| garland *n.* | çelenk |
| garland *v.t.* | çelenk giydirmek |
| garlic *n.* | sarımsak |
| garment *n.* | giyecek |
| garter *n.* | jartiyer |
| gas *n.* | gaz |
| gasket *n.* | kalçete |
| gasp *n.* | soluma |
| gasp *v.i* | nefesi kesilmek |
| gassy *a.* | gazlı |
| gastric *a.* | midesel |
| gate *n.* | geçit |
| gather *v.t.* | toplamak |
| gaudy *a.* | aşırı süslü |
| gauge *n.* | ayar |
| gauntlet *n.* | zırh eldiveni |
| gauntlet *a.* | keyifli |
| gaze *v.t.* | dik dik bakmak |
| gaze *n* | dik bakış |
| gazette *n.* | gazete |
| gear *n.* | vites |
| geld *v.t.* | burmak |
| gem *n* | mücevher |

**gender** *n.* cinsiyet
**general** *a.* genel
**generally** *adv.* genelde
**generate** *v.t.* üretmek
**generation** *n.* nesil
**generator** *n.* jeneratör
**generosity** *n.* cömertlik
**generous** *a.* cömert
**genius** *n.* dahi
**gentle** *a.* kibar
**gentleman** *n.* centilmen
**gentry** *n.* üst tabaka
**genuine** *a.* hakiki
**geographer** *n.* coğrafyacı
**geographical** *a.* coğrafi
**geography** *n.* coğrafya
**geological** *a.* jeolojik
**geologist** *n.* jeolojist
**geology** *n.* jeoloji
**geometrical** *a.* geometrik
**geometry** *n.* geometri
**germ** *n.* mikrop
**germicide** *n.* antiseptik
**germinate** *v.i.* çimlendirmek
**germination** *n.* çimlendirme
**gerund** *n.* ulaç
**gesture** *n.* el kol hareketi
**get** *v.t.* almak
**ghastly** *a.* feci
**ghost** *n.* hayalet
**giant** *n.* dev
**gibbon** *n.* jibon
**gibe** *v.i.* alay etmek
**gibe** *n* alay
**giddy** *a.* sersem
**gift** *n.* armağan
**gifted** *a.* kabiliyetli
**gigantic** *a.* devasa
**giggle** *v.i.* kıkırdamak
**gild** *v.t.* allayıp pullamak
**gilt** *a.* süslü
**ginger** *n.* zencefil

**giraffe** *n.* zürafa
**gird** *v.t.* çevrelemek
**girder** *n.* kiriş
**girdle** *n.* korse
**girdle** *v.t* çevrelemek
**girl** *n.* kız
**girlish** *a.* kızımsı
**gist** *n.* anafikir
**give** *v.t.* vermek
**glacier** *n.* buzul
**glad** *a.* memnun
**gladden** *v.t.* sevindirmek
**glamour** *n.* cazibe
**glance** *n.* kısa bakış
**glance** *v.i.* bakış atmak
**gland** *n.* beze
**glare** *n.* kızgın bakış
**glare** *v.i* ters ters bakmak
**glass** *n.* cam
**glaucoma** *n.* glakom
**glaze** *v.t.* cilalamak
**glaze** *n* cila
**glazier** *n.* camcı
**glee** *n.* neşe
**glide** *v.t.* süzülmek
**glider** *n.* planör
**glimpse** *n.* görüverme
**glitter** *v.i.* parıldamak
**glitter** *n* parıltı
**global** *a.* küresel
**globe** *n.* küre
**gloom** *n.* kasvet
**gloomy** *a.* kasvetli
**glorification** *n.* sena
**glorify** *v.t.* göklere çıkarmak
**glorious** *a.* ihtişamlı
**glory** *n.* şan
**gloss** *n.* cila
**glossary** *n.* sözlükçe
**glossy** *a.* cilalı
**glove** *n.* eldiven
**glow** *v.i.* korlaşmak

**glow** *n* parıltı
**glucose** *n.* glükoz
**glue** *n.* yapışkan
**glut** *v.t.* taşırmak
**glut** *n* furya
**glutton** *n.* obur
**gluttony** *n.* oburluk
**glycerine** *n.* gliserin
**go** *v.i.* gitmek
**goad** *n.* teşvik
**goad** *v.t* dürtmek
**goal** *n.* amaç, gol
**goat** *n.* keçi
**gobble** *n.* gulu gulu
**goblet** *n.* kadeh
**god** *n.* tanrı
**goddess** *n.* tanrıça
**godhead** *n.* tanrılık
**godly** *a.* dindar
**godown** *n.* antrepo
**godsend** *n.* ganimet
**goggles** *n.* gözlük
**gold** *n.* altın
**golden** *a.* altından
**goldsmith** *n.* kuyumcu
**golf** *n.* golf
**gong** *n.* gong
**good** *a.* iyi
**good** *n* iyi
**good-bye** *interj.* güle güle
**goodness** *n.* iyilik
**goodwill** *n.* iyi niyet
**goose** *n.* kaz
**gooseberry** *n.* bektaşi üzümü
**gorgeous** *a.* muhteşem
**gorilla** *n.* goril
**gospel** *n.* incil
**gossip** *n.* dedikodu
**gourd** *n.* sukabağı
**gout** *n.* gut
**govern** *v.t.* yönetmek
**governance** *n.* yönetim

**governess** *n.* mürebbiye
**government** *n.* hükümet
**governor** *n.* vali
**gown** *n.* gecelik
**grab** *v.t.* kavramak
**grace** *n.* zarafet
**grace** *v.t.* zarafet
**gracious** *a.* zarif
**gradation** *n.* derece
**grade** *n.* derece
**grade** *v.t* puanlamak
**gradual** *a.* kademeli
**graduate** *v.i.* mezun olmak
**graduate** *n* mezun
**graft** *n.* yama
**graft** *v.t* yamalamak
**grain** *n.* tahıl
**grammar** *n.* dilbilgisi
**grammarian** *n.* gramerci
**gramme** *n.* gram
**gramophone** *n.* gramofon
**grand** *a.* görkemli
**grandeur** *n.* ihtişam
**grannary** *n.* silo
**grant** *v.t.* kabul etmek
**grant** *n* ödenek
**grape** *n.* üzüm
**graph** *n.* çizim
**graphic** *a.* çarpıcı
**grapple** *n.* çengel
**grapple** *v.i.* cebelleşmek
**grasp** *v.t.* kavramak
**grasp** *n* kavrayış
**grass** *n* ot
**grate** *n.* kalbur
**grate** *v.t* rendelemek
**grateful** *a.* minnettar
**gratification** *n.* haz
**gratis** *adv.* bedava
**gratitude** *n.* minnettarlık
**gratuity** *n.* teberru
**grave** *n.* mezar

**grave** *a.* mezar
**gravitate** *v.i.* çekilmek
**gravitation** *n.* yerçekimi
**gravity** *n.* yerçekimi
**graze** *v.i.* otlamak
**graze** *n* sıyrık
**grease** *n* yağ
**grease** *v.t.* yağlamak
**greasy** *a.* yağlı
**great** *a* büyük
**greed** *n.* hırs
**greedy** *a.* hırslı
**Greek** *n.* Yunanlı
**Greek** *a* Yunan
**green** *a.* yeşil
**green** *n* yeşil
**greenery** *n.* yeşillik
**greet** *v.t.* selamlamak
**grenade** *n.* el bombası
**grey** *a.* gri
**greyhound** *n.* tazı
**grief** *n.* keder
**grievance** *n.* yakınma
**grieve** *v.t.* kederlenmek
**grievous** *a.* acıklı
**grind** *v.i.* öğütmek
**grinder** *n.* öğütücü
**grip** *v.t.* sımsıkı tutmak
**grip** *n* sap
**groan** *v.i.* inlemek
**groan** *n* inleme
**grocer** *n.* bakkal
**grocery** *n.* manav
**groom** *n.* damat
**groom** *v.t* kaşağılamak
**groove** *n.* oluk
**groove** *v.t* dalmak
**grope** *v.t.* ellemek
**gross** *n.* brüt
**gross** *a* iğrenç
**grotesque** *a.* grotesk
**ground** *n.* zemin

**group** *n.* grup
**group** *v.t.* gruplandırmak
**grow** *v.t.* büyümek
**grower** *n.* üretici
**growl** *v.i.* homurdanmak
**growl** *n* homurtu
**growth** *n.* büyüme
**grudge** *v.t.* esirgemek
**grudge** *n* kin
**grumble** *v.i.* guruldamak
**grunt** *n.* hırlama
**grunt** *v.i.* hırlamak
**guarantee** *n.* garanti
**guarantee** *v.t* garanti etmek
**guard** *v.i.* korumak
**guard** *n.* bekçi
**guardian** *n.* vasi
**guava** *n.* guava
**guerilla** *n.* gerilla
**guess** *n.* tahmin
**guess** *v.i* tahmin etmek
**guest** *n.* misafir
**guidance** *n.* rehberlik
**guide** *v.t.* kılavuzluk etmek
**guide** *n.* kılavuz
**guild** *n.* lonca
**guile** *n.* üçkağıtçılık
**guilt** *n.* suçluluk
**guilty** *a.* suçlu
**guise** *n.* maske
**guitar** *n.* gitar
**gulf** *n.* körfez
**gull** *n.* martı
**gull** *n* oyun
**gull** *v.t* dolandırmak
**gulp** *n.* yudum
**gum** *n.* sakız
**gun** *n.* tabanca
**gust** *n.* bora
**gutter** *n.* oluk
**guttural** *a.* gırtlaksı
**gymnasium** *n.* spor salonu

**gymnast** *n.* jimnastikçi
**gymnastic** *a.* jimnastik
**gymnastics** *n.* jimnastik

# H

**habeascorpus** *n.* ihzar emri
**habit** *n.* alışkanlık
**habitable** *a.* oturulabilir
**habitat** *n.* doğal ortam
**habitation** *n.* ikamet
**habituate** *v.t.* alışkanlık
**hack** *v.t.* atla gezmek
**hag** *n.* acuze
**haggard** *a.* bezgin
**haggle** *v.i.* pazarlık etmek
**hail** *n.* dolu
**hail** *v.i* dolu yağmak
**hail** *v.t* selamlamak
**hair** *n* saç
**hale** *a.* yarı
**half** *n.* yarım
**half** *a* yarı
**hall** *n.* koridor
**hallmark** *n.* ayar damgası
**hallow** *v.t.* kutsamak
**halt** *v.t.* durdurmak
**halt** *n* duruş
**halve** *v.t.* yarıya bölmek
**hamlet** *n.* mezra
**hammer** *n.* çekiç
**hammer** *v.t* çekiçlemek
**hand** *n* el
**hand** *v.t* vermek
**handbill** *n.* el ilanı
**handbook** *n.* kitapçık
**handcuff** *n.* kelepçe
**handcuff** *v.t* kelepçelemek
**handful** *n.* avuç dolusu
**handicap** *v.t.* engellemek

**handicap** *n* mani
**handicraft** *n.* el sanatı
**handiwork** *n.* el işi
**handkerchief** *n.* mendil
**handle** *n.* kulp
**handle** *v.t* başa çıkmak
**handsome** *a.* yakışıklı
**handy** *a.* pratik
**hang** *v.t.* asmak
**hanker** *v.i.* arzulamak
**haphazard** *a.* gelişigüzel
**happen** *v.t.* olmak
**happening** *n.* olay
**happiness** *n.* mutluluk
**happy** *a.* mutlu
**harass** *v.t.* rahatsız etmek
**harassment** *n.* taciz
**harbour** *n.* liman
**harbour** *v.t* barınmak
**hard** *a.* sert
**harden** *v.t.* sertleşmek
**hardihood** *n.* küstahlık
**hardly** *adv.* neredeyse hiç
**hardship** *n.* sıkıntı
**hardy** *adj.* cesur
**hare** *n.* tavşan
**harm** *n.* zarar
**harm** *v.t* zarar vermek
**harmonious** *a.* ahenkli
**harmonium** *n.* harmonyum
**harmony** *n.* uyum
**harness** *n.* koşum
**harness** *v.t* koşum takmak
**harp** *n.* harp
**harsh** *a.* hırçın
**harvest** *n.* hasat
**harvester** *n.* biçerdöver
**haste** *n.* acele
**hasten** *v.i.* hız vermek
**hasty** *a.* telaşçı
**hat** *n.* şapka
**hatchet** *n.* nacak

hate *n.* nefret
hate *v.t.* nefret etmek
haughty *a.* kibirli
haunt *v.t.* dadanmak
haunt *n* buluşma yeri
have *v.t.* sahip olmak
haven *n.* liman
havoc *n.* tahribat
hawk *n* atmaca
hawker *n* çerçi
hawthorn *n.* alıç
hay *n.* saman
hazard *n.* tehlike
hazard *v.t* riske girmek
haze *n.* pus
hazy *a.* puslu
he *pron.* o (erkek)
head *n.* baş
head *v.t* başına geçmek
headache *n.* baş ağrısı
heading *n.* başlık
headlong *adv.* paldır küldür
headstrong *a.* dik kafalı
heal *v.i.* iyileşmek
health *n.* sağlık
healthy *a.* sağlıklı
heap *n.* yığın
heap *v.t* yığmak
hear *v.t.* duymak
hearsay *n.* söylenti
heart *n.* kalp
hearth *n.* ocak
heartily *adv.* iyi niyetle
heat *n.* ısı
heat *v.t* ısıtmak
heave *v.i.* çekmek
heaven *n.* cennet
heavenly *a.* göksel
hedge *n.* çit
hedge *v.t* kuşatmak
heed *v.t.* önemsemek
heed *n* özen

heel *n.* topuk
hefty *a.* ağır
height *n.* yükseklik
heighten *v.t.* yükseltmek
heinous *a.* iğrenç
heir *n.* mirasçı
hell *a.* cehennem
helm *n.* dümen
helmet *n.* kask
help *v.t.* yardım etmek
help *n* yardım
helpful *a.* yardımcı
helpless *a.* beceriksiz
helpmate *n.* can yoldaşı
hemisphere *n.* yarıküre
hemp *n.* haşhaş
hen *n.* tavuk
hence *adv.* dolayısıyla
henceforth *adv.* bundan böyle
henceforward *adv.* bundan böyle
henchman *n.* sağ kol
henpecked *a.* kılıbık
her *pron.* onu, ona
her *a* onun
herald *n.* müjdeci
herald *v.t* bildirmek
herb *n.* şifalı bitki
herculean *a.* herkül gibi
herd *n.* sürü
herdsman *n.* çoban
here *adv.* burada
hereabouts *adv.* buralarda
hereafter *adv.* gelecekte
hereditary *n.* ırsi
heredity *n.* ırsiyet
heritable *a.* kalıtsal
heritage *n.* miras
hermit *n.* keşiş
hermitage *n.* inziva yeri
hernia *n.* fıtık
hero *n.* kahraman
heroic *a.* kahramanca

| | |
|---|---|
| **heroine** *n.* kadın kahraman | **hitherto** *adv.* şimdiye dek |
| **heroism** *n.* kahramanlık | **hive** *n.* kovanı |
| **herring** *n.* ringa | **hoarse** *a.* boğuk |
| **hesitant** *a.* kararsız | **hoax** *n.* hile |
| **hesitate** *v.i.* tereddüt etmek | **hoax** *v.t* kafaya almak |
| **hesitation** *n.* duraksama | **hobby** *n.* hobi |
| **hew** *v.t.* yontmak | **hobby-horse** *n.* oyuncak at |
| **heyday** *n.* altın çağ | **hockey** *n.* hokey |
| **hibernation** *n.* hibernasyon | **hoist** *v.t.* bayrak çekmek |
| **hiccup** *n.* hıçkırık | **hold** *n.* tutuş |
| **hide** *n.* saklanma yeri | **hold** *v.t* tutmak |
| **hide** *v.t* saklanmak | **hole** *n* delik |
| **hideous** *a.* berbat | **hole** *v.t* delik açmak |
| **hierarchy** *n.* hiyerarşi | **holiday** *n.* tatil |
| **high** *a.* üksek | **hollow** *a.* kof |
| **highly** *adv.* son derece | **hollow** *n.* oyuk |
| **Highness** *n.* Ekselansları | **hollow** *v.t* çukur açmak |
| **highway** *n.* otoyol | **holocaust** *n.* facia |
| **hilarious** *a.* neşeli | **holy** *a.* kutsal |
| **hilarity** *n.* neşe | **homage** *n.* bağlılık |
| **hill** *n.* tepe | **home** *n.* yuva |
| **hillock** *n.* tepecik | **homeopathy** *n.* homeopati |
| **him** *pron.* onu | **homicide** *n.* adam öldürme |
| **hinder** *v.t.* engellemek | **homoeopath** *n.* homeopat |
| **hindrance** *n.* engel | **homogeneous** *a.* homojen |
| **hint** *n.* ipucu | **honest** *a.* dürüst |
| **hint** *v.i* ipucu vermek | **honesty** *n.* dürüstlük |
| **hip** *n* kalça | **honey** *n.* bal |
| **hire** *n.* kiralama | **honeycomb** *n.* petek |
| **hire** *v.t* kiralama | **honeymoon** *n.* balayı |
| **hireling** *n.* paragöz tip | **honorarium** *n.* hibe |
| **his** *pron.* onun (erkek) | **honorary** *a.* fahri |
| **hiss** *n* tıs | **honour** *n.* onur |
| **hiss** *v.i* tıslamak | **honour** *v. t* onurlandırmak |
| **historian** *n.* tarihçi | **honourable** *a.* şerefli |
| **historic** *a*. tarihi | **hood** *n.* kukuleta |
| **historical** *a.* tarihi | **hoodwink** *v.t.* göz boyamak |
| **history** *n.* tarih | **hoof** *n.* toynak |
| **hit** *v.t.* vurmak | **hook** *n.* kanca |
| **hit** *n* vuruş | **hooligan** *n.* holigan |
| **hitch** *n.* çekiş | **hoot** *n.* yuha |
| **hither** *adv.* çekmek | **hoot** *v.i* yuhalamak |

| | |
|---|---|
| **hop** *v. i* hoplamak | **human** *a.* insan |
| **hop** *n* hop | **humane** *a.* insancıl |
| **hope** *v.t.* umudetmek | **humanitarian** *a* insani |
| **hope** *n* umut | **humanity** *n.* insanlık |
| **hopeful** *a.* umutlu | **humanize** *v.t.* insanlaştırmak |
| **hopeless** *a.* umutsuz | **humble** *a.* mütevazi |
| **horde** *n.* kalabalık | **humdrum** *a.* tekdüze |
| **horizon** *n.* ufuk | **humid** *a.* nemli |
| **horn** *n.* boynuz | **humidity** *n.* nem |
| **hornet** *n.* eşekarısı | **humiliate** *v.t.* aşağılamak |
| **horrible** *a.* korkunç | **humiliation** *n.* aşağılama |
| **horrify** *v.t.* korkutmak | **humility** *n.* tevazu |
| **horror** *n.* korku | **humorist** *n.* mizahçı |
| **horse** *n.* at | **humorous** *a.* gülünç |
| **horticulture** *n.* bahçecilik | **humour** *n.* mizah |
| **hose** *n.* hortum | **hunch** *n.* önsezi |
| **hosiery** *n.* çorap | **hundred** *n.* yüz |
| **hospitable** *a.* konuksever | **hunger** *n* açlık |
| **hospital** *n.* hastahane | **hungry** *a.* aç |
| **hospitality** *n.* misafirperverlik | **hunt** *v.t.* avlamak |
| **host** *n.* ev sahibi | **hunt** *n* av |
| **hostage** *n.* rehin | **hunter** *n.* avcı |
| **hostel** *n.* hostel | **huntsman** *n.* erkek avcı |
| **hostile** *a.* düşmanca | **hurdle** *n.* engel |
| **hostility** *n.* düşmanlık | **hurdle** *v.t* halletmek |
| **hot** *a.* sıcak, seksi | **hurl** *v.t.* fırlatmak |
| **hotchpotch** *n.* karışım | **hurrah** *interj.* oley |
| **hotel** *n.* otel | **hurricane** *n.* kasırga |
| **hound** *n.* tazı | **hurry** *v.t.* acele etmek |
| **hour** *n.* saat | **hurry** *n* acele |
| **house** *n* ev | **hurt** *v.t.* acıtmak |
| **house** *v.t* barındırmak | **hurt** *n* zarar |
| **how** *adv.* nasıl | **husband** *n* koca |
| **however** *adv.* nasıl olursa | **husbandry** *n.* çiftçilik |
| **however** *conj* ancak | **ḥush** *n* hişt |
| **howl** *v.t.* feryat etmek | **hush** *v.i* susturmak |
| **howl** *n* feryat | **husk** *n.* kılıf |
| **hub** *n.* poyra | **husky** *a.* boğuk |
| **hubbub** *n.* şamata | **hut** *n.* kulübe |
| **huge** *a.* kocaman | **hyaenahyaena** *n.* sırtlan |
| **hum** *v. i* mırıldanmak | **hybrid** *a.* karma |
| **hum** *n* mırıtı | **hybrid** *n* karışım |

**hydrogen** *n.* hidrojen
**hygiene** *n.* hijyen
**hygienic** *a.* hijyenik
**hymn** *n.* ilahi
**hyperbole** *n.* mübalağa
**hypnotism** *n.* hipnoz
**hypnotize** *v.t.* hipnotize
**hypocrisy** *n.* ikiyüzlülük
**hypocrite** *n.* ikiyüzlü
**hypocritical** *a.* riyakar
**hypothesis** *n.* varsayım
**hypothetical** *a.* varsayımsal
**hysteria** *n.* isteri
**hysterical** *a.* isterik

**I**

**I** *pron.* ben
**Indian** *a.* Hindistanlı
**Irish** *a.* İrlanda'ya ait
**Irish** *n.* İrlandalı
**Italian** *a.* İtalya'ya ait
**Italian** *n.* İtalyan
**ice** *n.* buz
**iceberg** *n.* buzul
**icicle** *n.* buz sarkıtı
**icy** *a.* buzlu
**idea** *n.* fikir
**ideal** *a.* ideal
**ideal** *n* ülkü
**idealism** *n.* idealizm
**idealist** *n.* idealist
**idealistic** *a.* idealist
**idealize** *v.t.* idealleştirmek
**identical** *a.* tıpkı
**identification** *n.* tanımlama
**identify** *v.t.* tanılamak
**identity** *n.* kimlik
**idiocy** *n.* budalalık
**idiom** *n.* deyim

**idiomatic** *a.* deyimsel
**idiot** *n.* aptal
**idiotic** *a.* aptalca
**idle** *a.* başıboş
**idleness** *n.* avarelik
**idler** *n.* aylak
**idol** *n.* idol
**idolater** *n.* putperest
**if** *conj.* eğer
**ignoble** *a.* cibilliyetsiz
**ignorance** *n.* cehalet
**ignorant** *a.* cahil
**ignore** *v.t.* görmezden gelmek
**ill** *a.* hasta, aksi
**ill** *adv.* kötü biçimde
**ill** *n* fena
**illegal** *a.* yasadışı
**illegibility** *n.* okunaksızlık
**illegible** *a.* okunaksız
**illegitimate** *a.* gayrimeşru
**illicit** *a.* kanunsuz
**illiteracy** *n.* okumamışlık
**illiterate** *a.* okumamış
**illness** *n.* hastalık
**illogical** *a.* mantıksız
**illuminate** *v.t.* aydınlatmak
**illumination** *n.* aydınlatma
**illusion** *n.* ilüzyon
**illustrate** *v.t.* örneklerle açıklamak
**illustration** *n.* illüstrasyon
**image** *n.* imge
**imagery** *n.* imgelem
**imaginary** *a.* hayali
**imagination** *n.* hayal gücü
**imaginative** *a.* hayalperest
**imagine** *v.t.* hayal etmek
**imitate** *v.t.* taklit etmek
**imitation** *n.* taklit
**imitator** *n.* taklitçi
**immaterial** *a.* ehemmiyetsiz
**immature** *a.* toy
**immaturity** *n.* toyluk

**immeasurable** *a.* sınırsız
**immediate** *a.* derhal
**immemorial** *a.* kadim
**immense** *a.* engin
**immensity** *n.* enginlik
**immerse** *v.t.* daldırmak
**immersion** *n.* batırılma
**immigrant** *n.* göçmen
**immigrate** *v.i.* göç etmek
**immigration** *n.* göç
**imminent** *a.* an meselesi
**immodest** *a.* edepsiz
**immodesty** *n.* arsızlık
**immoral** *a.* ahlaksız
**immorality** *n.* ahlaksızlık
**immortal** *a.* ölümsüz
**immortality** *n.* ölümsüzlük
**immortalize** *v.t.* ölümsüzleştirmek
**immovable** *a.* taşınmaz
**immune** *a.* bağışık
**immunity** *n.* bağışıklık
**immunize** *v.t.* bağışıklık kazanmak
**impact** *n.* etki
**impart** *v.t.* açıklamak
**impartial** *a.* tarafsız
**impartiality** *n.* tarafsızlık
**impassable** *a.* geçilmez
**impasse** *n.* çıkmaz
**impatience** *n.* sabırsızlık
**impatient** *a.* sabırsız
**impeach** *v.t.* itham etmek
**impeachment** *n.* suçlama
**impede** *v.t.* engellemek
**impediment** *n.* engel
**impenetrable** *a.* anlaşılmaz
**imperative** *a.* zorunluluk
**imperfect** *a.* kusurlu
**imperfection** *n.* kusur
**imperial** *a.* görkemli
**imperialism** *n.* emperyalizm
**imperil** *v.t.* tehlikeye atmak
**imperishable** *a.* bozulmaz

**impersonal** *a.* kişiliksiz
**impersonate** *v.t.* taklit etmek
**impersonation** *n.* kişileştirme
**impertinence** *n.* küstahlık
**impertinent** *a.* küstah
**impetuosity** *n.* acelecilik
**impetuous** *a.* aceleci
**implement** *n.* donanım
**implement** *v.t.* gerçekleştirmek
**implicate** *v.t.* içermek
**implication** *n.* içerim
**implicit** *a.* dahili
**implore** *v.t.* dilemek
**imply** *v.t.* ima etmek
**impolite** *a.* kaba
**import** *v.t.* ithal etmek
**import** *n.* ithal
**importance** *n.* önem
**important** *a.* önemli
**impose** *v.t.* empoze etmek
**imposing** *a.* heybetli
**imposition** *n.* hile, ceza
**impossibility** *n.* dayatma
**impossible** *a.* imkansız
**impostor** *n.* düzenbaz
**imposture** *n.* düzenbazlık
**impotence** *n.* acizlik
**impotent** *a.* iktidarsız
**impoverish** *v.t.* fakirleştirmek
**impracticability** *n.* elverişsizlik
**impracticable** *a.* elverişsiz
**impress** *v.t.* etkilemek
**impression** *n.* izlenim
**impressive** *a.* etkileyici
**imprint** *v.t.* damgalamak
**imprint** *n.* damga
**imprison** *v.t.* hapse atmak
**improper** *a.* münasebetsiz
**impropriety** *n.* yakışıksızlık
**improve** *v.t.* geliştirmek
**improvement** *n.* gelişme
**imprudence** *n.* ihtiyatsızlık

**imprudent** *a.* basiretsiz
**impulse** *n.* dürtü
**impulsive** *a.* atılgan
**impunity** *n.* muaf olma
**impure** *a.* iffetsiz
**impurity** *n.* murdarlık
**impute** *v.t.* üstüne yıkmak
**in** *prep.* içinde
**inability** *n.* acizlik
**inaccurate** *a.* yanlış
**inaction** *n.* durgunluk
**inactive** *a.* durgun
**inadmissible** *a.* kabul edilemez
**inanimate** *a.* cansız
**inapplicable** *a.* alakasız
**inattentive** *a.* dikkatsiz
**inaudible** *a.* duyulamaz
**inaugural** *a.* açılış
**inauguration** *n.* açılış töreni
**inauspicious** *a.* meşum
**inborn** *a.* yaradılıştan
**incalculable** *a.* değişken
**incapable** *a.* kabiliyetsiz
**incapacity** *n.* ehliyetsizlik
**incarnate** *a.* enkarne
**incarnate** *v.t.* enkarne olmak
**incarnation** *n.* enkarnayon
**incense** *v.t.* tütsülemek
**incense** *n.* tütsü
**incentive** *n.* dürtü
**inception** *n.* başlangıç
**inch** *n.* inç
**incident** *n.* hadise
**incidental** *a.* tesadüfi
**incite** *v.t.* kışkırtmak
**inclination** *n.* meyil
**incline** *v.i.* meyletmek
**include** *v.t.* içermek
**inclusion** *n.* kapsama
**inclusive** *a.* kapsayan
**incoherent** *a.* bağdaşmaz
**income** *n.* gelir

**incomparable** *a.* benzersiz
**incompetent** *a.* yetersiz
**incomplete** *a.* noksan
**inconsiderate** *a.* düşüncesiz
**inconvenient** *a.* uygunsuz
**incorporate** *v.t.* birleştirmek
**incorporate** *a.* anonim
**incorporation** *n.* birleştirme
**incorrect** *a.* hatalı
**incorrigible** *a.* akıllanmaz
**incorruptible** *a.* çürümez
**increase** *v.t.* artırmak
**increase** *n* artış
**incredible** *a.* inanılmaz
**increment** *n.* artırma
**incriminate** *v.t.* suçlamak
**incubate** *v.i.* tasarlamak
**inculcate** *v.t.* aşılamak
**incumbent** *n.* görevli
**incumbent** *a* zorunlu
**incur** *v.t.* uğramak
**incurable** *a.* devasız
**indebted** *a.* borçlu
**indecency** *n.* ahlaksızlık
**indecent** *a.* ahlaksız
**indecision** *n.* kararsızlık
**indeed** *adv.* hakikaten
**indefensible** *a.* savunmasız
**indefinite** *a.* belirsiz
**indemnity** *n.* tazminat
**independence** *n.* bağımsızlık
**independent** *a.* bağımsız
**indescribable** *a.* tanımlanamaz
**index** *n.* fihrist
**indicate** *v.t.* belirtmek
**indication** *n.* belirti
**indicative** *a.* gösterge
**indicator** *n.* gösterge
**indict** *v.t.* itham etmek
**indictment** *n.* itham
**indifference** *n.* ilgisizlik
**indifferent** *a.* ilgisiz

**indigenous** *a.* tabii
**indigestible** *a.* hazmedilemez
**indigestion** *n.* hazımsızlık
**indignant** *a.* dargın
**indignation** *n.* dargınlık
**indigo** *n.* indigo
**indirect** *a.* dolaylı
**indiscipline** *n.* disiplinsizlik
**indiscreet** *a.* patavatsız
**indiscretion** *n.* düşünmeden davranma
**indiscriminate** *a.* rastgele
**indispensable** *a.* vazgeçilmez
**indisposed** *a.* isteksiz
**indisputable** *a.* su götürmez
**indistinct** *a.* belirsiz
**individual** *a.* birey
**individualism** *n.* bireysellik
**individuality** *n.* bireysellik
**indivisible** *a.* bölünmez
**indolent** *a.* miskin
**indomitable** *a.* yılmaz
**indoor** *a.* iç
**indoors** *adv.* bina içi
**induce** *v.t.* neden olmak
**inducement** *n.* tahrik
**induct** *v.t.* başlatmak
**induction** *n.* göreve başlatma
**indulge** *v.t.* boyun eğmek
**indulgence** *n.* boyun eğme
**indulgent** *a.* düşkün
**industrial** *a.* endüstriyel
**industrious** *a.* faal
**industry** *n.* endüstri
**ineffective** *a.* etkisiz
**inert** *a.* atıl
**inertia** *n.* dinginlik
**inevitable** *a.* kaçınılmaz
**inexact** *a.* hatalı
**inexorable** *a.* amansız
**inexpensive** *a.* ucuz
**inexperience** *n.* deneyimsiz

**inexplicable** *a.* açıklanamaz
**infallible** *a.* yanılmaz
**infamous** *a.* adı çıkmış
**infamy** *n.* kepazelik
**infancy** *n.* bebeklik
**infant** *n.* bebek
**infanticide** *n.* bebek öldürme
**infantile** *a.* çocuksu
**infantry** *n.* piyadeler
**infatuate** *v.t.* aklını çelmek
**infatuation** *n.* sevdalanma
**infect** *v.t.* bulaştırmak
**infection** *n.* enfeksiyon
**infectious** *a.* bulaşıcı
**infer** *v.t.* çıkarmak
**inference** *n.* çıkarım
**inferior** *a.* aşağılık
**inferiority** *n.* aşağılık
**infernal** *a.* berbat
**infinite** *a.* sonsuz
**infinity** *n.* sonsuzluk
**infirm** *a.* kararsız
**infirmity** *n.* kararsızlık
**inflame** *v.t.* tutuşmak
**inflammable** *a.* yanıcı
**inflammation** *n.* iltihaplanma
**inflammatory** *a.* inflamatuar
**inflation** *n.* enflasyon
**inflexible** *a.* eğilmez
**inflict** *v.t.* acı çektirmek
**influence** *n.* etki
**influence** *v.t.* etkilemek
**influential** *a.* nüfuzlu
**influenza** *n.* nezle
**influx** *n.* istila
**inform** *v.t.* haber vermek
**informal** *a.* resmi olmayan
**information** *n.* bilgi
**informative** *a.* bilgi verici
**informer** *n.* ihbarcı
**infringe** *v.t.* ihlal etmek
**infringement** *n.* ihlal

**infuriate** *v.t.* çıldırtmak
**infuse** *v.t.* demlemek
**infusion** *n.* demleme
**ingrained** *a.* azılı
**ingratitude** *n.* nankörlük
**ingredient** *n.* malzeme
**inhabit** *v.t.* yerleşmek
**inhabitable** *a.* oturmaya elverişli
**inhabitant** *n.* oturan kimse
**inhale** *v.i.* içine çekmek
**inherent** *a.* yaradılıştan
**inherit** *v.t.* miras kalmak
**inheritance** *n.* miras
**inhibit** *v.t.* ket vurmak
**inhibition** *n.* engelleme
**inhospitable** *a.* misafirperver olmayan
**inhuman** *a.* insaniyetsiz
**inimical** *a.* aleyhtar
**inimitable** *a.* eşsiz
**initial** *a.* başlangıç
**initial** *n.* ilk harf
**initial** *v.t* paraflamak
**initiate** *v.t.* başlatmak
**initiative** *n.* inisiyatif
**inject** *v.t.* enjekte etmek
**injection** *n.* enjeksiyon
**injudicious** *a.* akılsızca
**injunction** *n.* ihtar
**injure** *v.t.* yaralamak
**injurious** *a.* aşağılayıcı
**injury** *n.* zarar
**injustice** *n.* haksızlık
**ink** *n.* mürekkep
**inkling** *n.* ipucu
**inland** *a.* iç
**inland** *adv.* içerilerde
**in-laws** *n.* kayın
**inmate** *n.* oda arkadaşı
**inmost** *a.* dahili
**inn** *n.* han
**innate** *a.* temelinde

**inner** *a.* iç
**innermost** *a.* en içteki
**innings** *n.* atış
**innocence** *n.* masumiyet
**innocent** *a.* masum
**innovate** *v.t.* yenilemek
**innovation** *n.* yenilik
**innovator** *n.* yenilikçi
**innumerable** *a.* sayısız
**inoculate** *v.t.* aşılamak
**inoculation** *n.* aşı
**inoperative** *a.* etkisiz
**inopportune** *a.* mevsimsiz
**input** *n.* girdi
**inquest** *n.* soruşturma
**inquire** *v.t.* araştırmak
**inquiry** *n.* araştırma
**inquisition** *n.* soruşturma
**inquisitive** *a.* soruşturmacı
**insane** *a.* deli
**insanity** *n.* delilik
**insatiable** *a.* doymaz
**inscribe** *v.t.* kazımak
**inscription** *n.* kitabe
**insect** *n.* böcek
**insecticide** *n.* böcek ilacı
**insecure** *a.* kompleksli
**insecurity** *n.* kompleks
**insensibility** *n.* hissizlik
**insensible** *a.* bilgisiz
**inseparable** *a.* ayrılmaz
**insert** *v.t.* takmak
**insertion** *n.* ekleme
**inside** *n.* içeri
**inside** *prep.* iç
**inside** *a* içeri
**inside** *adv.* içeride
**insight** *n.* kavrayış
**insignificance** *n.* önemsizlik
**insignificant** *a.* önemsiz
**insincere** *a.* samimiyetsiz
**insincerity** *n.* samimiyetsizlik

**insinuate** *v.t.* ima etmek
**insinuation** *n.* ima
**insipid** *a.* lezzetsiz
**insipidity** *n.* lezzetsizlik
**insist** *v.t.* ısrar etmek
**insistence** *n.* ısrar
**insistent** *a.* ısrarcı
**insolence** *n.* küstahlık
**insolent** *a.* küstah
**insoluble** *n.* çözülmez
**insolvency** *n.* acizlik
**insolvent** *a.* aciz
**inspect** *v.t.* denetlemek
**inspection** *n.* teftiş
**inspector** *n.* müfettiş
**inspiration** *n.* esin kaynağı
**inspire** *v.t.* esinlemek
**instability** *n.* istikrarsızlık
**install** *v.t.* kurmak
**installation** *n.* donanım
**instalment** *n.* taksit
**instance** *n.* an
**instant** *n.* örnek
**instant** *a.* ani
**instantaneous** *a.* anlık
**instantly** *adv.* aniden
**instigate** *v.t.* fitlemek
**instigation** *n.* fitne
**instil** *v.t.* damlatmak
**instinct** *n.* içgüdü
**instinctive** *a.* içgüdüsel
**institute** *n.* tesis etmek
**institution** *n.* müessese
**instruct** *v.t.* bilgilendirmek
**instruction** *n.* öğretim
**instructor** *n.* öğretmen
**instrument** *n.* enstrüman
**instrumental** *a.* enstrümantal
**instrumentalist** *n.* çalgıcı
**insubordinate** *a.* başkaldıran
**insubordination** *n.* başkaldırı
**insufficient** *a.* yetersiz

**insular** *a.* ayrı
**insularity** *n.* tecrit
**insulate** *v.t.* yalıtmak
**insulation** *n.* yalıtım
**insulator** *n.* izolatör
**insult** *n.* hakaret
**insult** *v.t.* hakaret etmek
**insupportable** *a.* katlanılmaz
**insurance** *n.* sigorta
**insure** *v.t.* sigortalamak
**insurgent** *a.* isyankar
**insurgent** *n.* isyan
**insurmountable** *a.* aşılmaz
**insurrection** *n.* ihtilal
**intact** *a.* bozulmamış
**intangible** *a.* mücerret
**integral** *a.* bütün
**integrity** *n.* bütünlük
**intellect** *n.* anlayış
**intellectual** *a.* entelektüel
**intellectual** *n.* entelektüel
**intelligence** *n.* zeka
**intelligent** *a.* zeki
**intelligentsia** *n.* aydınlar
**intelligible** *a.* anlaşılır
**intend** *v.t.* niyetlenmek
**intense** *a.* yoğun
**intensify** *v.t.* yoğunlaştırmak
**intensity** *n.* yoğunluk
**intensive** *a.* şiddetli
**intent** *n.* niyet
**intent** *a.* azimli
**intention** *n.* niyet
**intentional** *a.* kasıtlı
**intercept** *v.t.* alıkoymak
**interception** *n.* alıkoyma
**interchange** *n.* aktarma
**interchange** *v.* aktarmak
**intercourse** *n.* münasebet
**interdependence** *n.* bağımlaşıklık
**interdependent** *a.* bağımlı
**interest** *n.* ilgi, faiz

**interested** *a.* ilgili
**interesting** *a.* ilginç
**interfere** *v.i.* müdahale etmek
**interference** *n.* müdahale
**interim** *n.* muvakkat
**interior** *a.* dahili
**interior** *n.* iç kısım
**interjection** *n.* nida
**interlock** *v.t.* bağlantı
**interlude** *n.* ara
**intermediary** *n.* arabulucu
**intermediate** *a.* orta
**interminable** *a.* tükenmez
**intermingle** *v.t.* geçişmek
**intern** *v.t.* staj yapmak
**internal** *a.* içsel
**international** *a.* uluslararası
**interpid** *a.* yiğit
**interplay** *n.* etkileşim
**interpret** *v.t.* tercüme etmek
**interpreter** *n.* tercüman
**interrogate** *v.t.* sorguya çekmek
**interrogation** *n.* sorgu
**interrogative** *a.* sorgulu
**interrogative** *n* sorgu
**interrupt** *v.t.* yarıda kesmek
**interruption** *n.* durdurma
**intersect** *v.t.* kesişmek
**intersection** *n.* arakesit
**interval** *n.* ara
**intervene** *v.i.* araya girmek
**intervention** *n.* aracılık
**interview** *n.* mülakat
**interview** *v.t.* mülakat yapmak
**intestinal** *a.* intestinal
**intestine** *n.* bağırsak
**intimacy** *n.* samimiyet
**intimate** *a.* samimi
**intimate** *v.t.* açıklamak
**intimation** *n.* bildirme
**intimidate** *v.t.* gözdağı vermek
**intimidation** *n.* gözdağı

**into** *prep.* içine
**intolerable** *a.* dayanılmaz
**intolerance** *n.* çekememezlik
**intolerant** *a.* tahammülsüz
**intoxicant** *n.* zehirleyici
**intoxicate** *v.t.* zehirlemek
**intoxication** *n.* zehirlenme
**intransitive** *a. (verb)* nesnesiz
**intrepidity** *n.* yiğitlik
**intricate** *a.* çapraşık
**intrigue** *v.t.* ayartmak
**intrigue** *n* dalavere
**intrinsic** *a.* asıl
**introduce** *v.t.* tanıştırmak
**introduction** *n.* giriş
**introductory** *a.* tanıtıcı
**introspect** *v.i.* murakabe
**introspection** *n.* içebakış
**intrude** *v.t.* zorla girmek
**intrusion** *n.* ihlal
**intuition** *n.* önsezi
**intuitive** *a.* sezgili
**invade** *v.t.* istila etmek
**invalid** *a.* geçersiz
**invalid** *a.* hastalıklı
**invalid** *n* hükümsüz
**invalidate** *v.t.* hükümsüz kılmak
**invaluable** *a.* kıymetli
**invasion** *n.* istila
**invective** *n.* tahkir
**invent** *v.t.* icat etmek
**invention** *n.* icat
**inventive** *a.* yaratıcı
**inventor** *n.* mucit
**invert** *v.t.* tersine çevirmek
**invest** *v.t.* yatırım yapmak
**investigate** *v.t.* incelemek
**investigation** *n.* inceleme
**investment** *n.* yatırım
**invigilate** *v.t.* gözcülük etmek
**invigilation** *n.* gözetmenlik
**invigilator** *n.* gözetmen

invincible *a.* yenilmez
inviolable *a.* dokunulmaz
invisible *a.* görünmez
invitation *n.* davet
invite *v.t.* davet etmek
invocation *n.* münacat
invoice *n.* fatura
invoke *v.t.* başlatmak
involve *v.t.* içermek
inward *a.* içeri
inwards *adv.* içe doğru
irate *a.* hiddetli
ire *n.* hiddet
irksome *a.* bezdirici
iron *n.* demir
iron *v.t.* ütülemek
ironical *a.* ironik
irony *n.* ironi
irradiate *v.i.* aydınlatmak
irrational *a.* mantıksız
irreconcilable *a.* uzlaşmaz
irrecoverable *a.* kurtarılamaz
irrefutable *a.* reddedilemez
irregular *a.* düzensiz
irregularity *n.* yolsuzluk
irrelevant *a.* alakasız
irrespective *a.* -e aldırmadan
irresponsible *a.* sorumsuz
irrigate *v.t.* sulamak
irrigation *n.* sulama
irritable *a.* asabi
irritant *a.* kızdırıcı
irritant *n.* tahriş edici
irritate *v.t.* sinirlendirmek
irritation *n.* tahriş
irruption *n.* hücum
island *n.* ada
isle *n.* adacık
isobar *n.* izobar
isolate *v.t.* izole etmek
isolation *n.* izolasyon
issue *v.i.* yayınlanmak

issue *n.* olay
it *pron.* o, onu, ona
italic *a.* yatık
italics *n.* italik
itch *n.* kaşıntı
itch *v.i.* kaşınmak
item *n.* öğe
ivory *n.* fildişi
ivy *n* sarmaşık

# J

jab *v.t.* aşı
jabber *v.t.* çabuk konuşma
jack *n.* fiş
jack *v.t.* kaldırmak
jackal *n.* çakal
jacket *n.* ceket
jade *n.* yeşim
jail *n.* hapis
jailer *n.* zindancı
jam *n.* reçel, karışıklık
jam *v.t.* kenetlemek
jar *n.* kavanoz
jargon *n.* jargon
jasmine *n.* yasemin
jaundice *n.* sarılık
jaundice *v.t.* sağduyusunu etkilemek
javelin *n.* cirit
jaw *n.* çene
jay *n.* alakarga
jealous *a.* kıskanç
jealousy *n.* kıskançlık
jean *n.* kot
jeer *v.i.* istihza etmek
jelly *n.* jöle
jeopardize *v.t.* tehlikeye atmak
jeopardy *n.* riziko
jerk *n.* silkinme
jerkin *n.* yelek

| | |
|---|---|
| **jerky** *a.* sarsıntılı | **jubilation** *n.* coşku |
| **jersey** *n.* kazak | **jubilee** *n.* jubile |
| **jest** *n.* latife | **judge** *n.* hakim |
| **jest** *v.i.* latife etmek | **judge** *v.i.* yargılamak |
| **jet** *n.* jet | **judgement** *n.* karar |
| **Jew** *n.* Yahudi | **judicature** *n.* yargıçlık |
| **jewel** *n.* cevher | **judicial** *a.* adli |
| **jewel** *v.t.* taşlarla süslemek | **judiciary** *n.* adliye |
| **jeweller** *n.* kuyumcu | **judicious** *a.* adaletli |
| **jewellery** *n.* kuyumcu | **jug** *n.* sürahi |
| **jingle** *n.* şıkırtı | **juggle** *v.t.* hokkabazlık yapmak |
| **jingle** *v.i.* şıngırdatmak | **juggler** *n.* hokkabaz |
| **job** *n.* iş | **juice** *n* meyve suyu |
| **jobber** *n.* toptancı | **juicy** *a.* sulu |
| **jobbery** *n.* toptancılık | **jumble** *n.* düzensizlik |
| **jocular** *a.* gırgır | **jumble** *v.t.* karıştırmak |
| **jog** *v.t.* koşu yapmak | **jump** *n.* sıçrayış |
| **join** *v.t.* katılmak | **jump** *v.i* zıplamak |
| **joiner** *n.* marangoz | **junction** *n.* kavşak |
| **joint** *n.* eklem | **juncture** *n.* irtibat |
| **jointly** *adv.* müştereken | **jungle** *n.* orman |
| **joke** *n.* şaka | **junior** *a.* ast |
| **joke** *v.i.* şaka yapmak | **junior** *n.* çocuk |
| **joker** *n.* joker | **junk** *n.* döküntü |
| **jollity** *n.* cümbüş | **jupiter** *n.* jupiter |
| **jolly** *a.* keyifli | **jurisdiction** *n.* yetki alanı |
| **jolt** *n.* darbe | **jurisprudence** *n.* içtihat |
| **jolt** *v.t.* sarsmak | **jurist** *n.* hukukçu |
| **jostle** *n.* sıkışıklık | **juror** *n.* jüri üyesi |
| **jostle** *v.t.* itelemek | **jury** *n.* jüri |
| **jot** *n.* nebze | **juryman** *n.* jüri |
| **jot** *v.t.* not almak | **just** *a.* adil |
| **journal** *n.* gazete | **just** *adv.* sadece |
| **journalism** *n.* gazetecilik | **justice** *n.* adalet |
| **journalist** *n.* gazeteci | **justifiable** *a.* gerekçeli |
| **journey** *n.* yolculuk | **justification** *n.* doğrulama |
| **journey** *v.i.* yolculuğa çıkmak | **justify** *v.t.* doğrulamak |
| **jovial** *a.* şakrak | **justly** *adv.* adilane |
| **joviality** *n.* şenlik | **jute** *n.* jüt |
| **joy** *n.* neşe | **juvenile** *a.* jüvenil |
| **joyful,joyous** *n.* neşeli | |
| **jubilant** *a.* coşkun | |

# K

**keen** *a.* düşkün
**keenness** *n.* düşkünlük
**keep** *v.t.* saklamak, tutmak
**keeper** *n.* muhafız
**keepsake** *n.* andaç
**kennel** *n.* köpek evi
**kerchief** *n.* eşarp
**kernel** *n.* çekirdek
**kerosene** *n.* gazyağı
**ketchup** *n.* ketçap
**kettle** *n.* çaydanlık
**key** *n.* anahtar
**key** *v.t.* çaydanlık
**kick** *n.* tekme
**kick** *v.t.* tekmelemek
**kid** *n.* çocuk
**kidnap** *v.t.* kaçırmak
**kidney** *n.* böbrek
**kill** *v.t.* öldürmek
**kill** *n.* av
**kiln** *n.* fırın
**kin** *n.* hısım
**kind** *n.* çeşit
**kind** *a* kibar
**kindergarten** *n.* kreş
**kindle** *v.t.* tutuşmak
**kindly** *adv.* içten
**king** *n.* kral
**kingdom** *n.* kraliyet
**kinship** *n.* akrabalık
**kiss** *n.* öpücük
**kiss** *v.t.* öpmek
**kit** *n.* takım
**kitchen** *n.* mutfak
**kite** *n.* uçurtma
**kith** *n.* hısım
**kitten** *n.* kedi
**knave** *n.* hilekar
**knavery** *n.* dolandırıcılık

**knee** *n.* diz
**kneel** *v.i.* dizlenmek
**knife** *n.* bıçak
**knight** *n.* şovalye
**knight** *v.t.* şovalye ilan etmek
**knit** *v.t.* örmek
**knock** *v.t.* kapıyı çalmak
**knot** *n.* düğüm
**knot** *v.t.* düğümlemek
**know** *v.t.* bilmek
**knowledge** *n.* bilgi

# L

**label** *n.* etiket
**label** *v.t.* etiketlemek
**labial** *a.* labiyal
**laboratory** *n.* laboratuar
**laborious** *a.* çalışkan
**labour** *n.* iş gücü
**labour** *v.i.* emek vermek
**laboured** *a.* zahmetli
**labourer** *n.* işçi
**labyrinth** *n.* labirent
**lac,lakh** *n* yüz bin
**lace** *n.* dantel
**lace** *v.t.* bağlamak
**lacerate** *v.t.* parçalamak
**lachrymose** *a.* sulugöz
**lack** *n.* gereksinim
**lack** *v.t.* eksilmek
**lackey** *n.* yalaka
**lacklustre** *a.* sönük
**laconic** *a.* icaz
**lactate** *v.i.* emzirmek
**lactometer** *n.* laktometre
**lactose** *n.* laktoz
**lacuna** *n.* lakuna
**lacy** *a.* dantelli
**lad** *n.* delikanlı

| | |
|---|---|
| **ladder** *n.* merdiven | **largesse** *n.* atiyye |
| **lade** *v.t.* boşaltmak | **lark** *n.* eğlence |
| **ladle** *n.* kepçe | **lascivious** *a.* şehvetli |
| **ladle** *v.t.* kepçelemek | **lash** *v.* kırbaçlamak |
| **lady** *n.* hanım | **lash** *n* kamçı, kirpik |
| **lag** *v.i.* duraklamak | **lass** *n.* genç kız |
| **laggard** *n.* geri kalan | **last** *adv.* sonuncusu |
| **lagoon** *n.* gölet | **last** *v.i.* sürmek |
| **lair** *n.* ağıl | **last** *n* sonuncu |
| **lake** *n.* göl | **last** *a.* son |
| **lama** *n.* lama | **lasting** *a.* tükenmeyen |
| **lamb** *n.* kuzu | **lastly** *adv.* nihayet |
| **lambaste** *v.t.* paylamak | **latch** *n.* mandal |
| **lambkin** *n.* kuzucuk | **late** *a.* rahmetli |
| **lame** *a.* sakat | **late** *adv.* geç |
| **lame** *v.t.* topallamak | **lately** *adv.* son zamanlarda |
| **lament** *v.i.* ağıt yakmak | **latent** *a.* örtülü |
| **lament** *n* ağıt | **lath** *n.* tiriz |
| **lamentable** *a.* acıklı | **lathe** *n.* torna |
| **lamentation** *n.* figan | **lathe** *n.* çark |
| **laminate** *v.t.* laminat | **lather** *n.* köpük |
| **lamp** *n.* lamba | **latitude** *n.* enlem |
| **lampoon** *n.* hiciv | **latrine** *n.* hela |
| **lampoon** *v.t.* hicvetmek | **latter** *a.* ikisinden sonuncusu |
| **lance** *n.* mızrak | **lattice** *n.* örgü |
| **lance** *v.t.* deşmek | **laud** *v.t.* övmek |
| **lancer** *n.* mızraklı | **laud** *n* övgü |
| **lancet** *a.* neşter | **laudable** *a.* övgüye değer |
| **land** *n.* arazi | **laugh** *n.* gülüş |
| **land** *v.i.* konmak | **laugh** *v.i* gülmek |
| **landing** *n.* iniş | **laughable** *a.* gülünç |
| **landscape** *n.* manzara | **laughter** *n.* kahkaha |
| **lane** *n.* yol şeridi | **launch** *v.t.* başlatmak |
| **language** *n.* dil | **launch** *n.* açılış |
| **languish** *v.i.* cansızlaşmak | **launder** *v.t.* aklamak |
| **lank** *a.* sıska | **laundress** *n.* çamaşırcı |
| **lantern** *n.* fanus | **laundry** *n.* çamaşırhane |
| **lap** *n.* kucak, etap | **laureate** *a.* mümtaz |
| **lapse** *v.i.* intikal etmek | **laureate** *n* saray şairi |
| **lapse** *n* ara | **laurel** *n.* defne |
| **lard** *n.* domuz yağı | **lava** *n.* lav |
| **large** *a.* geniş | **lavatory** *n.* lavabo |

**lavender** *n.* lavanta
**lavish** *a.* müsrif
**lavish** *v.t.* israf etmek
**law** *n.* kanun
**lawful** *a.* kanuni
**lawless** *a.* nizamsız
**lawn** *n.* çimen
**lawyer** *n.* avukat
**lax** *a.* belirsiz
**laxative** *n.* yumuşatıcı
**laxative** *a* yumuşatıcı
**laxity** *n.* ihmalkarlık
**lay** *v.t.* sermek
**lay** *a.* laik
**lay** *n* yatış
**layer** *n.* katman
**layman** *n.* mesleği olmayan
**laze** *v.i.* tembelleşmek
**laziness** *n.* tembellik
**lazy** *n.* tembel
**lea** *n.* mera
**leach** *v.t.* liç
**lead** *n.* yol
**lead** *v.t.* yönlendirmek
**lead** *n.* kurşun
**leaden** *a.* kurşundan
**leader** *n.* lider
**leadership** *n.* liderlik
**leaf** *n.* yaprak
**leaflet** *n.* kitapçık
**leafy** *a.* yapraklı
**league** *n.* lig
**leak** *n.* akıntı
**leak** *v.i.* sızmak
**leakage** *n.* sızıntı
**lean** *n.* cılız
**lean** *v.i.* dayanmak
**leap** *v.i.* zıplamak
**leap** *n* sıçrama
**learn** *v.i.* öğrenmek
**learned** *a.* okumuş
**learner** *n.* öğrenci

**learning** *n.* ilim
**lease** *n.* kira sözleşmesi
**lease** *v.t.* kiralamak
**least** *a.* en az
**least** *adv.* en azından
**leather** *n.* deri
**leave** *n.* ayrılma
**leave** *v.t.* bırakmak
**lecture** *n.* ders
**lecture** *v* ders vermek
**lecturer** *n.* öğretmen
**ledger** *n.* hesap defteri
**lee** *n.* poca
**leech** *n.* sülük
**leek** *n.* pırasa
**left** *a.* sol
**left** *n.* sol
**leftist** *n* solcu
**leg** *n.* bacak
**legacy** *n.* teberru
**legal** *a.* yasal
**legality** *n.* yasallık
**legalize** *v.t.* yasallaştırmak
**legend** *n.* efsane
**legendary** *a.* efsanevi
**leghorn** *n.* legorn
**legible** *a.* okunur
**legibly** *adv.* okunaklı olarak
**legion** *n.* tümen
**legionary** *n.* lejyona ait
**legislate** *v.i.* kanun yapmak
**legislation** *n.* yasama
**legislative** *a.* yasayan
**legislator** *n.* yasamacı
**legislature** *n.* yasama meclisi
**legitimacy** *n.* meşruluk
**legitimate** *a.* yasal
**leisure** *n.* serbestlik
**leisure** *a* gündelik
**leisurely** *a.* sakin
**leisurely** *adv.* yavaş yavaş
**lemon** *n.* limon

| | |
|---|---|
| **lemonade** *n.* limonata | **liability** *n.* mesuliyet |
| **lend** *v.t.* ödünç vermek | **liable** *a.* sorumlu |
| **length** *n.* uzunluk | **liaison** *n.* irtibat |
| **lengthen** *v.t.* uzatmak | **liar** *n.* yalancı |
| **lengthy** *a.* fazlasıyla uzun | **libel** *n.* iftira |
| **lenience,leniency** *n.* yumuşaklık, müsamaha | **libel** *v.t.* iftira atmak |
| | **liberal** *a.* liberal |
| **lenient** *a.* hoşgörülü | **liberalism** *n.* liberalizm |
| **lens** *n.* mercek | **liberality** *n.* liberallik |
| **lentil** *n.* mercimek | **liberate** *v.t.* azat etmek |
| **Leo** *n.* aslan burcu | **liberation** *n.* azat |
| **leonine** *a* aslan yürekli | **liberator** *n.* kurtarıcı |
| **leopard** *n.* leopar | **libertine** *n.* hovarda |
| **leper** *n.* cüzamlı | **liberty** *n.* özgürlük |
| **leprosy** *n.* cüzam | **librarian** *n.* kütüphane memuru |
| **leprous** *a.* cüzamlı | **library** *n.* kütüphane |
| **less** *a.* daha az | **licence** *n.* lisans |
| **less** *n* daha az | **license** *v.t.* lisanslamak |
| **less** *adv.* daha azı | **licensee** *n.* lisans sahibi |
| **less** *prep.* eksi | **licentious** *a.* şehvet düşkünü |
| **lessee** *n.* kiracı | **lick** *v.t.* yalamak |
| **lessen** *v.t* eksiltmek | **lick** *n* tokat |
| **lesser** *a.* azaltmak | **lid** *n.* kapak |
| **lesson** *n.* ders | **lie** *v.i.* uzanmak |
| **lest** *conj.* korkusu ile | **lie** *v.i* yalan söylemek |
| **let** *v.t.* kiralamak, bırakmak | **lie** *n* yalan |
| **lethal** *a.* öldürücü | **lien** *n.* ipotek |
| **lethargic** *a.* uyuşuk | **lieu** *n.* mahal |
| **lethargy** *n.* uyuşukluk | **lieutenant** *n.* teğmen |
| **letter** *n* yazı | **life** *n* yaşam |
| **level** *n.* düzey | **lifeless** *a.* cansız |
| **level** *a* makul | **lifelong** *a.* müebbet |
| **level** *v.t.* hizaya getirmek | **lift** *n.* asansör |
| **lever** *n.* kaldıraç | **lift** *v.t.* kaldırmak |
| **lever** *v.t.* kaldıraçla kaldırmak | **light** *n.* ışık |
| **leverage** *n.* piston | **light** *a* hafif |
| **levity** *n.* ciddiyetsizlik | **light** *v.t.* aydınlatmak |
| **levy** *v.t.* el koymak | **lighten** *v.i.* hafifletmek |
| **levy** *n.* haciz | **lightening** *n.* şimşek |
| **lewd** *a.* uçarı | **lighter** *n.* çakmak |
| **lexicography** *n.* leksikografi | **lightly** *adv.* hafifçe |
| **lexicon** *n.* sözlük | **lignite** *n.* linyit |

like *a.* aynı
like *n.* zevk
like *v.t.* hoşlanmak
like *prep* gibi
likelihood *n.* ihtimal
likely *a.* muhtemel
liken *v.t.* benzetmek
likeness *n.* benzerlik
likewise *adv.* keza
liking *n.* beğeni
lilac *n.* leylak
lily *n.* zambak
limb *n.* bacak
limber *v.t.* yumuşatmak
limber *n* cephane sandığı
lime *n.* kireç
lime *v.t* kireçlemek
lime *n.* misket limonu
limelight *n.* ilgi odağı
limit *n.* sınır
limit *v.t.* sınırlandırmak
limitation *n.* kısıtlama
limited *a.* sınırlı
limitless *a.* sınırsız
line *n.* çizgi
line *v.t.* çizgi çekmek
line *v.t.* sıralamak
lineage *n.* menşe
linen *n.* keten
linger *v.i.* oyalanmak
lingo *n.* dil
linguafranca *n.* ortak dil
lingual *a.* dilsel
linguist *n.* dilci
linguistic *a.* dilbilimsel
linguistics *n.* dilbilim
lining *n* astar
link *n.* bağlantı
link *v.t* bağlamak
linseed *n.* keten tohumu
lintel *n.* lento
lion *n* aslan

lioness *n.* dişi aslan
lip *n.* dudak
liquefy *v.t.* sıvılaştırmak
liquid *a.* sıvı
liquid *n* sıvı
liquidate *v.t.* kapatmak
liquidation *n.* hesaplaşma
liquor *n.* likör
lisp *v.t.* pelteklik
lisp *n* tutukluk
list *n.* liste
list *v.t.* liste yapmak
listen *v.i.* dinlemek
listener *n.* dinleyici
listless *a.* bitkin
lists *n.* parmaklıklar
literacy *n.* okuryazarlık
literal *a.* değişmez
literary *a.* edebi
literate *a.* okuryazar
literature *n.* edebiyat
litigant *n.* davacı
litigate *v.t.* mahkemeye başvurmak
litigation *n.* dava etme
litre *n.* litre
litter *n.* çöp
litter *v.t.* kirletmek
litterateur *n.* literatür
little *a.* küçük
little *adv.* biraz
little *n.* az
littoral *a.* kıyısal
liturgical *a.* liturjik
live *v.i.* yaşamak
live *a.* canlı
livelihood *n.* geçim
lively *a.* canlı
liver *n.* ciğer
livery *n.* kılık
living *a.* faal
living *n* geçim
lizard *n.* kertenkele

| | |
|---|---|
| **load** *n.* yük | **loiter** *v.i.* sürtmek |
| **load** *v.t.* yüklemek | **loll** *v.i.* sallanmak |
| **loadstar** *n.* çobanyıldızı | **lollipop** *n.* lolipop |
| **loadstone** *n.* mıknatıs taşı | **lone** *a.* yalnız |
| **loaf** *n.* somun | **loneliness** *n.* yalnızlık |
| **loaf** *v.i.* gezinmek | **lonely** *a.* yalnız |
| **loafer** *n.* aylak | **lonesome** *a.* yapayalnız |
| **loan** *n.* borç | **long** *a.* uzun |
| **loan** *v.t.* borç vermek | **long** *adv.* uzun |
| **loath** *a.* gönülsüz | **long** *v.i* özlemek |
| **loathe** *v.t.* tiksinmek | **longevity** *n.* dayanıklılık |
| **loathsome** *a.* menfur | **longing** *n.* özlem |
| **lobby** *n.* lobi | **longitude** *n.* boylam |
| **lobe** *n.* lob | **look** *v.i* bakmak |
| **lobster** *n.* ıstakoz | **look** *a* faal |
| **local** *a.* yerel | **loom** *n* dokuma tezgahı |
| **locale** *n.* mahal | **loom** *v.i.* belirmek |
| **locality** *n.* civar | **loop** *n.* döngü |
| **localize** *v.t.* lokalize etmek | **loop-hole** *n.* yasa boşluğu |
| **locate** *v.t.* yerini belirlemek | **loose** *a.* bol |
| **location** *n.* konum | **loose** *v.t.* salıvermek |
| **lock** *n.* kilit | **loosen** *v.t.* gevşetmek |
| **lock** *v.t* kilitlemek | **loot** *n.* ganimet |
| **lock** *n* bukle | **loot** *v.i.* ganimetlemek |
| **locker** *n.* soyunma odası | **lop** *v.t.* budamak |
| **locket** *n.* madalyon | **lop** *n.* budama |
| **locomotive** *n.* lokomotif | **lord** *n.* lord |
| **locus** *n.* lokus | **lordly** *a.* azametli |
| **locust** *n.* ağustosböceği | **lordship** *n.* lordluk |
| **locution** *n.* tabir | **lore** *n.* ilim |
| **lodge** *n.* in | **lorry** *n.* kamyon |
| **lodge** *v.t.* konaklamak | **lose** *v.t.* kaybetmek |
| **lodging** *n.* ufak ev | **loss** *n.* kayıp |
| **loft** *n.* çatıkatı | **lot** *n.* alan |
| **lofty** *a.* yüksek | **lot** *n.* cins |
| **log** *n.* kütük | **lotion** *n.* losyon |
| **logarithm** *n.* logaritma | **lottery** *n.* piyango |
| **loggerhead** *n.* mankafa | **lotus** *n.* nilüfer |
| **logic** *n.* mantık | **loud** *a.* gürültülü |
| **logical** *a.* mantıklı | **lounge** *v.i.* aylaklık etmek |
| **logician** *n.* mantıkçı | **lounge** *n.* fuaye |
| **loin** *n.* bel | **louse** *n.* bit |

**lovable** *a.* sevimli
**love** *n* sevgi
**love** *v.t.* sevmek
**lovely** *a.* güzel
**lover** *n.* sevgili
**loving** *a.* sevecen
**low** *a.* alçak
**low** *adv.* alçak
**low** *v.i.* böğürmek
**low** *n.* düşük
**lower** *v.t.* alçaltmak
**lowliness** *n.* alçak gönüllülük
**lowly** *a.* alçakgönüllü
**loyal** *a.* sadık
**loyalist** *n.* sadık
**loyalty** *n.* sadakat
**lubricant** *n.* kayganlaştırıcı
**lubricate** *v.t.* kayganlaştırmak
**lubrication** *n.* gresleme
**lucent** *a.* ziyadar
**lucerne** *n.* yonca
**lucid** *a.* açık seçik
**lucidity** *n.* vuzuh
**luck** *n.* şans
**luckily** *adv.* şanstan
**luckless** *a.* talihsiz
**lucky** *a.* şanslı
**lucrative** *a.* kazançlı
**lucre** *n.* para
**luggage** *n.* bagaj
**lukewarm** *a.* ılık
**lull** *v.t.* yatışmak
**lull** *n.* fasıla
**lullaby** *n.* ninni
**luminary** *n.* bilge
**luminous** *a.* aydınlık
**lump** *n.* topak
**lump** *v.t.* yığmak
**lunacy** *n.* çılgınlık
**lunar** *a.* Ay
**lunatic** *n.* deli
**lunatic** *a.* deli

**lunch** *n.* öğle yemeği
**lunch** *v.i.* öğle yemeği yemek
**lung** *n* akciğer
**lunge** *n.* hamle
**lunge** *v.i* hamle yapmak
**lurch** *n.* sarsıntı
**lurch** *v.i.* sendelemek
**lure** *n.* cazibe
**lure** *v.t.* ayartmak
**lurk** *v.i.* gizlenmek
**luscious** *a.* tatlı
**lush** *a.* bereketli
**lust** *n.* şevk
**lustful** *a.* azgın
**lustre** *n.* parlaklık
**lustrous** *a.* parlak
**lusty** *a.* kuvvetli
**lute** *n.* ut
**luxuriance** *n.* bolluk
**luxuriant** *a.* bereketli
**luxurious** *a.* lüks
**luxury** *n.* lüks
**lynch** *v.t.* linç etmek
**lyre** *n.* lir
**lyric** *a.* lirik
**lyric** *n.* gazel
**lyrical** *a.* lirik tarzında
**lyricist** *n.* lirik güfte yazarı

**M**

**magical** *a.* sihirli
**magician** *n.* sihirbaz
**magisterial** *a.* amirane
**magistracy** *n.* hakimlik
**magistrate** *n.* yargıç
**magnanimity** *n.* alicenaplık
**magnanimous** *a.* bağışlayıcı
**magnate** *n.* kodaman
**magnet** *n.* mıknatıs

**magnetic** *a.* manyetik
**magnetism** *n.* manyetizma
**magnificent** *a.* görkemli
**magnify** *v.t.* büyütmek
**magnitude** *n.* boyut
**magpie** *n.* saksağan
**mahogany** *n.* maun
**mahout** *n.* fil sürücüsü
**maid** *n.* hizmetçi
**maiden** *n.* giyotin
**maiden** *a* bakire
**mail** *n.* posta
**mail** *v.t.* postalamak
**mail** *n* zırh
**main** *a* ana
**main** *n* ana boru
**mainly** *adv.* başlıca
**mainstay** *n.* dayanak noktası
**maintain** *v.t.* bakım yapmak
**maintenance** *n.* bakım
**maize** *n.* mısır
**majestic** *a.* görkemli
**majesty** *n.* haşmet
**major** *a.* önemli
**major** *n* binbaşı
**majority** *n.* çoğunluk
**make** *v.t.* yapmak
**make** *n* yapım
**maker** *n.* imalatçı
**maladjustment** *n.* ayarsızlık
**maladministration** *n.* kötü idare
**maladroit** *a.* beceriksiz
**malady** *n.* dert
**malafide** *a.* art niyetli
**malafide** *adv* art niyetle
**malaise** *n.* halsizlik
**malaria** *n.* sıtma
**malcontent** *a.* hoşnutsuz
**malcontent** *n* şikayetçi
**male** *a.* erkek
**male** *n* erkek
**malediction** *n.* beddua

**malefactor** *n.* mücrim
**maleficent** *a.* zararlı
**malice** *n.* garez
**malicious** *a.* fesat
**malign** *v.t.* günahına girmek
**malign** *a* habis
**malignancy** *n.* habislik
**malignant** *a.* kötü niyetli
**malignity** *n.* şer
**malleable** *a.* uysal
**malmsey** *n.* şarap
**malnutrition** *n.* dengesiz beslenme
**malpractice** *n.* görevi kötüye kullanma
**malt** *n.* malt
**maltreatment** *n.* hırpalama
**mamma** *n.* anne
**mammal** *n.* memeli
**mammary** *a.* meme
**mammon** *n.* ihtiras
**mammoth** *n.* mamud
**mammoth** *a* dev gibi
**man** *n.* adam
**man** *v.t.* adam vermek
**manage** *v.t.* idare etmek
**manageable** *a.* idare edilir
**management** *n.* yönetim
**manager** *n.* yönetici
**managerial** *a.* idari
**mandate** *n.* ferman
**mandatory** *a.* zorunlu
**mane** *n.* yele
**manes** *n.* ruh
**manful** *a.* mert
**manganese** *n.* manganez
**manger** *n.* yemlik
**mangle** *v.t.* parçalamak
**mango** *n* mango
**manhandle** *v.t.* tartaklamak
**manhole** *n.* lağım kapağı
**manhood** *n.* erkeklik
**mania** *n* mania

**maniac** *n.* manyak
**manicure** *n.* manikür
**manifest** *a.* aşikar
**manifest** *v.t.* ortaya koymak
**manifestation** *n.* dışavurum
**manifesto** *n.* manifesto
**manifold** *a.* çeşitli
**manipulate** *v.t.* hile karıştırmak
**manipulation** *n.* manipülasyon
**mankind** *n.* insan soyu
**manlike** *a.* erkekçe
**manliness** *n* erkeklik
**manly** *a.* erkeksi
**manna** *n.* kudret helvası
**mannequin** *n.* manken
**manner** *n.* şekilde
**mannerism** *n.* yapmacıklık
**mannerly** *a.* terbiyeli
**manoeuvre** *n.* manevra
**manoeuvre** *v.i.* manevra yapmak
**manor** *n.* malikâne
**manorial** *a.* malikâne'ye ait
**mansion** *n.* konak
**mantel** *n.* şömine rafı
**mantle** *n* örtü
**mantle** *v.t* örtmek
**manual** *a.* elle
**manual** *n* el kitabı
**manufacture** *v.t.* imal etmek
**manufacture** *n* imalat
**manufacturer** *n* imalatçı
**manumission** *n.* azat
**manumit** *v.t.* azat etmek
**manure** *n.* gübre
**manure** *v.t.* gübrelemek
**manuscript** *n.* el yazısı
**many** *a.* birçok
**map** *n* harita
**map** *v.t.* eşlemlemek
**mar** *v.t.* bozmak
**marathon** *n.* maraton
**maraud** *v.i.* yağmalamak

**marauder** *n.* çapulcu
**marble** *n.* bilye
**March** *n* Mart
**march** *n.* marş
**march** *v.i* askeri yürüyüş yapmak
**mare** *n.* kısrak
**margarine** *n.* margarin
**margin** *n.* hudut
**marginal** *a.* marjinal
**marigold** *n.* kadife çiçeği
**marine** *a.* bahriyeli
**mariner** *n.* denizci
**marionette** *n.* kukla
**marital** *a.* evlilikle ilgili
**maritime** *a.* bahri
**mark** *n.* işaret
**mark** *v.t* işaretlemek
**marker** *n.* işaretleyici
**market** *n* pazar
**market** *v.t* pazarlamak
**marketable** *a.* pazarlanabilir
**marksman** *n.* nişancı
**marl** *n.* marn
**marmalade** *n.* marmelat
**maroon** *n.* kestane
**maroon** *a* bordo
**maroon** *v.t* ıssız adaya bırakmak
**marriage** *n.* evlilik
**marriageable** *a.* gelinlik
**marry** *v.t.* evlenmek
**Mars** *n* Mars
**marsh** *n.* bataklık
**marshal** *n* mareşal
**marshal** *v.t* dizmek
**marshy** *a.* sulak
**marsupial** *n.* keseli
**mart** *n.* çarşı
**marten** *n.* sansar
**martial** *a.* askeri
**martinet** *n.* sert amir
**martyr** *n.* şehit
**martyrdom** *n.* şehitlik

marvel *n.* harika
marvel *v.i* şaşmak
marvellous *a.* fevkalade
mascot *n.* maskot
masculine *a.* maskülen
mash *n.* püre
mash *v.t* ezmek
mask *n.* maske
mask *v.t.* alalamak
mason *n.* mason
masonry *n.* masonluk
masquerade *n.* maskeli balo
mass *n.* kütle
mass *v.i* kitle
massacre *n.* katliam
massacre *v.t.* katliam yapmak
massage *n.* masaj
massage *v.t.* masaj yapmak
masseur *n.* masör
massive *a.* kocaman
massy *a.* dev
mast *n.* bayrak direği
master *n.* usta
master *v.t.* uzmanlaşmak
masterly *a.* ustaca
masterpiece *n.* başyapıt
mastery *n.* egemenlik
masticate *v.t.* çiğnemek
masturbate *v.i.* mastürbasyon yapmak
mat *n.* altlık
matador *n.* matador
match *n.* maç
match *v.i.* eşlemek
match *n* maç
matchless *a.* eşsiz
mate *n.* dost
mate *v.t.* çiftleşmek
mate *n* eş
mate *v.t.* mat etmek
material *a.* malzeme
material *n* madde, kumaş

materialism *n.* maddecilik
materialize *v.t.* maddileştirmek
maternal *a.* anaç
maternity *n.* annelik
mathematical *a.* matematiksel
mathematician *n.* matematikçi
mathematics *n* matematik
matinee *n.* matine
matriarch *n.* maderşahi
matricidal *a.* ana katiline ait
matricide *n.* ana katili
matriculate *v.t.* kaydetmek
matriculation *n.* kayıt
matrimonial *a.* evliliğe ait
matrimony *n.* evlenme
matrix *n* matris
matron *n.* başhemşire
matter *n.* cisim, konu
matter *v.i.* önem taşımak
mattock *n.* kazma
mattress *n.* şilte
mature *a.* olgun
mature *v.i* olgunlaşmak
maturity *n.* olgunluk
maudlin *a* içip ağlayan
maul *n.* tokmak
maul *v.t* tokmak
maulstick *n.* ressam dayanma değneği
maunder *v.t.* boş boş dolaşmak
mausoleum *n.* mozole
mawkish *a.* tiksindirici
maxilla *n.* çene kemiği
maxim *n.* atasözü
maximize *v.t.* maksimuma çıkarmak
maximum *a.* maksimum
maximum *n* maksimum
May *n.* Mayıs
may *v* -abilir
mayor *n.* belediye başkanı
maze *n.* labirent

me *pron.* ben, bana
mead *n.* çayır
meadow *n.* çayır
meagre *a.* yetersiz
meal *n.* öğün
mealy *a.* unlu
mean *a.* kötü kalpli
mean *n.* ortalama
mean *v.t* kastetmek
meander *v.i.* dolanıp durmak
meaning *n.* anlam
meaningful *a.* anlamlı
meaningless *a.* anlamsız
meanness *n.* fenalık
means *n* araç
meanwhile *adv.* bu sırada
measles *n* kızamık
measurable *a.* ölçülebilir
measure *n.* ölçü
measure *v.t* ölçmek
measureless *a.* hesapsız
measurement *n.* ölçüm
meat *n.* et
mechanic *n.* tamirci
mechanic *a* mekanik
mechanical *a.* mekaniksel
mechanics *n.* mekanik
mechanism *n.* mekanizma
medal *n.* madalya
medallist *n.* madalya sahibi
meddle *v.i.* karışmak
median *a.* medyan
mediate *v.i.* arabulmak
mediation *n.* arabulma
mediation *n.* meditasyon
mediator *n.* ara bulucu
medical *a.* tıbbi
medicament *n.* ilaç
medicinal *a.* tıbbi
medicine *n.* tıp
medico *n.* mediko
medieval *a.* ortaçağ

medieval *a.* ortaçağa ait
mediocre *a.* vasat
mediocrity *n.* aleladelik
meditate *v.t.* düşünceye dalmak
meditative *a.* dalgın
medium *n* çare
medium *a* orta
meek *a.* ezik
meet *n.* toplanma
meet *v.t.* buluşmak
meeting *n.* toplantı
megalith *n.* megalit
megalithic *a.* megalitik
megaphone *n.* megafon
melancholia *n.* karasevda
melancholic *a.* melankolik
melancholy *n.* melankoli
melancholy *adj* kasvetli
melee *n.* arbede
meliorate *v.t.* düzelmek
mellow *a.* cana yakın
melodious *a.* ahenkli
melodrama *n.* melodram
melodramatic *a.* melodramatik
melody *n.* nağme
melon *n.* kavun
melt *v.i.* erimek
member *n.* üye
membership *n.* üyelik
membrane *n.* membran
memento *n.* hatıra
memoir *n.* anı
memorable *a.* unutulmaz
memorandum *n* muhtıra
memorial *n.* abide
memorial *a* hatırlatıcı
memory *n.* hafıza
menace *n* gözdağı
menace *v.t* gözdağı vermek
mend *v.t.* onarmak
mendacious *a.* yalan
menial *a.* vasıfsız

**menial** *n.* hizmetçi
**meningitis** *n.* menenjit
**menopause** *n.* menapoz
**menses** *n.* regl
**menstrual** *a.* aybaşı
**menstruation** *n.* aybaşı
**mental** *a.* zihinsel
**mentality** *n.* zihniyet
**mention** *n.* zikir
**mention** *v.t.* bahsetmek
**mentor** *n.* üstat
**menu** *n.* menü
**mercantile** *a.* ticaret
**mercenary** *a.* paralı asker
**mercerise** *v.t.* merserize yapmak
**merchandise** *n.* mamul
**merchant** *n.* tüccar
**merciful** *a.* insaflı
**merciless** *adj.* insafsız
**mercurial** *a.* değişken
**mercury** *n.* cıva
**mercy** *n.* insaf
**mere** *a.* sadece
**merge** *v.t.* kaynaştırmak
**merger** *n.* kaynaştırıcı
**meridian** *a.* meridyen
**merit** *n.* değer
**merit** *v.t* layık olmak
**meritorious** *a.* değerli
**mermaid** *n.* deniz kızı
**merman** *n.* deniz adamı
**merriment** *n.* neşe
**merry** *a* mutlu
**mesh** *n.* örgü
**mesh** *v.t* tuzağa düşürmek
**mesmerism** *n.* hipnotizma
**mesmerize** *v.t.* büyülemek
**mess** *n.* dağınıklık
**mess** *v.i* dağıtmak
**message** *n.* mesaj
**messenger** *n.* haberci
**messiah** *n.* Mesih

**Messrs** *n.* Efendiler
**metabolism** *n.* metabolizma
**metal** *n.* metal
**metallic** *a.* metalik
**metallurgy** *n.* metalurji
**metamorphosis** *n.* başkalaşım
**metaphor** *n.* istiare
**metaphysical** *a.* metafiziksel
**metaphysics** *n.* metafizik
**mete** *v.t* bölüştürmek
**meteor** *n.* meteor
**meteoric** *a.* meteor
**meteorologist** *n.* meteorolog
**meteorology** *n.* meteoroloji
**meter** *n.* sayaç
**method** *n.* yöntem
**methodical** *a.* yöntemsel
**metre** *n.* metre
**metric** *a.* ölçülü
**metrical** *a.* metrik
**metropolis** *n.* anakent
**metropolitan** *a.* metropolit
**metropolitan** *n.* büyük şehir
**mettle** *n.* ataklık
**mettlesome** *a.* ateşli
**mew** *v.i.* hapsetmek
**mew** *n.* hapsetmek
**mezzanine** *n.* asma kat
**mica** *n.* mika
**microfilm** *n.* mikrofilm
**micrology** *n.* mikroloji
**micrometer** *n.* mikrometre
**microphone** *n.* mikrofon
**microscope** *n.* mikroskop
**microscopic** *a.* mikroskopik
**microwave** *n.* mikrodalga
**mid** *a.* orta
**midday** *n.* gün ortası
**middle** *a.* orta
**middle** *n* orta
**middleman** *n.* aracı
**middling** *a.* iyice

**midget** *n.* cüce
**midland** *n.* ülkenin iç kısmı
**midnight** *n.* geceyarısı
**mid-off** *n.* mid-off
**mid-on** *n.* mid-on
**midriff** *n.* diafram
**midst** *adv.* ortası
**midsummer** *n.* yaz ortası
**midwife** *n.* ebe
**might** *n.* -ebilmek
**mighty** *adj.* güçlü
**migraine** *n.* migren
**migrant** *n.* göçmen
**migrate** *v.i.* göçmek
**migration** *n.* göç
**milch** *a.* sağmal
**mild** *a.* hafif
**mildew** *n.* küf
**mile** *n.* mil
**mileage** *n.* mesafe
**milestone** *n.* dönüm noktası
**milieu** *n.* muhit
**militant** *a.* muharip
**militant** *n.* militan
**military** *a.* askeri
**military** *n* ordu
**militate** *v.i.* ağır basmak
**militia** *n.* milis
**milk** *n.* süt
**milk** *v.t.* sağmak
**milky** *a.* sütlü
**mill** *n.* değirmen
**mill** *v.t.* değirmen
**millennium** *n.* binyıl
**miller** *n.* değirmenci
**millet** *n.* darı
**milliner** *n.* şapkacı
**milliner** *n.* tuhafiyeci
**millinery** *n.* tuhafiye
**million** *n.* milyon
**millionaire** *n.* milyoner
**millipede** *n.* kırkayak

**mime** *n.* pantomim
**mime** *v.i* mim oynamak
**mimesis** *n.* benzetme
**mimic** *a.* taklit
**mimic** *n* mimik
**mimic** *v.t* taklidini yapmak
**mimicry** *n* taklit
**minaret** *n.* minare
**mince** *v.t.* doğramak
**mind** *n.* akıl
**mind** *v.t.* dikkat etmek
**mindful** *a.* dikkatli
**mindless** *a.* akılsız
**mine** *pron.* benimki
**mine** *n* mayın, maden
**miner** *n.* madenci
**mineral** *n.* mineral
**mineral** *a* mineral
**mineralogist** *n.* mineralog
**mineralogy** *n.* mineraloji
**mingle** *v.t.* birbirine karıştırmak
**miniature** *n.* minyatür
**miniature** *a.* minyatür
**minim** *n.* yarım nota
**minimal** *a.* en az
**minimize** *v.t.* en aza indirmek
**minimum** *n.* minimum
**minimum** *a* minimum
**minion** *n.* minyon
**minister** *n.* bakan
**minister** *v.i.* hizmet etmek
**ministrant** *a.* ministrant
**ministry** *n.* bakanlık
**mink** *n.* vizon
**minor** *a.* önemsiz
**minor** *n* küçükler
**minority** *n.* azınlık
**minster** *n.* katedral
**mint** *n.* nane
**mint** *n.* nane
**mint** *v.t.* para basmak
**minus** *prep.* eksi

**minus** *a* noksan
**minus** *n.* eksi
**minuscule** *a.* ufacık
**minute** *a.* dakik
**minute** *n.* dakika
**minutely** *adv.* inceden inceye
**minx** *n.* sürtük
**miracle** *n.* mucize
**miraculous** *a.* mucizevi
**mirage** *n.* serap
**mire** *n.* batak
**mire** *v.t.* çamurlanmak
**mirror** *n* ayna
**mirror** *v.t.* yansıtmak
**mirth** *n.* neşe
**mirthful** *a.* şen
**misadventure** *n.* kaza
**misalliance** *n.* yanlış evlilik
**misanthrope** *n.* misantrop
**misapplication** *n.* yanlış uygulama
**misapprehend** *v.t.* yanılmak
**misapprehension** *n* yanılma
**misappropriate** *v.t.* irtikap etmek
**misappropriation** *n.* emanete hıyanet
**misbehave** *v.i.* yaramazlık yapmak
**misbehaviour** *n.* yaramazlık
**misbelief** *n.* inançsızlık
**miscalculate** *v.t.* yanlış hesaplamak
**miscalculation** *n.* yanlış hesaplama
**miscall** *v.t.* sövüp saymak
**miscarriage** *n.* düşük yapma
**miscarry** *v.i.* düşük yapmak
**miscellaneous** *a.* karışık
**miscellany** *n.* derleme
**mischance** *n.* şanssızlık
**mischief** *n* fenalık
**mischievous** *a.* afacan
**misconceive** *v.t.* yanlış kavramak
**misconception** *n.* yanlış kanı
**misconduct** *n.* kabahat
**misconstrue** *v.t.* tersinden anlamak

**miscreant** *n.* imansız
**misdeed** *n.* kötülük
**misdemeanour** *n.* kabahat
**misdirect** *v.t.* yanlış yönlendirmek
**misdirection** *n.* yanlış yönlendirme
**miser** *n.* hasis
**miserable** *a.* zavallı
**miserly** *a.* tamahkâr
**misery** *n.* acı
**misfire** *v.i.* anlaşılmamak
**misfit** *n.* uyumsuz
**misfortune** *n.* aksilik
**misgive** *v.t.* kuşkulandırmak
**misgiving** *n.* kuruntu
**misguide** *v.t.* yanlış yönlendirmek
**mishap** *n.* aksilik
**misjudge** *v.t.* yanlış değerlendirmek
**mislead** *v.t.* yanıltmak
**mismanagement** *n.* kötü yönetim
**mismatch** *v.t.* uyumsuzluk
**misnomer** *n.* isim hatası
**misplace** *v.t.* kaybetmek
**misprint** *n.* baskı hatası
**misprint** *v.t.* baskı hatası yapmak
**misrepresent** *v.t.* yanlış tanıtmak
**misrule** *n.* karışıklık
**miss** *n.* bayan
**miss** *v.t.* özlemek, kaçırmak
**missile** *n.* misil
**mission** *n.* misyon
**missionary** *n.* misyoner
**missis,missus** *n..* hanım, hanımefendi
**missive** *n.* tezkere
**mist** *n.* buğu
**mistake** *n.* hata
**mistake** *v.t.* hata yapmak
**mister** *n.* bay
**mistletoe** *n.* ökseotu
**mistreat** *v.t.* hor kullanmak
**mistress** *n.* metres

mistrust n. güvensizlik
mistrust v.t. güvenmemek
misty a. sisli
misunderstand v.t. yanlış anlamak
misunderstanding n. yanlış anlama
misuse n. hatalı kullanım
misuse v.t. hatalı kullanmak
mite n. akar
mite n akçe
mithridate n. panzehir
mitigate v.t. azaltmak
mitigation n. hafifletme
mitre n. gönye
mitten n. eldiven
mix v.i karıştırmak
mixture n. karışım
moan v.i. inlemek
moan n. inleme
moat n. hendek
moat v.t. kale hendeği ile kuşatmak
mob n. avam
mob v.t. üşüşmek
mobile a. hareketli
mobility n. devinim
mobilize v.t. hareketlendirmek
mock v.i. alay etmek
mock adj sahte
mockery n. alay
modality n. kip
mode n. mod
model n. model
model v.t. modellemek
moderate a. ılımlı
moderate v.t. ılımlılaştırmak
moderation n. hafifletme
modern a. modern
modernity n. çağdaşlık
modernize v.t. modernleştirmek
modest a. alçakgönüllü
modesty n alçakgönüllülük
modicum n. nebze
modification n. tadilat

modify v.t. tadil etmek
modulate v.t. ayarlamak
moil v.i. didinmek
moist a. nemli
moisten v.t. nemlendirmek
moisture n. nem
molar n. molar
molar a kütlesel
molasses n pekmez
mole n. ben, köstebek
molecular a. moleküler
molecule n. molekül
molest v.t. tacizde bulunmak
molestation n. sarkıntılık
molten a. erimiş
moment n. an
momentary a. anlık
momentous a. ciddi
momentum n. devinirlik
monarch n. hükümdar
monarchy n. monarşi
monastery n. manastır
monasticism n manastır hayatı
Monday n. Pazartesi
monetary a. parasal
money n. para
monger n. esnaf
mongoose n. mongos
mongrel a katışık
monitor n. izlemek
monitory a. uyarı niteliğinde
monk n. papaz
monkey n. maymun
monochromatic a. monokrom
monocle n. monokl
monocular a. monoküler
monody n. tek sesli şarkı
monoestrous n. monoestrus
monogamy n. monogami
monogram n. monogram
monograph n. monograf
monogynous a. tek eşli

| | |
|---|---|
| **monolatry** *n.* monolatri | **moreover** *adv.* dahası |
| **monolith** *n.* monolit | **morganatic** *a.* denk olmayan |
| **monologue** *n.* monolog | **morgue** *n.* morg |
| **monopolist** *n.* tekelci | **moribund** *a.* ölümcül |
| **monopolize** *v.t.* tekeline almak | **morning** *n.* sabah |
| **monopoly** *n.* tekel | **moron** *n.* gerizekalı |
| **monosyllabic** *a.* tek heceli | **morose** *a.* somurtkan |
| **monosyllable** *n.* tek heceli | **morphia** *n.* morfin |
| **monotheism** *n.* monoteizm | **morrow** *n.* ferda |
| **monotheist** *n.* monoteist | **morsel** *n.* lokma |
| **monotonous** *a.* monoton | **mortal** *a.* ölümlü |
| **monotony** *n* monotonluk | **mortal** *n* ölümlü |
| **monsoon** *n.* muson | **mortality** *n.* ölümlülük |
| **monster** *n.* canavar | **mortar** *v.t.* havan |
| **monstrous** *a.* azman | **mortgage** *n.* ipotek |
| **month** *n.* ay | **mortgage** *v.t.* ipotek etmek |
| **monthly** *a.* aylık | **mortgagee** *n.* mürtehin |
| **monthly** *adv* aylık | **mortgagor** *n.* ipotek borçlusu |
| **monthly** *n* aylık | **mortify** *v.t.* utandırmak |
| **monument** *n.* anıt | **mortuary** *n.* cenaze evi |
| **monumental** *a.* devasa | **mosaic** *n.* mozaik |
| **moo** *v.i* mölemek | **mosque** *n.* cami |
| **mood** *n.* ruh hali | **mosquito** *n.* sivrisinek |
| **moody** *a.* huysuz | **moss** *n.* yosun |
| **moon** *n.* ay | **most** *a.* en çok |
| **moor** *n.* fundalık | **most** *adv.* en çok |
| **moor** *v.t* demir atmak | **most** *n* en çok |
| **moorings** *n.* şamandıra | **mote** *n.* zerre |
| **moot** *n.* münakaşalı | **motel** *n.* motel |
| **mop** *n.* paspas | **moth** *n.* güve |
| **mop** *v.t.* paspas yapmak | **mother** *n* anne |
| **mope** *v.i.* bunaltmak | **mother** *v.t.* annelik etmek |
| **moral** *a.* ahlaki | **motherhood** *n.* annelik |
| **moral** *n.* ahlak | **motherlike** *a.* anne gibi |
| **morale** *n.* moral | **motherly** *a.* anaç |
| **moralist** *n.* ahlakçı | **motif** *n.* motif |
| **morality** *n.* etik | **motion** *n.* hareket |
| **moralize** *v.t.* nutuk çekmek | **motion** *v.i.* hareket ettirmek |
| **morbid** *a.* marazi | **motionless** *a.* hareketsiz |
| **morbidity** *n* marazilik | **motivate** *v* motive etmek |
| **more** *a.* daha | **motivation** *n.* motivasyon |
| **more** *adv* daha fazla | **motive** *n.* gerekçe |

**motley** *a.* alaca
**motor** *n.* motor
**motor** *v.i.* motoru çalıştırmak
**motorist** *n.* sürücü
**mottle** *n.* benek
**motto** *n.* ilke
**mould** *n.* kalıp
**mould** *v.t.* biçimlendirmek
**mould** *n* küf
**mould** *n* yapı
**mouldy** *a.* küflü
**moult** *v.i.* deri değiştirmek
**mound** *n.* höyük
**mount** *n.* binek
**mount** *v.t.* tırmanmak
**mount** *n* biniş
**mountain** *n.* dağ
**mountaineer** *n.* dağcı
**mountainous** *a.* dağlık
**mourn** *v.i.* yas tutmak
**mourner** *n.* ağıtçı
**mournful** *n.* mahzun
**mourning** *n.* matem
**mouse** *n.* fare
**moustache** *n.* bıyık
**mouth** *n.* ağız
**mouth** *v.t.* ağzını kımıldatmak
**mouthful** *n.* lokma
**movable** *a.* portatif
**movables** *n.* menkul
**move** *n.* hareket
**move** *v.t.* hareket etmek
**movement** *n.* hareket
**mover** *n.* nakliyeci
**movies** *n.* sinema
**mow** *v.t.* biçmek
**much** *a* pek
**much** *adv* epey
**mucilage** *n.* zamk
**muck** *n.* gübre
**mucous** *a.* sümüksü
**mucus** *n.* mukus

**mud** *n.* çamur
**muddle** *n.* dağınıklık
**muddle** *v.t.* dağıtmak
**muffle** *v.t.* susturmak
**muffler** *n.* susturucu
**mug** *n.* fincan
**muggy** *a.* boğucu
**mulatto** *n.* melez
**mulberry** *n.* dut
**mule** *n.* katır
**mulish** *a.* inatçı
**mull** *n.* muslin
**mull** *v.t.* kafa patlatmak
**mullah** *n.* molla
**mullion** *n.* titriz
**multifarious** *a.* muhtelif
**multiform** *n.* çokbiçimli
**multilateral** *a.* çok yanlı
**multiparous** *a.* multipar
**multiped** *n.* çokayaklı
**multiple** *a.* çoklu
**multiple** *n* kat
**multiplex** *a.* çok katlı
**multiplicand** *n.* çarpılan
**multiplication** *n.* çarpım
**multiplicity** *n.* katlılık
**multiply** *v.t.* çarpmak
**multitude** *n.* izdiham
**mum** *a.* sessiz
**mum** *n* anne
**mumble** *v.i.* mırıldanmak
**mummer** *n.* maskara
**mummy** *n.* mumya
**mummy** *n* anneciğim
**mumps** *n.* kabakulak
**munch** *v.t.* hapır hupur yemek
**mundane** *a.* alelade
**municipal** *a.* kentsel
**municipality** *n.* belediye
**munificent** *a.* cömert
**muniment** *n.* senet
**munitions** *n.* levazım

| | |
|---|---|
| **mural** *a.* fresk | **mutton** *n.* koyun |
| **mural** *n.* müral | **mutual** *a.* müşterek |
| **murder** *n.* cinayet | **muzzle** *n.* ağızlık |
| **murder** *v.t.* cinayet işlemek | **muzzle** *v.t* ağızlık takmak |
| **murderer** *n.* katil | **my** *a.* benim |
| **murderous** *a.* öldürücü | **myalgia** *n.* kasınç |
| **murmur** *n.* homurdanma | **myopia** *n.* miyopluk |
| **murmur** *v.t.* homurdanmak | **myopic** *a.* miyop |
| **muscle** *n.* kas | **myosis** *n.* miyozis |
| **muscovite** *n.* mika | **myriad** *n.* sayısız |
| **muscular** *a.* kaslı | **myriad** *a* sayısız |
| **muse** *v.i.* dalmak | **myrrh** *n.* mür |
| **muse** *n* esin | **myrtle** *n.* mersin |
| **museum** *n.* müze | **myself** *pron.* kendim |
| **mush** *n.* lapa | **mysterious** *a.* gizemli |
| **mushroom** *n.* mantar | **mystery** *n.* gizem |
| **music** *n.* müzik | **mystic** *a.* esrarlı |
| **musical** *a.* ahenkli | **mystic** *n* mistik |
| **musician** *n.* müzisyen | **mysticism** *n.* gizemcilik |
| **musk** *n.* misk | **mystify** *v.t.* kafasını bulandırmak |
| **musket** *n.* misket tüfeği | **myth** *n.* mit |
| **musketeer** *n.* silahşör | **mythical** *a.* efsanevi |
| **muslin** *n.* muslin | **mythological** *a.* mitolojik |
| **must** *v.* gerekmek | **mythology** *n.* mitoloji |
| **must** *n.* gereklilik | |
| **must** *n* şart | |

# N

| | |
|---|---|
| **mustache** *n.* bıyık | |
| **mustang** *n.* mustang | |
| **mustard** *n.* hardal | |
| **muster** *v.t.* içtima yapmak | **nab** *v.t.* enselemek |
| **muster** *n* içtima | **nabob** *n.* çok zengin |
| **musty** *a.* köhne | **nadir** *n.* en aşağı nokta |
| **mutation** *n.* mutasyon | **nag** *n.* dırdır |
| **mutative** *a.* dönüşken | **nag** *v.t.* dırdır etmek |
| **mute** *a.* sessiz | **nagotiation** *n.* müzakere |
| **mute** *n.* dilsiz | **nail** *n.* tırnak, çivi |
| **mutilate** *v.t.* kötürüm etmek | **nail** *v.t.* çakmak |
| **mutilation** *n.* mutilasyon | **naive** *a.* saf |
| **mutinous** *a.* isyankar | **naivete** *n.* toyluk |
| **mutiny** *n.* isyan | **naivety** *n.* saflık |
| **mutiny** *v. i* başkaldırmak | **naked** *a.* çıplak |
| **mutter** *v.i.* mırıldanmak | **name** *n.* isim |

**name** *v.t.* isimlendirmek
**namely** *adv.* yani
**namesake** *n.* adaş
**nap** *v.i.* kestirmek
**nap** *n.* kestirme
**nap** *n* hav
**nape** *n.* ense
**napkin** *n.* peçete
**narcissism** *n.* narsisizm
**narcissus** *n* zeren
**narcosis** *n.* narkoz
**narcotic** *n.* narkotik
**narrate** *v.t.* nakletmek
**narration** *n.* anlatı
**narrative** *n.* öykü
**narrative** *a.* öyküsel
**narrator** *n.* anlatan
**narrow** *a.* dar
**narrow** *v.t.* daraltmak
**nasal** *a.* genizsel
**nasal** *n* geniz
**nascent** *a.* doğan
**nasty** *a.* iğrenç
**natal** *a.* doğum
**natant** *a.* yüzen
**nation** *n.* millet
**national** *a.* milli
**nationalism** *n.* milliyetçilik
**nationalist** *n.* milliyetçi
**nationality** *n.* milliyet
**nationalization** *n.* millileştirme
**nationalize** *v.t.* millileştirmek
**native** *a.* yerli
**native** *n* yerli
**nativity** *n.* doğuş
**natural** *a.* doğal
**naturalist** *n.* doğalcı
**naturalize** *v.t.* vatandaşlığa almak
**naturally** *adv.* doğal olarak
**nature** *n.* doğa
**naughty** *a.* yaramaz
**nausea** *n.* mide bulantısı

**nautic(al)** *a.* bahri
**naval** *a.* bahri
**nave** *n.* dingil başlığı
**navigable** *a.* seyredilebilir
**navigate** *v.i.* seyretmek
**navigation** *n.* seyir
**navigator** *n.* gemici
**navy** *n.* bahriye
**nay** *adv.* dahası
**neap** *a.* alçak gel-git
**near** *a.* samimi
**near** *prep.* yakınında
**near** *adv.* yakında
**near** *v.i.* yanaşmak
**nearly** *adv.* neredeyse
**neat** *a.* düzenli
**nebula** *n.* bulutsu
**necessary** *n.* gerekli
**necessary** *a* gereken
**necessitate** *v.t.* gerektirmek
**necessity** *n.* gereklilik
**neck** *n.* boyun
**necklace** *n.* kolye
**necklet** *n.* boyun kürkü
**necromancer** *n.* ruh çağıran
**necropolis** *n.* kabristan
**nectar** *n.* nektar
**need** *n.* ihtiyaç
**need** *v.t.* ihtiyacı olmak
**needful** *a.* elzem
**needle** *n.* iğne
**needless** *a.* gereksiz
**needs** *adv.* mecburen
**needy** *a.* yardıma muhtaç
**nefandous** *a.* berbat
**nefarious** *a.* menfur
**negation** *n.* yadsıma
**negative** *a.* aksi
**negative** *n.* olumsuz
**negative** *v.t.* reddetmek
**neglect** *v.t.* ihmal etmek
**neglect** *n* ihmal

**negligence** *n.* ihmalkarlık
**negligent** *a.* ihmalkar
**negligible** *a.* önemsiz
**negotiable** *a.* müzakere edilebilir
**negotiate** *v.t.* müzakere etmek
**negotiator** *n.* delege
**negress** *n.* zenci kadın
**negro** *n.* zenci erkek
**neigh** *v.i.* kişnemek
**neigh** *n.* kişneme
**neighbour** *n.* komşu
**neighbourhood** *n.* civar
**neighbourly** *a.* dostça
**neither** *conj.* hiçbiri
**nemesis** *n.* ezeli düşman
**neolithic** *a.* neolitik
**neon** *n.* neon
**nephew** *n.* yeğen
**nepotism** *n.* iltimas
**Neptune** *n.* Neptün
**nerve** *n.* sinir
**nerveless** *a.* dermansız
**nervous** *a.* sinirli
**nescience** *n.* bilgisizlik
**nest** *n.* yuva
**nest** *v.t.* yuva kurmak
**nestle** *v.i.* sığınmak
**nestling** *n.* yavru kuş
**net** *n.* ağ
**net** *v.t.* ağ örmek
**net** *a* kesin
**net** *v.t.* tuzağa düşürmek
**nether** *a.* alt
**nettle** *n.* ısırgan
**nettle** *v.t.* öfkelendirmek
**network** *n.* şebeke
**neurologist** *n.* nörolog
**neurology** *n.* nöroloji
**neurosis** *n.* nevroz
**neuter** *a.* cinsiyetsiz
**neuter** *n* cinssiz
**neutral** *a.* nötr

**neutralize** *v.t.* nötr hale getirme
**neutron** *n.* nötron
**never** *adv.* asla
**nevertheless** *conj.* yine de
**new** *a.* yeni
**news** *n.* haberler
**next** *a.* sonra
**next** *adv.* sonraki
**nib** *n.* gaga
**nibble** *v.t.* kemirmek
**nibble** *n* çerez
**nice** *a.* güzel
**nicety** *n.* titizlik
**niche** *n.* oyuk
**nick** *n.* sıyrık
**nickel** *n.* nikel
**nickname** *n.* rumuz
**nickname** *v.t.* ad takmak
**nicotine** *n.* nikotin
**niece** *n.* kuzen
**niggard** *n.* pinti
**niggardly** *a.* pintice
**nigger** *n.* zenci
**nigh** *adv.* aşağı yukarı
**nigh** *prep.* az daha
**night** *n.* gece
**nightie** *n.* gecelik
**nightingale** *n.* bülbül
**nightly** *adv.* geceleyin
**nightmare** *n.* kabus
**nihilism** *n.* nihilizm
**nil** *n.* hiç
**nimble** *a.* atik
**nimbus** *n.* hale
**nine** *n.* dokuz
**nineteen** *n.* ondokuz
**nineteenth** *a.* ondokuzuncu
**ninetieth** *a.* doksanıncı
**ninety** *n.* doksan
**ninth** *a.* dokuzuncu
**nip** *v.t* budamak
**nipple** *n.* meme ucu

**nitrogen** *n.* nitrojen
**no** *a.* hiçbir
**no** *adv.* hayır
**no** *n* olmaz
**nobility** *n.* asalet
**noble** *a.* asil
**noble** *n.* soylu
**nobleman** *n.* asilzade
**nobody** *pron.* kimse
**nocturnal** *a.* geceleyin
**nod** *v.i.* başını sallamak
**node** *n.* yumru
**noise** *n.* gürültü
**noisy** *a.* gürültülü
**nomad** *n.* konargöçer
**nomadic** *a.* göçer
**nomenclature** *n.* nomenklatür
**nominal** *a.* nominal
**nominate** *v.t.* aday belirlemek
**nomination** *n.* adaylık
**nominee** *n* aday
**non-alignment** *n.* bağlantısızlık
**nonchalance** *n.* aldırmazlık
**nonchalant** *a.* lakayıt
**none** *pron.* hiçbiri
**none** *adv.* hiçbirisi
**nonentity** *n.* hiçlik
**nonetheless** *adv.* gene de
**nonpareil** *a.* emsalsiz
**nonpareil** *n.* rakipsiz
**nonplus** *v.t.* şaşırtmak
**nonsense** *n.* saçmalık
**nonsensical** *a.* saçma
**nook** *n.* kuytu
**noon** *n.* öğlen
**noose** *n.* ilmik
**noose** *v.t.* ilmiklemek
**nor** *conj.* ne de
**norm** *n.* kural
**norm** *n.* kaide
**normal** *a.* normal
**normalcy** *n.* normallik

**normalize** *v.t.* normalleştirmek
**north** *n.* kuzey
**north** *a* kuzey
**north** *adv.* kuzey
**northerly** *a.* kuzeyden
**northerly** *adv.* kuzeyden
**northern** *a.* kuzeye ait
**nose** *n.* burun
**nose** *v.t* burun
**nosegay** *n.* çiçek demeti
**nosey** *a.* meraklı
**nostalgia** *n.* nostalji
**nostril** *n.* burun deliği
**nostrum** *n.* nostrum
**nosy** *a.* meraklı
**not** *adv.* değil
**notability** *n.* kayda değerlilik
**notable** *a.* kayda değer
**notary** *n.* noter
**notation** *n.* gösterim
**notch** *n.* çentik
**note** *n.* not
**note** *v.t.* not etmek
**noteworthy** *a.* dikkate değer
**nothing** *n.* hiçbir şey
**nothing** *adv.* hiçbir şey
**notice** *a.* ihtar
**notice** *v.t.* farketmek
**notification** *n.* bildiri
**notify** *v.t.* bildirmek
**notion** *n.* düşünce
**notional** *a.* itibari
**notoriety** *n.* dile düşme
**notorious** *a.* adı çıkmış
**notwithstanding** *prep.* karşın
**notwithstanding** *adv.* gerçi
**notwithstanding** *conj.* rağmen
**nought** *n.* hiçlik
**noun** *n.* isim
**nourish** *v.t.* beslemek
**nourishment** *n.* beslenme
**novel** *a.* alışılmamış

**novel** *n* hikaye
**novelette** *n.* kısa roman
**novelist** *n.* yazar
**novelty** *n.* acayiplik
**november** *n.* Kasım
**novice** *n.* çaylak
**now** *adv.* derhal
**now** *conj.* şimdi
**nowhere** *adv.* hiçbir yerde
**noxious** *a.* ahlakı bozan
**nozzle** *n.* ağızlık
**nuance** *n.* nüans
**nubile** *a.* gelişkin
**nuclear** *a.* nükleer
**nucleus** *n.* çekirdek
**nude** *a.* nü
**nude** *n* çıplak
**nudge** *v.t.* dürtmek
**nudity** *n.* çıplaklık
**nugget** *n.* külçe
**nuisance** *n.* illet
**null** *a.* sıfır
**nullification** *n.* sıfırlama
**nullify** *v.t.* sıfırlamak
**numb** *a.* uyuşuk
**number** *n.* numara
**number** *v.t.* numaralamak
**numberless** *a.* sayısız
**numeral** *a.* rakamsal
**numerator** *n.* sayılandırıcı
**numerical** *a.* sayısal
**numerous** *a.* muhtelif
**nun** *n.* rahibe
**nunnery** *n.* manastır
**nuptial** *a.* düğün
**nuptials** *n.* nikah
**nurse** *n.* hemşire
**nurse** *v.t* hemşirelik yapmak
**nursery** *n.* kreş, fidanlık
**nurture** *n.* beslenme
**nurture** *v.t.* büyütmek
**nut** *n* fındık

**nutrition** *n.* beslenme
**nutritious** *a.* besleyici
**nutritive** *a.* besleyici
**nuzzle** *v.* sokulmak
**nylon** *n.* naylon
**nymph** *n.* su perisi

# O

**oak** *n.* meşe
**oar** *n.* kürek
**oarsman** *n.* kürekçi
**oasis** *n.* vaha
**oat** *n.* yulaf
**oath** *n.* yemin
**obduracy** *n.* inatçılık
**obdurate** *a.* taş kalpli
**obedience** *n.* itaat
**obedient** *a.* itaatkar
**obeisance** *n.* hürmet
**obesity** *n.* obezite
**obey** *v.t.* itaat etmek
**obituary** *a.* vefat
**object** *n.* obje
**object** *v.t.* karşı çıkmak
**objection** *n.* itiraz
**objectionable** *a.* nahoş
**objective** *n.* mercek
**objective** *a.* tarafsız
**oblation** *n.* adak
**obligation** *n.* mecburiyet
**obligatory** *a.* mecburi
**oblige** *v.t.* zorunda bırakmak
**oblique** *a.* dolambaçlı
**obliterate** *v.t.* aşındırmak
**obliteration** *n.* yok etme
**oblivion** *n.* farkında olmama
**oblivious** *a.* bihaber
**oblong** *a.* uzunca
**oblong** *n.* dikdörtgen

obnoxious *a.* tiksindirici
obscene *a.* açık saçık
obscenity *n.* açık saçıklık
obscure *a.* anlaşılmaz
obscure *v.t.* belirsizleştirmek
obscurity *n.* anlaşılmazlık
observance *n.* riayet
observant *a.* itaatkâr
observation *n.* gözlem
observatory *n.* gözlemevi
observe *v.t.* gözlemlemek
obsess *v.t.* aklına takılmak
obsession *n.* saplantı
obsolete *a.* eskimiş
obstacle *n.* engel
obstinacy *n.* inat
obstinate *a.* inatçı
obstruct *v.t.* engellemek
obstruction *n.* engel
obstructive *a.* engelleyici
obtain *v.t.* elde etmek
obtainable *a.* elde edilebilir
obtuse *a.* kalın kafalı
obvious *a.* açık
occasion *n.* vesile
occasion *v.t* sebebi olmak
occasional *a.* nadiren
occasionally *adv.* ara sıra
occident *n.* batılı
occidental *a.* batı
occult *a.* anlaşılmaz
occupancy *n.* oturma
occupant *n.* oturan
occupation *n.* uğraş
occupier *n.* oturan
occupy *v.t.* işgal etmek
occur *v.i.* vuku bulmak
occurrence *n.* oluş
ocean *n.* okyanus
oceanic *a.* okyanus
octagon *n.* sekizgen
octangular *a.* sekiz köşeli

octave *n.* oktav
October *n.* Ekim
octogenarian *a.* seksenlik
octogenarian *a* seksenlik
octroi *n.* octroi
ocular *a.* oküler
oculist *n.* göz doktoru
odd *a.* tekil, garip
oddity *n.* gariplik
odds *n.* olasılık
ode *n.* kaside
odious *a.* iğrenç
odium *n.* iğrençlik
odorous *a.* kokulu
odour *n.* koku
offence *n.* suç
offend *v.t.* utandırmak
offender *n.* suçlu
offensive *a.* kırıcı
offensive *n* saldırı
offer *v.t.* teklif etmek
offer *n* teklif
offering *n.* adak
office *n.* ofis
officer *n.* memur
official *a.* resmi
official *n* memur
officially *adv.* resmi olarak
officiate *v.i.* görevi yerine getirmek
officious *a.* işgüzar
offing *n.* engin
offset *v.t.* dengelemek
offset *n* ofset
offshoot *n.* filiz
offspring *n.* yavrular
oft *adv.* çoğu kez
often *adv.* sık sık
ogle *v.t.* göz süzmek
ogle *n* göz süzme
oil *n.* yağ
oil *v.t* yağlamak
oily *a.* yağlı

| | |
|---|---|
| **ointment** *n.* merhem | **opaque** *a.* opak |
| **old** *a.* yaşlı | **open** *a.* açık |
| **oligarchy** *n.* oligarşi | **open** *v.t.* açmak |
| **olive** *n.* zeytin | **opening** *n.* açılış |
| **olympiad** *n.* olimpiyat | **openly** *adv.* açıkça |
| **omega** *n.* omega | **opera** *n.* opera |
| **omelette** *n.* omlet | **operate** *v.t.* işletmek |
| **omen** *n.* alamet | **operation** *n.* operasyon |
| **ominous** *a.* hayra yorulamayan | **operative** *a.* işleyen |
| **omission** *n.* ihmal | **operator** *n.* operatör |
| **omit** *v.t.* dahil etmemek | **opine** *v.t.* farzetmek |
| **omnipotence** *n.* her şeyi yapabilme | **opinion** *n.* fikir |
| **omnipotent** *a.* her şeye gücü yeten | **opium** *n.* afyon |
| **omnipresence** *n.* her yerde birden bulunma | **opponent** *n.* muhalif |
| | **opportune** *a.* elverişli |
| **omnipresent** *a.* her zaman her yerde var olan | **opportunism** *n.* fırsatçılık |
| | **opportunity** *n.* fırsat |
| **omniscience** *n.* her şeyi bilme | **oppose** *v.t.* karşı koymak |
| **omniscient** *a.* her şeyi bilen | **opposite** *a.* karşıt |
| **on** *prep.* üst | **opposition** *n.* direniş |
| **on** *adv.* açık | **oppress** *v.t.* baskı uygulamak |
| **once** *adv.* bir kerede | **oppression** *n.* baskı |
| **one** *a.* tek | **oppressive** *a.* ezici |
| **one** *pron.* kimse, biri | **oppressor** *n.* zulümcü |
| **oneness** *n.* birlik | **opt** *v.i.* tercih etmek |
| **onerous** *a.* külfetli | **optic** *a.* optik |
| **onion** *n.* soğan | **optician** *n.* gözlükçü |
| **on-looker** *n.* seyirci | **optimism** *n.* iyimserlik |
| **only** *a.* ancak | **optimist** *n.* iyimser |
| **only** *adv.* sadece | **optimistic** *a.* iyimser |
| **only** *conj.* ama | **optimum** *n.* ideal ortam |
| **onomatopoeia** *n.* yansıma | **optimum** *a* optimum |
| **onrush** *n.* atak | **option** *n.* seçenek |
| **onset** *n.* hamle | **optional** *a.* seçmeli |
| **onslaught** *n.* hücum | **opulence** *n.* bolluk |
| **onus** *n.* külfet | **opulent** *a.* bereketli |
| **onward** *a.* ileri | **oracle** *n.* kehanet |
| **onwards** *adv.* ileride | **oracular** *a.* anlaşılmaz |
| **ooze** *n.* sızıntı | **oral** *a.* sözsel |
| **ooze** *v.i.* sızmak | **orally** *adv.* sözsel olarak |
| **opacity** *n.* opaklık | **orange** *n.* portakal |
| **opal** *n.* opal | **orange** *a* turuncu |

**oration** *n.* hitabe
**orator** *n.* başvuru sahibi
**oratorical** *a.* nutuksal
**oratory** *n.* belagat
**orb** *n.* küre
**orbit** *n.* yörünge
**orchard** *n.* bostan
**orchestra** *n.* orkestra
**orchestral** *a.* orkestraya ait
**ordeal** *n.* çile
**order** *n.* sipariş
**order** *v.t* sipariş etmek
**orderly** *a.* derli toplu
**orderly** *n.* mazbut
**ordinance** *n.* nizamname
**ordinarily** *adv.* genelde
**ordinary** *a.* sıradan
**ordnance** *n.* ordonat
**ore** *n.* töz
**organ** *n.* organ
**organic** *a.* organik
**organism** *n.* organizma
**organization** *n.* teşkilat
**organize** *v.t.* düzenlemek
**orient** *n.* şark
**orient** *v.t.* yöneltmek
**oriental** *a.* doğulu
**oriental** *n* oryantal
**orientate** *v.t.* yöneltme
**origin** *n.* köken
**original** *a.* özgün
**original** *n* orijinal
**originality** *n.* özgünlük
**originate** *v.t.* başlamak
**originator** *n.* ihraççı
**ornament** *n.* ziynet
**ornament** *v.t.* süslemek
**ornamental** *a.* nakışlı
**ornamentation** *n.* takı
**orphan** *n.* öksüz
**orphan** *v.t* öksüz bırakmak
**orphanage** *n.* öksüzler yurdu

**orthodox** *a.* göreneksel
**orthodoxy** *n.* ortodoksluk
**oscillate** *v.i.* salınmak
**oscillation** *n.* salınım
**ossify** *v.t.* katılaşmak
**ostracize** *v.t.* sürmek
**ostrich** *n.* devekuşu
**other** *a.* diğer
**other** *pron.* başka
**otherwise** *adv.* aksi takdirde
**otherwise** *conj.* yoksa
**otter** *n.* su samuru
**ottoman** *n.* Osmanlı
**ounce** *n.* ons
**our** *pron.* bizim
**oust** *v.t.* defetmek
**out** *adv.* dışarıda
**out-balance** *v.t.* ağır basmak
**outbid** *v.t.* artırmak
**outbreak** *n.* baş gösterme
**outburst** *n.* feveran
**outcast** *n.* parya
**outcast** *a* kimsesiz
**outcome** *n.* akıbet
**outcry** *a.* bağırış
**outdated** *a.* çağdışı
**outdo** *v.t.* bastırmak
**outdoor** *a.* açıkhava
**outer** *a.* dış
**outfit** *n.* donanım
**outfit** *v.t* donatmak
**outgrow** *v.t.* sığmamak
**outhouse** *n.* müştemilat
**outing** *n.* tur
**outlandish** *a.* tuhafça
**outlaw** *n.* sürgün
**outlaw** *v.t* feshetmek
**outline** *n.* taslak
**outline** *v.t.* taslağını çizmek
**outlive** *v.i.* daha fazla yaşa
**outlook** *n.* bakış açısı
**outmoded** *a.* demode

**outnumber** *v.t.* sayıca geçmek
**outpatient** *n.* ayakta tedavi
**outpost** *n.* karakol
**output** *n.* çıktı
**outrage** *n.* büyük ayıp
**outrage** *v.t.* hakaret etmek
**outright** *adv.* anında
**outright** *a* açık sözlü
**outrun** *v.t.* aşmak
**outset** *n.* başlangıç
**outshine** *v.t.* gölgede bırakmak
**outside** *a.* dışarı
**outside** *n* dışarısı
**outside** *adv* dışarıda
**outside** *prep* dış
**outsider** *n.* dışlanmış
**outsize** *a.* battal beden
**outskirts** *n.pl.* civarlar
**outspoken** *a.* açık sözlü
**outstanding** *a.* göze çarpan
**outward** *a.* dışa doğru
**outward** *adv* dışarıya
**outwardly** *adv.* dıştan
**outwards** *adv* dışarı doğru
**outweigh** *v.t.* ağır basmak
**outwit** *v.t.* mat etmek
**oval** *a.* oval
**oval** *n* oval
**ovary** *n.* yumurtalık
**ovation** *n.* tezahürat
**oven** *n.* fırın
**over** *prep.* üst
**over** *adv* üstünde
**over** *n* fazla
**overact** *v.t.* abartılı oynamak
**overall** *n.* tulum
**overall** *a* toplamda
**overawe** *v.t.* sindirmek
**overboard** *adv.* denize
**overburden** *v.t.* fazla yüklemek
**overcast** *a.* basık
**overcharge** *v.t.* kazıklamak

**overcharge** *n* kazık
**overcoat** *n.* manto
**overcome** *v.t.* alt etmek
**overdo** *v.t.* abartmak
**overdose** *n.* dozaşımı
**overdose** *v.t.* aşırı doz yapmak
**overdraft** *n.* açık kredi
**overdraw** *v.t.* fazla para çekmek
**overdue** *a.* rötarlı
**overhaul** *v.t.* elden geçirmek
**overhaul** *n.* elden geçirme
**overhear** *v.t.* kulak kabartmak
**overjoyed** *a* ağzı kulaklarında
**overlap** *v.t.* üstüste binmek
**overlap** *n* örtüşme
**overleaf** *adv.* sayfa arkası
**overload** *v.t.* aşırı yüklemek
**overload** *n* aşırı yükleme
**overlook** *v.t.* aldırmamak
**overnight** *adv.* bir gecede
**overnight** *a* gecelik
**overpower** *v.t.* boyun eğdirmek
**overrate** *v.t.* büyütmek
**overrule** *v.t.* geçersiz kılmak
**overrun** *v.t* aşmak
**oversee** *v.t.* denetlemek
**overseer** *n.* müfettiş
**overshadow** *v.t.* gölge düşürmek
**oversight** *n.* dikkatsizlik
**overt** *a.* aleni
**overtake** *v.t.* sollamak
**overthrow** *v.t.* devirmek
**overthrow** *n* yıkım
**overtime** *adv.* fazla mesai
**overtime** *n* mesai
**overture** *n.* uvertür
**overwhelm** *v.t.* bunaltmak
**overwork** *v.i.* fazla çalışmak
**overwork** *n.* ek mesai
**owe** *v.t* borçlu olmak
**owl** *n.* baykuş
**own** *a.* kendi

**own** *v.t.* sahip olmak
**owner** *n.* sahip
**ownership** *n.* mülkiyet
**ox** *n.* öküz
**oxygen** *n.* oksijen
**oyster** *n.* istiridye

# P

**pace** *n* adım
**pace** *v.i.* yürümek
**pacific** *a.* barışçıl
**pacify** *v.t.* yatıştırmak
**pack** *n.* paket
**pack** *v.t.* paketlemek
**package** *n.* ambalaj
**packet** *n.* paket
**packing** *n.* ambalaj
**pact** *n.* pakt
**pad** *n.* ped
**pad** *v.t.* içini doldurmak
**padding** *n.* vatka
**paddle** *v.i.* kürek çekmek
**paddle** *n* pala
**paddy** *n.* çeltik
**page** *n.* sayfa
**page** *v.t.* çağırmak
**pageant** *n.* tören
**pageantry** *n.* şatafat
**pagoda** *n.* pagoda
**pail** *n.* gerdel
**pain** *n.* ağrı
**pain** *v.t.* acı çekmek
**painful** *a.* sancılı
**painstaking** *a.* itinalı
**paint** *n.* boya
**paint** *v.t.* boyamak
**painter** *n.* ressam
**painting** *n.* resim
**pair** *n.* çift

**pair** *v.t.* eşleştirmek
**pal** *n.* kanka
**palace** *n.* saray
**palanquin** *n.* tahtırevan
**palatable** *a.* lezzetli
**palatal** *a.* damaksal
**palate** *n.* damak
**palatial** *a.* görkemli
**pale** *n.* kazık
**pale** *a* soluk
**pale** *v.i.* solmak
**palette** *n.* palet
**palm** *n.* hurma ağacı
**palm** *v.t.* avucunda saklamak
**palm** *n.* avuç
**palmist** *n.* el falcısı
**palmistry** *n.* el falı
**palpable** *a.* dokunulabilir
**palpitate** *v.i.* hop etmek
**palpitation** *n.* çarpıntı
**palsy** *n.* felç
**paltry** *a.* önemsiz
**pamper** *v.t.* şımartmak
**pamphlet** *n.* broşür
**pamphleteer** *n.* yergici
**panacea** *n.* her derde deva ilaç
**pandemonium** *n.* kıyamet
**pane** *n.* bölmesi
**panegyric** *n.* övgü
**panel** *n.* panel
**panel** *v.t.* panel
**pang** *n.* sancı
**panic** *n.* panik
**panorama** *n.* panorama
**pant** *v.i.* solumak
**pant** *n.* soluma
**pantaloon** *n.* komik ihtiyar bunak
**pantheism** *n.* panteizm
**pantheist** *n.* panteist
**panther** *n.* panter
**pantomime** *n.* pandomim
**pantry** *n.* kiler

**papacy** *n.* papalık
**papal** *a.* papaya ait
**paper** *n.* kâğıt
**par** *n.* par
**parable** *n.* mesel
**parachute** *n.* paraşüt
**parachutist** *n.* paraşütçü
**parade** *n.* geçit töreni
**parade** *v.t.* gösteriş yapmak
**paradise** *n.* cennet
**paradox** *n.* paradoks
**paradoxical** *a.* çelişkili
**paraffin** *n.* parafin
**paragon** *n.* erdem örneği
**paragraph** *n.* paragraf
**parallel** *a.* paralel
**parallel** *v.t.* paralel
**parallelism** *n.* paralellik
**parallelogram** *n.* paralelkenar
**paralyse** *v.t.* felç etmek
**paralysis** *n.* felç
**paralytic** *a.* felçli
**paramount** *n.* olağanüstü
**paramour** *n.* metres
**paraphernalia** *n. pl* öteberi
**paraphrase** *n.* açımlama
**paraphrase** *v.t.* açımlamak
**parasite** *n.* parazit
**parcel** *n.* koli
**parcel** *v.t.* parsellemek
**parch** *v.t.* kavurmak
**pardon** *v.t.* mazur görmek
**pardon** *n.* af
**pardonable** *a.* bağışlanabilir
**parent** *n.* ebeveyn
**parentage** *n.* ana babalık
**parental** *a.* ebeveyne ait
**parenthesis** *n.* parantez
**parish** *n.* kilise
**parity** *n.* parite
**park** *n.* park
**park** *v.t.* park etmek

**parlance** *n.* konuşma tarzı
**parley** *n.* mükaleme
**parley** *v.i* müzakere etmek
**parliament** *n.* meclis
**parliamentarian** *n.* parlamenter
**parliamentary** *a.* meclis
**parlour** *n.* salon
**parody** *n.* parodi
**parody** *v.t.* parodi yapmak
**parole** *n.* şartlı tahliye
**parole** *v.t.* şartlı tahliye etmek
**parricide** *n.* akraba katili
**parrot** *n.* papağan
**parry** *v.t.* savuşturmak
**parry** *n.* savuşturma
**parson** *n.* papaz
**part** *n.* bölüm
**part** *v.t.* ayırmak
**partake** *v.i.* katılmak
**partial** *a.* kısmi
**partiality** *n.* beğenme
**participant** *n.* katılımcı
**participate** *v.i.* katılmak
**participation** *n.* katılım
**particle** *a.* parçacık
**particular** *a.* belirli
**particular** *n.* hususi
**partiotism** *n.* partiotism
**partisan** *n.* partizan
**partisan** *a.* partizan
**partition** *n.* bölme
**partition** *v.t.* bölmek
**partner** *n.* partner
**partnership** *n.* ortaklık
**party** *n.* parti
**pass** *v.i.* geçmek
**pass** *n* izin
**passage** *n.* pasaj
**passenger** *n.* yolcu
**passion** *n.* tutku
**passionate** *a.* tutkulu
**passive** *a.* pasif

**passport** *n.* pasaport
**past** *a.* geçmiş
**past** *n.* mazi
**past** *prep.* geçmiş
**paste** *n.* zamk
**paste** *v.t.* yapıştırmak
**pastel** *n.* pastel
**pastime** *n.* eğlence
**pastoral** *a.* pastoral
**pasture** *n.* otlak
**pasture** *v.t.* otlatmak
**pat** *v.t.* sıvazlamak
**pat** *n* fiske
**pat** *adv* pat diye
**patch** *v.t.* yamalamak
**patch** *n* yama
**patent** *a.* patentli
**patent** *n* patent
**patent** *v.t.* patentlemek
**paternal** *a.* babaya ait
**path** *n.* yol
**pathetic** *a.* acıklı
**pathos** *n.* acıma
**patience** *n.* sabır
**patient** *a.* sabırlı
**patient** *n* hasta
**patricide** *n.* baba katili
**patrimony** *n.* kilise vakfı
**patriot** *n.* vatansever kişi
**patriotic** *a.* vatansever
**patrol** *v.i.* devriye gezmek
**patrol** *n* devriye
**patron** *n.* patron
**patronage** *n.* himaye
**patronize** *v.t.* büyüklük taslamak
**pattern** *n.* model
**paucity** *n.* yetersizlik
**pauper** *n.* fakir
**pause** *n.* sekte
**pause** *v.i.* duraklamak
**pave** *v.t.* kaldırım döşemek
**pavement** *n.* kaldırım

**pavilion** *n.* pavyon
**paw** *n.* pençe
**paw** *v.t.* pençelemek
**pay** *v.t.* ödeme
**pay** *n* ücret
**payable** *a.* ödenecek
**payee** *n.* alacaklı
**payment** *n.* ödeme
**pea** *n.* bezelye
**peace** *n.* barış
**peaceable** *a.* barışçı
**peaceful** *a.* huzurlu
**peach** *n.* şeftali
**peacock** *n.* tavuskuşu
**peahen** *n.* dişi tavuskuşu
**peak** *n.* zirve
**pear** *n.* armut
**pearl** *n.* inci
**peasant** *n.* köylü
**peasantry** *n.* köylüler
**pebble** *n.* çakıl
**peck** *n.* gagalama
**peck** *v.i.* gagalamak
**peculiar** *a.* tuhaf
**peculiarity** *n.* acayiplik
**pecuniary** *a.* maddi
**pedagogue** *n.* pedagog
**pedagogy** *n.* pedagoji
**pedal** *n.* pedal
**pedal** *v.t.* pedal çevirmek
**pedant** *n.* bilgiç
**pedantic** *n.* bilgiçlik taslayan
**pedantry** *n.* bilgiçlik taslama
**pedestal** *n.* kaide
**pedestrian** *n.* yaya
**pedigree** *n.* safkan
**peel** *v.t.* soymak
**peel** *n.* kabuk
**peep** *v.i.* dikizlemek
**peep** *n* dikiz
**peer** *n.* akran
**peerless** *a.* emsalsiz

**peg** *n.* mandal
**peg** *v.t.* mandallamak
**pelf** *n.* vurgun
**pell-mell** *adv.* paldır küldür
**pen** *n.* kalem
**pen** *v.t.* kaleme almak
**penal** *a.* cezai
**penalize** *v.t.* cezalandırmak
**penalty** *n.* ceza
**pencil** *n.* kalem
**pencil** *v.t.* kalemle çizmek
**pending** *prep.* kadar
**pending** *a* zarfında
**pendulum** *n.* sarkaç
**penetrate** *v.t.* nüfuz etmek
**penetration** *n.* nüfuz
**penis** *n.* penis
**penniless** *a.* meteliksiz
**penny** *n.* kuruş
**pension** *n.* emeklilik
**pension** *v.t.* emekli etmek
**pensioner** *n.* emekli
**pensive** *a.* dalgın
**pentagon** *n.* beşgen
**peon** *n.* gündelikçi
**people** *n.* insanlar
**people** *v.t.* insan yerleştirmek
**pepper** *n.* biber
**pepper** *v.t.* biberlemek
**per** *prep.* başına
**perambulator** *n.* çocuk arabası
**perceive** *v.t.* algılamak
**percent** *adv.* yüzde
**percentage** *n.* yüzdelik
**perceptible** *adj* algılanabilir
**perception** *n.* algı
**perceptive** *a.* algısal
**perch** *n.* levrek
**perch** *v.i.* tüneklemek
**perennial** *a.* uzun ömürlü
**perennial** *n.* çok yıllık bitki
**perfect** *a.* mükemmel

**perfect** *v.t.* mükemmelleştirmek
**perfection** *n.* mükemmellik
**perfidy** *n.* vefasızlık
**perforate** *v.t.* delmek
**perforce** *adv.* zorunlu olarak
**perform** *v.t.* icra etmek
**performance** *n.* performans
**performer** *n.* sanatçı
**perfume** *n.* parfüm
**perfume** *v.t.* parfüm sürmek
**perhaps** *adv.* belki
**peril** *n.* tehlike
**peril** *v.t.* tehlikeye atmak
**perilous** *a.* tehlikeli
**period** *n.* dönem
**periodical** *n.* periyodik
**periodical** *a.* periyodik
**periphery** *n.* çevre
**perish** *v.i.* çürümek
**perishable** *a.* kolay bozulan
**perjure** *v.i.* bozmak
**perjury** *n.* yalancı şahitlik
**permanence** *n.* kalıcılık
**permanent** *a.* kalıcı
**permissible** *a.* izin verilebilir
**permission** *n.* izin
**permit** *v.t.* izin vermek
**permit** *n.* izin
**permutation** *n.* permutasyon
**pernicious** *a.* zararlı
**perpendicular** *a.* dik
**perpendicular** *n.* amut
**perpetual** *a.* daimi
**perpetuate** *v.t.* ebedileştirmek
**perplex** *v.t.* çapraşıklaştırmak
**perplexity** *n.* şaşkınlık
**persecute** *v.t.* eziyet etmek
**persecution** *n.* zulüm
**perseverance** *n.* azim
**persevere** *v.i.* sebat etmek
**persist** *v.i.* inat etmek
**persistence** *n.* sebat

**persistent** *a.* kalıcı
**person** *n.* kişi
**personage** *n.* şahsiyet
**personal** *a.* kişisel
**personality** *n.* kişilik
**personification** *n.* kişileştirme
**personify** *v.t.* canlandırmak
**personnel** *n.* personel
**perspective** *n.* perspektif
**perspiration** *n.* terleme
**perspire** *v.i.* terlemek
**persuade** *v.t.* ikna etmek
**persuasion** *n.* ikna
**pertain** *v.i.* ilgili olmak
**pertinent** *a.* ilgili
**perturb** *v.t.* endişelendirmek
**perusal** *n.* inceleme
**peruse** *v.t.* incelemek
**pervade** *v.t.* yayılmak
**perverse** *a.* sapık
**perversion** *n.* sapıklık
**perversity** *n.* sapıklık
**pervert** *v.t.* sapık
**pessimism** *n.* kötümserlik
**pessimist** *n.* kötümser
**pessimistic** *a.* kötümser
**pest** *n.* belâ
**pesticide** *n.* zararlı bitki zehiri
**pestilence** *n.* veba
**pet** *n.* evcil hayvan
**pet** *v.t.* okşayarak sevmek
**petal** *n.* taçyaprağı
**petition** *n.* dilekçe
**petition** *v.t.* dilekçe vermek
**petitioner** *n.* dilekçe sahibi
**petrol** *n.* benzin
**petroleum** *n.* petrol
**petticoat** *n.* kadın
**petty** *a.* küçük
**petulance** *n.* huysuzluk
**petulant** *a.* huysuz
**phantom** *n.* fantom

**pharmacy** *n.* eczane
**phase** *n.* faz
**phenomenal** *a.* olağanüstü
**phenomenon** *n.* fenomen
**phial** *n.* küçük şişe
**philanthropic** *a.* hayırsever
**philanthropist** *n.* hayırsever
**philanthropy** *n.* hayırseverlik
**philological** *a.* filolojik
**philologist** *n.* dilbilimci
**philology** *n.* filoloji
**philosopher** *n.* filozof
**philosophical** *a.* felsefi
**philosophy** *n.* felsefe
**phone** *n.* telefon
**phonetic** *a.* fonetik
**phonetics** *n.* fonetik
**phosphate** *n.* fosfat
**phosphorus** *n.* fosfor
**photo** *n* fotoğraf
**photograph** *v.t.* fotoğraf çekmek
**photograph** *n* fotoğraf
**photographer** *n.* fotoğrafçı
**photographic** *a.* fotoğrafik
**photography** *n.* fotoğrafçılık
**phrase** *n.* tabir
**phrase** *v.t.* ifade etmek
**phraseology** *n.* anlatım biçimi
**physic** *n.* tıp
**physic** *v.t.* ilaç vermek
**physical** *a.* fiziksel
**physician** *n.* hekim
**physicist** *n.* fizikçi
**physics** *n.* fizik
**physiognomy** *n.* çehre
**physique** *n.* bünye
**pianist** *n.* piyanist
**piano** *n.* piyano
**pick** *v.t.* seçmek
**pick** *n.* seçenek
**picket** *n.* kazık
**picket** *v.t.* nöbetçi dikmek

| | |
|---|---|
| **pickle** *n.* turşu | **pipe** *n.* boru |
| **pickle** *v.t* turşu yapmak | **pipe** *v.i* düdük çalmak |
| **picnic** *n.* piknik | **piquant** *a.* iştah açıcı |
| **picnic** *v.i.* pikniğe gitmek | **piracy** *n.* korsanlık |
| **pictorical** *a.* resimli | **pirate** *n.* korsan |
| **picture** *n.* resim | **pirate** *v.t* korsanllık yapmak |
| **picture** *v.t.* resmetmek | **pistol** *n.* tabanca |
| **picturesque** *a.* güzel | **piston** *n.* piston |
| **piece** *n.* parça | **pit** *n.* çukur |
| **piece** *v.t.* yamalamak | **pit** *v.t.* aşındırmak |
| **pierce** *v.t.* delmek | **pitch** *n.* zift |
| **piety** *n.* dindarlık | **pitch** *v.t.* ziftlemek |
| **pig** *n.* domuz | **pitcher** *n.* sürahi |
| **pigeon** *n.* güvercin | **piteous** *a.* acınacak halde |
| **pigmy** *n.* pigme | **pitfall** *n.* görünmez tehlike |
| **pile** *n.* yığın | **pitiable** *a.* acınacak halde |
| **pile** *v.t.* yığmak | **pitiful** *a.* acınacak halde |
| **piles** *n.* basur | **pitiless** *a.* acımasız |
| **pilfer** *v.t.* araklamak | **pitman** *n.* madenci |
| **pilgrim** *n.* seyyah | **pittance** *n.* bağış |
| **pilgrimage** *n.* hac | **pity** *n.* yazık |
| **pill** *n.* hap | **pity** *v.t.* acımak |
| **pillar** *n.* sütun | **pivot** *n.* mivher |
| **pillow** *n* yastık | **pivot** *v.t.* çark etmek |
| **pillow** *v.t.* yatırmak | **place** *n.* yer |
| **pilot** *n.* pilot | **place** *v.t.* yerleştirmek |
| **pilot** *v.t.* yol göstermek | **placid** *a.* sakin |
| **pimple** *n.* sivilce | **plague** *a.* veba |
| **pin** *n.* iğne | **plague** *v.t.* bezdirmek |
| **pin** *v.t.* iliştirmek | **plain** *a.* sade |
| **pinch** *v.t.* çimdiklemek | **plain** *n.* ova |
| **pinch** *v.* çimdik | **plaintiff** *n.* davacı |
| **pine** *n.* çam | **plan** *n.* plan |
| **pine** *v.i.* hasretlik çekmek | **plan** *v.t.* planlamak |
| **pineapple** *n.* ananas | **plane** *n.* uçak |
| **pink** *n.* karanfil | **plane** *v.t.* süzülmek |
| **pink** *a* pembe | **plane** *a.* düzlem |
| **pinkish** *a.* pembemsi | **plane** *n* düzlem |
| **pinnacle** *n.* doruk | **planet** *n.* gezegen |
| **pioneer** *n.* öncü | **planetary** *a.* gezegensel |
| **pioneer** *v.t.* öncülük etmek | **plank** *n.* tahta |
| **pious** *a.* dindar | **plank** *v.t.* döşemek |

**plant** *n.* bitki
**plant** *v.t.* dikmek
**plantain** *n.* sinirotu
**plantation** *n.* fidanlık
**plaster** *n.* sıva
**plaster** *v.t.* sıvamak
**plate** *n.* plaka
**plate** *v.t.* kaplamak
**plateau** *n.* plato
**platform** *n.* platform
**platonic** *a.* platonik
**platoon** *n.* takım
**play** *n.* oyun
**play** *v.i.* oynamak
**playcard** *n.* playcard
**player** *n.* oyuncu
**plea** *n.* savunma
**plead** *v.i.* yalvarmak
**pleader** *n.* avukat
**pleasant** *a.* hoş
**pleasantry** *n.* şaka
**please** *v.t.* memnun etmek
**pleasure** *n.* zevk
**plebiscite** *n.* halkoylaması
**pledge** *n.* rehin
**pledge** *v.t.* ant içmek
**plenty** *n.* bol
**plight** *n.* durum
**plod** *v.i.* ağır ilerlemek
**plot** *n.* arsa
**plot** *v.t.* dalavere çevirmek
**plough** *n.* pulluk
**plough** *v.i* tarla sürmek
**ploughman** *n.* köylü
**pluck** *v.t.* yolmak
**pluck** *n* yiğitlik
**plug** *n.* fiş
**plug** *v.t.* tapalamak
**plum** *n.* erik
**plumber** *n.* tesisatçı
**plunder** *v.t.* yağmalamak
**plunder** *n* yağma

**plunge** *v.t.* dalmak
**plunge** *n* dalış
**plural** *a.* çoğul
**plurality** *n.* çokluk
**plus** *a.* artı
**plus** *n* artı
**ply** *v.t.* bunaltmak
**ply** *n.* katmer
**pneumonia** *n.* zatürree
**pocket** *n.* cep
**pocket** *v.t.* cebe atmak
**pod** *n.* pod
**poem** *n.* şiir
**poesy** *n.* poesy
**poet** *n.* şair
**poetaster** *n.* şair bozuntusu
**poetess** *n.* kadın şair
**poetic** *a.* şiirsel
**poetics** *n.* şiir sanatı
**poetry** *n.* şiir
**poignacy** *n.* poignacy
**poignant** *a.* dokunaklı
**point** *n.* nokta
**point** *v.t.* işaret etmek
**poise** *v.t.* dengelemek
**poise** *n* duruş
**poison** *n.* zehir
**poison** *v.t.* zehirlemek
**poisonous** *a.* zehirli
**poke** *v.t.* kurcalamak
**poke** *n.* dürtüş
**polar** *n.* kutupsal
**pole** *n.* kutup
**police** *n.* polis
**policeman** *n.* polis
**policy** *n.* politika
**polish** *v.t.* cilalamak
**polish** *n* cila
**polite** *a.* kibar
**politeness** *n.* pliteness
**politic** *a.* siyasi
**political** *a.* siyasi

| | |
|---|---|
| politician *n.* politikacı | port *n.* liman |
| politics *n.* siyaset | portable *a.* taşınabilir |
| polity *n.* devlet | portage *n.* hammallık |
| poll *n.* anket | portal *n.* portal |
| poll *v.t.* anket yapmak | portend *v.t.* delalet etmek |
| pollen *n.* polen | porter *n.* hamal |
| pollute *v.t.* kirletmek | portfolio *n.* portföy |
| pollution *n.* kirlenme | portico *n.* kemeraltı |
| polo *n.* polo | portion *n* porsiyon |
| polygamous *a.* çok eşli | portion *v.t.* porsiyon |
| polygamy *n.* çok eşlilik | portrait *n.* portre |
| polyglot *n.* poliglot | portraiture *n.* betimleme |
| polyglot *a.* çok dili | portray *v.t.* tanımlamak |
| polytechnic *a.* politeknik | portrayal *n.* betimleme |
| polytechnic *n.* politeknik | pose *v.i.* poz vermek |
| polytheism *n.* politeizm | pose *n.* poz |
| polytheist *n.* çok tanrılı | position *n.* pozisyon |
| polytheistic *a.* çok tanrılı | position *v.t.* konumlandırmak |
| pomp *n.* ihtişam | positive *a.* olumlu |
| pomposity *n.* azamet | possess *v.t.* sahip olmak |
| pompous *a.* azametli | possession *n.* iyelik |
| pond *n.* gölet | possibility *n.* olasılık |
| ponder *v.t.* düşünüp taşınmak | possible *a.* mümkün |
| pony *n.* midilli | post *n.* posta |
| poor *a.* yoksul | post *v.t.* postalamak |
| pop *v.i.* patlatmak | post *n* sütun |
| pop *n* pat | post *v.t.* afişe etmek |
| pope *n.* papa | post *adv.* -den sonra |
| poplar *n.* kavak | postage *n.* posta ücreti |
| poplin *n.* poplin | postal *a.* posta |
| populace *n.* halk | post-date *v.t.* ileriki tarihe yazmak |
| popular *a.* popüler | poster *n.* poster |
| popularity *n.* popülerlik | posterity *n.* gelecek kuşaklar |
| popularize *v.t.* halka sevdirmek | posthumous *a.* öldükten sonra gerçekleşen |
| populate *v.t.* doldurmak | postman *n.* postacı |
| population *n.* nüfus | postmaster *n.* posta müdürü |
| populous *a.* kalabalık | post-mortem *a.* ölüm sonrası |
| porcelain *n.* porselen | post-mortem *n.* otopsi |
| porch *n.* sundurma | post-office *n.* postanesinin |
| pore *n.* gözenek | postpone *v.t.* ertelemek |
| pork *n.* domuz eti | postponement *n.* erteleme |
| porridge *n.* hapsedilme | |

**postscript** *n.* dipnot
**posture** *n.* duruş
**pot** *n.* tencere
**pot** *v.t.* konservelemek
**potash** *n.* potas
**potassium** *n.* potasyum
**potato** *n.* patates
**potency** *n.* güç
**potent** *a.* güçlü
**potential** *a.* potansiyel
**potential** *n.* potansiyel
**potentiality** *n.* ihtimal
**potter** *n.* çömlekçi
**pottery** *n.* çanak çömlek
**pouch** *n.* kese
**poultry** *n.* kümes hayvanları
**pounce** *v.i.* dalıvermek
**pounce** *n* pençe
**pound** *n.* ağıl
**pound** *v.t.* vurmak
**pour** *v.i.* dökmek
**poverty** *n.* yoksulluk
**powder** *n.* toz
**powder** *v.t.* toz haline getirmek
**power** *n.* güç
**powerful** *a.* güçlü
**practicability** *n.* pratiklik
**practicable** *a.* uygulanabilir
**practical** *a.* pratik
**practice** *n.* uygulama
**practise** *v.t.* pratik yapmak
**practitioner** *n.* uygulayıcısı
**pragmatic** *a.* pragmatik
**pragmatism** *n.* pragmatizm
**praise** *n.* övgü
**praise** *v.t.* övmek
**praiseworthy** *a.* takdire değer
**prank** *n.* muziplik
**prattle** *v.i.* çene yalmak
**prattle** *n.* gevezelik
**pray** *v.i.* dua etmek
**prayer** *n.* dua

**preach** *v.i.* vaaz vermek
**preacher** *n.* vaiz
**preamble** *n.* önsöz
**precaution** *n.* önlem
**precautionary** *a.* tedbirli
**precede** *v.* önüne
**precedence** *n.* öncelik
**precedent** *n.* örnek
**precept** *n.* emir
**preceptor** *n.* öğretmen
**precious** *a.* değerli
**precis** *n.* özetlemek
**precise** *n.* kesin
**precision** *n.* hassas
**precursor** *n.* öncü
**predecessor** *n.* öncel
**predestination** *n.* Allah'ın takdiri
**predetermine** *v.t.* önceden belirlemek
**predicament** *n.* çıkmaz
**predicate** *n.* yüklem
**predict** *v.t.* öngörmek
**prediction** *n.* öngörü
**predominance** *n.* üstünlük
**predominant** *a.* baskın
**predominate** *v.i.* üstün olmak
**pre-eminence** *n.* seçkinlik
**pre-eminent** *a.* üstün
**preface** *n.* önsöz
**preface** *v.t.* önsöz yazmak
**prefect** *n.* vali
**prefer** *v.t.* tercih etmek
**preference** *n.* tercih
**preferential** *a.* tercihli
**prefix** *n.* önek
**prefix** *v.t.* başına eklemek
**pregnancy** *n.* gebelik
**pregnant** *a.* hamile
**prehistoric** *a.* prehistorik
**prejudice** *n.* önyargı
**prelate** *n.* başrahip
**preliminary** *a.* ön

**preliminary** *n* ön
**prelude** *n.* prelüd
**prelude** *v.t.* giriş yapmak
**premarital** *a.* evlilik öncesi
**premature** *a.* prematüre
**premeditate** *v.t.* tasarlamak
**premeditation** *n.* kasıt
**premier** *a.* baş
**premier** *n* prömiyer
**premiere** *n.* gala
**premium** *n.* prim
**premonition** *n.* önsezi
**preoccupation** *n.* taraflılık
**preoccupy** *v.t.* zihnini meşgul etmek
**preparation** *n.* hazırlık
**preparatory** *a.* hazırlayıcı
**prepare** *v.t.* hazırlamak
**preponderance** *n.* baskınlık
**preponderate** *v.i.* üstün olmak
**preposition** *n.* edat
**prerequisite** *a.* önkoşullu
**prerequisite** *n* önkoşul
**prerogative** *n.* ayrıcalıklı
**prescience** *n.* ileriyi görme
**prescribe** *v.t.* buyurmak
**prescription** *n.* reçete
**presence** *n.* varlık
**present** *a.* mevcut
**present** *n.* armağan
**present** *v.t.* sunmak
**presentation** *n.* sunuş
**presently** *adv.* halen
**preservation** *n.* koruma
**preservative** *n.* koruyucu
**preservative** *a.* koruyucu
**preserve** *v.t.* korumak
**preserve** *n.* özel alan
**preside** *v.i.* başkanlık etmek
**president** *n.* başkan
**presidential** *a.* başkanlık
**press** *v.t.* bastırmak
**press** *n* basın

**pressure** *n.* basınç
**pressurize** *v.t.* basınçlandırmak
**prestige** *n.* prestij
**prestigious** *a.* prestijli
**presume** *v.t.* varsaymak
**presumption** *n.* karine
**presuppose** *v.t.* önceden varsaymak
**presupposition** *n.* önceden varsayma
**pretence** *n.* bahane
**pretend** *v.t.* -mış gibi yapmak
**pretension** *n.*- gösteriş
**pretentious** *a.* iddialı
**pretext** *n* bahane
**prettiness** *n.* güzellik
**pretty** *a* güzel
**pretty** *adv.* epey
**prevail** *v.i.* yenmek
**prevalance** *n.* prevalans
**prevalent** *a.* yaygın
**prevent** *v.t.* önlemek
**prevention** *n.* önleme
**preventive** *a.* önleyici
**previous** *a.* önceki
**prey** *n.* av
**prey** *v.i.* avlamak
**price** *n.* ücret
**price** *v.t.* ücretlendirmek
**prick** *n.* diken
**prick** *v.t.* delmek
**pride** *n.* gurur
**pride** *v.t.* kibirlenmek
**priest** *n.* rahip
**priestess** *n.* rahibe
**priesthood** *n.* rahiplik
**primafacie** *adv.* ilk izlenime göre
**primarily** *adv.* öncelikle
**primary** *a.* birincil
**prime** *a.* baş
**prime** *n.* asal
**primer** *n.* astar boya
**primeval** *a.* ilkel

**primitive** *a.* ilkel
**prince** *n.* prens
**princely** *a.* soylu
**princess** *n.* prenses
**principal** *n.* anapara
**principal** *a* anapara
**principle** *n.* ilke
**print** *v.t.* matbaada basmak
**print** *n* baskı
**printer** *n.* yazıcı
**prior** *a.* önce
**prior** *n* sabıka
**prioress** *n.* manastır başrahibesi
**priority** *n.* öncelik
**prison** *n.* hapis
**prisoner** *n.* esir
**privacy** *n.* gizlilik
**private** *a.* özel
**privation** *n.* yokluk
**privilege** *n.* ayrıcalık
**prize** *n.* ödül
**prize** *v.t.* takdir etmek
**probability** *n.* olasılık
**probable** *a.* muhtemel
**probably** *adv.* muhtemelen
**probation** *n.* deneme
**probationer** *n.* stajyer
**probe** *v.t.* soruşturmak
**probe** *n* soruşturma
**problem** *n.* sorun
**problematic** *a.* sorunsal
**procedure** *n.* prosedür
**proceed** *v.i.* ilerlemek
**proceeding** *n.* işlem
**proceeds** *n.* gelir
**process** *n.* süreç
**procession** *n.* alay
**proclaim** *v.t.* ilan etmek
**proclamation** *n.* ilan
**proclivity** *n.* meyil
**procrastinate** *v.i.* oyalanmak
**procrastination** *n.* erteleme

**proctor** *n.* disiplini sağlamak
**procure** *v.t.* temin etmek
**procurement** *n.* tedarik
**prodigal** *a.* savurgan
**prodigality** *n.* savurganlık
**produce** *v.t.* üretmek
**produce** *n.* üretmek
**product** *n.* ürün
**production** *n.* üretim
**productive** *a.* üretken
**productivity** *n.* verimlilik
**profane** *a.* kâfir
**profane** *v.t.* pisletmek
**profess** *v.t.* ileri sürmek
**profession** *n.* meslek
**professional** *a.* profesyonel
**professor** *n.* profesör
**proficiency** *n.* yeterlik
**proficient** *a.* usta
**profile** *n.* profil
**profile** *v.t.* profil
**profit** *n.* kâr
**profit** *v.t.* kâr etmek
**profitable** *a.* kârlı
**profiteer** *n.* vurguncu
**profiteer** *v.i.* fırsatçılık yapmak
**profligacy** *n.* hovardalık
**profligate** *a.* müsrif
**profound** *a.* derin
**profundity** *n.* derinlik
**profuse** *a.* bol
**profusion** *n.* bolluk
**progeny** *n.* döl
**programme** *n.* program
**programme** *v.t.* programlamak
**progress** *n.* ilerleme
**progress** *v.i.* ilerleme kaydetmek
**progressive** *a.* ilerici
**prohibit** *v.t.* yasaklamak
**prohibition** *n.* yasak
**prohibitive** *a.* engelleyici
**prohibitory** *a.* yasaklayıcı

**project** *n.* proje
**project** *v.t.* yansıtmak
**projectile** *n.* mermi
**projectile** *a* mermi
**projection** *n.* projeksiyon
**projector** *n.* projektör
**proliferate** *v.i.* tomurcuklanmak
**proliferation** *n.* çoğalma
**prolific** *a.* üretken
**prologue** *n.* prolog
**prolong** *v.t.* uzatmak
**prolongation** *n.* uzama
**prominence** *n.* çıkıntı
**prominent** *a.* önemli
**promise** *n* söz
**promise** *v.t* söz vermek
**promising** *a.* umut verici
**promissory** *a.* emre yazılı
**promote** *v.t.* terfi ettirmek
**promotion** *n.* tanıtım
**prompt** *a.* istemi
**prompt** *v.t.* harekete geçmek
**prompter** *n.* suflör
**prone** *a.* yüzükoyun
**pronoun** *n.* zamir
**pronounce** *v.t.* ilan etmek
**pronunciation** *n.* telaffuz
**proof** *n.* kanıt
**proof** *a* kanıt
**prop** *n.* payanda
**prop** *v.t.* desteklemek
**propaganda** *n.* propaganda
**propagandist** *n.* propagandacı
**propagate** *v.t.* çoğalmak
**propagation** *n.* yayılma
**propel** *v.t.* itmek
**proper** *a.* uygun
**property** *n.* mülk
**prophecy** *n.* kehanet
**prophesy** *v.t.* kehanette bulunmak
**prophet** *n.* peygamber
**prophetic** *a.* peygamberce

**proportion** *n.* oran
**proportion** *v.t.* orantılamak
**proportional** *a.* orantılı
**proportionate** *a.* orantılı
**proposal** *n.* öneri
**propose** *v.t.* önermek
**proposition** *n.* önerme
**propound** *v.t.* arzetmek
**proprietary** *a.* tescilli
**proprietor** *n.* mal sahibi
**propriety** *n.* yerindelik
**prorogue** *v.t.* tatil olmak
**prosaic** *a.* yavan
**prose** *n.* nesir
**prosecute** *v.t.* kovuşturma
**prosecution** *n.* kovuşturma
**prosecutor** *n.* savcı
**prosody** *n.* vezin
**prospect** *n.* umut
**prospective** *a.* muhtemel
**prospectus** *n.* prospektüs
**prosper** *v.i.* başarılı olmak
**prosperity** *n.* refah
**prosperous** *a.* refah
**prostitute** *n.* fahişe
**prostitute** *v.t.* fahişelik yapmak
**prostitution** *n.* fuhuş
**prostrate** *a.* perişan
**prostrate** *v.t.* perişan etmek
**prostration** *n.* secde
**protagonist** *n.* kahraman
**protect** *v.t.* korumak
**protection** *n.* koruma
**protective** *a.* koruyucu
**protector** *n.* koruyucu
**protein** *n.* protein
**protest** *n.* protesto
**protest** *v.i.* protesto etmek
**protestation** *n.* protesto
**prototype** *n.* prototip
**proud** *a.* gururlu
**prove** *v.t.* kanıtlamak

proverb *n.* atasözü
proverbial *a.* meşhur
provide *v.i.* sağlamak
providence *n.* tedbir
provident *a.* tutumlu
providential *a.* kısmetli
province *n.* il
provincial *a.* darkafalı
provincialism *n.* taşralı olma
provision *n.* hüküm
provisional *a.* geçici
proviso *n.* koşul
provocation *n.* provokasyon
provocative *a.* kışkırtıcı
provoke *v.t.* kışkırtmak
prowess *n.* kahramanlık
proximate *a.* yakın
proximity *n.* yakınlık
proxy *n.* vekil
prude *n.* aşırı namuslu geçinen kadın
prudence *n.* sağduyu
prudent *a.* ihtiyatlı
prudential *a.* basiretli
prune *v.t.* budamak
pry *v.i.* gözetlemek
psalm *n.* mezmur
pseudonym *n.* takma ad
psyche *n.* ruh
psychiatrist *n.* psikiyatrist
psychiatry *n.* psikiyatri
psychic *a.* psişik
psychological *a.* psikolojik
psychologist *n.* psikolog
psychology *n.* psikoloji
psychopath *n.* psikopat
psychosis *n.* psikoz
psychotherapy *n.* psikoterapi
puberty *n.* ergenlik
public *a.* kamu
public *n.* kamu
publication *n.* yayın
publicity *n.* tanıtım

publicize *v.t.* halka duyurmak
publish *v.t.* yayınlamak
publisher *n.* yayımcı
pudding *n.* puding
puddle *n.* gölet
puddle *v.t.* çamurlamak
puerile *a.* çocuksu
puff *n.* kabarıklık
puff *v.i.* fosurdamak
pull *v.t.* çekmek
pull *n.* çekim
pulley *n.* kasnak
pullover *n.* kazak
pulp *n.* küspe
pulp *v.t.* hamurlaştırmak
pulpit *a.* minber
pulpy *a.* etli
pulsate *v.i.* zonklamak
pulsation *n.* titreşme
pulse *n.* nabız
pulse *v.i.* nabzı atmak
pulse *n* nabız
pump *n.* pompa
pump *v.t.* pompalamak
pumpkin *n.* kabak
pun *n.* cinas
pun *v.i.* cinas
punch *n.* punch
punch *v.t.* punch
punctual *a.* dakik
punctuality *n.* dakiklik
punctuate *v.t.* noktalamak
punctuation *n.* noktalama
puncture *n.* delinme
puncture *v.t.* delinme
pungency *n.* acılık
pungent *a.* keskin
punish *v.t.* cezalandırmak
punishment *n.* ceza
punitive *a.* cezalandırıcı
puny *a.* cılız
pupil *n.* öğrenci

**puppet** *n.* kukla
**puppy** *n.* köpek yavrusu
**purblind** *n.* anlayışsız
**purchase** *n.* satın alma
**purchase** *v.t.* satın alma
**pure** *a* saf
**purgation** *n.* günahtan arındırma
**purgative** *n.* müshil
**purgative** *a* müshil
**purgatory** *n.* araf
**purge** *v.t.* tasfiye
**purification** *n.* arıtma
**purify** *v.t.* arındırmak
**purist** *n.* dilde sadelik yanlısı sanatçı
**puritan** *n.* püriten
**puritanical** *a.* bağnaz
**purity** *n.* saflık
**purple** *adj./n.* mor
**purport** *n.* meram
**purport** *v.t.* meram
**purpose** *n.* amaç
**purpose** *v.t.* amaç
**purposely** *adv.* kasten
**purr** *n.* mırlamak
**purr** *v.i.* mırlamak
**purse** *n.* çanta
**purse** *v.t.* çanta
**pursuance** *n.* sürdürme
**pursue** *v.t.* kovalamak
**pursuit** *n.* takip
**purview** *n.* amaç
**pus** *n.* irin
**push** *v.t.* itme
**push** *n.* itme
**put** *v.t.* koymak
**puzzle** *n.* bulmaca
**puzzle** *v.t.* bulmaca
**pygmy** *n.* pigme
**pyorrhoea** *n.* irin akması
**pyramid** *n.* piramit
**pyre** *n.* ölü yakılan odun yığını
**python** *n.* piton

# Q

**quack** *v.i.* dırdır
**quack** *n* dırdır
**quackery** *n.* şarlatanlık
**quadrangle** *n.* dörtgen
**quadrangular** *a.* dörtköşe
**quadrilateral** *a. & n.* dörtgen
**quadruped** *n.* dört ayaklı
**quadruple** *a.* dörtlü
**quadruple** *v.t.* dörtlemek
**quail** *n.* bıldırcın
**quaint** *a.* antika
**quake** *v.i.* sallanmak
**quake** *n* deprem
**qualification** *n.* yeterlik
**qualify** *v.i.* nitelendirmek
**qualitative** *a.* nitel
**quality** *n.* kalite
**quandary** *n.* ikilem
**quantitative** *a.* nicel
**quantity** *n.* miktar
**quantum** *n.* kuantum
**quarrel** *n.* kavga
**quarrel** *v.i.* dalaşmak
**quarrelsome** *a.* kavgacı
**quarry** *n.* taş ocağı
**quarry** *v.i.* çıkartmak
**quarter** *n.* çeyrek
**quarter** *v.t.* geceletmek
**quarterly** *a.* üç aylık
**queen** *n.* kraliçe
**queer** *a.* tuhaf
**quell** *v.t.* bastırmak
**quench** *v.t.* gidermek
**query** *n.* sorgu
**query** *v.t* sorgulamak
**quest** *n.* arayış
**quest** *v.t.* soruşturma
**question** *n.* soru
**question** *v.t.* sorgulamak

**questionable** *a.* kuşkulu
**questionnaire** *n.* anket
**queue** *n.* kuyruk
**quibble** *n.* kelime oyunu
**quibble** *v.i.* kelime oyunu yapmak
**quick** *a.* hızlı
**quick** *n* civa
**quicksand** *n.* bataklık
**quicksilver** *n.* civa
**quiet** *a.* sessiz
**quiet** *n.* sessiz
**quiet** *v.t.* sessizleştirmek
**quilt** *n.* yorgan
**quinine** *n.* kinin
**quintessence** *n.* öz
**quit** *v.t.* çıkmak
**quite** *adv.* oldukça
**quiver** *n.* titreme
**quiver** *v.i.* titreme
**quixotic** *a.* hayalperest
**quiz** *n.* test
**quiz** *v.t.* sorgulamak
**quorum** *n.* nisap
**quota** *n.* kota
**quotation** *n.* alıntı
**quote** *v.t.* alıntılamak
**quotient** *n.* bölüm

## R

**rabate** *n.* rabate
**rabbit** *n.* tavşan
**rabies** *n.* kuduz
**race** *n.* yarış
**race** *v.i* yarış
**racial** *a.* ırksal
**racialism** *n.* ırkçılık
**rack** *v.t.* germek
**rack** *n.* etajer
**racket** *n.* raket

**radiance** *n.* parlaklık
**radiant** *a.* radyant
**radiate** *v.t.* yaymak
**radiation** *n.* radyasyon
**radical** *a.* radikal
**radio** *n.* radyo
**radio** *v.t.* yayımlamak
**radish** *n.* turp
**radium** *n.* radyum
**radius** *n.* yarıçap
**rag** *n.* paçavra
**rag** *v.t.* dağıtmak
**rage** *n.* öfke
**rage** *v.i.* öfke
**raid** *n.* baskın
**raid** *v.t.* basmak
**rail** *n.* ray
**rail** *v.t.* küfretmek
**railing** *n.* parmaklık
**raillery** *n.* takılma
**railway** *n.* demiryolu
**rain** *v.i.* yağmak
**rain** *n* yağmur
**rainy** *a.* yağmurlu
**raise** *v.t.* yükseltmek
**raisin** *n.* kuru üzüm
**rally** *v.t.* canlandırmak
**rally** *n* ralli
**ram** *n.* koç
**ram** *v.t.* bindirmek
**ramble** *v.t.* gezinmek
**ramble** *n* yayılmak
**rampage** *v.i.* öfkelenmek
**rampage** *n.* tantana
**rampant** *a.* coşmuş
**rampart** *n.* sur
**rancour** *n.* garez
**random** *a.* rasgele
**range** *v.t.* ayarlamak
**range** *n.* menzil
**ranger** *n.* korucu
**rank** *n.* rütbe

**rank** *v.t.* rütbelendirmek
**rank** *a* rütbe
**ransack** *v.t.* yağmalamak
**ransom** *n.* fidye
**ransom** *v.t.* fidye
**rape** *n.* tecavüz
**rape** *v.t.* gaspetmek
**rapid** *a.* hızlı
**rapidity** *n.* hız
**rapier** *n.* meç
**rapport** *n.* uyum
**rapt** *a.* mest
**rapture** *n.* kendinden geçme
**rare** *a.* nadir
**rascal** *n.* çapkın
**rash** *a.* isilik
**rat** *n.* sıçan
**rate** *v.t.* derecelendirmek
**rate** *n.* oran
**rather** *adv.* oldukça
**ratify** *v.t.* onaylamak
**ratio** *n.* oran
**ration** *n.* tayın
**rational** *a.* rasyonel
**rationale** *n.* gerekçe
**rationality** *n.* rasyonellik
**rationalize** *v.t.* rasyonelleştirmek
**rattle** *v.i.* çatırdamak
**rattle** *n* çıngırak
**ravage** *n.* yıkım
**ravage** *v.t.* yağmalamak
**rave** *v.i.* çıldırmak
**raven** *n.* kuzguni
**ravine** *n.* dağ geçidi
**raw** *a.* ham
**ray** *n.* ışın
**raze** *v.t.* yerle bir etmek
**razor** *n.* ustura
**reach** *v.t.* ulaşmak
**react** *v.i.* tepki göstermek
**reaction** *n.* tepki
**reactionary** *a.* irticacı

**read** *v.t.* okumak
**reader** *n.* okuyucu
**readily** *adv.* kolayca
**readiness** *n.* hazır olma
**ready** *a.* hazır
**real** *a.* gerçek
**realism** *n.* gerçekçilik
**realist** *n.* realist
**realistic** *a.* gerçekçi
**reality** *n.* gerçeklik
**realization** *n.* gerçekleşme
**realize** *v.t.* gerçekleştirmek
**really** *adv.* gerçekten
**realm** *a.* diyar
**ream** *n.* delmek
**reap** *v.t.* biçmek
**reaper** *n.* orakçı
**rear** *n.* arka
**rear** *v.t.* şahlanmak
**reason** *n.* gerekçe
**reason** *v.i.* gerekçe göstermek
**reasonable** *a.* makul
**reassure** *v.t.* güvence vermek
**rebel** *v.i.* ayaklanmak
**rebel** *n.* asi
**rebellion** *n.* isyan
**rebellious** *a.* asi
**rebirth** *n.* yeniden doğuş
**rebound** *v.i.* geri tepmek
**rebound** *n.* geri tepme
**rebuff** *n.* ret
**rebuff** *v.t.* ret
**rebuke** *v.t.* azarlamak
**rebuke** *n.* azarlama
**recall** *v.t.* geri çağırmak
**recall** *n.* geri çağırma
**recede** *v.i.* gerilemek
**receipt** *n.* makbuz
**receive** *v.t.* almak
**receiver** *n.* alıcı
**recent** *a.* son
**recently** *adv.* geçenlerde

**reception** *n.* resepsiyon
**receptive** *a.* anlayışlı
**recess** *n.* girinti
**recession** *n.* durgunluk
**recipe** *n.* yemek tarifi
**recipient** *n.* alıcı
**reciprocal** *a.* karşılıklı
**reciprocate** *v.t.* acısını çıkarmak
**recital** *n.* resital
**recitation** *n.* nakletme
**recite** *v.t.* ezberden okumak
**reckless** *a.* pervasız
**reckon** *v.t.* saymak
**reclaim** *v.t.* geri istemek
**reclamation** *n* ıslah
**recluse** *n.* köşesine çekilmiş
**recognition** *n.* tanıma
**recognize** *v.t.* tanımak
**recoil** *v.i.* geri tepmek
**recoil** *adv.* geri tepme
**recollect** *v.t.* hatırlamak
**recollection** *n.* hatırlama
**recommend** *v.t.* salık vermek
**recommendation** *n.* tavsiye
**recompense** *v.t.* ceza
**recompense** *n.* ceza
**reconcile** *v.t.* uzlaştırmak
**reconciliation** *n.* uzlaşma
**record** *v.t.* kaydetmek
**record** *n.* rekor
**recorder** *n.* kaydedici
**recount** *v.t.* anlatmak
**recoup** *v.t.* telâfi etmek
**recourse** *n.* başvuru
**recover** *v.t.* kurtarmak
**recovery** *n.* kurtarma
**recreation** *n.* rekreasyon
**recruit** *n.* acemi
**recruit** *v.t.* çalıştırmak
**rectangle** *n.* dikdörtgen
**rectangular** *a.* dikdörtgen biçiminde
**rectification** *n.* düzeltme

**rectify** *v.i.* düzeltmek
**rectum** *n.* rektum
**recur** *v.i.* yinelemek
**recurrence** *n.* tekrar
**recurrent** *a.* tekrarlayan
**red** *a.* kırmızı
**red** *n.* kırmızı
**redden** *v.t.* kızarmak
**reddish** *a.* kırmızımsı
**redeem** *v.t.* kurtarmak
**redemption** *n.* ödeme
**redouble** *v.t.* iki katına çıkarmak
**redress** *v.t.* doğrultmak
**redress** *n* tazminat
**reduce** *v.t.* azaltmak
**reduction** *n.* azalma
**redundance** *n.* laf kalabalığı
**redundant** *a.* gereksiz
**reel** *n.* makara
**reel** *v.i.* yalpalamak
**refer** *v.t.* danışmak
**referee** *n.* hakem
**reference** *n.* referans
**referendum** *n.* referandum
**refine** *v.t.* inceltmek
**refinement** *n.* arıtma
**refinery** *n.* rafineri
**reflect** *v.t.* yansıtmak
**reflection** *n.* yansıma
**reflective** *a.* yansıtıcı
**reflector** *n.* reflektör
**reflex** *n.* refleks
**reflex** *a* refleks
**reflexive** *a* dönüşlü
**reform** *v.t.* iyileştirmek
**reform** *n.* reform
**reformation** *n.* reformasyon
**reformatory** *n.* ıslahevi
**reformatory** *a* ıslahevi
**reformer** *n.* reformcu
**refrain** *v.i.* alıkoymak
**refrain** *n* nakarat

refresh *v.t.* serinletmek
refreshment *n.* canlanma
refrigerate *v.t.* soğutmak
refrigeration *n.* soğutma
refrigerator *n.* buzdolabı
refuge *n.* sığınak
refugee *n.* mülteci
refulgence *n.* parlaklık
refulgent *a.* pırıl pırıl
refund *v.t.* geri ödemek
refund *n.* geri ödeme
refusal *n.* ret
refuse *v.t.* reddetmek
refuse *n.* çöp
refutation *n.* tekzip
refute *v.t.* çürütmek
regal *a.* muhteşem
regard *v.t.* umursamak
regard *n.* ilgili
regenerate *v.t.* yenilemek
regeneration *n.* yenilenme
regicide *n.* kral katili
regime *n.* rejim
regiment *n.* alay
regiment *v.t.* gruplaştırmak
region *n.* bölge
regional *a.* bölgesel
register *n.* sicil
register *v.t.* kaydolmak
registrar *n.* sicil memuru
registration *n.* kayıt
registry *n.* kayıt
regret *v.i.* pişmanlık
regret *n* pişmanlık
regular *a.* düzenli
regularity *n.* düzenlilik
regulate *v.t.* düzenlemek
regulation *n.* düzenleme
regulator *n.* regülatör
rehabilitate *v.t.* rehabilite etmek
rehabilitation *n.* rehabilitasyon
rehearsal *n.* prova

rehearse *v.t.* prova yapmak
reign *v.i.* hüküm sürmek
reign *n* saltanat
reimburse *v.t.* ödemek
rein *n.* dizgin
rein *v.t.* dizginlemek
reinforce *v.t.* güçlendirmek
reinforcement *n.* takviye
reinstate *v.t.* yeniden kurmak
reinstatement *n.* iade
reiterate *v.t.* tekrarlamak
reiteration *n.* tekrarlanma
reject *v.t.* reddetmek
rejection *n.* ret
rejoice *v.i.* sevinmek
rejoin *v.t.* yeniden katılmak
rejoinder *n.* sert cevap
rejuvenate *v.t.* gençleştirmek
rejuvenation *n.* gençleşme
relapse *v.i.* nüksetmek
relapse *n.* nüks
relate *v.t.* ilişkilendirmek
relation *n.* ilişki
relative *a.* göreceli
relative *n.* akraba
relax *v.t.* rahatlamak
relaxation *n.* gevşeme
relay *n.* röle
relay *v.t.* aktarmak
release *v.t.* koyvermek
release *n* muafiyet
relent *v.i.* yumuşamak
relentless *a.* acımasız
relevance *n.* ilgi
relevant *a.* uygun
reliable *a.* güvenilir
reliance *n.* güven
relic *n.* kalıntı
relief *n.* kabartma
relieve *v.t.* rahatlatmak
religion *n.* din
religious *a.* dini

relinquish *v.t.* vazgeçmek
relish *v.t.* hazzetmek
relish *n* haz
reluctance *n.* isteksizlik
reluctant *a.* isteksiz
rely *v.i.* güvenmek
remain *v.i.* artakalmak
remainder *n.* kalan
remains *n.* kalıntılar
remand *v.t.* tutmak
remand *n* iade
remark *n.* yorum
remark *v.t.* belirtmek
remarkable *a.* dikkat çekici
remedial *a.* iyileştirici
remedy *n.* çare
remedy *v.t* çözümlemek
remember *v.t.* anımsamak
remembrance *n.* hatırlama
remind *v.t.* hatırlatmak
reminder *n.* hatırlatma
reminiscence *n.* anımsama
reminiscent *a.* hatırlatan
remission *n.* hafifleme
remit *v.t.* affetmek
remittance *n.* havale
remorse *n.* pişmanlık
remote *a.* uzak
removable *a.* kaldırılabilir
removal *n.* giderme
remove *v.t.* kaldırmak
remunerate *v.t.* ödüllendirmek
remuneration *n.* ücret
remunerative *a.* ikramiyeli
renaissance *n.* yeniden doğuş
render *v.t.* betimlemek
rendezvous *n.* buluşma
renew *v.t.* yenilemek
renewal *n.* yenileme
renounce *v.t.* vazgeçmek
renovate *v.t.* yenilemek
renovation *n.* yenileme

renown *n.* ün
renowned *a.* ünlü
rent *n.* kira
rent *v.t.* kiralamak
renunciation *n.* vazgeçme
repair *v.t.* onarmak
repair *n.* onarım
repairable *a.* onanlabilir
repartee *n.* hazırcevap
repatriate *v.t.* ülkesine iade etmek
repatriate *n* ülkesine iade etmek
repatriation *n.* ülkesine geri dönme
repay *v.t.* ödemek
repayment *n.* ödeme
repeal *v.t.* feshetmek
repeal *n* iptal
repeat *v.t.* tekrarlamak
repel *v.t.* püskürtmek
repellent *a.* itici
repellent *n* savar
repent *v.i.* tövbe etmek
repentance *n.* tövbe
repentant *a.* pişman
repercussion *n.* tepki
repetition *n.* tekrarlama
replace *v.t.* yerine koymak
replacement *n.* değiştirme
replenish *v.t.* yeniden doldurmak
replete *a.* dopdolu
replica *n.* kopya
reply *v.i.* cevaplamak
reply *n* cevap
report *v.t.* rapor etmek
report *n.* rapor
reporter *n.* muhabir
repose *n.* istirahat
repose *v.i.* yaslanmak
repository *n.* depo
represent *v.t.* göstermek
representation *n.* temsil
representative *n.* delege

| | |
|---|---|
| representative *a.* tipik | resemblance *n.* benzerlik |
| repress *v.t.* bastırmak | resemble *v.t.* benzemek |
| repression *n.* baskı | resent *v.t.* içerlemek |
| reprimand *n.* kınama | resentment *n.* içerleme |
| reprimand *v.t.* kınamak | reservation *n.* rezervasyon |
| reprint *v.t.* tekrar basmak | reserve *v.t.* ayırtmak |
| reprint *n.* yeni baskı | reservoir *n.* sarnıç |
| reproach *v.t.* kınama | reside *v.i.* ikamet etmek |
| reproach *n.* kınama | residence *n.* oturma |
| reproduce *v.t.* çoğaltmak | resident *a.* sakin |
| reproduction *n* üreme | resident *n* sakin |
| reproductive *a.* çoğaltkan | residual *a.* kalıntı |
| reproof *n.* sitem | residue *n.* kalıntı |
| reptile *n.* sürüngen | resign *v.t.* istifa etmek |
| republic *n.* cumhuriyet | resignation *n.* istifa |
| republican *a.* cumhuriyetçi | resist *v.t.* direnmek |
| republican *n* cumhuriyetçi | resistance *n.* direnç |
| repudiate *v.t.* ödememek | resistant *a.* dayanıklı |
| repudiation *n.* boşama | resolute *a.* kararlı |
| repugnance *n.* antipati | resolution *n.* kararlılık |
| repugnant *a.* iğrenç | resolve *v.t.* gidermek |
| repulse *v.t.* itmek | resonance *n.* rezonans |
| repulse *n.* itme | resonant *a.* yankılanan |
| repulsion *n.* tiksinti | resort *v.i.* -e başvurmak |
| repulsive *a.* iğrenç | resort *n* çare |
| reputation *n.* itibar | resound *v.i.* tınlamak |
| repute *v.t.* sanmak | resource *n.* kaynak |
| repute *n.* saygınlık | resourceful *a.* becerikli |
| request *v.t.* rica etmek | respect *v.t.* saygı duymak |
| request *n* rica | respect *n.* saygı |
| requiem *n.* ölülerin ruhu için dua | respectful *a.* saygılı |
| require *v.t.* istemek | respective *a.* kendi |
| requirement *n.* gereklilik | respiration *n.* solunum |
| requisite *a.* gerekli | respire *v.i.* soluklanmak |
| requisition *n.* talep | resplendent *a.* şaşaalı |
| requisition *v.t.* istemek | respond *v.i.* yanıtlamak |
| requiste *n* requiste | respondent *n.* davalı |
| requite *v.t.* acısını çıkarmak | response *n.* tepki |
| rescue *v.t.* kurtarmak | responsibility *n.* sorumluluk |
| rescue *n* kurtarma | responsible *a.* sorumlu |
| research *v.i.* araştırmak | rest *v.i.* dinlenmek |
| research *n* araştırma | rest *n* dinlenme |

restaurant *n.* restoran
restive *a.* huzursuz
restoration *n.* restorasyon
restore *v.t.* yenileştirmek
restrain *v.t.* dizginlemek
restrict *v.t.* kısıtlamak
restriction *n.* kısıtlama
restrictive *a.* kısıtlayıcı
result *v.i.* sonuçlanmak
result *n.* sonuç
resume *v.t.* sürdürmek
resume *n.* özgeçmiş
resumption *n.* sürdürülmesini
resurgence *n.* canlanma
resurgent *a.* yeniden dirilen
retail *v.t.* perakende satmak
retail *n.* perakende
retail *adv.* perakende
retail *a* perakende
retailer *n.* perakendeci
retain *v.t.* tutmak
retaliate *v.i.* misilleme yapmak
retaliation *n.* misilleme
retard *v.t.* geciktirmek
retardation *n.* geciktirme
retention *n.* alıkoyma
retentive *a.* kuvvetli
reticence *n.* suskunluk
reticent *a.* suskun
retina *n.* retina
retinue *n.* maiyet
retire *v.i.* emekli olmak
retirement *n.* emeklilik
retort *v.t.* mukabele etmek
retort *n.* mukabele
retouch *v.t.* rötuş
retrace *v.t.* kaynağına inmek
retread *v.t.* dış lastiği değiştirmek
retread *n.* dış lastiği değiştirme
retreat *v.i.* geri çekilmek
retrench *v.t.* kısmak
retrenchment *n.* kısıntı

retrieve *v.t.* geri almak
retrospect *n.* geçmişe bakma
retrospection *n.* geçmişe bakış
retrospective *a.* retrospektif
return *v.i.* dönüş
return *n.* dönüş
revel *v.i.* eğlenmek
revel *n.* cümbüş
revelation *n.* vahiy
reveller *n.* eğlence düşkünü
revelry *n.* cümbüş
revenge *v.t.* intikam almak
revenge *n.* intikam
revengeful *a.* intikamcı
revenue *n.* gelir
revere *v.t.* tapmak
reverence *n.* hürmet
reverend *a.* peder
reverent *a.* saygılı
reverential *a.* saygılı
reverie *n.* hülya
reversal *n.* ters
reverse *a.* ters
reverse *n* ters
reverse *v.t.* döndürmek
reversible *a.* tersinir
revert *v.i.* dönmek
review *v.t.* eleştiri
review *n* eleştiri
revise *v.t.* gözden geçirmek
revision *n.* revizyon
revival *n.* canlanma
revive *v.i.* canlanmak
revocable *a.* geri alınabilir
revocation *n.* iptal
revoke *v.t.* geri almak
revolt *v.i.* iğrendirmek
revolt *n.* isyan
revolution *n.* devrim
revolutionary *a.* devrimci
revolutionary *n* devrimci
revolve *v.i.* dönmek

| | |
|---|---|
| **revolver** *n.* revolver | **rigorous** *a.* titiz |
| **reward** *n.* ödül | **rigour** *n.* cefa |
| **reward** *v.t.* ödüllendirmek | **rim** *n.* jant |
| **rhetoric** *n.* retorik | **ring** *n.* yüzük |
| **rhetorical** *a.* hitabet | **ring** *v.t.* çaldırmak |
| **rheumatic** *a.* romatizmal | **ringlet** *n.* lüle |
| **rheumatism** *n.* romatizma | **ringworm** *n.* saçkıran |
| **rhinoceros** *n.* gergedan | **rinse** *v.t.* durulamak |
| **rhyme** *n.* kafiye | **riot** *n.* isyan |
| **rhyme** *v.i.* kafliyeli olmak | **riot** *v.t.* ayaklanmak |
| **rhymester** *n.* şair bozuntusu | **rip** *v.t.* yırtmak |
| **rhythm** *n.* ritim | **ripe** *a* olgun |
| **rhythmic** *a.* ritmik | **ripen** *v.i.* olgunlaşmak |
| **rib** *n.* kaburga | **ripple** *n.* dalgalanma |
| **ribbon** *n.* kurdele | **ripple** *v.t.* dalgalanmak |
| **rice** *n.* pirinç | **rise** *v.* yükselmek |
| **rich** *a.* zengin | **rise** *n.* artış |
| **riches** *n.* servet | **risk** *v.t.* riske atmak |
| **richness** *a.* zenginlik | **risk** *n.* risk |
| **rick** *n.* tınaz | **risky** *a.* riskli |
| **rickets** *n.* raşitizm | **rite** *n.* ayin |
| **rickety** *a.* çürük | **ritual** *n.* ayin |
| **rickshaw** *n.* çekçek | **ritual** *a.* ayin |
| **rid** *v.t.* kurtarmak | **rival** *n.* rakip |
| **riddle** *n.* bilmece | **rival** *v.t.* rakip olmak |
| **riddle** *v.i.* delmek | **rivalry** *n.* rekabet |
| **ride** *v.t.* binmek | **river** *n.* nehir |
| **ride** *n* binmek | **rivet** *n.* perçin |
| **rider** *n.* binici | **rivet** *v.t.* perçinlemek |
| **ridge** *n.* sırt | **rivulet** *n.* dere |
| **ridicule** *v.t.* alay | **road** *n.* yol |
| **ridicule** *n.* alay | **roam** *v.i.* dolaşmak |
| **ridiculous** *a.* gülünç | **roar** *n.* kükreme |
| **rifle** *v.t.* soymak | **roar** *v.i.* kükremek |
| **rifle** *n* tüfek | **roast** *v.t.* kızartmak |
| **rift** *n.* yarık | **roast** *a* rosto |
| **right** *a.* haklı, sağ | **roast** *n* rosto |
| **right** *adv* doğru | **rob** *v.t.* soymak |
| **right** *n* hak | **robber** *n.* soyguncu |
| **right** *v.t.* doğrultmak | **robbery** *n.* soygun |
| **righteous** *a.* dürüst | **robe** *n.* bornoz |
| **rigid** *a.* katı | **robe** *v.t.* giydirmek |

**robot** *n.* robot
**robust** *a.* güçlü
**rock** *v.t.* sallamak
**rock** *n.* kaya
**rocket** *n.* roket
**rod** *n.* çubuk
**rodent** *n.* kemirgen
**roe** *n.* karaca
**rogue** *n.* düzenbaz
**roguery** *n.* çapkınlık
**roguish** *a.* çapkın
**role** *n.* rol
**roll** *n.* rulo
**roll** *v.i.* yuvarlamak
**roll-call** *n.* yoklama
**roller** *n.* merdane
**romance** *n.* romantizm
**romantic** *a.* romantik
**romp** *v.i.* itişmek
**romp** *n.* itişme
**rood** *n.* bir uzunluk ölçüsü
**roof** *n.* çatı
**roof** *v.t.* çatısını örtmek
**rook** *n.* kale
**rook** *v.t.* aldatmak
**room** *n.* oda
**roomy** *a.* ferah
**roost** *n.* tünek
**roost** *v.i.* tünek
**root** *n.* kök
**root** *v.i.* köklendirmek
**rope** *n.* ip
**rope** *v.t.* bağlamak
**rosary** *n.* tespih
**rose** *n.* gül
**roseate** *a.* güllük gülistanlık
**rostrum** *n.* kürsü
**rosy** *a.* pembe
**rot** *n.* küf
**rot** *v.i.* çürümek
**rotary** *a.* döner
**rotate** *v.i.* döndürmek

**rotation** *n.* rotasyon
**rote** *n.* alışılmış hareket
**rouble** *n.* ruble
**rough** *a.* pürüzlü
**round** *a.* yuvarlak
**round** *adv.* etrafında
**round** *n.* yuvarlak
**round** *v.t.* yuvarlaklaştırmak
**rouse** *v.i.* canlanmak
**rout** *v.t.* kurcalamak
**rout** *n* hengame
**route** *n.* rota
**routine** *n.* rutin
**routine** *a* rutin
**rove** *v.i.* gezinmek
**rover** *n.* serseri
**row** *n.* sıra
**row** *v.t.* kürek çekmek
**row** *n* dizi
**row** *n.* çıngar
**rowdy** *a.* kabadayı
**royal** *a.* royal
**royalist** *n.* kralcı
**royalty** *n.* kraliyet
**rub** *v.t.* ovmak
**rub** *n* ovmak
**rubber** *n.* kauçuk
**rubbish** *n.* çöp
**rubble** *n.* moloz
**ruby** *n.* yakut
**rude** *a.* kaba
**rudiment** *n.* rudiment
**rudimentary** *a.* ilkel
**rue** *v.t.* acımak
**rueful** *a.* kederli
**ruffian** *n.* hödük
**ruffle** *v.t.* fırfır
**rug** *n.* halı
**rugged** *a.* yalçın
**ruin** *n.* mahvetmek
**ruin** *v.t.* mahvetmek
**rule** *n.* kural

**rule** *v.t.* yönetmek
**ruler** *n.* cetvel
**ruling** *n.* egemen
**rum** *n.* rom
**rum** *a* tuhaf
**rumble** *v.i.* guruldamak
**rumble** *n.* guruldama
**ruminant** *a.* geviş getiren
**ruminant** *n.* geviş getiren
**ruminate** *v.i.* geviş getirmek
**rumination** *n.* geviş
**rummage** *v.i.* didik didik aramak
**rummage** *n* didik didik aramak
**rummy** *n.* tuhaf
**rumour** *n.* söylenti
**rumour** *v.t.* yaymak
**run** *v.i.* koşmak
**run** *n.* koşmak
**rung** *n.* basamak
**runner** *n.* koşucu
**rupee** *n.* rupi
**rupture** *n.* kopma
**rupture** *v.t.* koparmak
**rural** *a.* kırsal
**ruse** *n.* hile
**rush** *n.* acele
**rush** *v.t.* acele
**rush** *n* acele
**rust** *n.* pas
**rust** *v.i* paslanmak
**rustic** *a.* rustik
**rustic** *n* rustik
**rusticate** *v.t.* köyde yaşamak
**rustication** *n.* köylüleşme
**rusticity** *n.* köylülük
**rusty** *a.* paslı
**rut** *n.* tekerlek izi
**ruthless** *a.* acımasız
**rye** *n.* çavdar

# S

**sabbath** *n.* dini tatil günü
**sabotage** *n.* sabotaj
**sabotage** *v.t.* baltalamak
**sabre** *n.* kılıç
**sabre** *v.t.* kılıçtan geçirmek
**saccharin** *n.* sakarin
**saccharine** *a.* tatlı
**sack** *n.* çuval
**sack** *v.t.* defetmek
**sacrament** *n.* dinsel tören
**sacred** *a.* kutsal
**sacrifice** *n.* kurban
**sacrifice** *v.t.* kurban etmek
**sacrificial** *a.* kurban
**sacrilege** *n.* kutsal şeye saygısızlık
**sacrilegious** *a.* günahkâr
**sacrosanct** *a.* kutsal
**sad** *a.* üzgün
**sadden** *v.t.* hüzünlendirmek
**saddle** *n.* eyer
**saddle** *v.t.* eyerlemek
**sadism** *n.* sadizm
**sadist** *n.* sadist
**safe** *a.* güvenli
**safe** *n.* kasa
**safeguard** *n.* korumak
**safety** *n.* güvenlik
**saffron** *n.* safran
**saffron** *a* safran
**sagacious** *a.* akıllıca
**sagacity** *n.* anlayış
**sage** *n.* adaçayı
**sage** *a.* adaçayı
**sail** *n.* yelken
**sail** *v.i.* yüzdürmek
**sailor** *n.* gemici
**saint** *n.* aziz
**saintly** *a.* azizce
**sake** *n.* hatır

salable *a.* satılabilir
salad *n.* salata
salary *n.* maaş
sale *n.* satış
salesman *n.* satıcı
salient *a.* belirgin
saline *a.* tuzlu
salinity *n.* tuzluluk
saliva *n.* tükürük
sally *n.* nükte
sally *v.i.* nükte
saloon *n.* salon
salt *n.* tuz
salt *v.t* tuzlamak
salty *a.* tuzlu
salutary *a.* yararlı
salutation *n.* selam
salute *v.t.* selamlamak
salute *n* selam
salvage *n.* kurtarma
salvage *v.t.* kurtarmak
salvation *n.* kurtuluş
same *a.* aynı
sample *n.* örnek
sample *v.t.* örneklemek
sanatorium *n.* sanatoryum
sanctification *n.* kutsama
sanctify *v.t.* takdis etmek
sanction *n.* müeyyide
sanction *v.t.* onaylamak
sanctity *n.* kutsallık
sanctuary *n.* tapınak
sand *n.* kum
sandal *n.* sandal
sandalwood *n.* sandal ağacı
sandwich *n.* sandviç
sandwich *v.t.* arasına sıkıştırmak
sandy *a.* kumlu
sane *a.* aklı başında
sanguine *a.* umutlu
sanitary *a.* sıhhi
sanity *n.* ruh sağlığı

sap *n.* özsu
sap *v.t.* baltalamak
sapling *n.* fidan
sapphire *n.* safir
sarcasm *n.* istihza
sarcastic *a.* iğneleyici
sardonic *a.* acı
satan *n.* şeytan
satchel *n.* omuz çantası
satellite *n.* uydu
satiable *a.* satiable
satiate *v.t.* bıktırmak
satiety *n.* tokluk
satire *n.* hiciv
satirical *a.* hiciv
satirist *n.* hicivci
satirize *v.t.* hicvetmek
satisfaction *n.* memnuniyet
satisfactory *a.* tatmin edici
satisfy *v.t.* karşılamak
saturate *v.t.* emdirmek
saturation *n.* doyma
Saturday *n.* Cumartesi
sauce *n.* sos
saucer *n.* fincan tabağı
saunter *v.t.* aylak aylak dolaşmak
savage *a.* vahşi
savage *n* vahşi
savagery *n.* vahşet
save *v.t.* kurtarmak
save *prep* -den başka
saviour *n.* kurtarıcı
savour *n.* lezzet
savour *v.t.* lezzet
saw *n.* testere
saw *v.t.* doğramak
say *v.t.* demek
say *n.* laf
scabbard *n.* kın
scabies *n.* uyuz
scaffold *n.* iskele
scale *n.* ölçek

| | |
|---|---|
| **scale** *v.t.* ölçeklendirmek | **scintillate** *v.i.* ışıldamak |
| **scalp** *n* kafa derisi | **scintillation** *n.* parıldama |
| **scamper** *v.i* tüymek | **scissors** *n.* makas |
| **scamper** *n* tüyme | **scoff** *n.* alay |
| **scan** *v.t.* taramak | **scoff** *v.i.* küçümsemek |
| **scandal** *n* skandal | **scold** *v.t.* azarlamak |
| **scandalize** *v.t.* utandırmak | **scooter** *n.* skuter |
| **scant** *a.* kıt | **scope** *n.* kapsam |
| **scanty** *a.* yetersiz | **scorch** *v.t.* kavurmak |
| **scapegoat** *n.* günah keçisi | **score** *n.* puan |
| **scar** *n* iz | **score** *v.t.* puanlamak |
| **scar** *v.t.* sıyırmak | **scorer** *n.* golcü |
| **scarce** *a.* kıt | **scorn** *n.* küçümseme |
| **scarcely** *adv.* ancak | **scorn** *v.t.* küçümsemek |
| **scarcity** *n.* kıtlık | **scorpion** *n.* akrep |
| **scare** *n.* ürkü | **Scot** *n.* İskoç |
| **scare** *v.t.* korkutmak | **scotch** *a.* pinti |
| **scarf** *n.* eşarp | **scotch** *n.* viski |
| **scatter** *v.t.* saçmak | **scot-free** *a.* masrafsız |
| **scavenger** *n.* çöpçü | **scoundrel** *n.* dürzü |
| **scene** *n.* sahne | **scourge** *n.* kırbaçlamak |
| **scenery** *n.* manzara | **scourge** *v.t.* kırbaçlamak |
| **scenic** *a.* manzaralı | **scout** *n* izci |
| **scent** *n.* koku | **scout** *v.i* keşfetmek |
| **scent** *v.t.* sezmek | **scowl** *v.i.* kaş çatmak |
| **sceptic** *n.* kuşkucu | **scowl** *n.* kaş çatma |
| **sceptical** *a.* şüpheci | **scramble** *v.i.* çırpmak |
| **scepticism** *n.* şüphecilik | **scramble** *n* karışıklık |
| **sceptre** *n.* asa | **scrap** *n.* hurda |
| **schedule** *n.* çizelge | **scratch** *n.* çizik |
| **schedule** *v.t.* çizelgelemek | **scratch** *v.t.* tırmalamak |
| **scheme** *n.* entrika | **scrawl** *v.t.* çiziktirmek |
| **scheme** *v.i.* tasarlamak | **scrawl** *n* karalama |
| **schism** *n.* bölünme | **scream** *v.i.* çığlık atmak |
| **scholar** *n.* bilgin | **scream** *n* çığlık |
| **scholarly** *a.* bilimsel | **screen** *n.* ekran |
| **scholarship** *n.* burs | **screen** *v.t.* göstermek |
| **scholastic** *a.* skolastik | **screw** *n.* vida |
| **school** *n.* okul | **screw** *v.t.* vidalamak |
| **science** *n.* bilim | **scribble** *v.t.* karalamak |
| **scientific** *a.* bilimsel | **scribble** *n.* karalamak |
| **scientist** *n.* bilim adamı | **script** *n.* el yazısı |

**scripture** *n.* yazı
**scroll** *n.* ilerleyin
**scrutinize** *v.t.* ince eleyip sık dokumak
**scrutiny** *n.* inceleme
**scuffle** *n.* kavga
**scuffle** *v.i.* boğuşmak
**sculptor** *n.* heykeltraş
**sculptural** *a.* heykelsi
**sculpture** *n.* heykel
**scythe** *n.* tırpan
**scythe** *v.t.* tırpan
**sea** *n.* deniz
**seal** *n.* ayıbalığı
**seal** *n.* mühür
**seal** *v.t.* mühürlemek
**seam** *n.* dikiş
**seam** *v.t.* tırmıklamak
**seamy** *a.* çirkin
**search** *n.* arama
**search** *v.t.* aramak
**season** *n.* mevsim
**season** *v.t.* baharatlamak
**seasonable** *a.* zamanlaması iyi
**seasonal** *a.* mevsimlik
**seat** *n.* koltuk
**seat** *v.t.* oturtmak
**secede** *v.i.* ayrılmak
**secession** *n.* ayrılma
**secessionist** *n.* ayrılıkçı
**seclude** *v.t.* görüştürmemek
**secluded** *a.* gizli
**seclusion** *n.* inziva
**second** *a.* ikinci
**second** *n* ikinci
**second** *v.t.* ilerletmek
**secondary** *a.* ikincil
**seconder** *n.* destekleyen
**secrecy** *n.* gizlilik
**secret** *a.* gizli
**secret** *n.* sır
**secretariat(e)** *n.* sekreterya

**secretary** *n.* sekreter
**secrete** *v.t.* salgılamak
**secretion** *n.* salgı
**secretive** *a.* ketum
**sect** *n.* mezhep
**sectarian** *a.* bağnaz
**section** *n.* bölüm
**sector** *n.* sektör
**secure** *a.* güvenli
**secure** *v.t.* güvenceye almak
**security** *n.* güvenlik
**sedan** *n.* sedan
**sedate** *a.* oturaklı
**sedate** *v.t.* sakinleştirmek
**sedative** *a.* yatıştırıcı
**sedative** *n* yatıştırıcı
**sedentary** *a.* yerleşik
**sediment** *n.* tortu
**sedition** *n.* isyana teşvik
**seditious** *a.* ayaklandıran
**seduce** *n.* ayartmak
**seduction** *n.* iğfal
**seductive** *a* baştan çıkarıcı
**see** *v.t.* görmek
**seed** *n.* tohum
**seed** *v.t.* tohum
**seek** *v.t.* aramak
**seem** *v.i.* görünmek
**seemly** *a.* yakışık alır
**seep** *v.i.* sızmak
**seer** *n.* falcı
**seethe** *v.i.* haşlamak
**segment** *n.* altkesit
**segment** *v.t.* parçalamak
**segregate** *v.t.* ayırmak
**segregation** *n.* ayrım
**seismic** *a.* sismik
**seize** *v.t.* kaçırmamak
**seizure** *n.* el koyma
**seldom** *adv.* nadiren
**select** *v.t.* seçmek
**select** *a* elit

| | |
|---|---|
| selection *n.* seçim | separable *a.* ayrılabilir |
| selective *a.* selektif | separate *v.t.* ayırmak |
| self *n.* öz | separate *a.* ayrı |
| selfish *a.* bencil | separation *n.* ayrılık |
| selfless *a.* özverili | sepsis *n.* sepsis |
| sell *v.t.* satmak | September *n.* Eylül |
| seller *n.* satıcı | septic *a.* septik |
| semblance *n.* görünüş | sepulchre *n.* gömüt |
| semen *n.* meni | sepulture *n.* defin |
| semester *n.* dönem | sequel *n.* devam |
| seminal *a.* seminal | sequence *n.* sıra |
| seminar *n.* seminer | sequester *v.t.* haczetmek |
| senate *n.* senato | serene *a.* sakin |
| senator *n.* senatör | serenity *n.* huzur |
| senatorial *a.* senatoya ait | serf *n.* serf |
| senatorial *a* senatörce | serge *n.* şayak |
| send *v.t.* göndermek | sergeant *n.* çavuş |
| senile *a.* bunak | serial *a.* seri |
| senility *n.* bunaklık | serial *n.* seri |
| senior *a.* kıdemli | series *n.* dizi |
| senior *n.* kıdemli | serious *a* ciddi |
| seniority *n.* kıdem | sermon *n.* vaaz |
| sensation *n.* sansasyon | sermonize *v.i.* nasihat etmek |
| sensational *a.* sansasyonel | serpent *n.* yılan |
| sense *n.* duyu | serpentine *n.* yılan gibi |
| sense *v.t.* sezinlemek | servant *n.* hizmetçi |
| senseless *a.* anlamsız | serve *v.t.* hizmet vermek |
| sensibility *n.* duyarlılık | serve *n.* hizmet |
| sensible *a.* mantıklı | service *n.* servis |
| sensitive *a.* duyarlı | service *v.t* hizmet etmek |
| sensual *a.* şehvetli | serviceable *a.* faydalı |
| sensualist *n.* şehvet düşkünü kimse | servile *a.* köle gibi |
| sensuality *n.* duygusallık | servility *n.* kölelik |
| sensuous *a.* duygusal | session *n.* oturum |
| sentence *n.* cümle, hüküm | set *v.t* takmak |
| sentence *v.t.* hüküm vermek | set *a* set |
| sentience *n.* sezi | set *n* takım |
| sentient *a.* duygulu | settle *v.i.* yerleşmek |
| sentiment *n.* duygu | settlement *n.* yerleşme |
| sentimental *a.* duygusal | settler *n.* göçmen |
| sentinel *n.* nöbetçi | seven *n.* yedi |
| sentry *n.* bekçi | seven *a* yedili |

seventeen n., a on yedi
seventeenth a. on yedinci
seventh a. yedinci
seventieth a. yetmişinci
seventy n., a yetmiş
sever v.t. kesmek
several a birkaç
severance n. işten çıkarma
severe a. ağır
severity n. şiddet
sew v.t. dikmek
sewage n. kanalizasyon
sewer n lağım
sewerage n. kanalizasyon
sex n. seks
sexual a. cinsel
sexuality n. cinsellik
sexy n. seksi
shabby a. kılıksız
shackle n. pranga
shackle v.t. zincirlemek
shade n. gölgelik
shade v.t. karartmak
shadow n. gölge
shadow v.t gölge etmek
shadowy a. gölgeli
shaft n. şaft
shake v.i. sallamak
shake n sarsıntı
shaky a. titrek
shallow a. sığ
sham v.i. sahtelemek
sham n düzmece
sham a danışıklı
shame n. ayıp
shame v.t. utandırmak
shameful a. utanç verici
shameless a. utanmaz
shampoo n. şampuan
shampoo v.t. şampuanlamak
shanty a. gecekondu
shape n. şekil

shape v.t şekillendirmek
shapely a. düzgün
share n. pay
share v.t. paylaşmak
share n pay
shark n. köpekbalığı
sharp a. keskin
sharp adv. keskin
sharpen v.t. keskinleştirmek
sharpener n. kalemtıraş
sharper n. keskin
shatter v.t. bozmak
shave v.t. tıraş olmak
shave n tıraş
shawl n. şal
she pron. o
sheaf n. demet
shear v.t. makaslamak
shears n. pl. makas
shed v.t. dökmek
shed n baraka
sheep n. koyun
sheepish a. süklüm püklüm
sheer a. dik
sheet n. çarşaf
sheet v.t. kaplamak
shelf n. raf
shell n. kabuk
shell v.t. bombalamak
shelter n. barınak
shelter v.t. barınmak
shelve v.t. emekliye ayırmak
shepherd n. çoban
shield n. kalkan
shield v.t. savunmak
shift v.t. kaydırmak
shift n vardiya
shifty a. kaypak
shilling n. şilin
shilly-shally v.i. tereddüt etmek
shilly-shally n. kararsızca
shin n. incik

shine v.i. parlatmak
shine n parlaklık
shiny a. parlak
ship n. gemi
ship v.t. yollamak
shipment n. yükleme
shire n. kontluk
shirk v.t. kaytarmak
shirker n. kaytarıcı
shirt n. gömlek
shiver v.i. ürpermek
shoal n. sığlık
shoal n kumsal
shock n. şok
shock v.t. şaşırtmak
shoe n. ayakkabı
shoe v.t. nallamak
shoot v.t. vurmak
shoot n sürgün
shop n. mağaza
shop v.i. alışveriş yapmak
shore n. kıyı
short a. kısa
short adv. birden
shortage n. eksiklik
shortcoming n. kusur
shorten v.t. kısaltmak
shortly adv. kısaca
shorts n. pl. şort
shot n. atış
shoulder n. omuz
shoulder v.t. omuzlamak
shout n. nida
shout v.i. bağırmak
shove v.t. kıpırdamak
shove n. kıpırdamak
shovel n. kürek
shovel v.t. küreklemek
show v.t. göstermek
show n. şov
shower n. duş
shower v.t. duş almak

shrew n. şirret
shrewd a. kurnaz
shriek n. çığlık
shriek v.i. haykırmak
shrill a. tiz
shrine n. türbe
shrink v.i küçültmek
shrinkage n. büzülme
shroud n. kefen
shroud v.t. örtülmek
shrub n. funda
shrug v.t. omuz silkmek
shrug n boşverme
shudder v.i. ürpermek
shudder n ürperti
shuffle v.i. karıştırmak
shuffle n. hile
shun v.t. çekinmek
shunt v.t. hat değiştirmek
shut v.t. kapamak
shutter n. panjur
shuttle n. mekik
shuttle v.t. getirip götürmek
shuttlecock n. badminton topu
shy n. utangaç
shy v.i. ürkmek
sick a. hasta
sickle n. orak
sickly a. hastalıklı
sickness n. hastalık
side n. yan
side v.i. taraf tutmak
siege n. kuşatma
siesta n. siesta
sieve n. elek
sieve v.t. süzmek
sift v.t. elemek
sigh n. iç çekiş
sigh v.i. iç çekmek
sight n. görüş
sight v.t. görmek
sightly a. göze hitap eden

**sign** *n.* işaret
**sign** *v.t.* işaret etmek
**signal** *n.* sinyal
**signal** *a.* işaret
**signal** *v.t.* sinyal vermek
**signatory** *n.* imzalayan
**signature** *n.* imza
**significance** *n.* önem
**significant** *a.* önemli
**signification** *n.* anlam
**signify** *v.t.* belirtmek
**silence** *n.* sessizlik
**silence** *v.t.* susturmak
**silencer** *n.* susturucu
**silent** *a.* sessiz
**silhouette** *n.* silüet
**silk** *n.* ipek
**silken** *a.* ipekten
**silky** *a.* ipeksi
**silly** *a.* aptal
**silt** *n.* alüvyon
**silt** *v.t.* tıkamak
**silver** *n.* gümüş
**silver** *a* gümüşten
**silver** *v.t.* gümüşlemek
**similar** *a.* benzer
**similarity** *n.* benzerlik
**simile** *n.* benzetme
**similitude** *n.* benzeşme
**simmer** *v.i.* kaynatmak
**simple** *a.* basit
**simpleton** *n.* safdil
**simplicity** *n.* basitlik
**simplification** *n.* basitleştirme
**simplify** *v.t.* basitleştirmek
**simultaneous** *a.* simultane
**sin** *n.* günah
**sin** *v.i.* günah işlemek
**since** *prep.* beri
**since** *conj.* -diğine göre
**since** *adv.* -den beri
**sincere** *a.* samimi

**sincerity** *n.* samimiyet
**sinful** *a.* günahkâr
**sing** *v.i.* şarkı söylemek
**singe** *v.t.* sarartmak
**singe** *n* yanık
**singer** *n.* şarkıcı
**single** *a.* tek
**single** *n.* bekar
**single** *v.t.* teklemek
**singular** *a.* tekil
**singularity** *n.* eşsizlik
**singularly** *adv.* tekil
**sinister** *a.* uğursuz
**sink** *v.i.* batmak
**sink** *n* lavabo
**sinner** *n.* günahkâr
**sinuous** *a.* yılankavi
**sip** *v.t.* yudumlamak
**sip** *n.* yudum
**sir** *n.* bayım
**siren** *n.* siren
**sister** *n.* kardeş
**sisterhood** *n.* kardeşlik
**sisterly** *a.* abla gibi
**sit** *v.i.* oturmak
**site** *n.* yer
**situation** *n.* durum
**six** *n., a* altı
**sixteen** *n., a.* onaltı
**sixteenth** *a.* onaltıncı
**sixth** *a.* altıncı
**sixtieth** *a.* altmışıncı
**sixty** *n., a.* altmış
**sizable** *a.* oldukça büyük
**size** *n.* boyut
**size** *v.t.* tutkallamak
**sizzle** *v.i.* cızırdamak
**sizzle** *n.* cızırtı
**skate** *n.* paten
**skate** *v.t.* paten kaymak
**skein** *n.* yumak
**skeleton** *n.* iskelet

sketch *n.* eskiz
sketch *v.t.* kabataslak çizmek
sketchy *a.* kabataslak
skid *v.i.* patinaj yapmak
skid *n* kızak
skilful *a.* marifetli
skill *n.* beceri
skin *n.* cilt
skin *v.t* derisini yüzmek
skip *v.i.* atlamak
skip *n* sıçrayış
skipper *n.* kaptan
skirmish *n.* çatışma
skirmish *v.t.* çatışmak
skirt *n.* etek
skirt *v.t.* değinmemek
skit *n.* dokundurma
skull *n.* kafatası
sky *n.* gökyüzü
sky *v.t.* havaya atmak
slab *n.* levha
slack *a.* gevşeklik
slacken *v.t.* yavaşlamak
slacks *n.* bol pantolon
slake *v.t.* söndürmek
slam *v.t.* çarpmak
slam *n* çat
slander *n.* iftira
slander *v.t.* yermek
slanderous *a.* karalayıcı
slang *n.* argo
slant *v.t.* eğilimli olmak
slant *n* eğim
slap *n.* tokat
slap *v.t.* tokat atmak
slash *v.t.* kesmek
slash *n* yarık
slate *n.* arduvaz
slattern *n.* pasaklı kadın
slatternly *a.* pasaklı
slaughter *n.* katliam
slaughter *v.t.* katletmek

slave *n.* köle
slave *v.i.* didinmek
slavery *n.* kölelik
slavish *a.* köle gibi
slay *v.t.* öldürmek
sleek *a.* şık
sleep *v.i.* uyumak
sleep *n.* uyku
sleeper *n.* travers
sleepy *a.* uykulu
sleeve *n* kol
sleight *n.* aldatmaca
slender *n.* ince
slice *n.* dilim
slice *v.t.* dilimlemek
slick *a* kaygan
slide *v.i.* kaydırmak
slide *n* slayt
slight *a.* hafif
slight *n.* saygısızlık
slight *v.t.* önemsememek
slim *a.* ince
slim *v.i.* zayıflamak
slime *n.* sümük
slimy *a.* sümüklü
sling *n.* askı
slip *v.i.* kaymak
slip *n.* gaf
slipper *n.* terlik
slippery *a.* kaygan
slipshod *a.* pasaklı
slit *n.* yarık
slit *v.t.* yarılmak
slogan *n.* slogan
slope *n.* yamaç
slope *v.i.* şevlendirmek
sloth *n.* tembellik
slothful *n.* uyuşuk
slough *n.* batak
slough *n.* batak
slough *v.t.* batak
slovenly *a.* sünepe

**slow** *a.* yavaş
**slow** *v.i.* yavaşlamak
**slowly** *adv.* yavaşça
**slowness** *n.* yavaşlık
**sluggard** *n.* miskin
**sluggish** *a.* halsiz
**sluice** *n.* savak
**slum** *n.* gecekondu
**slumber** *v.i.* pineklemek
**slumber** *n.* pinekleme
**slump** *n.* çökme
**slump** *v.i.* çökmek
**slur** *n.* leke
**slush** *n.* çamur
**slushy** *a.* vıcık vıcık
**slut** *n.* sürtük
**sly** *a.* kurnaz
**smack** *n.* şaplak
**smack** *v.i.* şaplatmak
**smack** *n* şaplak
**smack** *n.* lezzet
**smack** *v.t.* tokatlamak
**small** *a.* küçük
**small** *n* arka
**smallness** *adv.* küçüklük
**smallpox** *n.* çiçek
**smart** *a.* akıllı
**smart** *v.i* sızlamak
**smart** *n* ağrı
**smash** *v.t.* parçalamak
**smash** *n* şangırtı
**smear** *v.t.* lekelemek
**smear** *n.* leke
**smell** *n.* koku
**smell** *v.t.* koklamak
**smelt** *v.t.* arıtmak
**smile** *n.* gülümseme
**smile** *v.i.* gülümsemek
**smith** *n.* demirci
**smock** *n.* önlük
**smog** *n.* dumanlı sis
**smoke** *n.* duman

**smoke** *v.i.* tüttürmek
**smoky** *a.* dumanlı
**smooth** *a.* pürüzsüz
**smooth** *v.t.* düzleştirmek
**smother** *v.t.* boğmak
**smoulder** *v.i.* için için yanmak
**smug** *a.* kendini beğenmiş
**smuggle** *v.t.* kaçakçılık yapmak
**smuggler** *n.* kaçakçı
**snack** *n.* aperatif
**snag** *n.* budak
**snail** *n.* salyangoz
**snake** *n.* yılan
**snake** *v.i.* kıvrılmak
**snap** *v.t.* çatırdamak
**snap** *n* çıtçıt
**snap** *a* şipşak
**snare** *n.* tuzak
**snare** *v.t.* tuzak kurmak
**snarl** *n.* keşmekeş
**snarl** *v.i.* homurdanmak
**snatch** *v.t.* kapmak
**snatch** *n.* kapmak
**sneak** *v.i.* sokulmak
**sneak** *n* gizlice
**sneer** *v.i* gülmek
**sneer** *n* alay
**sneeze** *v.i.* hapşırmak
**sneeze** *n* hapşırma
**sniff** *v.i.* koklamak
**sniff** *n* koklama
**snob** *n.* züppe
**snobbery** *n.* züppelik
**snobbish** *a.* züppe
**snore** *v.i.* horlamak
**snore** *n* horultu
**snort** *v.i.* homurdanmak
**snort** *n.* homurdanma
**snout** *n.* burun
**snow** *n.* kar
**snow** *v.i.* karlanmak
**snowy** *a.* karlı

snub *v.t.* terslemek
snub *n.* hakaret
snuff *n.* enfiye
snug *n.* rahat
so *adv.* çok
so *conj.* yani
soak *v.t.* emmek
soak *n.* ıslatma
soap *n.* sabun
soap *v.t.* sabunlamak
soapy *a.* sabunlu
soar *v.i.* uçmak
sob *v.i.* hıçkırmak
sob *n* hıçkırık
sober *a.* ağırbaşlı
sobriety *n.* itidal
sociability *n.* sosyallik
sociable *a.* sosyal
social *n.* sosyal
socialism *n* sosyalizm
socialist *n,a* sosyalist
society *n.* toplum
sociology *n.* sosyoloji
sock *n.* çorap
socket *n.* soket
sod *n.* çimen
sodomite *n.* oğlancı
sodomy *n.* oğlancılık
sofa *n.* kanepe
soft *n.* yumuşak
soften *v.t.* yumuşatmak
soil *n.* toprak
soil *v.t.* kirletmek
sojourn *v.i.* bir süre kalmak
sojourn *n* bir süre kalma
solace *v.t.* avutmak
solace *n.* teselli
solar *a.* güneş
solder *n.* lehim
solder *v.t.* lehimlemek
soldier *n.* asker
soldier *v.i.* askerlik yapmak

sole *n.* tek
sole *v.t* pençe vurmak
sole *a* tek
solemn *a.* ciddi
solemnity *n.* tören
solemnize *v.t.* resmileştirmek
solicit *v.t.* yalvarmak
solicitation *n.* talep
solicitious *a.* solicitious
solicitor *n.* avukat
solicitude *n.* vesvese
solid *a.* sağlam
solid *n* katı
solidarity *n.* dayanışma
soliloquy *n.* monolog
solitary *a.* yalnız
solitude *n.* yalnızlık
solo *n* tek
solo *a.* yalnız
solo *adv.* yalnızca
soloist *n.* solocu
solubility *n.* çözünürlük
soluble *a.* çözünür
solution *n.* çözüm
solve *v.t.* çözmek
solvency *n.* ödeme gücü
solvent *a.* çözücü
solvent *n* çözücü
sombre *a.* kasvetli
some *a.* bazı
some *pron.* bazıları
somebody *pron.* biri
somebody *n.* şahsiyet
somehow *adv.* her nasılsa
someone *pron.* kimse
somersault *n.* takla
somersault *v.i.* takla atmak
something *pron.* bir şey
something *adv.* falan
sometime *adv.* eskiden
sometimes *adv.* bazen
somewhat *adv.* biraz

**somewhere** *adv.* bir yere
**somnambulism** *n.* uyurgezerlik
**somnambulist** *n.* uyurgezer
**somnolence** *n.* uyuklama
**somnolent** *n.* uyuklayan
**son** *n.* oğlum
**song** *n.* şarkı
**songster** *n.* ötücü kuş
**sonic** *a.* sonik
**sonnet** *n.* sone
**sonority** *n.* ses verme
**soon** *adv.* yakında
**soot** *n.* is
**soot** *v.t.* is yapmak
**soothe** *v.t.* yatıştırmak
**sophism** *n.* safsata
**sophist** *n.* sofist
**sophisticate** *v.t.* pişmek
**sophisticated** *a.* sofistike
**sophistication** *n.* gelişmişliği
**sorcerer** *n.* büyücü
**sorcery** *n.* büyücülük
**sordid** *a.* sefil
**sore** *a.* acıyan
**sore** *n* acıyan
**sorrow** *n.* keder
**sorrow** *v.i.* matem tutmak
**sorry** *a.* üzgün
**sort** *n.* tür
**sort** *v.t* sınıflandırmak
**soul** *n.* ruh
**sound** *a.* dayanıklı
**sound** *v.i.* ses çıkarmak
**sound** *n.* ses
**soup** *n.* çorba
**sour** *a.* ekşi
**sour** *v.t.* somurtmak
**source** *n.* kaynak
**south** *n.* güney
**south** *n.* lodos
**south** *adv* güneyden
**southerly** *a.* güneydeki

**southern** *a.* güneyli
**souvenir** *n.* hatıra
**sovereign** *n.* hükümdar
**sovereign** *a* egemen
**sovereignty** *n.* egemenlik
**sow** *v.t.* ekmek
**sow** *n.* domuz
**space** *n.* boşluk
**space** *v.t.* boşluk bırakmak
**spacious** *a.* ferah
**spade** *n.* kürek
**spade** *v.t.* küreklemek
**span** *n.* karış
**span** *v.t.* karışlamak
**Spaniard** *n.* İspanyol
**spaniel** *n.* spanyel
**Spanish** *a.* İspanyolca
**Spanish** *n.* İspanyol
**spanner** *n.* anahtar
**spare** *v.t.* esirgemek
**spare** *a* yedek
**spare** *n.* ihtiyat
**spark** *n.* kıvılcım
**spark** *v.i.* ateşlemek
**spark** *n.* kıvılcım
**sparkle** *v.i.* ışıldamak
**sparkle** *n.* pırıltı
**sparrow** *n.* serçe
**sparse** *a.* seyrek
**spasm** *n.* spazm
**spasmodic** *a.* kasıla kasıla
**spate** *n.* sel
**spatial** *a.* uzaysal
**spawn** *n.* döl
**spawn** *v.i.* yumurtlamak
**speak** *v.i.* konuşmak
**speaker** *n.* sözcü
**spear** *n.* mızrak
**spear** *v.t.* mızraklamak
**spearhead** *n.* mızrak ucu
**spearhead** *v.t.* öncülük etmek
**special** *a.* özel

| | |
|---|---|
| **specialist** *n.* uzman | **spine** *n.* omurga |
| **speciality** *n.* uzmanlık | **spinner** *n.* topaç |
| **specialization** *n.* uzmanlaşma | **spinster** *n.* kız kurusu |
| **specialize** *v.i.* uzmanlaşmak | **spiral** *n.* helezon |
| **species** *n.* tür | **spiral** *a.* spiral |
| **specific** *a.* özel | **spirit** *n.* ruh |
| **specification** *n.* belirtme | **spirited** *a.* canlı |
| **specify** *v.t.* belirtmek | **spiritual** *a.* manevi |
| **specimen** *n.* örnek | **spiritualism** *n.* ruhanilik |
| **speck** *n.* benek | **spiritualist** *n.* spiritualist |
| **spectacle** *n.* manzara | **spirituality** *n.* dinsellik |
| **spectacular** *a.* muhteşem | **spit** *v.i.* tükürmek |
| **spectator** *n.* seyirci | **spit** *n* tükürük |
| **spectre** *n.* hayalet | **spite** *n.* rağmen |
| **speculate** *v.i.* spekülasyon yapmak | **spittle** *n* salya |
| **speculation** *n.* spekülasyon | **spittoon** *n.* tükürük hokkası |
| **speech** *n.* konuşma | **splash** *v.i.* sıçratmak |
| **speed** *n.* hız | **splash** *n* sıçrama |
| **speed** *v.i.* hızlanmak | **spleen** *n.* dalak |
| **speedily** *adv.* hızla | **splendid** *a.* muhteşem |
| **speedy** *a.* hızlı | **splendour** *n.* görkem |
| **spell** *n.* büyü | **splinter** *n.* kıymık |
| **spell** *v.t.* hecelemek | **splinter** *v.t.* parçalamak |
| **spell** *n* müddet | **split** *v.i.* yarmak |
| **spend** *v.t.* harcamak | **split** *n* yarılma |
| **spendthrift** *n.* mirasyedi | **spoil** *v.t.* şımartmak |
| **sperm** *n.* sperm | **spoil** *n* yağma |
| **sphere** *n.* küre | **spoke** *n.* konuştu |
| **spherical** *a.* küresel | **spokesman** *n.* sözcü |
| **spice** *n.* baharat | **sponge** *n.* sünger |
| **spice** *v.t.* baharatlamak | **sponge** *v.t.* otlanmak |
| **spicy** *a.* baharatlı | **sponsor** *n.* sponsor |
| **spider** *n.* örümcek | **sponsor** *v.t.* desteklemek |
| **spike** *n.* başak | **spontaneity** *n.* doğallık |
| **spike** *v.t.* alkol katmak | **spontaneous** *a.* spontan |
| **spill** *v.i.* dökmek | **spoon** *n.* kaşık |
| **spill** *n* düşüş | **spoon** *v.t.* kaşıklamak |
| **spin** *v.i.* eğirmek | **spoonful** *n.* kaşık dolusu |
| **spin** *n.* devir | **sporadic** *a.* tek tük |
| **spinach** *n.* ıspanak | **sport** *n.* spor |
| **spinal** *a.* spinal | **sport** *v.i.* spor yapmak |
| **spindle** *n.* mil | **sportive** *a.* sportif |

**sportsman** *n.* sporcu
**spot** *n.* nokta
**spot** *v.t.* farketmek
**spotless** *a.* lekesiz
**spousal** *n.* evlenme
**spouse** *n.* eş
**spout** *n.* fışkırma
**spout** *v.i.* püskürtmek
**sprain** *n.* burkulma
**sprain** *v.t.* burkmak
**spray** *n.* sprey
**spray** *n* serpinti
**spray** *v.t.* püskürtmek
**spread** *v.i.* yaymak
**spread** *n.* yayılım
**spree** *n.* alem
**sprig** *n.* fışkın
**sprightly** *a.* şen şakrak
**spring** *v.i.* fırlamak
**spring** *n* bahar
**sprinkle** *v.t.* serpiştirmek
**sprint** *v.i.* koşuşturmak
**sprint** *n* sürat koşusu
**sprout** *v.i.* filizlenmek
**sprout** *n* filiz
**spur** *n.* mahmuz
**spur** *v.t.* mahmuzlamak
**spurious** *a.* sahte
**spurn** *v.t.* tepmek
**spurt** *v.i.* fışkırtmak
**spurt** *n* hamle
**sputnik** *n.* sputnik
**sputum** *n.* balgam
**spy** *n.* casus
**spy** *v.i.* gözetlemek
**squad** *n.* takım
**squadron** *n.* filo
**squalid** *a.* sefil
**squalor** *n.* bakımsızlık
**squander** *v.t.* heba etmek
**square** *n.* kare
**square** *a* kare
**square** *v.t.* uydurmak
**squash** *v.t.* ezmek
**squash** *n* kabak
**squat** *v.i.* çömelmek
**squeak** *v.i.* ciyaklamak
**squeak** *n* cırlama
**squeeze** *v.t.* sıkmak
**squint** *v.i.* şaşı olmak
**squint** *n* şaşı
**squire** *n.* kavalye
**squirrel** *n.* sincap
**stab** *v.t.* bıçaklamak
**stab** *n.* saplama
**stability** *n.* istikrar
**stabilization** *n.* stabilizasyon
**stabilize** *v.t.* sağlamlaştırmak
**stable** *a.* kararlı
**stable** *n* ahır
**stable** *v.t.* yerleşmek
**stadium** *n.* stadyum
**staff** *n.* personel
**staff** *v.t.* kadro oluşturmak
**stag** *n.* erkeklere özel
**stage** *n.* sahne
**stage** *v.t.* sahnelemek
**stagger** *v.i.* bocalamak
**stagger** *n.* bocalama
**stagnant** *a.* durgun
**stagnate** *v.i.* kesat olmak
**stagnation** *n.* durgunluk
**staid** *a.* ciddi
**stain** *n.* leke
**stain** *v.t.* lekelemek
**stainless** *a.* paslanmaz
**stair** *n.* basamak
**stake** *n* kazık
**stake** *v.t.* desteklemek
**stale** *a.* bayat
**stale** *v.t.* bayatlamak
**stalemate** *n.* pata
**stalk** *n.* sap
**stalk** *v.i.* izlemek

stalk *n* yürüyüş
stall *n.* ahır
stall *v.t.* geciktirmek
stallion *n.* aygır
stalwart *a.* korkusuz
stalwart *n* korkusuz
stamina *n.* dayanma gücü
stammer *v.i.* kekelemek
stammer *n* kekemelik
stamp *n.* damga
stamp *v.i.* damgalamak
stampede *n.* izdiham
stampede *v.i* korkutarak dağıtmak
stand *v.i.* durmak
stand *n.* duruş
standard *n.* standart
standard *a* standart
standardization *n.* standardizasyon
standardize *v.t.* standartlaştırmak
standing *n.* ayakta
standpoint *n.* bakış açısı
standstill *n.* durma
stanza *n.* dörtlük
staple *n.* elyaf
staple *a* temel
star *n.* star
star *v.t.* star
starch *n.* nişasta
starch *v.t.* kolalamak
stare *v.i.* bakakalmak
stare *n.* sabit bakış
stark *n.* sade
stark *adv.* tümüyle
starry *a.* yıldızlı
start *v.t.* başlatmak
start *n* başlangıç
startle *v.t.* korkutmak
starvation *n.* açlık
starve *v.i.* açlıktan ölmek
state *n.* devlet
state *v.t* belirtmek
stateliness *n.* haşmet

stately *a.* görkemli
statement *n.* açıklama
statesman *n.* devlet adamı
static *n.* statik
statics *n.* parazit
station *n.* istasyon
station *v.t.* görevlendirmek
stationary *a.* sabit
stationer *n.* kırtasiyeci
stationery *n.* kırtasiye
statistical *a.* istatistiksel
statistician *n.* istatistikçi
statistics *n.* istatistik
statue *n.* heykel
stature *n.* boy
status *n.* durum
statute *n.* tüzük
statutory *a.* yasal
staunch *a.* sadık
stay *v.i.* kalmak
stay *n* ikamet
steadfast *a.* kararlı
steadiness *n.* metanet
steady *a.* sabit
steady *v.t.* sakinleştirmek
steal *v.i.* çalmak
stealthily *adv.* gizlice
steam *n* buhar
steam *v.i.* buğulamak
steamer *n.* vapur
steed *n.* at
steel *n.* çelik
steep *a.* sarp
steep *v.t.* demlemek
steeple *n.* çan kulesi
steer *v.t.* yönlendirmek
stellar *a.* stellar
stem *n.* kök
stem *v.i.* durdurmak
stench *n.* pis koku
stencil *n.* şablon
stencil *v.i.* şablonlamak

**stenographer** n. stenograf
**stenography** n. stenografi
**step** n. adım
**step** v.i. adımlamak
**steppe** n. bozkır
**stereotype** n. klişe
**stereotype** v.t. stereotipi basmak
**stereotyped** a. basmakalıp
**sterile** a. steril
**sterility** n. kısırlık
**sterilization** n. sterilizasyon
**sterilize** v.t. sterilize etmek
**sterling** a. som
**sterling** n. sterlin
**stern** a. arka
**stern** n. kıç
**stethoscope** n. stetoskop
**stew** n. güveç
**stew** v.t. kısık ateşte pişirmek
**steward** n. kamarot
**stick** n. sopa
**stick** v.t. yapışmak
**sticker** n. etiket
**stickler** n. inatçı
**sticky** n. yapışkan
**stiff** n. sert
**stiffen** v.t. pekişmek
**stifle** v.t. bastırmak
**stigma** n. leke
**still** a. hareketsiz
**still** adv. yine
**still** v.t. yatıştırmak
**still** n. sükunet
**stillness** n. sessizlik
**stilt** n. cambaz ayaklığı
**stimulant** n. uyarıcı
**stimulate** v.t. uyarmak
**stimulus** n. uyarıcı
**sting** v.t. sokmak
**sting** n. batma
**stingy** a. paragöz
**stink** v.i. kokutmak

**stink** n. pis koku
**stipend** n. maaş
**stipulate** v.t. taahhüt etmek
**stipulation** n. şart
**stir** v.i. karıştırmak
**stirrup** n. üzengi
**stitch** n. dikiş
**stitch** v.t. dikmek
**stock** n. hisse senedi
**stock** v.t. stoklamak
**stock** a. mevcut
**stocking** n. çorap
**stoic** n. stoacı
**stoke** v.t. atıştırmak
**stoker** n. ateşçi
**stomach** n. mide
**stomach** v.t. sindirmek
**stone** n. taş
**stone** v.t. taşlamak
**stony** a. taşlı
**stool** n. dışkı
**stoop** v.i. eğilmek
**stoop** n sundurma
**stop** v.t. durdurmak
**stop** n durak
**stoppage** n stopaj
**storage** n. depolama
**store** n. mağaza
**store** v.t. depolamak
**storey** n. kat
**stork** n. leylek
**storm** n. fırtına
**storm** v.i. öfkelenmek
**stormy** a. fırtınalı
**story** n. öykü
**stout** a. yiğit
**stove** n. soba
**stow** v.t. istiflemek
**straggle** v.i. dağılmak
**straggler** n. avare
**straight** a. düz
**straight** adv. düz

**straighten** *v.t.* düzeltmek
**straightforward** *a.* basit
**straightway** *adv.* hemen
**strain** *v.t.* çabalamak
**strain** *n* gerginlik
**strait** *n.* boğaz
**straiten** *v.t.* sıkıştırmak
**strand** *v.i.* bükmek
**strand** *n* iplik
**strange** *a.* garip
**stranger** *n.* yabancı
**strangle** *v.t.* boğmak
**strangulation** *n.* boğulma
**strap** *n.* kayış
**strap** *v.t.* bantlamak
**stratagem** *n.* kurnazlık
**strategic** *a.* stratejik
**strategist** *n.* stratejist
**strategy** *n.* strateji
**stratum** *n.* tabaka
**straw** *n.* saman
**strawberry** *n.* çilek
**stray** *v.i.* gezinmek
**stray** *a* başıboş
**stray** *n* başıboşluk
**stream** *n.* akarsu
**stream** *v.i.* akmak
**streamer** *n.* flama
**streamlet** *n.* derecik
**street** *n.* sokak
**strength** *n.* güç
**strengthen** *v.t.* güçlendirmek
**strenuous** *a.* yorucu
**stress** *n.* stres
**stress** *v.t* vurgulamak
**stretch** *v.t.* germek
**stretch** *n* germek
**stretcher** *n.* sedye
**strew** *v.t.* serpiştirmek
**strict** *a.* sıkı
**stricture** *n.* daralma
**stride** *v.i.* uzun adımlarla yürümek

**stride** *n* uzun adım
**strident** *a.* tiz
**strife** *n.* kavga
**strike** *v.t.* çarpmak
**strike** *n* grev
**striker** *n.* forvet
**string** *n.* sicim
**string** *v.t.* kandırmak
**stringency** *n.* sıkılık
**stringent** *a.* sıkı
**strip** *n.* şerit
**strip** *v.t.* soyunmak
**stripe** *n.* şerit
**stripe** *v.t.* çizgilemek
**strive** *v.i.* uğraşmak
**stroke** *n.* inme
**stroke** *v.t.* okşamak
**stroke** *n* vuruş
**stroll** *v.i.* gezinmek
**stroll** *n* gezinti
**strong** *a.* güçlü
**stronghold** *n.* kale
**structural** *a.* yapısal
**structure** *n.* yapı
**struggle** *v.i.* çabalamak
**struggle** *n* mücadele
**strumpet** *n.* orospu
**strut** *v.i.* kurumla yürümek
**strut** *n* payanda
**stub** *n.* taslak
**stubble** *n.* anız
**stubborn** *a.* inatçı
**stud** *n.* damızlık
**stud** *v.t.* saplamak
**student** *n.* öğrenci
**studio** *n.* stüdyo
**studious** *a.* çalışkan
**study** *v.i.* çalışmak
**study** *n.* çalışma
**stuff** *v.t.* doldurmak
**stuff** *n.* şey
**stuffy** *a.* havasız

**stumble** *v.i.* tökezlemek
**stumble** *n.* sendeleme
**stump** *n.* kütük
**stump** *v.t.* afallatmak
**stun** *v.t.* sersemletmek
**stunt** *v.t.* bodur bırakmak
**stunt** *n* hüner
**stupefy** *v.t.* sersemletmek
**stupendous** *a.* muazzam
**stupid** *a* aptal
**stupidity** *n.* aptallık
**sturdy** *a.* sağlam
**sty** *n.* arpacık
**stye** *n.* arpacık
**style** *n.* stil
**subdue** *v.t.* bastırmak
**subject** *n.* konu
**subject** *a* konu
**subject** *v.t.* mecbur etmek
**subjection** *n.* boyun eğme
**subjective** *a.* öznel
**subjudice** *a.* davada sonuca bağlanamama
**subjugate** *v.t.* boyun eğdirmek
**subjugation** *n.* boyun eğdirme
**sublet** *v.t.* devren kiraya vermek
**sublimate** *v.t.* yüceltmek
**sublime** *a.* yüce
**sublime** *n* yüce
**sublimity** *n.* haşmet
**submarine** *n.* denizaltı
**submarine** *a* denizaltı
**submerge** *v.i.* batmak
**submission** *n.* boyun eğme
**submissive** *a.* itaatkâr
**submit** *v.t.* sunmak
**subordinate** *a.* ast
**subordinate** *n* ast
**subordinate** *v.t.* desteklemek
**subordination** *n.* itaat
**subscribe** *v.t.* onaylamak
**subscription** *n.* abone ücreti

**subsequent** *a.* sonraki
**subservience** *n.* yaranma
**subservient** *a.* yaranmaya çalışan
**subside** *v.i.* çökmek
**subsidiary** *a.* yardımcı
**subsidize** *v.t.* para yardımı yapmak
**subsidy** *n.* sübvansiyon
**subsist** *v.i.* geçindirmek
**subsistence** *n.* geçim
**substance** *n.* madde
**substantial** *a.* önemli
**substantially** *adv.* oldukça
**substantiate** *v.t.* kanıtlamak
**substantiation** *n.* ispat
**substitute** *n.* vekil
**substitute** *v.t.* yerini almak
**substitution** *n.* ikame
**subterranean** *a.* yeraltı
**subtle** *n.* ince
**subtlety** *n.* incelik
**subtract** *v.t.* çıkarmak
**subtraction** *n.* çıkarma
**suburb** *n.* banliyö
**suburban** *a.* banliyö
**subversion** *n.* yıkılma
**subversive** *a.* yıkıcı
**subvert** *v.t.* yıkmak
**succeed** *v.i.* başarılı olmak
**success** *n.* başarı
**successful** *a* başarılı
**succession** *n.* veraset
**successive** *a.* ardışık
**successor** *n.* halef
**succour** *n.* imdat
**succour** *v.t.* yardıma gelmek
**succumb** *v.i.* yenilmek
**such** *a.* böyle
**such** *pron.* gibi
**suck** *v.t.* emmek
**suck** *n.* emiş
**suckle** *v.t.* emzirmek
**sudden** *n.* ani

**suddenly** *adv.* aniden
**sue** *v.t.* rica etmek
**suffer** *v.t.* kıvranmak
**suffice** *v.i.* yetmek
**sufficiency** *n.* yeterlik
**sufficient** *a.* yeterli
**suffix** *n.* sonek
**suffix** *v.t.* sonek
**suffocate** *v.t* boğmak
**suffocation** *n.* boğulma
**suffrage** *n.* oy hakkı
**sugar** *n.* şeker
**sugar** *v.t.* şekerlemek
**suggest** *v.t.* önermek
**suggestion** *n.* öneri
**suggestive** *a.* imalı
**suicidal** *a.* intihar niteliğinde
**suicide** *n.* intihar
**suit** *n.* takım elbise
**suit** *v.t.* uymak
**suitability** *n.* uygunluk
**suitable** *a.* uygun
**suite** *n.* maiyet
**suitor** *n.* talip
**sullen** *a.* somurtkan
**sulphur** *n.* kükürt
**sulphuric** *a.* sülfürik
**sultry** *a.* boğucu
**sum** *n.* miktar
**sum** *v.t.* toplamak
**summarily** *adv.* özetle
**summarize** *v.t.* özetlemek
**summary** *n.* özet
**summary** *a* özet
**summer** *n.* yaz
**summit** *n.* zirve
**summon** *v.t.* çağırmak
**summons** *n.* celp
**sumptuous** *a.* görkemli
**sun** *n.* güneş
**sun** *v.t.* güneşlenmek
**sundary** *a.* sundary

**Sunday** *n.* Pazar
**sunder** *v.t.* kopmak
**sunny** *a.* güneşli
**sup** *v.i.* yudumlamak
**superabundance** *n.* aşırı bolluk
**superabundant** *a.* bol bol
**superb** *a.* mükemmel
**superficial** *a.* yüzeysel
**superficiality** *n.* yüzeysellik
**superfine** *a.* çok zarif
**superfluity** *n.* bolluk
**superfluous** *a.* gereksiz
**superhuman** *a.* insanüstü
**superintend** *v.t.* denetlemek
**superintendence** *n.* gözetim
**superintendent** *n.* kapıcı
**superior** *a.* üstün
**superiority** *n.* üstünlük
**superlative** *a.* mükemmel
**superlative** *n.* en üstün derece
**superman** *n.* süpermen
**supernatural** *a.* doğaüstü
**supersede** *v.t.* yerine geçmek
**supersonic** *a.* sesüstü
**superstition** *n.* hurafe
**superstitious** *a.* batıl inançları olan
**supertax** *n.* munzam vergi
**supervise** *v.t.* denetlemek
**supervision** *n.* gözetim
**supervisor** *n.* gözetmen
**supper** *n.* akşam yemeği
**supple** *a.* esnek
**supplement** *n.* ek
**supplement** *v.t.* tamamlamak
**supplementary** *a.* tamamlayıcı
**supplier** *n.* tedarikçi
**supply** *v.t.* besleme
**supply** *n* besleme
**support** *v.t.* desteklemek
**support** *n.* destek
**suppose** *v.t.* zannetmek

**supposition** *n.* varsayım
**suppress** *v.t.* bastırmak
**suppression** *n.* bastırma
**supremacy** *n.* üstünlük
**supreme** *a.* yüce
**surcharge** *n.* sürşarj
**surcharge** *v.t.* fazla yüklemek
**sure** *a.* emin
**surely** *adv.* elbette
**surety** *n.* kefil
**surf** *n.* sörf
**surface** *n.* yüzey
**surface** *v.i* cilalamak
**surfeit** *n.* bıkkınlık
**surge** *n.* dalgalanma
**surge** *v.i.* dalgalanmak
**surgeon** *n.* cerrah
**surgery** *n.* cerrahi
**surmise** *n.* tahmin
**surmise** *v.t.* zannetmek
**surmount** *v.t.* aşmak
**surname** *n.* soyadı
**surpass** *v.t.* aşmak
**surplus** *n.* fazlalık
**surprise** *n.* sürpriz
**surprise** *v.t.* şaşırtmak
**surrender** *v.t.* teslim olmak
**surrender** *n* teslim
**surround** *v.t.* kuşatmak
**surroundings** *n.* çevre
**surtax** *n.* ek vergi
**surveillance** *n.* gözetim
**survey** *n.* anket
**survey** *v.t.* yoklamak
**survival** *n.* hayatta kalma
**survive** *v.i.* hayatta kalmak
**suspect** *v.t.* kuşkulanmak
**suspect** *a.* şüpheli
**suspect** *n* zanlı
**suspend** *v.t.* asmak
**suspense** *n.* belirsizlik
**suspension** *n.* süspansiyon

**suspicion** *n.* şüphe
**suspicious** *a.* şüpheli
**sustain** *v.t.* sürdürmek
**sustenance** *n.* besin
**swagger** *v.i.* kırıtmak
**swagger** *n* havalı
**swallow** *v.t.* yutmak
**swallow** *n.* kırlangıç
**swallow** *n.* yudum
**swamp** *n.* bataklık
**swamp** *v.t.* batırmak
**swan** *n.* kuğu
**swarm** *n.* oğul
**swarm** *v.i.* kaynamak
**swarthy** *a.* yağız
**sway** *v.i.* sarsılmak
**sway** *n* sallanma
**swear** *v.t.* yemin etmek
**sweat** *n.* ter
**sweat** *v.i.* terlemek
**sweater** *n.* süveter
**sweep** *v.i.* süpürmek
**sweep** *n.* süpürme
**sweeper** *n.* çöpçü
**sweet** *a.* tatlı
**sweet** *n* tatlı
**sweeten** *v.t.* tatlandırmak
**sweetmeat** *n.* şekerleme
**sweetness** *n.* tatlılık
**swell** *v.i.* şişmek
**swell** *n* şişkinlik
**swift** *a.* hızlı
**swim** *v.i.* yüzmek
**swim** *n* yüzme
**swimmer** *n.* yüzücü
**swindle** *v.t.* dolandırmak
**swindle** *n.* dolandırıcılık
**swindler** *n.* dolandırıcı
**swine** *n.* domuz
**swing** *v.i.* sallanmak
**swing** *n* salıncak
**swiss** *n.* İsviçre

**swiss** *a.* İsviçre
**switch** *n.* şalter
**switch** *v.t.* değiştirmek
**swoon** *n.* baygınlık
**swoon** *v.i* bayılmak
**swoop** *v.i.* saldırmak
**swoop** *n* baskın
**sword** *n.* kılıç
**sycamore** *n.* çınar
**sycophancy** *n.* dalkavukluk
**sycophant** *n.* dalkavuk
**syllabic** *n.* hecesel
**syllable** *n.* hece
**syllabus** *n.* müfredat
**sylph** *n.* peri
**sylvan** *a.* orman
**symbol** *n.* sembol
**symbolic** *a.* sembolik
**symbolism** *n.* sembolizm
**symbolize** *v.t.* sembolize etmek
**symmetrical** *a.* simetrik
**symmetry** *n.* simetri
**sympathetic** *a.* sempatik
**sympathize** *v.i.* başsağlığı dilemek
**sympathy** *n.* sempati
**symphony** *n.* senfoni
**symposium** *n.* sempozyum
**symptom** *n.* semptom
**symptomatic** *a.* semptomatik
**synonym** *n.* sinonim
**synonymous** *a.* eşanlamlı
**synopsis** *n.* özet
**syntax** *n.* sözdizimi
**synthesis** *n.* sentez
**synthetic** *a.* sentetik
**synthetic** *n* sentetik
**syringe** *n.* şırınga
**syringe** *v.t.* enjekte etmek
**syrup** *n.* şurup
**system** *n.* sistem
**systematic** *a.* sistematik
**systematize** *v.t.* sistemleştirmek

**T**

**table** *n.* tablo
**table** *v.t.* tablo
**tablet** *n.* tablet
**taboo** *n.* tabu
**taboo** *a* tabu
**taboo** *v.t.* yasaklamak
**tabular** *a.* çizelge halinde
**tabulate** *v.t.* çizelgeye geçirmek
**tabulation** *n.* listeleme
**tabulator** *n.* tabulator
**tacit** *a.* sözsüz
**taciturn** *a.* suskun
**tackle** *n.* palanga
**tackle** *v.t.* ele almak
**tact** *n.* incelik
**tactful** *a.* diplomatça
**tactician** *n.* taktikçi
**tactics** *n.* taktik
**tactile** *a.* dokunsal
**tag** *n.* etiket
**tag** *v.t.* etiketlemek
**tail** *n.* kuyruk
**tailor** *n.* terzi
**tailor** *v.t.* uydurmak
**taint** *n.* kusur
**taint** *v.t.* bulaştırmak
**take** *v.t* almak
**tale** *n.* masal
**talent** *n.* yetenek
**talisman** *n.* tılsım
**talk** *v.i.* konuşmak
**talk** *n* konuşma
**talkative** *a.* konuşkan
**tall** *a.* uzun boylu
**tallow** *n.* donyağı
**tally** *n.* çetele
**tally** *v.t.* sayım yapmak
**tamarind** *n.* demirhindi
**tame** *a.* ehlileştirmek

| | |
|---|---|
| tame *v.t.* ehlileştirmek | taxation *n.* vergilendirme |
| tamper *v.i.* kurcalamak | taxi *n.* taksi |
| tan *v.i.* bronzlaşmak | taxi *v.i.* taksi ile gitmek |
| tan *n., a.* taba | tea *n* çay |
| tangent *n.* tanjant | teach *v.t.* öğretmek |
| tangible *a.* somut | teacher *n.* öğretmen |
| tangle *n.* arapsaçı | teak *n.* tik ağacı |
| tangle *v.t.* dolaştırmak | team *n.* takım |
| tank *n.* tank | tear *v.t.* yırtmak |
| tanker *n.* tanker | tear *n.* gözyaşı |
| tanner *n.* tabakçı | tear *n.* gözyaşı |
| tannery *n.* tabakhane | tearful *a.* ağlamaklı |
| tantalize *v.t.* gösterip de vermemek | tease *v.t.* takılmak |
| tantamount *a.* eşit | teat *n.* emzik |
| tap *n.* musluk | technical *n.* teknik |
| tap *v.t.* tıklatmak | technicality *n.* teknik ayrıntı |
| tape *n.* bant | technician *n.* teknisyen |
| tape *v.t* bantlamak | technique *n.* teknik |
| taper *v.i.* incelmek | technological *a.* teknolojik |
| taper *n* ince mum | technologist *n.* teknoloji uzmanı |
| tapestry *n.* goblen | technology *n.* teknoloji |
| tar *n.* katran | tedious *a.* sıkıcı |
| tar *v.t.* katranlamak | tedium *n.* bezginlik |
| target *n.* hedef | teem *v.i.* hamile olmak |
| tariff *n.* tarife | teenager *n.* genç |
| tarnish *v.t.* donuklaşmak | teens *n. pl.* gençler |
| task *n.* görev | teethe *v.i.* diş çıkarmak |
| task *v.t.* çalıştırmak | teetotal *a.* yeşilaycı |
| taste *n.* tat | teetotaller *n.* yeşilaycı |
| taste *v.t.* tatmak | telecast *n.* televizyon yayını |
| tasteful *a.* zevkli | telecast *v.t.* yayınlamak |
| tasty *a.* lezzetli | telecommunications *n.* |
| tatter *n.* çaput | telekomünikasyon |
| tatter *v.t* parçalanmak | telegram *n.* telgraf |
| tattoo *n.* dövme | telegraph *n.* telgraf |
| tattoo *v.i.* dövme yapmak | telegraph *v.t.* telgraf çekmek |
| taunt *v.t.* alay etmek | telegraphic *a.* telgraf gibi |
| taunt *n* alay | telegraphist *n.* telgrafçı |
| tavern *n.* meyhane | telegraphy *n.* telgrafçılık |
| tax *n.* vergi | telepathic *a.* telepatik |
| tax *v.t.* vergilendirmek | telepathist *n.* telepathist |
| taxable *a.* vergiye tabi | telepathy *n.* telepati |

telephone *n.* telefon
telephone *v.t.* telefon etmek
telescope *n.* teleskop
telescopic *a.* teleskopik
televise *v.t.* yayınlamak
television *n.* televizyon
tell *v.t.* söylemek
teller *n.* veznedar
temper *n.* öfke
temper *v.t.* sertleştirmek
temperament *n.* mizaç
temperamental *a.* maymun iştahlı
temperance *n.* ölçülülük
temperate *a.* ılıman
temperature *n.* sıcaklık
tempest *n.* fırtına
tempestuous *a.* fırtınalı
temple *n.* tapınak
temple *n.* tapınak
temporal *a.* geçici
temporary *a.* geçici
tempt *v.t.* özendirmek
temptation *n.* ayartma
tempter *n.* baştan çıkaran kimse
ten *n., a* on
tenable *a.* savunulabilir
tenacious *a.* inatçı
tenacity *n.* azim
tenancy *n.* kiracılık
tenant *n.* kiracı
tend *v.i.* meyletmek
tendency *n.* eğilim
tender *n* teklif
tender *v.t.* arzetmek
tender *n* öneri
tender *a* hassas
tenet *n.* inanç
tennis *n.* tenis
tense *n.* gergin
tense *a.* gergin
tension *n.* gerginlik
tent *n.* çadır

tentative *a.* geçici
tenure *n.* görev süresi
term *n.* dönem, terim
term *v.t.* adlandırmak
terminable *a.* sınırlanabilir
terminal *a.* ölümcül
terminal *n* terminal
terminate *v.t.* bitirmek
termination *n.* iptal
terminological *a.* terminolojik
terminology *n.* terminoloji
terminus *n.* erek
terrace *n.* teras
terrarism *n.* terrarism
terrible *a.* korkunç
terrier *n.* terriyer
terrific *a.* müthiş
terrify *v.t.* dehşete düşürmek
territorial *a.* bölgesel
territory *n.* bölge
terror *n.* terör
terrorist *n.* terörist
terrorize *v.t.* korkutmak
terse *a.* veciz
test *v.t.* sınamak
test *n* test
testament *n.* vasiyetname
testicle *n.* haya
testify *v.i.* ifade vermek
testimonial *n.* bonservis
testimony *n.* tanıklık
tete-a-tete *n.* başbaşa
tether *n.* urgan
tether *v.t.* bağlamak
text *n.* metin
textile *a.* tekstil
textile *n* dokuma
textual *n.* metinsel
texture *n.* doku
thank *v.t.* teşekkür etmek
thankful *a.* müteşekkir
thankless *a.* nankör

**thanks** *n.* teşekkürler
**that** *a.* öteki
**that** *dem. pron.* o
**that** *rel. pron.* o
**that** *adv.* böyle
**that** *conj.* diye, şu, ki
**thatch** *n.* darmadağınık saç
**thatch** *v.t.* saman ile örtmek
**thaw** *v.i* erimek
**thaw** *n* erime
**theatre** *n.* tiyatro
**theatrical** *a.* tiyatroya ait
**theft** *n.* hırsızlık
**their** *a.* onların
**theirs** *pron.* onlarınki
**theism** *n.* teizm
**theist** *n.* teist
**them** *pron.* onları
**thematic** *a.* tematik
**theme** *n.* tema
**then** *adv.* o zaman
**then** *a* o zamanki
**thence** *adv.* oradan
**theocracy** *n.* teokrasi
**theologian** *n.* ilahiyatçı
**theological** *a.* ilâhiyat
**theology** *n.* ilahiyat
**theorem** *n.* teorem
**theoretical** *a.* teorik
**theorist** *n.* kuramcı
**theorize** *v.i.* farzetmek
**theory** *n.* teori
**therapy** *n.* tedavi
**there** *adv.* orada
**thereabouts** *adv.* oralarda
**thereafter** *adv.* sonra
**thereby** *adv.* böylece
**therefore** *adv.* bu nedenle
**thermal** *a.* termal
**thermometer** *n.* termometre
**thermos** *n.* termos
**thesis** *n.* tez

**thick** *a.* kalın
**thick** *n.* kalın
**thick** *adv.* kalın
**thicken** *v.i.* kalınlaştırmak
**thicket** *n.* çalılık
**thief** *n.* hırsız
**thigh** *n.* uyluk
**thimble** *n.* yüksük
**thin** *a.* ince
**thin** *v.t.* inceltmek
**thing** *n.* şey
**think** *v.t.* düşünmek
**thinker** *n.* düşünür
**third** *a.* üçüncü
**third** *n.* üçüncü
**thirdly** *adv.* üçüncü olarak
**thirst** *n.* susuzluk
**thirst** *v.i.* susamak
**thirsty** *a.* susuz
**thirteen** *n.* on üç
**thirteen** *a* on üç
**thirteenth** *a.* on üçüncü
**thirtieth** *a.* otuzuncu
**thirtieth** *n* otuzuncu
**thirty** *n.* otuz
**thirty** *a* otuz
**thistle** *n.* devedikeni
**thither** *adv.* oraya
**thorn** *n.* diken
**thorny** *a.* dikenli
**thorough** *a* tam
**thoroughfare** *n.* işlek cadde
**though** *conj.* rağmen
**though** *adv.* yine de
**thought** *n* düşünce
**thoughtful** *a.* düşünceli
**thousand** *n.* bin
**thousand** *a* bin
**thrall** *n.* köle
**thralldom** *n.* esaret
**thrash** *v.t.* dövmek
**thread** *n.* iplik

thread  v.t  takmak
threadbare  a.  bayat
threat  n.  tehdit
threaten  v.t.  tehdit etmek
three  n.  üç
three  a  üç
thresh  v.t.  harman dövmek
thresher  n.  batöz
threshold  n.  eşik
thrice  adv.  üç kere
thrift  n.  tutumluluk
thrifty  a.  tutumlu
thrill  n.  heyecan
thrill  v.t.  heyecanlandırmak
thrive  v.i.  gelişmek
throat  n.  boğaz
throaty  a.  gırtlaksı
throb  v.i.  zonklamak
throb  n.  zonklama
throe  n.  sızı
throne  n.  taht
throne  v.t.  tahta çıkmak
throng  n.  kalabalık
throng  v.t.  üşüşmek
throttle  n.  boğaz
throttle  v.t.  boğmak
through  prep.  sayesinde
through  adv.  tamamen
through  a  kesintisiz
throughout  adv.  boyunca
throughout  prep.  boyunca
throw  v.t.  atmak
throw  n.  örtü
thrust  v.t.  itmek
thrust  n  itme
thud  n.  güm
thud  v.i.  pat diye düşmek
thug  n.  katil
thumb  n.  başparmak
thumb  v.t.  yıpratmak
thump  n.  yumruk
thump  v.t.  gümbürdemek

thunder  n.  gök gürültüsü
thunder  v.i.  gürlemek
thunderous  a.  gürleyen
Thursday  n.  Perşembe
thus  adv.  böylece
thwart  v.t.  önlemek
tiara  n.  taç
tick  n.  tıkırtı
tick  v.i.  tıkırdamak
ticket  n.  bilet
tickle  v.t.  gıdıklamak
ticklish  a.  gıdıklanır
tidal  a.  gelgitle ilgili
tide  n.  gelgit
tidiness  n.  düzenlilik
tidings  n. pl.  havadis
tidy  a.  düzenli
tidy  v.t.  tertiplemek
tie  v.t.  bağlamak
tie  n  kravat
tier  n.  sıra
tiger  n.  kaplan
tight  a.  sıkı
tighten  v.t.  kasmak
tigress  n.  dişi kaplan
tile  n.  fayans
tile  v.t.  döşemek
till  prep.  dek
till  n. conj.  kadar
till  v.t.  sürmek
tilt  v.i.  eğmek
tilt  n.  eğim
timber  n.  kereste
time  n.  zaman
time  v.t.  zamanlamak
timely  a.  güncel
timid  a.  ürkek
timidity  n.  çekingenlik
timorous  a.  ürkek
tin  n.  teneke
tin  v.t.  kalaylamak
tincture  n.  tentür

tincture *v.t.* renklendirmek
tinge *n.* belirti
tinge *v.t.* boyamak
tinker *n.* tamircilik
tinsel *n.* allı pullu
tint *n.* renk
tint *v.t.* renklendirmek
tiny *a.* küçücük
tip *n.* uç
tip *v.t.* boşaltmak
tip *n.* uç
tip *v.t.* uyarmak
tip *n.* bahşiş
tip *v.t.* devirmek
tipsy *a.* çakırkeyif
tirade *n.* tirad
tire *v.t.* yormak
tiresome *a.* yorucu
tissue *n.* doku
titanic *a.* dev gibi
tithe *n.* aşar vergisi
title *n.* başlık
titular *a.* itibari
toad *n.* karakurbağası
toast *n.* tost
toast *v.t.* tost
tobacco *n.* tütün
today *adv.* günümüzde
today *n.* bugün
toe *n.* ayak parmağı
toe *v.t.* burun takmak
toffee *n.* şekerleme
toga *n.* yün harmani
together *adv.* birlikte
toil *n.* zahmet
toil *v.i.* uğraşmak
toilet *n.* tuvalet
toils *n. pl.* tuzak
token *n.* jeton
tolerable *a.* dayanılır
tolerance *n.* hoşgörü
tolerant *a.* hoşgörülü

tolerate *v.t.* tolere
toleration *n.* hoşgörü
toll *n.* çan
toll *n* geçiş parası
toll *v.t.* çalmak
tomato *n.* domates
tomb *n.* mezar
tomboy *n.* erkek fatma
tomcat *n.* erkek kedi
tome *n.* cilt
tomorrow *n.* yarın
tomorrow *adv.* yarın
ton *n.* ton
tone *n.* ton
tone *v.t.* ayarlamak
tongs *n. pl.* maşa
tongue *n.* dil
tonic *a.* tonik
tonic *n.* tonik
tonight *n.* bu akşam
tonight *adv.* bu gece
tonne *n.* ton
tonsil *n.* bademcik
tonsure *n.* başın tepesini traş etmek
too *adv.* çok
tool *n.* araç
tooth *n.* diş
toothache *n.* diş ağrısı
toothsome *a.* tatlı
top *n.* üst
top *v.t.* kapamak
top *n.* uç
topaz *n.* topaz
topic *n.* konu
topical *a.* güncel
topographer *n.* topograf
topographical *a.* topografik
topography *n.* topografya
topple *v.i.* devirmek
topsyturvy *a.* karmakarışık
topsyturvy *adv* altüst
torch *n.* meşale

| | |
|---|---|
| torment *n.* işkence | tract *n.* sistem |
| torment *v.t.* eziyet etmek | tract *n* bölge |
| tornado *n.* kasırga | traction *n.* çekiş |
| torpedo *n.* torpido | tractor *n.* traktör |
| torpedo *v.t.* torpillemek | trade *n.* ticaret |
| torrent *n.* sel | trade *v.i* ticaret yapmak |
| torrential *a.* sel gibi | trader *n.* tüccar |
| torrid *a.* kavurucu | tradesman *n.* esnaf |
| tortoise *n.* kaplumbağa | tradition *n.* gelenek |
| tortuous *a.* dolambaçlı | traditional *a.* geleneksel |
| torture *n.* işkence | traffic *n.* trafik |
| torture *v.t.* işkence etmek | traffic *v.i.* karanlık işler yapmak |
| toss *v.t.* fırlatmak | tragedian *n.* trajedi yazarı |
| toss *n* fırlatma | tragedy *n.* trajedi |
| total *a.* tüm | tragic *a.* trajik |
| total *n.* tutar | trail *n.* iz |
| total *v.t.* toplamak | trail *v.t.* sürüklemek |
| totality *n.* bütünlük | trailer *n.* römork |
| touch *v.t.* dokunmak | train *n.* tren |
| touch *n* dokunuş | train *v.t.* sürüklemek |
| touchy *a.* hassas | trainee *n.* stajyer |
| tough *a.* sert | training *n.* eğitim |
| toughen *v.t.* sertleştirmek | trait *n.* özellik |
| tour *n.* tur | traitor *n.* hain |
| tour *v.i.* gezmek | tram *n.* tramvay |
| tourism *n.* turizm | trample *v.t.* çiğnemek |
| tourist *n.* turist | trance *n.* trans |
| tournament *n.* turnuva | tranquil *a.* sakin |
| towards *prep.* karşı | tranquility *n.* huzur |
| towel *n.* havlu | tranquillize *v.t.* teskin etmek |
| towel *v.t.* kurulamak | transact *v.t.* işlem yapmak |
| tower *n.* kule | transaction *n.* işlem |
| tower *v.i.* yükselmek | transcend *v.t.* aşmak |
| town *n.* kasaba | transcendent *a.* deneyüstü |
| township *a.* nahiye | transcribe *v.t.* uyarlamak |
| toy *n.* oyuncak | transcription *n.* transkripsiyon |
| toy *v.i.* önemsememek | transfer *n.* transfer |
| trace *n.* iz | transfer *v.t.* nakletmek |
| trace *v.t.* izlemek | transferable *a.* nakledilebilir |
| traceable *a.* izlenebilir | transfiguration *n.* başkalaşım |
| track *n.* iz | transfigure *v.t.* başkalaştırmak |
| track *v.t.* izlemek | transform *v.* dönüştürmek |

| | |
|---|---|
| transformation *n.* dönüşüm | tremble *v.i.* titremek |
| transgress *v.t.* çiğnemek | tremendous *a.* muazzam |
| transgression *n.* ihlal | tremor *n.* titreme |
| transit *n.* transit | trench *n.* hendek |
| transition *n.* geçiş | trench *v.t.* bellemek |
| transitive *n.* geçişli | trend *n.* eğilim |
| transitory *n.* geçici | trespass *v.i.* tecâvüz etmek |
| translate *v.t.* çevirmek | trespass *n.* tecâvüz |
| translation *n.* çeviri | trial *n.* deneme |
| transmigration *n.* hicret | triangle *n.* üçgen |
| transmission *n.* transmisyon | triangular *a.* üçgen şeklinde |
| transmit *v.t.* iletmek | tribal *a.* kabile |
| transmitter *n.* verici | tribe *n.* kabile |
| transparent *a.* şeffaf | tribulation *n.* sıkıntı |
| transplant *v.t.* nakledilmek | tribunal *n.* mahkeme |
| transport *v.t.* taşımak | tributary *n.* vergi veren |
| transport *n.* taşıma | tributary *a.* vergi veren |
| transportation *n.* taşıma | trick *n* hile |
| trap *n.* tuzak | trick *v.t.* kandırmak |
| trap *v.t.* yakalamak | trickery *n.* hile |
| trash *n.* çöp | trickle *v.i.* yuvarlanmak |
| travel *v.i.* gezmek | trickster *n.* düzenbaz |
| travel *n* seyahat | tricky *a.* hileli |
| traveller *n.* gezgin | tricolour *a.* üç renkli |
| tray *n.* tepsi | tricolour *n* üç renkli bayrak |
| treacherous *a.* hain | tricycle *n.* üç tekerlekli bisiklet |
| treachery *n.* ihanet | trifle *n.* pandispanya |
| tread *v.t.* arşınlamak | trifle *v.i* önemsememek |
| tread *n* yürüyüş | trigger *n.* tetik |
| treason *n.* hainlik | trim *a.* biçimli |
| treasure *n.* hazine | trim *n* süs |
| treasure *v.t.* değer vermek | trim *v.t.* budamak |
| treasurer *n.* hazinedar | trinity *n.* üçlem |
| treasury *n.* hazine | trio *n.* üçlü |
| treat *v.t.* muamele etmek | trip *v.t.* tökezlemek |
| treat *n* ikram | trip *n.* gezinti |
| treatise *n.* tez | tripartite *a.* üçlü |
| treatment *n.* tedavi | triple *a.* üçlü |
| treaty *n.* antlaşma | triple *v.t.,* üçlemek |
| tree *n.* ağaç | triplicate *a.* üç kat |
| trek *v.i.* göçmek | triplicate *n* üç kopya |
| trek *n.* göç | triplicate *v.t.* üçlemek |

| | |
|---|---|
| triplication *n.* üçleme | tube *n.* tüp |
| tripod *n.* tripod | tuberculosis *n.* tüberküloz |
| triumph *n.* zafer | tubular *a.* borulu |
| triumph *v.i.* yenmek | tug *v.t.* çekiştirmek |
| triumphal *a.* zafer | tuition *n.* öğretim |
| triumphant *a.* muzaffer | tumble *v.i.* yıkılmak |
| trivial *a.* önemsiz | tumble *n.* yıkılmak |
| troop *n.* birlik | tumbler *n.* hacıyatmaz |
| troop *v.i* toplanmak | tumour *n.* tümör |
| trooper *n.* atlı polis | tumult *n.* hengâme |
| trophy *n.* ganimet | tumultuous *a.* kargaşalı |
| tropic *n.* dönence | tune *n.* nağme |
| tropical *a.* tropikal | tune *v.t.* uyumlamak |
| trot *v.i.* tırıs gitmek | tunnel *n.* tünel |
| trot *n* tırıs | tunnel *v.i.* tünel açmak |
| trouble *n.* sorun | turban *n.* türban |
| trouble *v.t.* üzmek | turbine *n.* türbin |
| troublesome *a.* zahmetli | turbulence *n.* türbülans |
| troupe *n.* trup | turbulent *a.* türbülanslı |
| trousers *n. pl* pantolon | turf *n.* çim |
| trowel *n.* mala | turkey *n.* hindi |
| truce *n.* ateşkes | turmeric *n.* zerdeçal |
| truck *n.* kamyon | turmoil *n.* kargaşa |
| true *a.* gerçek | turn *v.i.* çevirmek |
| trump *n.* koz | turn *n* dönüş |
| trump *v.t.* koz oynamak | turner *n.* tornacı |
| trumpet *n.* trompet | turnip *n.* şalgam |
| trumpet *v.i.* trompet | turpentine *n.* terebentin |
| trunk *n.* gövde | turtle *n.* kaplumbağa |
| trust *n.* güven | tusk *n.* fildişi |
| trust *v.t* güvenmek | tussle *n.* mücâdele |
| trustee *n.* mütevelli | tussle *v.i.* cebelleşmek |
| trustful *a.* güvenen | tutor *n.* özel öğretmen |
| trustworthy *a.* güvenilir | tutorial *a.* özel dersle ilgili |
| trusty *n.* güvenilir | tutorial *n.* özel ders |
| truth *n.* gerçek | twelfth *a.* onikinci |
| truthful *a.* doğrucu | twelfth *n.* onikinci |
| try *v.i.* denemek | twelve *n.* oniki |
| try *n* deneme | twelve *n* oniki |
| trying *a.* bıktırıcı | twentieth *a.* yirminci |
| tryst *n.* buluşma | twentieth *n* yirminci |
| tub *n.* küvet | twenty *a.* yirmi |

**twenty** *n* yirmi
**twice** *adv.* iki kere
**twig** *n.* dal
**twilight** *n* alaca karanlık
**twin** *n.* ikiz
**twin** *a* çift
**twinkle** *v.i.* pırıltı
**twinkle** *n.* pırıltı
**twist** *v.t.* bükmek
**twist** *n.* kıvrım
**twitter** *n.* cıvıltı
**twitter** *v.i.* cıvıldamak
**two** *n.* iki
**two** *a.* iki
**twofold** *a.* iki katı
**type** *n.* tip
**type** *v.t.* klavyede yazmak
**typhoid** *n.* tifo
**typhoon** *n.* tayfun
**typhus** *n.* tifüs
**typical** *a.* tipik
**typify** *v.t.* simgelemek
**typist** *n.* daktilocu
**tyranny** *n.* tiranlık
**tyrant** *n.* tiran
**tyre** *n.* lastik

# U

**udder** *n.* meme
**uglify** *v.t.* çirkinleştirmek
**ugliness** *n.* çirkinlik
**ugly** *a.* çirkin
**ulcer** *n.* ülser
**ulcerous** *a.* ülserli
**ulterior** *a.* ötedeki
**ultimate** *a.* nihai
**ultimately** *adv.* eninde sonunda
**ultimatum** *n.* ültimatom
**umbrella** *n.* şemsiye

**umpire** *n.* hakem
**umpire** *v.t.* hakemlik yapmak
**unable** *a.* yapamaz
**unanimity** *n.* oybirliği
**unanimous** *a.* müttefik
**unaware** *a.* habersiz
**unawares** *adv.* habersizce
**unburden** *v.t.* içini boşaltmak
**uncanny** *a.* esrarengiz
**uncertain** *a.* belirsiz
**uncle** *n.* amca
**uncouth** *a.* kaba
**under** *prep.* altında
**under** *adv* aşağıda
**under** *a* alt
**undercurrent** *n.* dip akıntısı
**underdog** *n* mazlum
**undergo** *v.t.* katlanmak
**undergraduate** *n.* lisans
**underhand** *a.* sinsi
**underline** *v.t.* altını çizmek
**undermine** *v.t.* zayıflatmak
**underneath** *adv.* altında
**underneath** *prep.* altından
**understand** *v.t.* anlamak
**undertake** *v.t.* üstlenmek
**undertone** *n.* fısıltı
**underwear** *n.* iç çamaşırı
**underworld** *n.* yeraltı dünyası
**undo** *v.t.* geri almak
**undue** *a.* yersiz
**undulate** *v.i.* dalgalandırmak
**undulation** *n.* kıvrım
**unearth** *v.t.* ortaya çıkarmak
**uneasy** *a.* huzursuz
**unfair** *a* haksız
**unfold** *v.t.* açılmak
**unfortunate** *a.* şanssız
**ungainly** *a.* biçimsiz
**unhappy** *a.* mutsuz
**unification** *n.* birleşme
**union** *n.* sendika

**unionist** *n.* birlikçi
**unique** *a.* benzersiz
**unison** *n.* uyum
**unit** *n.* birim
**unite** *v.t.* birleştirmek
**unity** *n.* birlik
**universal** *a.* evrensel
**universality** *n.* genellik
**universe** *n.* evren
**university** *n.* üniversite
**unjust** *a.* haksız
**unless** *conj.* olmadıkça
**unlike** *a* aksine
**unlike** *prep* aksine
**unlikely** *a.* muhtemel olmayan
**unmanned** *a.* adamsız kalmış
**unmannerly** *a* kaba
**unprincipled** *a.* ahlaksız
**unreliable** *a.* güvenilmez
**unrest** *n* huzursuzluk
**unruly** *a.* asi
**unsettle** *v.t.* sarsmak
**unsheathe** *v.t.* kınından çıkarmak
**until** *prep.* dek
**until** *conj* kadar
**untoward** *a.* yersiz
**unwell** *a.* hasta
**unwittingly** *adv.* farkında olmadan
**up** *adv.* yukarıya
**up** *prep.* içeride, tepesinde
**upbraid** *v.t* çıkışmak
**upheaval** *n.* ayaklanma
**uphold** *v.t* desteklemek
**upkeep** *n* bakım
**uplift** *v.t.* canlandırmak
**uplift** *n* canlandırma
**upon** *prep* üzerine
**upper** *a.* üst
**upright** *a.* dik
**uprising** *n.* ayaklanma
**uproar** *n.* şamata
**uproarious** *a.* şamatalı

**uproot** *v.t.* kökünden sökmek
**upset** *v.t.* keyfini kaçırmak
**upshot** *n.* netice
**upstart** *n.* sonradan görme
**up-to-date** *a.* güncel
**upward** *a.* yukarı
**upwards** *adv.* yukarıya
**urban** *a.* kentsel
**urbane** *a.* kibar
**urbanity** *n.* medenilik
**urchin** *n.* afacan
**urge** *v.t* kışkırtmak
**urge** *n* kışkırtma
**urgency** *n.* aciliyet
**urgent** *a.* acil
**urinal** *n.* pisuar
**urinary** *a.* idrar
**urinate** *v.i.* işemek
**urination** *n.* işeme
**urine** *n.* idrar
**urn** *n* semaver
**usage** *n.* kullanım
**use** *n.* kullanım
**use** *v.t.* kullanmak
**useful** *a.* yararlı
**usher** *n.* mübaşir
**usher** *v.t.* götürmek
**usual** *a.* olağan
**usually** *adv.* genellikle
**usurer** *n.* tefeci
**usurp** *v.t.* gaspetmek
**usurpation** *n.* gasp
**usury** *n.* tefecilik
**utensil** *n.* kap
**uterus** *n.* rahim
**utilitarian** *a.* faydacı
**utility** *n.* yarar
**utilization** *n.* kullanım
**utilize** *v.t.* yararlanmak
**utmost** *a.* olanca
**utmost** *n* son derece
**utopia** *n* . ütopya

**utopian** *a.* ütopik
**utter** *v.t.* dile getirmek
**utter** *a* tam
**utterance** *n.* söyleyiş
**utterly** *adv.* tamamen

# V

**vacancy** *n.* boşluk
**vacant** *a.* boş
**vacate** *v.t.* boşaltmak
**vacation** *n.* tatil
**vaccinate** *v.t.* aşılamak
**vaccination** *n.* aşı
**vaccinator** *n.* aşıcı
**vaccine** *n.* aşı
**vacillate** *v.i.* bocalamak
**vacuum** *n.* vakum
**vagabond** *n.* serseri
**vagabond** *a* serseri
**vagary** *n.* kapris
**vagina** *n.* vajina
**vague** *a.* belirsiz
**vagueness** *n.* belirsizlik
**vain** *a.* nafile
**vainglorious** *a.* övünen
**vainglory** *n.* boş gurur
**vainly** *adv.* boşuna
**vale** *n.* diyar
**valiant** *a.* yiğit
**valid** *a.* geçerli
**validate** *v.t.* onaylamak
**validity** *n.* geçerlilik
**valley** *n.* vadi
**valour** *n.* cesaret
**valuable** *a.* değerli
**valuation** *n.* değerleme
**value** *n.* değer
**value** *v.t.* değer vermek
**valve** *n.* valf

**van** *n.* minibüs
**vanish** *v.i.* gözden kaybolmak
**vanity** *n.* kibir
**vanquish** *v.t.* yenmek
**vaporize** *v.t.* buharlaştırmak
**vaporous** *a.* buharlı
**vapour** *n.* buhar
**variable** *a.* değişken
**variance** *n.* varyans
**variation** *n.* varyasyon
**varied** *a.* çeşitli
**variety** *n.* çeşitlilik
**various** *a.* çeşitli
**varnish** *n.* vernik
**varnish** *v.t.* verniklemek
**vary** *v.t.* çeşitlemek
**vasectomy** *n.* vazektomi
**vaseline** *n.* vazelin
**vast** *a.* uçsuz bucaksız
**vault** *n.* tonoz
**vault** *n.* kubbe
**vault** *v.i.* sıçramak
**vegetable** *n.* sebze
**vegetable** *a.* bitkisel
**vegetarian** *n.* vejetaryen
**vegetarian** *a* vejetaryen
**vegetation** *n.* bitki örtüsü
**vehemence** *n.* coşkunluk
**vehement** *a.* şiddetli
**vehicle** *n.* taşıt
**vehicular** *a.* araç
**veil** *n.* peçe
**veil** *v.t.* maskelemek
**vein** *n.* damar
**velocity** *n.* hız
**velvet** *n.* kadife
**velvety** *a.* yumuşacık
**venal** *a.* yiyici
**venality** *n.* yiyicilik
**vendor** *n.* satıcı
**venerable** *a.* saygıdeğer
**venerate** *v.t.* hürmet etmek

**veneration** *n.* hürmet
**vengeance** *n.* intikam
**venial** *a.* affedilir
**venom** *n.* zehir
**venomous** *a.* zehirli
**vent** *n.* delik
**ventilate** *v.t.* havalandırmak
**ventilation** *n.* havalandırma
**ventilator** *n.* vantilatör
**venture** *n.* teşebbüs
**venture** *v.t.* göze almak
**venturesome** *a.* maceraperest
**venturous** *a.* cesur
**venue** *n.* buluşma yeri
**veracity** *n.* dürüstlük
**verb** *n.* fiil
**verbal** *a.* sözlü
**verbally** *adv.* sözlü olarak
**verbatim** *a.* sözlü
**verbatim** *adv.* kelimesi kelimesine
**verbose** *a.* gereksiz sözlerle dolu
**verbosity** *n.* laf kalabalığı
**verdant** *a.* yeşil
**verdict** *n.* karar
**verendah** *n.* verendah
**verge** *n.* çalmak
**verification** *n.* doğrulama
**verify** *v.t.* doğrulamak
**verisimilitude** *n.* ihtimal
**veritable** *a.* gerçek
**vermillion** *n.* parlak kırmızı
**vermillion** *a.* sülüğen
**vernacular** *n.* lehçe
**vernacular** *a.* yerel
**vernal** *a.* ilkbahar
**versatile** *a.* çok yönlü
**versatility** *n.* çok yönlülük
**verse** *n.* ayet
**versed** *a.* usta
**versification** *n.* şiir sanatı
**versify** *v.t.* nazımlaştırmak
**version** *n.* yorum

**versus** *prep.* karşı
**vertical** *a.* dikey
**verve** *n.* şevk
**very** *a.* çok
**vessel** *n.* gemi
**vest** *n.* yelek
**vest** *v.t.* haczetmek
**vestige** *n.* zerre
**vestment** *n.* cüppe
**veteran** *n.* emektar
**veteran** *a.* kıdemli
**veterinary** *a.* veteriner
**veto** *n.* veto
**veto** *v.t.* veto etmek
**vex** *v.t.* kızdırmak
**vexation** *n* sıkıntı
**via** *prep.* üzerinden
**viable** *a.* yaşayabilir
**vial** *n.* küçük şişe
**vibrate** *v.i.* titremek
**vibration** *n.* titreşim
**vicar** *n.* vekil
**vicarious** *a.* vekâleten yapılan
**vice** *n.* mengene
**viceroy** *n.* genel vali
**vice-versa** *adv.* karşılıklı olarak
**vicinity** *n.* civarında
**vicious** *a.* kötü
**vicissitude** *n.* değişme
**victim** *n.* kurban
**victimize** *v.t.* haksızlık etmek
**victor** *n.* galip
**victorious** *a.* muzaffer
**victory** *n.* zafer
**victuals** *n. pl* erzak
**vie** *v.i.* rekabet etmek
**view** *n.* görünüm
**view** *v.t.* görüntülemek
**vigil** *n.* gece nöbeti
**vigilance** *n.* uyanıklık
**vigilant** *a.* tetikte
**vigorous** *a.* dinç

vile *a.* iğrenç
vilify *v.t.* yermek
villa *n.* villa
village *n.* köy
villager *n.* köylü
villain *n.* kötü adam
vindicate *v.t.* hıncını almak
vindication *n.* hınç
vine *n.* asma
vinegar *n.* sirke
vintage *n.* bağbozumu
violate *v.t.* ihlal etmek
violation *n.* ihlali
violence *n.* şiddet
violent *a.* şiddetli
violet *n.* menekşe
violin *n.* keman
violinist *n.* kemancı
virgin *n.* bakire
virgin *n* bakire
virginity *n.* bakirelik
virile *a.* erkekçe
virility *n.* erkeklik
virtual *a* sanal
virtue *n.* erdem
virtuous *a.* erdemli
virulence *n.* öldürücülük
virulent *a.* düşmanca
virus *n.* virüs
visage *n.* çehre
visibility *n.* görünürlük
visible *a.* görünür
vision *n.* vizyon
visionary *a.* hayali
visionary *n.* hayali
visit *n.* ziyaret
visit *v.t.* ziyaret etmek
visitor *n.* ziyaretçi
vista *n.* manzara
visual *a.* görsel
visualize *v.t.* gözünde canlandırmak
vital *a.* hayati

vitality *n.* canlılık
vitalize *v.t.* diriltmek
vitamin *n.* vitamin
vitiate *v.t.* kirletmek
vivacious *a.* canlı
vivacity *n.* canlılık
viva-voce *adv.* sözlü olarak
viva-voce *a* sözlü
viva-voce *n* sözlü sınav
vivid *a.* canlı
vixen *n.* tilki
vocabulary *n.* kelime
vocal *a.* vokal
vocalist *n.* şarkıcı
vocation *n.* meslek
vogue *n.* moda
voice *n.* ses
voice *v.t.* dile getirmek
void *a.* hükümsüz
void *v.t.* boşaltmak
void *n.* eksiklik
volcanic *a.* volkanik
volcano *n.* volkan
volition *n.* irade
volley *n.* yaylım ateşi
volley *v.t* yağdırmak
volt *n.* volt
voltage *n.* gerilim
volume *n.* hacim
voluminous *a.* hacimli
voluntarily *adv.* kendi isteğiyle
voluntary *a.* fahri
volunteer *n.* gönüllü
volunteer *v.t.* gönüllü olmak
voluptuary *n.* lüks düşkünü
voluptuous *a.* şehvetli
vomit *v.t.* kusmak
vomit *n* kusmuk
voracious *a.* obur
votary *n.* ateşli taraftar
vote *v.i., n.* oy, oylamak
voter *n.* seçmen

**vouch** *v.i.* kefil olmak
**voucher** *n.* fiş
**vouchsafe** *v.t.* ihsan etmek
**vow** *n.* adak
**vow** *v.t.* adamak
**vowel** *n.* sesli harf
**voyage** *n.* yolculuk
**voyage** *v.i.* yolculuk etmek
**voyager** *n.* seyyah
**vulgar** *a.* kaba
**vulgarity** *n.* bayağılık
**vulnerable** *a.* savunmasız
**vulture** *n.* akbaba

## W

**waddle** *v.i.* sallanarak yürümek
**wade** *v.i.* çamurda yürümek
**waft** *v.t.* sürüklemek
**waft** *n.* esinti
**wag** *v.i.* şakacı
**wag** *n.* şakacı
**wage** *v.t.* sürdürmek
**wage** *n.* ücret
**wager** *n.* bahis
**wager** *v.i.* bahse girmek
**wagon** *n.* vagon
**wail** *v.i.* inlemek
**wail** *n.* feryat
**wain** *n.* yük arabası
**waist** *n.* bel
**waistband** *n.* kemer
**waistcoat** *n.* yelek
**wait** *v.i.* beklemek
**wait** *n.* bekleyiş
**waiter** *n.* garson
**waitress** *n.* bayan garson
**waive** *v.t.* vazgeçmek
**wake** *v.t.* uyanmak
**wake** *n.* burgaç

**wake** *n.* uyanmak
**wakeful** *a.* uykusuz
**walk** *v.i.* yürümek
**walk** *n.* yürüyüş
**wall** *n.* duvar
**wall** *v.t.* kapatmak
**wallet** *n.* cüzdan
**wallop** *v.t.* pataklamak
**wallow** *v.i.* debelenmek
**walnut** *n.* ceviz
**walrus** *n.* mors
**wan** *a.* solgun
**wand** *n.* asa
**wander** *v.i.* dolaşmak
**wane** *v.i.* küçülmek
**wane** *n.* eksilme
**want** *v.t.* istemek
**want** *n.* istek
**wanton** *a.* ahlaksız
**war** *n.* harp
**war** *v.i.* savaşmak
**warble** *v.i.* şakıma
**warble** *n.* şakıma
**warbler** *n.* çalı bülbülü
**ward** *n.* koğuş
**ward** *v.t.* önlemek
**warden** *n.* muhafız
**warder** *n.* gardiyan
**wardrobe** *n.* gardrop
**wardship** *n.* vesayet
**ware** *n.* eşya
**warehouse** *v.t* depolamak
**warfare** *n.* savaş
**warlike** *a.* cengaver
**warm** *a.* ılık
**warm** *v.t.* ısıtmak
**warmth** *n.* sıcaklık
**warn** *v.t.* uyarmak
**warning** *n.* uyarı
**warrant** *n.* garanti
**warrant** *v.t.* garanti etmek
**warrantee** *n.* teminat alan

**warrantor** *n.* warrantor
**warranty** *n.* garanti
**warren** *n.* kalabalık ev
**warrior** *n.* savaşçı
**wart** *n.* siğil
**wary** *a.* ihtiyatlı
**wash** *v.t.* yıkamak
**wash** *n* yıkama
**washable** *a.* yıkanabilir
**washer** *n.* yıkayıcı
**wasp** *n.* yabanarısı
**waspish** *a.* ince belli
**wassail** *n.* içki alemi
**wastage** *n.* fire
**waste** *a.* atık
**waste** *n.* atık
**waste** *v.t.* harcamak
**wasteful** *a.* savurgan
**watch** *v.t.* seyretmek
**watch** *n.* saat
**watchful** *a.* tetikte
**watchword** *n.* parola
**water** *n.* su
**water** *v.t.* sulamak
**waterfall** *n.* çağlayan
**water-melon** *n.* karpuz
**waterproof** *a.* su geçirmez
**waterproof** *n* yağmurluk
**waterproof** *v.t.* su geçirmez yapmak
**watertight** *a.* su sızdırmaz
**watery** *a.* sulu
**watt** *n.* vat
**wave** *n.* dalga
**wave** *v.t.* dalgalanmak
**waver** *v.i.* sallanmak
**wax** *n.* balmumu
**wax** *v.t.* mumlamak
**way** *n.* yol
**wayfarer** *n.* yaya yolcu
**waylay** *v.t.* pusuya yatmak
**wayward** *a.* kaprisli
**weak** *a.* zayıf

**weaken** *v.t. & i* zayıflatmak
**weakling** *n.* zayıf kimse
**weakness** *n.* güçsüzlük
**weal** *n.* iz
**wealth** *n.* servet
**wealthy** *a.* varlıklı
**wean** *v.t.* vazgeçirmek
**weapon** *n.* silah
**wear** *v.t.* giymek, aşınmak
**weary** *a.* yorgun
**weary** *v.t. & i* yormak, bıkmak
**weary** *a.* yorgun
**weary** *v.t.* bıktırmak
**weather** *n* hava
**weather** *v.t.* havalandırmak
**weave** *v.t.* dokumak
**weaver** *n.* dokumacı
**web** *n.* örümcek ağı
**webby** *a.* ağsı
**wed** *v.t.* evlenmek
**wedding** *n.* düğün
**wedge** *n.* kama
**wedge** *v.t.* sıkıştırmak
**wedlock** *n.* evlilik
**Wednesday** *n.* Çarşamba
**weed** *n.* ot
**weed** *v.t.* otları temizlemek
**week** *n.* hafta
**weekly** *a.* haftalık
**weekly** *adv.* her hafta
**weekly** *n.* haftalık
**weep** *v.i.* ağlamak
**weevil** *n.* pamukkurdu
**weigh** *v.t.* tartmak
**weight** *n.* ağırlık
**weightage** *n.* ağırlık
**weighty** *a.* ağır
**weir** *n.* bent
**weird** *a.* tuhaf
**welcome** *a.* sevindirici
**welcome** *n* karşılama
**welcome** *v.t* hoşgeldin

| | |
|---|---|
| weld v.t. leğimlemek | whenever adv. conj bir ara, her ne zaman |
| weld n kaynak | |
| welfare n. refah | where adv. nerede, nereye, nereden |
| well a. iyi | where conj. -dığı yere |
| well adv. oldukça | whereabouts adv. nerelerde |
| well n. kuyu | whereas conj. oysa |
| well v.i. kaynamak | whereat conj. dolayısıyla |
| wellington n. lastik çizme | wherein adv. neyin içinde |
| well-known a. tanınmış | whereupon conj. bunun üzerine |
| well-read a. çok okumuş | wherever adv. her nerede |
| well-timed a. zamanlaması iyi | whet v.t. uyandırmak |
| well-to-do a. hali vakti yerinde | whether conj. olup olmadığını |
| welt n. şerit | which pron. hangi, hangisi, ki |
| welter n. yuvarlanmak | which a hangi |
| wen n. yağ bezesi | whichever pron herhangi |
| wench n. zamparalık etmek | whiff n. esinti |
| west n. batı | while n. süre |
| west a. batıdaki | while conj. sırasında |
| west adv. batıda | while n. süre |
| westerly a. batıdan | whim n. kapris |
| westerly adv. batıdan | whimper v.i. sızlanma |
| western a. batı | whimsical a. kaprisli |
| wet a. ıslak | whine v.i. mızmızlanmak |
| wet v.t. ıslatmak | whine n mızmızlanma |
| wetness n. ıslaklık | whip v.t. kırbaçlamak |
| whack v.t. vurmak | whip n. kırbaç |
| whale n. balina | whipcord n. sırım |
| wharfage n. rıhtımlar | whir n. pırlamak |
| what a. ne | whirl n.i. koşuşturmak |
| what pron. hangi, neyi | whirl n koşuşturma |
| what interj. ne, nasıl | whirligig n. fırıldak |
| whatever pron. neyse, ne | whirlpool n. girdap |
| wheat n. buğday | whirlwind n. kasırga |
| wheedle v.t. yaltaklanmak | whisk v.t. çırpmak |
| wheel a. tekerlek | whisk n çırpma teli |
| wheel v.t. döndürmek | whisker n. bıyık |
| whelm v.t. bunaltmak | whisky n. viski |
| whelp n. enik | whisper v.t. fısıldamak |
| when adv. zaman | whisper n fısıltı |
| when conj. gerektiğinde | whistle v.i. ıslık çalmak |
| whence adv. nereden | whistle n ıslık |
| | white a. temiz, zararsız |

| | |
|---|---|
| **white** *n* beyaz | **wile** *n.* cezbetmek |
| **whiten** *v.t.* beyazlatmak | **will** *n.* irade |
| **whitewash** *n.* badana | **will** *v.t.* olacak |
| **whitewash** *v.t.* badanalamak | **willing** *a.* istekli |
| **whither** *adv.* nereye | **willingness** *n.* isteklilik |
| **whitish** *a.* beyazımsı | **willow** *n.* söğüt |
| **whittle** *v.t.* yontmak | **wily** *a.* kurnaz |
| **whiz** *v.i.* vızıldamak | **wimble** *n.* burgu |
| **who** *pron.* kim | **wimple** *n.* atkı |
| **whoever** *pron.* her kim | **win** *v.t.* kazanmak |
| **whole** *a.* bütün | **win** *n* kazanç |
| **whole** *n* toplam | **wince** *v.i.* irkilmek |
| **whole-hearted** *a.* candan | **winch** *n.* vinç |
| **wholesale** *n.* toptan satış | **wind** *n.* rüzgâr |
| **wholesale** *a* toptan | **wind** *v.t.* kurmak |
| **wholesale** *adv.* toptan olarak | **wind** *v.t.* soluklandırmak |
| **wholesaler** *n.* toptancı | **windbag** *n.* farfara |
| **wholesome** *a.* sağlıklı | **winder** *n.* çıkrık |
| **wholly** *adv.* tamamen | **windlass** *n.* ırgat |
| **whom** *pron.* kime | **windmill** *n.* fırıldak |
| **whore** *n.* fahişe | **window** *n.* pencere |
| **whose** *pron.* kimin | **windy** *a.* rüzgârlı |
| **why** *adv.* neden | **wine** *n.* şarap |
| **wick** *n.* fitil | **wing** *n.* kanat |
| **wicked** *a.* kötü | **wink** *v.i.* kırpmak |
| **wicker** *n.* hasır | **wink** *n* gözetme |
| **wicket** *n.* küçük kapı | **winner** *n.* kazanan |
| **wide** *a.* geniş | **winnow** *v.t.* yabalamak |
| **wide** *adv.* geniş | **winsome** *a.* şirin |
| **widen** *v.t.* genişletmek | **winter** *n.* kış |
| **widespread** *a.* yaygın | **winter** *v.i* kışlamak |
| **widow** *n.* dul | **wintry** *a.* buz gibi |
| **widow** *v.t.* dul bırakmak | **wipe** *v.t.* silmek |
| **widower** *n.* dul | **wipe** *n.* silme |
| **width** *n.* genişlik | **wire** *n.* tel |
| **wield** *v.t.* yönlendirmek | **wire** *v.t.* telle bağlamak |
| **wife** *n.* karı | **wireless** *a.* kablosuz |
| **wig** *n.* peruk | **wireless** *n* telsiz |
| **wight** *n.* kimse | **wiring** *n.* kablolama |
| **wigwam** *n.* kızılderili çadırı | **wisdom** *n.* bilgelik |
| **wild** *a.* yabani | **wisdom-tooth** *n.* yirmi yaş dişi |
| **wilderness** *n.* çöl | **wise** *a.* bilge |

**wish** *n.* dilek
**wish** *v.t.* dilemek
**wishful** *a.* arzulu
**wisp** *n.* tutam
**wistful** *a.* dalgın
**wit** *n.* zekâ
**witch** *n.* cadı
**witchcraft** *n.* büyücülük
**witchery** *n.* cazibe
**with** *prep.* ile
**withal** *adv.* ayrıca
**withdraw** *v.t.* geri çekmek
**withdrawal** *n.* çekilme
**withe** *n.* withe
**wither** *v.i.* kalmamak
**withhold** *v.t.* alıkoymak
**within** *prep.* dahilinde
**within** *adv.* içinde, içinden
**within** *n.* iç
**without** *prep.* olmadan
**without** *adv.* olmaksızın
**without** *n* hariç
**withstand** *v.t.* dayanmak
**witless** *a.* akılsız
**witness** *n.* tanık
**witness** *v.i.* tanık olmak
**witticism** *n.* espri
**witty** *a.* nükteli
**wizard** *n.* sihirbaz
**wobble** *v.i* yalpalamak
**woe** *n.* vah
**woebegone** *a.* dertli
**woeful** *n.* kederli
**wolf** *n.* kurt
**woman** *n.* kadın
**womanhood** *n.* kadınlık
**womanise** *v.t.* kadınlaştırmak
**womanish** *n.* kadınsı
**womb** *n.* rahim
**wonder** *n* şaşkınlık
**wonder** *v.i.* meraklanmak
**wonderful** *a.* harika
**wondrous** *a.* harika
**wont** *a.* alışkanlık
**wont** *n* alışkanlık
**wonted** *a.* herzamanki
**woo** *v.t.* kur yapmak
**wood** *n.* ahşap
**wooden** *a.* ahşap
**woodland** *n.* ağaçlık
**woods** *n.* orman
**woof** *n.* atkı
**wool** *n.* yün
**woollen** *a.* yünlü
**woollen** *n* yünlü
**word** *n.* kelime
**word** *v.t* sözcüklerle anlatmak
**wordy** *a.* söz
**work** *n.* iş
**work** *v.t.* çalışmak
**workable** *a.* işlenebilir
**workaday** *a.* alelâde
**worker** *n.* işçi
**workman** *n.* işçi
**workmanship** *n.* işçilik
**workshop** *n.* atölye
**world** *n.* dünya
**worldling** *n.* dünya işlerine dalmış kimse
**worldly** *a.* dünyevi
**worm** *n.* solucan
**wormwood** *n.* pelin
**worn** *a.* yıpranmış
**worry** *n.* endişe
**worry** *v.i.* endişelenmek
**worsen** *v.t.* kötüleşmek
**worship** *n.* ibadet
**worship** *v.t.* ilahlaştırmak
**worshipper** *n.* ibadetçi
**worst** *n.* en kötüsü
**worst** *a* en kötü
**worst** *v.t.* yenmek
**worsted** *n.* taranmış
**worth** *n.* bedel

**worth** *a.* değerinde
**worthless** *a.* değersiz
**worthy** *a.* layık
**would-be** *a.* sözümona
**wound** *n.* yara
**wound** *v.t.* yaralamak
**wrack** *n.* yıkıntı
**wraith** *n.* hayalet
**wrangle** *v.i.* dalaşmak
**wrangle** *n.* dalaşma
**wrap** *v.t.* sarmalamak
**wrap** *n* şal
**wrapper** *n.* sargı
**wrath** *n.* gazap
**wreath** *n.* çelenk
**wreathe** *v.t.* çevrelemek
**wreck** *n.* harabe
**wreck** *v.t.* mahvetmek
**wreckage** *n.* enkaz
**wrecker** *n.* hurdacı
**wren** *n.* çalıkuşu
**wrench** *n.* İngiliz anahtarı
**wrench** *v.t.* bükmek
**wrest** *v.t.* gaspetmek
**wrestle** *v.i.* güreşmek
**wrestler** *n.* pehlivan
**wretch** *n.* sefil
**wretched** *a.* biçare
**wrick** *n* burkulma
**wriggle** *v.i.* kıvrılmak
**wriggle** *n* çalkalama
**wring** *v.t* acıtmak
**wrinkle** *n.* kırışıklık
**wrinkle** *v.t.* kırıştırmak
**wrist** *n.* bilek
**writ** *n.* ferman
**write** *v.t.* yazmak
**writer** *n.* yazar
**writhe** *v.i.* debelenmek
**wrong** *a.* hatalı
**wrong** *adv.* haksızca
**wrong** *v.t.* günahına girmek

**wrongful** *a.* haksız
**wry** *a.* alaycı

# X

**xerophilous** *a.* kserofil
**xerox** *n.* fotokopi
**xerox** *v.t.* fotokopisini çekmek
**Xmas** *n.* Noel
**x-ray** *n.* röntgen
**x-ray** *a.* x-ışını
**x-ray** *v.t.* röntgen çekmek
**xylophagous** *a.* oduncul
**xylophone** *n.* ksilofon

# Y

**yacht** *n.* yat
**yacht** *v.i* yat ile yolculuk etmek
**yak** *n.* sığır
**yap** *v.i.* saçmalamak
**yap** *n* gevezelik
**yard** *n.* yarda
**yarn** *n.* iplik
**yawn** *v.i.* esnemek
**yawn** *n.* esneme
**year** *n.* yıl
**yearly** *a.* yıllık
**yearly** *adv.* yılda bir
**yearn** *v.i.* özlemek
**yearning** *n.* özlem
**yeast** *n.* maya
**yell** *v.i.* bağırmak
**yell** *n* nara
**yellow** *a.* sarı
**yellow** *n* sarı
**yellow** *v.t.* sararmak
**yellowish** *a.* sarımsı

**Yen** *n.* Yen
**yeoman** *n.* çiftçi
**yes** *adv.* evet
**yesterday** *n.* dün
**yesterday** *adv.* dün
**yet** *adv.* henüz
**yet** *conj.* yine de
**yield** *v.t.* boyun eğmek, kazanç sağlamak
**yield** *n* kazanç
**yoke** *n.* boyunduruk
**yoke** *v.t.* bağlanmak
**yolk** *n.* yumurta sarısı
**younder** *a.* oradaki
**younder** *adv.* şurada
**young** *a.* genç, körpe
**young** *n* genç
**youngster** *n.* delikanlı
**youth** *n.* gençlik
**youthful** *a.* genç

## Z

**zany** *a.* delidolu
**zeal** *n.* gayret
**zealot** *n.* mutaassıp
**zealous** *a.* gayretli
**zebra** *n.* zebra
**zenith** *n.* başucu
**zephyr** *n.* esinti
**zero** *n.* sıfır
**zest** *n.* lezzet
**zigzag** *n.* zikzak
**zigzag** *a.* girintili
**zigzag** *v.i.* zikzak yapmak
**zinc** *n.* çinko
**zip** *n.* fermuar
**zip** *v.t.* fermuarlamak
**zodiac** *n* zodyak
**zonal** *a.* bölgesel
**zone** *n.* bölge
**zoo** *n.* hayvanat bahçesi
**zoological** *a.* zoolojik
**zoologist** *n.* zoolog
**zoology** *n.* zooloji
**zoom** *n.* zum
**zoom** *v.i.* zumlamak

**TURKISH - ENGLISH**

# A

abanoz *n* ebony
abartı *n.* exaggeration
abartılı oynamak *v.t.* overact
abartmak *v. t.* exaggerate
abartmak *v.t.* overdo
abdest *n* ablution
abdominal *a.* abdominal
abide *n.* memorial
-abilir *v* may
abla gibi *a.* sisterly
ablepsi *n* ablepsy
abluka *n* blockade
abone ücreti *n.* subscription
Aborjin *a* aboriginal
Aborjinler *n. pl* aborigines
acayip *adj* bizarre
acayiplik *n.* novelty
acayiplik *n.* peculiarity
acele *a* express
acele *n.* haste
acele *n* hurry
acele *n.* rush
acele *v.t.* rush
acele *n* rush
acele etmek *v.t.* hurry
aceleci *a.* impetuous
acelecilik *n.* impetuosity
acemi *n.* recruit
acemice iş yapmak *v. t* bungle
acı *a* bitter
acı *n.* misery
acı *a.* sardonic
acı çekmek *v.t.* pain
acı çektirmek *v.t.* inflict
acı vermek *v.t.* afflict
acıklı *a.* grievous
acıklı *a.* lamentable
acıklı *a.* pathetic
acılaştırmak *v. t* embitter

acılık *n.* pungency
acıma *n.* pathos
acımak *v.t.* pity
acımak *v.t.* rue
acımasız *a* cruel
acımasız *a* fierce
acımasız *a.* pitiless
acımasız *a.* relentless
acımasız *a.* ruthless
acımasızlık *n* cruelty
acınacak durumda *a* deplorable
acınacak halde *a.* piteous
acınacak halde *a.* pitiable
acınacak halde *a.* pitiful
acısını çıkarmak *v.t.* reciprocate
acısını çıkarmak *v.t.* requite
acıtmak *v.t.* hurt
acıtmak *v.t* wring
acıyan *a.* sore
acıyan *n* sore
acil *a* dire
acil *a.* urgent
aciliyet *n* emergency
aciliyet *n.* urgency
aciz *a.* insolvent
acizlik *n.* impotence
acizlik *n.* inability
acizlik *n.* insolvency
acuze *n.* hag
aç *a.* hungry
açgözlülük *adv.* avidity
açı *n.* angle
açığa vurmak *v. t* disclose
açık *a.* obvious
açık *adv.* on
açık *a.* open
açık artırma ile satmak *v.t.* auction
açık kalplilik *n.* candour
açık kredi *n.* overdraft
açık saçık *a.* obscene
açık saçıklık *n.* obscenity
açık seçik *a.* lucid

açık sözlü *a* outright
açık sözlü *a.* outspoken
açıkça *adv* clearly
açıkça *adv.* openly
açıkça söylemek *v.t.* avow
açıkgözlük *n* cunning
açıkhava *a.* outdoor
açıklama *n* clarification
açıklama *n* explanation
açıklama *n.* statement
açıklamak *v. t* clarify
açıklamak *v. t.* explain
açıklamak *v.t.* impart
açıklamak *v.t.* intimate
açıklanamaz *a.* inexplicable
açıklığa kavuşturmak *v. t* elucidate
açıksözlü *a.* artless
açılış *a.* inaugural
açılış *n.* launch
açılış *n.* opening
açılış töreni *n.* inauguration
açılmak *v.t.* unfold
açımlama *n.* paraphrase
açımlamak *v.t.* paraphrase
açlık *n* hunger
açlık *n.* starvation
açlıktan ölmek *v.i.* starve
açmak *v.t.* open
ad takmak *v.t.* nickname
ada *n.* island
adacık *n.* isle
adaçayı *n.* sage
adaçayı *a.* sage
adak *n.* oblation
adak *n.* offering
adak *n.* vow
adalet *n.* justice
adaletli *a.* judicious
adam *n.* man
adam öldürme *n.* homicide
adam vermek *v.t.* man
adamak *v. t.* dedicate

adamak *v. t* devote
adamak *v.t.* vow
adamsız kalmış *a.* unmanned
adaptasyon *n.* adaptation
adaş *n.* namesake
aday *n.* applicant
aday *n.* candidate
aday *n* nominee
aday belirlemek *v.t.* nominate
aday listesi *n* ballot
adaylık *n.* nomination
addetmek *v. t* esteem
adı çıkmış *a.* infamous
adı çıkmış *a.* notorious
adı geçen *n.* ditto
adım *n* pace
adım *n.* step
adımlamak *v.i.* step
adını lekelemek *v. t.* defame
adil *a.* just
adil *a* fair
adilane *adv.* justly
adlandırmak *v.t.* term
adli *a.* judicial
adliye *n.* judiciary
adnasent *adj.* adnascent
adres *n.* address
af *n.* pardon
afacan *a.* mischievous
afacan *n.* urchin
afallatmak *v. t* daze
afallatmak *v.t* stump
affedilir *a.* venial
affetmek *v.t* forgive
affetmek *v.t.* remit
afişe etmek *v.t.* post
aforizma *n* aphorism
aforozlamak *v. t.* excommunicate
afyon *n.* opium
agonist *n* agonist
agorafobi *n.* agoraphobia
ağ *n.* net

ağ örmek v.t. net
ağabey n brother
ağaç n. tree
ağaç dalı n bough
ağaçlandırmak v.t. afforest
ağaçlık n. woodland
ağartmak v. t. & i blanch
ağartmak v. t bleach
ağıl n. cote
ağıl n. lair
ağıl n. pound
ağır a. hefty
ağır a. severe
ağır a. weighty
ağır basmak v.i. militate
ağır basmak v.t. out-balance
ağır basmak v.t. outweigh
ağır ilerlemek v.i. plod
ağır silah n. artillery
ağırbaşlı a. sober
ağırlık n. weight
ağırlık n. weightage
ağıt n elegy
ağıt n lament
ağıt yakmak v.i. lament
ağıtçı n. mourner
ağız n. mouth
ağızlık n. muzzle
ağızlık n. nozzle
ağızlık takmak v.t muzzle
ağlamak v. i cry
ağlamak v.i. weep
ağlamaklı a. tearful
ağrı n. ache
ağrı n. pain
ağrı n smart
ağrımak v.i. ache
ağsı a. webby
Ağustos n. August
ağustosböceği n. locust
ağzı açık adv agaze
ağzı açık kalmış adv., agape

ağzı kulaklarında a overjoyed
ağzını kımıldatmak v.t. mouth
ahbaplık n. amity
ahenk n. consonance
ahenkli a. harmonious
ahenkli a. melodious
ahenkli a. musical
ahır n. barn
ahır n byre
ahır n stable
ahır n. stall
ahit n. covenant
ahlak n. moral
ahlak dışı a. amoral
ahlakçı n. moralist
ahlakı bozan a. noxious
ahlaki a ethical
ahlaki a. moral
ahlaki hikaye n apologue
ahlaksız a. immoral
ahlaksız a. indecent
ahlaksız a. unprincipled
ahlaksız a. wanton
ahlaksızlık n debauch
ahlaksızlık n. immorality
ahlaksızlık n. indecency
ahmak adj. asinine
ahmak adj. crass
ahşap n. wood
ahşap a. wooden
aile n family
aile içi n domestic
ait olmak v. i belong
ajan n agent
ajanda n. agenda
ajans n. agency
akaç n drain
akademi n academy
akademik a academic
akar n. mite
akarsu n. stream
akbaba n. vulture

akciğer *n* lung
akçe *n* mite
akıbet *n.* outcome
akıcı *a* fluent
akıcı *a* fluid
akıl *n.* mind
akıl hastanesi *n* asylum
akıllanmaz *a.* incorrigible
akıllı *a.* smart
akıllıca *a.* sagacious
akılsız *a.* mindless
akılsız *a.* witless
akılsızca *a.* injudicious
akılsızlık *n* folly
akıntı *n* current
akıntı *n.* leak
akıp gitmek *v. t* elapse
akış *n* flow
akla gelmemek *v. t* elude
akla gelmeyen *a* elusive
aklamak *v.t.* acquit
aklamak *v.t.* launder
aklı başında *a.* sane
aklına takılmak *v.t.* obsess
aklını çelmek *v.t.* infatuate
aklını karıştırmak *v. t* bemuse
akmak *v.i* flow
akmak *v.i.* stream
akne *n* acne
akort *n.* chord
akraba *n.* relative
akraba katili *n.* parricide
akrabalık *n.* kinship
akran *n.* peer
akre *n.* acre
akrementisyon *n* accrementition
akrep *n.* scorpion
akrobat *n.* acrobat
akromatik *adj* achromatic
aksan *n* accent
aksatmak *v. t* disrupt
aksesuar *n* accessory

aksi *pref.* contra
aksi *a.* evil
aksi *a.* negative
aksi takdirde *adv.* otherwise
aksilik *n.* misfortune
aksilik *n.* mishap
aksine *a* unlike
aksine *prep* unlike
aksini ispat etmek *v. t* disprove
akşam *n* evening
akşam yemeği *n* dinner
akşam yemeği *n.* supper
akşam yemeği yemek *v. t.* dine
aktarma *n.* interchange
aktarmak *v.* interchange
aktarmak *v.t.* relay
aktivite *n.* activity
aktör *n.* actor
aktris *n.* actress
akustik *a* acoustic
akustik *n.* acoustics
akvaryum *n.* aquarium
alabora olmak *v. i.* capsize
alaca *a.* motley
alaca karanlık *n* twilight
alacakaranlık *n* dusk
alacaklı *n* creditor
alacaklı *n.* payee
alakarga *n.* jay
alakasız *a.* inapplicable
alakasız *a.* irrelevant
alalamak *v.t.* mask
alamet *n.* omen
alan *n* area
alan *n* domain
alan *n.* lot
alarm *n* alarm
alarm vermek *v.t* alarm
alaşım *n.* alloy
alaşım *v.t.* amalgamate
alay *n.* banter
alay *n.* mockery

alay *n.* procession
alay *n.* regiment
alay *v.t.* ridicule
alay *n.* ridicule
alay *n.* scoff
alay *n* sneer
alay *n* taunt
alay *n* gibe
alay etmek *v.i.* gibe
alay etmek *v.i.* mock
alay etmek *v.t.* taunt
alaycı *a.* wry
albay *n.* colonel
albeni *n* allurement
albüm *n.* album
albümin *n* albumen
alçak *a.* low
alçak *adv.* low
alçak gel-git *a.* neap
alçak gönüllülük *n.* lowliness
alçakgönüllü *a.* lowly
alçakgönüllü *a.* modest
alçakgönüllülük *n* modesty
alçaltma *n* abasement
alçaltmak *v.t.* abase
alçaltmak *v.t.* avale
alçaltmak *v. t* degrade
alçaltmak *v.t.* lower
aldatmaca *n* deception
aldatmaca *n.* sleight
aldatmak *v.t.* betray
aldatmak *v. t.* cheat
aldatmak *v.t.* rook
aldırmamak *v. t* disregard
aldırmamak *v.t.* overlook
aldırmazlık *n.* nonchalance
alelade *a.* mundane
alelâde *a.* workaday
aleladelik *n.* mediocrity
alem *n.* spree
aleni *a.* overt
alerji *n.* allergy

alev *n* blaze
alev *n* flame
alev alev *adv.* aflame
alevlenme *n* flare
alevlenmek *v.i* blaze
alevlenmek *v.i* flare
aleyhtar *a.* inimical
alfa *n* alpha
alfabe *n.* alphabet
alfabetik *a.* alphabetical
alfonsin *n.* alphonsine
algı *n.* perception
algılamak *v.t.* perceive
algılanabilir *adj* perceptible
algısal *a.* perceptive
alıcı *n.* receiver
alıcı *n.* recipient
alıç *n.* hawthorn
alıkoyma *n.* interception
alıkoyma *n.* retention
alıkoymak *v. t* detain
alıkoymak *v. t* disable
alıkoymak *v.t.* intercept
alıkoymak *v.i.* refrain
alıkoymak *v.t.* withhold
alın *n* forehead
alın yazısı *n* doom
alıntı *n* extract
alıntı *n.* quotation
alıntılamak *v. t* cite
alıntılamak *v.t.* quote
alıp getirmek *v.t* fetch
alışılmamış *a.* novel
alışılmış hareket *n.* rote
alışkanlık *n.* habit
alışkanlık *v. t.* habituate
alışkanlık *a.* wont
alışkanlık *n* wont
alışkın *a.* accustomed
alıştırmak *v.t* acclimatise
alıştırmak *v.t.* accustom
alışveriş yapmak *v.i.* shop

alicenaplık *n.* magnanimity
aliterasyon *n.* alliteration
aliterasyon yapmak *v.* alliterate
alkali *n* alkali
alkış *n.* applause
alkış *n* clap
alkış tutmak *v. t.* cheer
alkışlamak *v.t.* applaud
alkışlamak *v. i.* clap
alkol *n* alcohol
alkol katmak *v.t.* spike
allahaısmarladık *interj.* adieu
Allah'ın takdiri *n.* predestination
allayıp pullamak *v.t.* gild
allı pullu *n.* tinsel
almak *v.t.* get
almak *v.t.* receive
almak *v.t* take
almanak *n.* almanac
alp *n.* alp
alpinist *n* alpinist
alt *a.* nether
alt *a* under
alt *a.* base
alt etmek *v.t.* overcome
alternatif *n.* alternative
altı *n., a* six
altın *n.* gold
altın çağ *n.* heyday
altıncı *a.* sixth
altında *prep.* under
altında *adv.* underneath
altından *a.* golden
altından *prep.* underneath
altını çizmek *v.t.* underline
altimetre *n* altimeter
altkesit *n.* segment
altlık *n.* mat
altmış *n., a.* sixty
altmışıncı *a.* sixtieth
alto *n* alto
altta *adv* beneath

altüst *adv* topsyturvy
altüst etmek *v. t* bedevil
alüminat etmek *v.t.* aluminate
alüminyum *n.* aluminium
alüvyon *n.* silt
ama *conj.* only
âmâ *a* blind
amaç *n.* aim
amaç *n.* purpose
amaç *v.t.* purpose
amaç *n.* purview
amaç *n.* goal
amaçlamak *v.i.* aim
amalgam *n* amalgam
amansız *a.* inexorable
amatör *n.* amateur
ambalaj *n.* package
ambalaj *n.* packing
amblem *n* emblem
ambrit *n.* ambrite
ambulans *n.* ambulance
amca *n.* uncle
amele *n* coolie
amenore *n* amenorrhoea
amfibi *adj* amphibious
amfiteatr *n* amphitheatre
amin *interj.* amen
amiral *n.* admiral
amirane *a.* authoritative
amirane *a.* magisterial
amoroz *n* amaurosis
amortisman *v.t.i.* depreciate
amper *n* ampere
amplifikasyon *n* amplification
ampul *n.* bulb
amut *n.* perpendicular
an *n.* instance
an *n.* moment
an meselesi *a.* imminent
ana *a* main
ana babalık *n.* parentage
ana boru *n* main

ana katili *n.* matricide
ana katiline ait *a.* matricidal
anabatizm *n* anabaptism
anaç *a.* maternal
anaç *a.* motherly
anafikir *n.* gist
anahtar *n.* key
anahtar *n.* spanner
anakent *n.* metropolis
anakliz *n* anaclisis
anal *adj.* anal
analist *n* analyst
analitik *a* analytical
analiz *n.* analysis
analiz etmek *v.t.* analyse
analoji *n.* analogy
analojik *a.* analogous
anamnez *n* anamnesis
anamorfoz *adj* anamorphous
ananas *n.* pineapple
anapara *n.* principal
anapara *a* principal
anarşi *n* anarchy
anarşist *n* anarchist
anarşizm *n.* anarchism
anason *n* aniseed
anatomi *n.* anatomy
anayasa *n* constitution
ancak *conj* however
ancak *a.* only
ancak *adv.* scarcely
andaç *n.* keepsake
anekdot *n.* anecdote
anektan *adj.* annectent
anemi *n* anaemia
anestetik *n.* anaesthetic
anestezi *n* anaesthesia
anfraktüöz *adj* anfractuous
anı *n.* memoir
anımsama *n.* reminiscence
anımsamak *v.t.* remember
anında *adv.* outright

anırma *n* bray
anırmak *v. i* bray
anıştırmak *v.i.* allude
anıt *n.* monument
anız *n.* stubble
ani *a* abrupt
ani *a.* instant
ani *n.* sudden
aniden *adv.* instantly
aniden *adv.* suddenly
animasyon *n* animation
anjin *n* angina
anket *n.* poll
anket *n.* questionnaire
anket *n.* survey
anket yapmak *v.t.* poll
ankon *n* ancon
anlam *n.* meaning
anlam *n.* signification
anlamak *v.t.* understand
anlamlı *a.* meaningful
anlamsız *a.* meaningless
anlamsız *a.* senseless
anlaşılır *a.* intelligible
anlaşılmamak *v.i.* misfire
anlaşılmaz *a.* impenetrable
anlaşılmaz *a.* obscure
anlaşılmaz *a.* occult
anlaşılmaz *a.* oracular
anlaşılmazlık *n.* obscurity
anlaşma *n.* accord
anlaşma *n.* agreement
anlaşma *n* deal
anlaşmak *v.t.* accord
anlaşmak *v.i.* agree
anlaşmak *n.* assent
anlaşmak *v. i* deal
anlaşmamak *v. i* disagree
anlaşmazlık *n.* disagreement
anlatan *n.* narrator
anlatı *n.* narration
anlatım biçimi *n.* phraseology

anlatmak *v.t.* recount
anlayış *n.* intellect
anlayış *n.* sagacity
anlayışlı *a.* receptive
anlayışsız *n.* purblind
anlık *a.* instantaneous
anlık *a.* momentary
anma töreni *n.* commemoration
anmak *v. t.* commemorate
anne *n.* mamma
anne *n* mother
anne *n* mum
anne gibi *a.* motherlike
anneciğim *n* mummy
annelik *n.* maternity
annelik *n.* motherhood
annelik etmek *v.t.* mother
anonim *a.* anonymous
anonim *a.* incorporate
anormal *a* abnormal
ansiklopedi *n.* encyclopaedia
ant içmek *v.t.* pledge
antagonist *n.* antagonist
antarktik *a.* antarctic
antasid *adj.* antacid
antekardiyum *n* antecardium
anten *n.* aerial
anten *n.* antennae
antenatal *adj.* antenatal
anti *pref.* anti
antifoni *n.* antiphony
antik *a.* ancient
antika *a.* antiquarian
antika *a.* antique
antika *a.* quaint
antikacı *n* antiquarian
antikacı *n.* antiquary
antilop *n.* antelope
antipati *n.* antipathy
antipati *n* dislike
antipati *n.* repugnance
antiseptik *n.* antiseptic

antiseptik *a.* antiseptic
antiseptik *n.* germicide
antitez *n.* antithesis
antitez *n* antithesis
antlaşma *n.* treaty
antoloji *n.* anthology
antrepo *n.* godown
antropoit *adj.* anthropoid
anüs *n.* anus
apandis *n.* appendix
apandisit *n.* appendicitis
apar *n.* aside
aparat *n.* apparatus
apartman *n.* apartment
apartman dairesi *n* flat
aperatif *n.* snack
aptal *n.* idiot
aptal *a.* silly
aptal *a* stupid
aptalca *a.* idiotic
aptallık *n.* stupidity
ara *n* break
ara *n.* interlude
ara *n.* interval
ara *n* lapse
ara *prep* between
ara bulucu *n.* mediator
ara seçim *n* by-election
ara sıra *adv.* occasionally
araba *n.* car
arabacı *n* coachman
arabulma *n.* mediation
arabulmak *v.i.* mediate
arabulucu *n.* arbiter
arabulucu *n.* arbitrator
arabulucu *n.* intermediary
arabuluculuk yapmak *v.t.* arbitrate
aracı *n.* middleman
aracılık *n.* intervention
araç *n* means
araç *n.* tool
araç *a.* vehicular

araç sürmek v. t drive
araf n. purgatory
arakesit n. intersection
araklamak v.t. pilfer
aralık adv. ajar
Aralık n december
aralıksız a. ceaseless
arama n. search
aramak v.t. search
aramak v.t. seek
arapsaçı n. tangle
ararot n. arrowroot
arasına sıkıştırmak v.t. sandwich
arasında prep. amongst
araştırma n. inquiry
araştırma n research
araştırmak v.t. inquire
araştırmak v.i. research
araya girmek v.i. intervene
arayış n. quest
arazi n estate
arazi n. land
arbede n affray
arbede n fray
arbede n. melee
ardıl a consequent
ardından adv after
ardından yazılan adj. adscript
ardışık n. cascade
ardışık adj. consecutive
ardışık a. successive
ardışık olarak adv consecutively
arduvaz n. slate
areka n areca
arena n arena
argo n. slang
arı n. bee
arı kovanı n. beehive
arı kovanı n. hive
arıcılık n. apiculture
arındırmak v.t. purify
arıtma n. purification

arıtma n. refinement
arıtmak v.t. smelt
arıza n breakdown
arızalı a faulty
aristofanik adj aristophanic
aristokrasi n. aristocracy
aristokrat n. aristocrat
aritmetik n. arithmetic
aritmetiksel a. arithmetical
arka prep. after
arka prep behind
arka n. rear
arka n small
arka a. stern
arkada adv behind
arkadaş n. consort
arkadaş n. friend
arkaik a. archaic
arkaplan n. background
arkasında adv. back
Arktik n Arctic
armağan n. gift
armağan n. present
armatür n. armature
armut n. pear
arpa n. barley
arpacık n. sty
arpacık n. stye
arsa n. plot
arsenik n arsenic
arsızlık n. immodesty
arşınlamak v.t. tread
arşivler n.pl. archives
art niyetle adv malafide
art niyetli a. malafide
artakalmak v.i. remain
arterit n arthritis
artı a. plus
artı n plus
artırma n. increment
artırmak v.t. increase
artırmak v.t. outbid

**artırmak** *v. t* boost
**artış** *n* boost
**artış** *n* increase
**artış** *n.* rise
**artistik** *a.* artistic
**artizan** *n.* artisan
**artmak** *v.i.* accrue
**arzetmek** *v.t.* propound
**arzetmek** *v.t.* tender
**arzu** *n.* appetite
**arzu** *n* desire
**arzulamak** *v.t.* crave
**arzulamak** *v.t* desire
**arzulamak** *v.i.* hanker
**arzulu** *adj.* agog
**arzulu** *a* desirous
**arzulu** *a.* wishful
**as** *n* ace
**asa** *n.* sceptre
**asa** *n.* wand
**asabi** *a.* irritable
**asal** *a.* cardinal
**asal** *n.* prime
**asalet** *n* bonton
**asalet** *n* dignity
**asalet** *n.* nobility
**asansör** *n.* lift
**asbestos** *n.* asbestos
**asıl** *a.* actual
**asıl** *a.* intrinsic
**asılsız** *a.* baseless
**asır** *n.* century
**asırlık** *n* centenarian
**asi** *n.* rebel
**asi** *a.* rebellious
**asi** *a.* unruly
**asil** *a.* noble
**asilleştirmek** *v. t.* ennoble
**asilzade** *n.* nobleman
**asimilasyon** *n* assimilation
**asimile etmek** *v.* assimilate
**asistan** *n.* assistant

**asit** *a* acid
**asit** *n* acid
**asitlik** *n.* acidity
**asker** *n.* soldier
**askere almak** *v. t* enlist
**askeri** *a.* martial
**askeri** *a.* military
**askeri yürüyüş yapmak** *v.i* march
**askerlik yapmak** *v.i.* soldier
**askı** *n.* sling
**askıntı olmak** *v.t.* plague
**asla** *adv.* never
**aslan** *n* lion
**aslan burcu** *n.* Leo
**aslan yürekli** *a* leonine
**aslında** *adv.* actually
**asma** *n.* vine
**asma kat** *n.* mezzanine
**asmak** *v.t.* hang
**asmak** *v.t.* suspend
**ast** *a.* junior
**ast** *a.* subordinate
**ast** *n* subordinate
**astar** *n* lining
**astar boya** *n.* primer
**astatik** *adj.* astatic
**asterizm** *n.* asterism
**asteroit** *adj.* asteroid
**astım** *n.* asthma
**astrolog** *n.* astrologer
**astroloji** *n.* astrology
**astronom** *n.* astronomer
**astronomi** *n.* astronomy
**astronot** *n.* astronaut
**aşağı** *adv* below
**aşağı** *prep* below
**aşağı doğru** *prep* down
**aşağı doğru** *a* downward
**aşağı doğru** *adv* downward
**aşağı doğru** *adv* downwards
**aşağı indirmek** *v. t* down
**aşağı yukarı** *adv.* nigh

aşağıda *adv* under
aşağıda *prep* beneath
aşağılama *n* defamation
aşağılama *n.* humiliation
aşağılamak *v.t.* humiliate
aşağılayıcı *a.* injurious
aşağılık *a* despicable
aşağılık *a.* inferior
aşağılık *n.* inferiority
aşağıya *adv* down
aşar vergisi *n.* tithe
aşçı *n* cook
aşı *n.* inoculation
aşı *v.t.* jab
aşı *n.* vaccination
aşı *n.* vaccine
aşıcı *n.* vaccinator
aşıkane *adj* amatory
aşıkane *a.* amorous
aşılamak *v.t.* inculcate
aşılamak *v.t.* inoculate
aşılamak *v.t.* vaccinate
aşılmaz *a.* insurmountable
aşındırıcı *adj.* corrosive
aşındırma *n.* fret
aşındırmak *v.t.* denude
aşındırmak *v. t* erode
aşındırmak *v.t.* fret
aşındırmak *v.t.* obliterate
aşındırmak *v.t.* pit
aşınma *n* erosion
aşınmış kaya *n* boulder
aşırı *adj.* breakneck
aşırı *a* excess
aşırı *a* extreme
aşırı bolluk *n.* superabundance
aşırı doz yapmak *v.t.* overdose
aşırı namuslu geçinen kadın *n.* prude
aşırı süslü *a.* gaudy
aşırı yükleme *n* overload
aşırı yüklemek *v.t.* overload

aşikar *a* distinct
aşikar *a.* explicit
aşikar *a.* manifest
aşina *a* conversant
aşk *n* amour
aşk tanrısı *n* Cupid
aşmak *v.t* exceed
aşmak *v.t.* outrun
aşmak *v.t* overrun
aşmak *v.t.* surmount
aşmak *v.t.* surpass
aşmak *v.t.* transcend
at *n.* horse
at *n.* steed
at arabası *n.* carriage
at başlığı *n* bridle
at koşusu *n.* gallop
ata *n.* ancestor
ata *n* forefather
atak *n.* onrush
ataklık *n.* mettle
atama *n.* appointment
atamak *v. t* depute
atardamar *n.* artery
atasözü *n.* maxim
atasözü *n.* proverb
ataşe *n.* attache
ateist *n* atheist
ateizm *n* atheism
ateş *n* fever
ateş *n* fire
ateşçi *n.* stoker
ateşkes *n.* armistice
ateşkes *n.* truce
ateşlemek *v.t* fire
ateşlemek *v.i.* spark
ateşli *a* fervent
ateşli *a* fiery
ateşli *a.* mettlesome
ateşli taraftar *n.* votary
atfetmek *v.t.* attribute
atık *a.* waste

atık *n.* waste
atıl *a.* inert
atılgan *a.* impulsive
atış *n.* innings
atış *n.* shot
atışmak *v. t* bicker
atıştırmak *v.t.* stoke
atik *a.* nimble
atiklik *n.* alacrity
atiyye *n.* largesse
atkı *n.* wimple
atkı *n.* woof
atla gezmek *v.t.* hack
atlama *n* bypass
atlamak *v.i.* skip
atlas *n.* atlas
atlet *n.* athlete
atletik *a.* athletic
atletizm *n.* athletics
atlı polis *n.* trooper
atmaca *n* hawk
atmak *v. t* discard
atmak *v.t.* throw
atmosfer *n.* atmosphere
atom *n.* atom
atomik *a.* atomic
atölye *n.* workshop
atsineği *n.* gadfly
av *n.* catch
av *n.* chase
av *n* hunt
av *n.* kill
av *n.* prey
av kuşu *n.* fowl
avam *n.* mob
avans *n.* advance
avantaj *n.* advantage
avantaj sağlamak *v.t.* advantage
avantajlı *a.* advantageous
avare *n.* straggler
avarelik *n.* idleness
avcı *n.* hunter

avcı kuş *n.* fowler
avlamak *v.t.* hunt
avlamak *v.i.* prey
avlu *n.* courtyard
avucunda saklamak *v.t.* palm
avuç *n.* palm
avuç açmak *v. i* cadge
avuç dolusu *n.* handful
avukat *n* advocate
avukat *n.* attorney
avukat *n.* lawyer
avukat *n.* pleader
avukat *n.* solicitor
avulsiyon *n.* avulsion
avutmak *v.t.* solace
Ay *a.* lunar
ay *n.* month
ay *n.* moon
ayak *n* foot
ayak bileği *n.* ankle
ayak işi *n* errand
ayak parmağı *n.* toe
ayakkabı *n.* shoe
ayakkabı tamircisi *n* cobbler
ayaklandıran *a.* seditious
ayaklanma *n.* upheaval
ayaklanma *n.* uprising
ayaklanmak *v.i.* rebel
ayaklanmak *v.t.* riot
ayakta *adv.* afoot
ayakta *adv.* astir
ayakta *n.* standing
ayakta tedavi *n.* outpatient
ayar *n.* gauge
ayar damgası *n.* hallmark
ayarlamak *v.t.* modulate
ayarlamak *v.t.* range
ayarlamak *v.t.* tone
ayarsızlık *n.* maladjustment
ayartma *n.* temptation
ayartmak *v.t.* allure
ayartmak *v. t* beguile

ayartmak *v. t.* entice
ayartmak *v.t.* intrigue
ayartmak *v.t.* lure
ayartmak *n.* seduce
ayaz *n.* frost
aybaşı *a.* menstrual
aybaşı *n.* menstruation
aydınlar *n.* intelligentsia
aydınlatma *n.* illumination
aydınlatmak *v. t.* enlighten
aydınlatmak *v.t* flash
aydınlatmak *v.t.* illuminate
aydınlatmak *v.i.* irradiate
aydınlatmak *v.t.* light
aydınlık *a.* luminous
ayet *n.* verse
aygır *n.* stallion
ayı *n* bear
ayıbalığı *n.* seal
ayıp *a.* foul
ayıp *n.* shame
ayırma *n* detachment
ayırmak *v.t.* allocate
ayırmak *v. t* detach
ayırmak *v.t.* part
ayırmak *v.t.* segregate
ayırmak *v.t.* separate
ayırtmak *v.t.* reserve
ayin *n.* rite
ayin *n.* ritual
ayin *a.* ritual
aylak *n.* idler
aylak *n.* loafer
aylak aylak dolaşmak *v.t.* saunter
aylaklık etmek *v.i.* dawdle
aylaklık etmek *v.i* fiddle
aylaklık etmek *v.i.* lounge
aylık *a.* monthly
aylık *adv* monthly
aylık *n* monthly
ayna *n* mirror
aynı *a* exact

aynı *a.* like
aynı *a.* same
aynı fikirde olmamak *v. i* differ
ayrı *adv.* apart
ayrı *a.* insular
ayrı *a.* separate
ayrı tutmak *v. t* except
ayrıca *adv.* also
ayrıca *prep* besides
ayrıca *adv* extra
ayrıca *adv.* withal
ayrıca imzalamak *v. t.* countersign
ayrıcalık *n.* privilege
ayrıcalıklı *a* exclusive
ayrıcalıklı *n.* prerogative
ayrılabilir *a.* separable
ayrılık *n.* separation
ayrılıkçı *n.* secessionist
ayrılış *n* departure
ayrılma *n* abruption
ayrılma *n.* conge
ayrılma *n.* leave
ayrılma *n.* secession
ayrılmak *v. t.* desert
ayrılmak *v.i.* secede
ayrılmaz *a.* inseparable
ayrım *n.* segregation
ayrımcılık *n* discrimination
ayrımcılık yapmak *v. t.* discriminate
ayrımlı *a* dissimilar
ayrıntıya inmek *v. t* detail
ayrıştırmak *v. t.* decompose
ayyaş *n* bibber
ayyaş *n* drunkard
az *a* few
az *n.* little
az daha *prep.* nigh
azalma *n.* alleviation
azalma *n.* decrement
azalma *n.* reduction
azalmak *v. t* decrease
azaltmak *v.t.* allay

azaltmak *v.t.* alleviate
azaltmak *v.t.* assuage
azaltmak *v. t* diminish
azaltmak *a.* lesser
azaltmak *v.t.* mitigate
azaltmak *v.t.* reduce
azamet *n.* pomposity
azametli *a.* lordly
azametli *a.* pompous
azarlama *n.* rebuke
azarlamak *v. t.* castigate
azarlamak *v.t.* rebuke
azarlamak *v.t.* scold
azat *n* dismissal
azat *n.* liberation
azat *n.* manumission
azat etmek *v.t.* enfranchise
azat etmek *v.t.* liberate
azat etmek *v.t.* manumit
azdırmak *v. t.* debauch
azgın *a* ferocious
azgın *a.* lustful
azılı *a.* ingrained
azınlık *n.* minority
azim *n.* perseverance
azim *n.* tenacity
azimli *a* dauntless
azimli *a* earnest
azimli *a.* intent
aziz *n.* saint
azizce *a.* saintly
azletmek *v. t* depose
azletmek *v. t.* dismiss
azman *a.* monstrous

**B**

baba *n* dad, daddy
baba *n* father
baba katili *n.* patricide

babaya ait *a.* paternal
babil *n* babel
babun *n.* baboon
baca *n.* chimney
bacak *n.* leg
bacak *n.* limb
badana *n.* whitewash
badanalamak *v.t.* whitewash
badem *n.* almond
bademcik *n.* tonsil
badminton *n.* badminton
badminton topu *n.* shuttlecock
bagaj *n.* baggage
bagaj *n.* luggage
bağ *n* bond
bağ *n* brace
bağ *n* connection
bağbozumu *n.* vintage
bağdaşmaz *a.* incoherent
bağımlaşıklık *n.* interdependence
bağımlı *n.* addict
bağımlı *a.* interdependent
bağımlı olmak *v.t.* addict
bağımlılık *n.* addiction
bağımsız *a.* independent
bağımsızlık *n.* independence
bağırış *a.* outcry
bağırmak *v.i.* shout
bağırmak *v.i.* yell
bağırsak *n.* bowel
bağırsak *n.* intestine
bağırsaklar *n.* entrails
bağırsaksal *adj.* alvine
bağış *n.* donation
bağış *n.* pittance
bağış yapmak *v. t* donate
bağışçı *n* donor
bağışık *a.* immune
bağışıklık *n.* immunity
bağışıklık kazanmak *v.t.* immunize
bağışlamak *v.t* absolve
bağışlanabilir *a.* pardonable

bağışlayıcı *a.* magnanimous
bağlam *n* context
bağlamak *v.t* bind
bağlamak *v. t.* connect
bağlamak *v.t* fasten
bağlamak *v.t.* lace
bağlamak *v.t* link
bağlamak *v.t.* rope
bağlamak *v.t.* tether
bağlamak *v.t.* tie
bağlanmak *v.t.* yoke
bağlantı *v.t.* interlock
bağlantı *n.* link
bağlantısızlık *n.* non-alignment
bağlantıyı kesmek *v. t* disconnect
bağlayıcı *a* binding
bağlı *a.* associate
bağlı *n* dependant
bağlılık *n.* adherence
bağlılık *n* dependence
bağlılık *n* devotion
bağlılık *n* fidelity
bağlılık *n.* homage
bağnaz *a.* puritanical
bağnaz *a.* sectarian
bağnaz kimse *n* bigot
bağnazlık *n* bigotry
bağrına basmak *v. t.* cherish
bahane *v. t* cavil
bahane *n.* pretence
bahane *n* pretext
bahar *n* spring
baharat *n.* spice
baharatlamak *v.t.* season
baharatlamak *v.t.* spice
baharatlı *a.* spicy
baharatlık *n.* crevet
bahçe *n.* garden
bahçecilik *n.* horticulture
bahçıvan *n.* gardener
bahis *n* bet
bahis *n.* wager

bahri *a.* maritime
bahri *a.* nautic(al)
bahri *a.* naval
bahriye *n.* navy
bahriyeli *a.* marine
bahse girmek *v.i* bet
bahse girmek *v.i.* wager
bahsetmek *v.t.* mention
bahşetmek *v. t* endow
bahşiş *n.* tip
bakakalmak *v.i.* gape
bakakalmak *v.i.* stare
bakan *n.* minister
bakanlık *n.* ministry
bakım *n.* maintenance
bakım *n* upkeep
bakım yapmak *v.t.* maintain
bakımsızlık *n.* squalor
bakır *n* copper
bakış açısı *n.* outlook
bakış açısı *n.* standpoint
bakış atmak *v.i.* glance
baki *a* abiding
baki *a.* everlasting
bakire *a* maiden
bakire *n.* virgin
bakire *n* virgin
bakirelik *n.* virginity
bakiye *n.pl.* arrears
bakkal *n.* grocer
bakmak *v.i* look
bakteri *n.* bacteria
bal *n.* honey
balad *n.* ballad
balayı *n.* honeymoon
balçık *n* argil
bale *sn.* ballet
balgam *n.* sputum
balık *n* fish
balık avlamak *v.i* fish
balıkçı *n* fisherman
balina *n.* baleen

balina *n.* whale
balkon *n.* balcony
balmumu *n.* wax
balmumuyla kaplı *adj.* cerated
balon *n.* balloon
balsam *n.* balsam
balta *n.* axe
baltalamak *v.t.* sabotage
baltalamak *v.t.* sap
balya *n.* bale
balyalamak *v.t.* bale
bam *n.* bam
bambu *n.* bamboo
bana *pron.* me
banal *a.* banal
band *n.* band
bandaj *n.* bandage
bandajlamak *v.t* bandage
banjo *n.* banjo
bank *n* bench
banka *n.* bank
bankacı *n.* banker
bankaya yatırmak *v.t.* bank
banliyö *n.* suburb
banliyö *a.* suburban
bant *n.* tape
bantlamak *v.t.* strap
bantlamak *v.t* tape
banyan *n.* banyan
banyo *n* bath
banyo yapmak *v. t* bathe
baraj *n.* barrage
baraj *n* dam
baraka *n* shed
baratarya suçlusu *ns.* barrator
barbar *n.* barbarian
barbar *a.* barbarous
barbarlık *n.* barbarism
barınak *n.* shelter
barındırmak *v.t* house
barınmak *v.t* harbour
barınmak *v.t.* shelter

barış *n.* peace
barışçı *a.* peaceable
barışçıl *a.* pacific
barikat *n.* barricade
bariyer *n.* barrier
bariz *a.* evident
barometre *n* barometer
barton *n.* barton
bas *n.* bass
basamak *n.* rung
basamak *n.* stair
basık *a.* overcast
basın *n* press
basınç *n.* pressure
basınçlandırmak *v.t.* pressurize
basiret *n* discretion
basiret *n* forethought
basiretli *a.* prudential
basiretsiz *a.* imprudent
basit *a.* simple
basit *a.* straightforward
basit *a.* basic
basitleştirme *n.* simplification
basitleştirmek *v.t.* simplify
basitlik *n.* simplicity
baskı *n* compulsion
baskı *n.* oppression
baskı *n* print
baskı *n.* repression
baskı hatası *n.* misprint
baskı hatası yapmak *v.t.* misprint
baskı uygulamak *v.t.* oppress
baskın *a* dominant
baskın *a.* predominant
baskın *n.* raid
baskın *n* swoop
baskın olmak *v. t* dominate
baskınlık *n.* preponderance
basmak *v.t.* raid
basmakalıp *a.* commonplace
basmakalıp *a.* stereotyped
bastırma *n.* suppression

bastırmak v. t burke
bastırmak v.t. outdo
bastırmak v.t. press
bastırmak v.t. quell
bastırmak v.t. repress
bastırmak v.t. stifle
bastırmak v.t. subdue
bastırmak v.t. suppress
basur n. piles
baş n. head
baş a. premier
baş a. prime
baş ağrısı n. headache
baş gösterme n. outbreak
başa çıkmak v.t handle
başak n. spike
başarı n. accomplishment
başarı n. achievement
başarı n. success
başarılı a successful
başarılı olmak v.i. prosper
başarılı olmak v.i. succeed
başarısız olmak v.i fail
başarısızlık n failure
başarmak v.t. accomplish
başarmak v.t. achieve
başbaşa n. tete-a-tete
başhemşire n. matron
başıboş a. idle
başıboş a stray
başıboşluk n stray
başın tepesini traş etmek n. tonsure
başına prep. per
başına eklemek v.t. prefix
başına geçmek v.t head
başına gelmek v. t befall
başını sallamak v.i. nod
başka a another
başka a else
başka pron. other
başkalaşım n. metamorphosis
başkalaşım n. transfiguration

başkalaştırmak v.t. transfigure
başkaldıran a. insubordinate
başkaldırı n. insubordination
başkaldırmak v. i mutiny
başkan n. president
başkanlık a. presidential
başkanlık etmek v.i. preside
başkent n. capital
başlamak v.t. auspicate
başlamak n begin
başlamak v.t. originate
başlangıç n. beginning
başlangıç n commencement
başlangıç n. inception
başlangıç a. initial
başlangıç n. outset
başlangıç n start
başlatmak v. t commence
başlatmak v.t. induct
başlatmak v.t. initiate
başlatmak v.t. invoke
başlatmak v.t. launch
başlatmak v.t. start
başlayanlar için a elementary
başlıca adv. mainly
başlık n bonnet
başlık n. caption
başlık n. heading
başlık n. title
başmelek n archangel
başparmak n. thumb
başpiskopos n. archbishop
başrahip n. prelate
başsağlığı n condolence
başsağlığı dilemek v. i. condole
başsağlığı dilemek v.i. sympathize
başsız adj. acephalous
başsız n. acephalous
baştan çıkaran kimse n. tempter
baştan çıkarıcı a seductive
başucu n. zenith
başvuru n. recourse

başvuru sahibi *n.* orator
başyapıt *n.* masterpiece
başyazı *n* editorial
batak *n.* mire
batak *n.* slough
batak *n.* slough
batak *v.t.* slough
bataklık *n* bog
bataklık *n.* marsh
bataklık *n.* quicksand
bataklık *n.* swamp
batı *a.* occidental
batı *n.* west
batı *a.* western
batıda *adv.* west
batıdaki *a.* west
batıdan *a.* westerly
batıdan *adv.* westerly
batıl inançları olan *a.* superstitious
batılı *n.* occident
batırılma *n.* immersion
batırmak *v.t.* swamp
batma *n.* sting
batmak *v.i.* sink
batmak *v.i.* submerge
batmamak *v.i* float
batmazlık *n* buoyancy
batmış *a* decadent
batöz *n.* thresher
battal beden *a.* outsize
battaniye *n* blanket
bay *n.* mister
bay bay *interj.* bye-bye
bayağı *a* bastard
bayağılık *n.* vulgarity
bayan *n* female
bayan *n.* miss
bayan garson *n.* waitress
bayat *a.* stale
bayat *a.* threadbare
bayatlamak *v.t.* stale
baygınlık *n.* swoon

bayılmak *v.i* faint
bayılmak *v.i* swoon
bayım *n.* sir
baykuş *n.* owl
bayrak *n* flag
bayrak çekmek *v.t.* hoist
bayrak direği *n.* mast
bayram yapmak *v.i* feast
baz alınan *adj.* basal
bazen *adv.* sometimes
bazı *a.* some
bazıları *pron.* some
baziyon *n.* basial
bebek *n.* babe
bebek *n.* baby
bebek *n.* infant
bebek öldürme *n.* infanticide
bebeklik *n.* infancy
beceri *n.* skill
becerikli *a.* adept
becerikli *adj.* deft
becerikli *a.* resourceful
beceriksiz *a.* helpless
beceriksiz *a.* maladroit
beceriksizlik *n* bungle
bedava *adv.* gratis
beddua *n.* malediction
bedel *n* forfeit
bedel *n.* worth
beden *n* body
bedeni *a* corporal
bedensel *a* bodily
beğeni *n* acclaim
beğeni *n.* liking
beğenilen *a.* admirable
beğenme *n.* partiality
beğenmek *v.t.* admire
bekar *n.* single
bekar *n.* bachelor
bekarlık *n.* celibacy
bekçi *n.* guard
bekçi *n.* sentry

beklemek *v.t.* anticipate
beklemek *v.i.* wait
beklemek *v.t.* await
beklenti *n.* anticipation
beklenti *n.* expectation
bekleyiş *n.* wait
bektaşi üzümü *n.* gooseberry
bel *n.* loin
bel *n.* waist
bela *n* bore
belâ *n.* pest
belagat *n* eloquence
belagat *n.* oratory
belagatlı *a* eloquent
belediye *n.* municipality
belediye başkanı *n.* mayor
belgelemek *v. t.* certify
belirgin *a.* salient
belirli *a* certain
belirli *a.* particular
belirmek *v.i.* loom
belirsiz *a.* ambiguous
belirsiz *a.* indefinite
belirsiz *a.* indistinct
belirsiz *a.* lax
belirsiz *a.* uncertain
belirsiz *a.* vague
belirsizleştirmek *v.t.* obscure
belirsizlik *n.* suspense
belirsizlik *n.* vagueness
belirti *n.* indication
belirti *n.* tinge
belirtme *n.* specification
belirtmek *v. i* denote
belirtmek *v.t.* indicate
belirtmek *v.t.* remark
belirtmek *v.t.* signify
belirtmek *v.t.* specify
belirtmek *v.t* state
belki *adv.* perhaps
bellemek *v.t.* trench
belli *a.* apparent
belli başlı *a.* capital
ben *pron.* I
bencil *a.* selfish
bencillik *n* egotism
benek *n.* mottle
benek *n.* speck
benim *a.* my
benimki *pron.* mine
benimseme *n* adoption
benlik *n* ego
bent *n* embankment
bent *n.* weir
benzemek *v.t.* resemble
benzer *a.* akin
benzer *a.* alike
benzer *a.* similar
benzer şekilde *adv* alike
benzerlik *n* affinity
benzerlik *n.* likeness
benzerlik *n.* resemblance
benzerlik *n.* similarity
benzersiz *a.* incomparable
benzersiz *a.* unique
benzeşme *n.* similitude
benzetme *n.* mimesis
benzetme *n.* simile
benzetmek *v.t.* liken
benzeyiş *n.* conformity
benzin *n.* petrol
beraat *n.* acquittal
beraber büyüme *n.* concrescence
berbat *a.* hideous
berbat *a.* infernal
berbat *a.* nefandous
berbat *a.* awful
berber *n.* barber
bere *n* bruise
bereketli *a* fertile
bereketli *a.* lush
bereketli *a.* luxuriant
bereketli *a.* opulent
beri *prep.* since

**berraklık** *n* clarity
**besin** *n.* aliment
**besin** *n.* sustenance
**besleme** *v.t.* supply
**besleme** *n* supply
**beslemek** *v.t* feed
**beslemek** *v.t.* nourish
**beslenme** *n.* nourishment
**beslenme** *n.* nurture
**beslenme** *n.* nutrition
**besleyici** *a.* nutritious
**besleyici** *a.* nutritive
**beş** *n* five
**beşgen** *n.* pentagon
**beşik** *n* cradle
**betel** *n* betel
**betimleme** *n.* portraiture
**betimleme** *n.* portrayal
**betimlemek** *v. t.* depict
**betimlemek** *v.t.* render
**beton** *n* concrete
**beyaz** *n* white
**beyazımsı** *a.* whitish
**beyazlatmak** *v.t.* whiten
**beyhude** *adv* abortive
**beyin** *n* brain
**beyinsel** *adj* cerebral
**beyit** *n.* couplet
**bezdirici** *a.* irksome
**beze** *n.* gland
**bezelye** *n.* pea
**bezemek** *v.t.* bedight
**bezemek** *v. t* deck
**bezgin** *a.* haggard
**bezginlik** *n.* tedium
**bıçak** *n.* knife
**bıçak ağzı** *n.* blade
**bıçaklamak** *v.t.* stab
**bıkkınlık** *n.* surfeit
**bıktırıcı** *a.* trying
**bıktırmak** *v.t.* satiate
**bıktırmak** *v.t.* weary

**bıldırcın** *n.* quail
**bırakmak** *v.t.* leave
**bıyık** *n.* moustache
**bıyık** *n.* mustache
**bıyık** *n.* whisker
**biber** *n.* pepper
**biberlemek** *v.t.* pepper
**bibliograf** *n* bibliographer
**bibliografya** *n.* bibliography
**biçare** *a.* wretched
**biçerdöver** *n.* harvester
**biçim** *n* figure
**biçim** *n* format
**biçimini bozmak** *v. t* distort
**biçimlendirme** *n* formation
**biçimlendirmek** *v.t.* mould
**biçimli** *a.* trim
**biçimsiz** *a.* ungainly
**biçmek** *v.t.* mow
**biçmek** *v.t.* reap
**bihaber** *a.* oblivious
**bildiri** *n.* communiqué
**bildiri** *n* declaration
**bildiri** *n.* notification
**bildirme** *n.* intimation
**bildirmek** *v. t.* declare
**bildirmek** *v.t* herald
**bildirmek** *v.t.* notify
**bilek** *n.* wrist
**bileşen** *adj.* component
**bileşik** *n* complex
**bileşik** *n* compound
**bileşik** *a* compound
**bileşim** *n* combination
**bileşim** *n* compound
**bileşim** *n.* compounder
**bilet** *n.* ticket
**bilezik** *n.* bangle
**bilezik** *n* bracelet
**bilge** *n.* luminary
**bilge** *a.* wise
**bilgelik** *n.* wisdom

bilgi *n.* information
bilgi *n.* knowledge
bilgi verici *a.* informative
bilgiç *n.* pedant
bilgiçlik taslama *n.* pedantry
bilgiçlik taslayan *n.* pedantic
bilgilendirmek *v.t.* instruct
bilgin *n.* scholar
bilgisiz *a.* insensible
bilgisizlik *n.* nescience
bilim *n.* science
bilim adamı *n.* scientist
bilimsel *a.* scholarly
bilimsel *a.* scientific
bilinçli *a* conscious
biliteral *adj* biliteral
bilmece *n.* riddle
bilmek *v.t.* know
bilye *n.* marble
bimenasl *adj* bimenasl
bin *n.* thousand
bin *a* thousand
bin yıl *n.* chiliad
bina *n* building
bina içi *adv.* indoors
binbaşı *n* major
bindirmek *v.t.* ram
bindirmelik *n.* corbel
binek *n.* mount
biner *adj* binary
binici *n.* rider
biniş *n* mount
binmek *v. t.* board
binmek *v.t.* ride
binmek *n* ride
binyıl *n.* millennium
bir *a.* a
bir *art* an
bir ara *adv. conj* whenever
bir gecede *adv.* overnight
bir kerede *adv.* once
bir müddet *adv.* awhile

bir süre kalma *n* sojourn
bir süre kalmak *v.i.* sojourn
bir şekilde *adv.* anyhow
bir şey *pron.* something
bir şeye bağlı olmak *v. i.* depend
bir tarafta *adv.* aside
bir uzunluk ölçüsü *n.* rood
bir yere *adv.* somewhere
bira *n* ale
bira *n* beer
birahane *n* brewery
biraz *adv.* little
biraz *adv.* somewhat
birbirine karıştırmak *v.t.* mingle
birçok *a.* many
birden *adv.* short
birey *a.* individual
bireysellik *n.* individualism
bireysellik *n.* individuality
biri *pron.* somebody
birikim *n* accumulation
biriktirmek *v.t.* accumulate
birim *n.* unit
birinci *n* first
birincil *a.* primary
birkaç *a* several
birleşme *n.* unification
birleşme noktası *n.* commissure
birleştirme *n.* incorporation
birleştirmek *v. t* combine
birleştirmek *v. i* compound
birleştirmek *v.t.* incorporate
birleştirmek *v.t.* unite
birlik *n* consolidation
birlik *n.* oneness
birlik *n.* troop
birlik *n.* unity
birlikçi *n.* unionist
birlikte *adv.* together
birlikte akan *adj.* confluent
birlikte akma *n* confluence
birlikte çalışan *a* co-operative

birlikte yaşama *n* co-existence
birlikte yaşamak *v. i* co-exist
birlikte yaşamak *v. t* cohabit
biseksüel *adj.* bisexual
biseps *n* biceps
bisiklet *n.* bicycle
bisikletçi *n* cyclist
bisküvi *n* biscuit
bit *n.* louse
bitirmek *v. t* devour
bitirmek *v.t* finish
bitirmek *v.t.* terminate
bitiş *n* finish
bitişik *a.* adjacent
bitiştiren *n.* conjuncture
bitiştirmek *v.t.* adjoin
bitki *n.* plant
bitki örtüsü *n* flora
bitki örtüsü *n.* vegetation
bitkin *a.* listless
bitkin düşürmek *v. t.* exhaust
bitkisel *a.* vegetable
biyografi *n* biography
biyografi yazarı *n* biographer
biyolog *n* biologist
biyoloji *n* biology
bizim *pron.* our
bizon *n* bison
blok *n* bloc
blok *n* block
blöf *n* bluff
blöf yapmak *v. t* bluff
bocalama *n.* stagger
bocalamak *v.i* falter
bocalamak *v.i.* stagger
bocalamak *v.i.* vacillate
bodrum *n.* basement
bodur bırakmak *v.t.* stunt
boğa *n* bull
boğa gözü *n* bull'seye
boğaz *n.* strait
boğaz *n.* throat

boğaz *n.* throttle
boğmak *v.t.* smother
boğmak *v.t.* strangle
boğmak *v.t* suffocate
boğmak *v.t.* throttle
boğucu *a.* muggy
boğucu *a.* sultry
boğuk *a.* hoarse
boğuk *a.* husky
boğulma *n.* strangulation
boğulma *n.* suffocation
boğulmak *v. t.* choke
boğulmak *v.i* drown
boğuşmak *v.i.* scuffle
bohça *n* bundle
boks *n* boxing
bol *a* abundant
bol *a.* ample
bol *a.* loose
bol *n.* plenty
bol *a.* profuse
bol bol *a.* superabundant
bol olmak *v.i.* abound
bol pantolon *n.* slacks
bolca *adv.* galore
bolluk *n* abundance
bolluk *n.* luxuriance
bolluk *n.* opulence
bolluk *n.* profusion
bolluk *n.* superfluity
bomba *n* bomb
bomba atan kimse *n* bomber
bombalamak *v. t* bomb
bombalamak *v.t.* shell
bombardıman *n* bombardment
bonbon *n.* comfit
boncuk *n* bead
bonservis *n.* testimonial
bora *n.* gust
borazan *n* bugle
borç *n* debit
borç *n* debt

borç *n.* loan
borç kaydetmek *v. t* debit
borç vermek *v.t.* loan
borçlu *n* debtor
borçlu *a.* indebted
borçlu olmak *v.t* owe
bordo *a* maroon
bornoz *n.* robe
boru *n.* clarion
boru *n.* pipe
boru sesi çıkarmak *v. t* blare
borulu *a.* tubular
bostan *n.* orchard
boş *a* blank
boş *a* empty
boş *a.* vacant
boş boş dolaşmak *v.t.* maunder
boş gurur *n.* vainglory
boş laf *n* bunk
boşaltmak *v* empty
boşaltmak *v.t.* lade
boşaltmak *v.t.* tip
boşaltmak *v.t.* vacate
boşaltmak *v.t.* void
boşama *n.* repudiation
boşanma *n* divorce
boşanmak *v. t* divorce
boşboğazlık *n.* babble
boşboğazlık etmek *v. t. & i* blab
boşluk *n* blank
boşluk *n* gap
boşluk *n.* space
boşluk *n.* vacancy
boşluk bırakmak *v.t.* space
boşuna *adv.* vainly
boşverme *n* shrug
botanik *n* botany
bowling oynamak *v.i* bowl
boy *n.* stature
boya *n* die
boya *n* dye
boya *n.* paint

boyamak *v. t* colour
boyamak *v. t* dye
boyamak *v.t.* paint
boyamak *v.t.* tinge
boykot *n* boycott
boykot etmek *v. t.* boycott
boylam *n.* longitude
boynuz *n.* antler
boynuz *n.* horn
boynuzcuk *n.* cornicle
boynuzlu erkek *n.* cuckold
boyun *n.* neck
boyun eğdirme *n.* subjugation
boyun eğdirmek *v.t.* overpower
boyun eğdirmek *v.t.* subjugate
boyun eğme *n.* indulgence
boyun eğme *n.* subjection
boyun eğme *n.* şubmission
boyun eğmek *v.t.* indulge
boyun kürkü *n.* necklet
boyunca *adv.* along
boyunca *adv.* throughout
boyunca *prep.* throughout
boyundurluk *n.* yoke
boyut *n* dimension
boyut *n.* magnitude
boyut *n.* size
bozkır *n.* steppe
bozmak *n.* defile
bozmak *v.t.* mar
bozmak *v.i.* perjure
bozmak *v.t.* shatter
bozulmamış *a.* intact
bozulmaz *a.* imperishable
böbrek *n.* kidney
böbürlenme *n* boast
böbürlenmek *v.i* boast
böbürlenmek *v. i* crow
böcek *n* beetle
böcek *n.* bug
böcek *n.* insect
böcek ilacı *n.* insecticide

böğürmek *v.i.* low
bölge *n.* region
bölge *n.* territory
bölge *n* tract
bölge *n.* zone
bölgesel *a.* regional
bölgesel *a.* territorial
bölgesel *a.* zonal
bölme *n.* compartment
bölme *n.* partition
bölmek *v. t* divide
bölmek *v.t.* partition
bölmesi *n.* pane
bölüm *n.* chapter
bölüm *n* department
bölüm *n* division
bölüm *n* episode
bölüm *n.* part
bölüm *n.* quotient
bölüm *n.* section
bölünme *n.* schism
bölünmez *a.* indivisible
bölüntü *n.* aliquot
bölüştürmek *v.t.* allot
bölüştürmek *v.t* mete
böyle *a.* such
böyle *adv.* that
böylece *adv.* thereby
böylece *adv.* thus
Britanyalı *adj* british
brokar *n* brocade
brokoli *n.* broccoli
bronz *n. & adj* bronze
bronzlaşmak *v.i.* tan
broşür *n* booklet
broşür *n* brochure
broşür *n.* pamphlet
bruit *n* bruit
brüt *n.* gross
bu akşam *n.* tonight
bu gece *adv.* tonight
bu nedenle *adv.* therefore

bu sırada *adv.* meanwhile
budak *n.* snag
budala *n* fool
budalaca *a* foolish
budalalık *n.* idiocy
budama *n.* lop
budamak *v.t.* lop
budamak *v.t* nip
budamak *v.t.* prune
budamak *v.t.* trim
bufalo *n.* buffalo
bugün *n.* today
buğday *n.* wheat
buğu *n.* mist
buğulamak *v.i.* steam
buhar *n* steam
buhar *n.* vapour
buharlaşmak *v. i* evaporate
buharlaştırmak *v.t.* vaporize
buharlı *a.* vaporous
buhurluk *n* censer
buket *n* bouquet
bukle *n* lock
bulanıklık *n* blur
bulaşıcı *a* contagious
bulaşıcı *a.* infectious
bulaştırmak *v.t.* contaminate
bulaştırmak *v.t.* infect
bulaştırmak *v.t.* taint
buldog *n* bulldog
bulmaca *n.* puzzle
bulmaca *v.t.* puzzle
bulmak *v.t* find
bulunmak *pref.* be
buluşma *n.* rendezvous
buluşma *n.* tryst
buluşma yeri *n* haunt
buluşma yeri *n.* venue
buluşmak *v. t* date
buluşmak *v.t.* meet
bulut *n.* cloud
bulutlu *a* cloudy

bulutsu *n.* nebula
buluz *n* blouse
bunak *a.* senile
bunaklık *n.* senility
bunaltmak *v.i.* mope
bunaltmak *v.t.* overwhelm
bunaltmak *v.t.* ply
bunaltmak *v.t.* whelm
bunamak *v.t* dement
bundan böyle *adv.* henceforth
bundan böyle *adv.* henceforward
bunun üzerine *conj.* whereupon
burada *adv.* here
buralarda *adv.* hereabouts
burgaç *n* wake
burgu *n.* wimble
burjuva *n.* commoner
burkmak *v.t.* sprain
burkulma *n.* sprain
burkulma *n* wrick
burmak *v.t.* geld
burs *n.* scholarship
burun *n.* nose
burun *v.t* nose
burun *n.* snout
burun deliği *n.* nostril
burun takmak *v.t.* toe
buruşukluk *n* crease
buyurmak *v. i* decree
buyurmak *v.t.* prescribe
buz *n.* ice
buz gibi *a.* wintry
buz sarkıtı *n.* icicle
buzdolabı *n.* refrigerator
buzlu *a.* icy
buzluk *n.* fridge
buzul *n.* glacier
buzul *n.* iceberg
büklüm *n.* curl
bükmek *v.i.* strand
bükmek *v.t.* twist
bükmek *v.t.* wrench

bülbül *n.* nightingale
bünye *n.* physique
büro *n.* bureau
büro *a* clerical
bürokrasi *n.* Bureacuracy
bürokrat *n* bureaucrat
büst *n* effigy
bütçe *n* budget
bütün *a* entire
bütün *a.* integral
bütün *a.* whole
bütün haline getirmek *v. t* concrete
bütünlük *n.* integrity
bütünlük *n.* totality
büyü *n.* spell
büyü yapmak *v.t* bewitch
büyücü *n.* sorcerer
büyücülük *n.* sorcery
büyücülük *n.* witchcraft
büyük *a* big
büyük *a* great
büyük ayıp *n.* outrage
büyük boy kağıt *n* foolscap
büyük dalga *n* billow
büyük hisar *n.* fortress
büyük korku *n* dread
büyük mağara *n.* cavern
büyük şehir *n.* metropolitan
büyük yapı *n* edifice
büyükelçi *n.* ambassador
büyüklük taslamak *v.t.* patronize
büyülemek *v. t.* charm
büyülemek *v. t* enamour
büyülemek *v. t* enchant
büyülemek *v.t.* mesmerize
büyüme *n.* augmentation
büyüme *n.* growth
büyümek *v.t.* accrete
büyümek *v.t.* grow
büyütmek *v.t.* augment
büyütmek *v. t* enlarge
büyütmek *v.t.* foster

büyütmek *v.t.* magnify
büyütmek *v.t.* nurture
büyütmek *v.t.* overrate
büzülme *n.* shrinkage
büzülmek *v. i.* cringe
büzüşmek *v.t.* crimple

# C

cadde *n.* avenue
cadı *n.* witch
cahil *a.* ignorant
cam *n.* glass
cam kırığı *n.* cullet
cambaz *n.* coper
cambaz ayaklığı *n.* stilt
camcı *n.* glazier
cami *n.* mosque
can sıkıntısı *n* botheration
can sıkmak *v. t* bore
can yoldaşı *n.* helpmate
cana yakın *a.* affable
cana yakın *a* congenial
cana yakın *a.* mellow
canavar *n* beast
canavar *n.* monster
candan *a.* candid
candan *a.* whole-hearted
canını sıkmak *v. t* bother
canlandırma *n* uplift
canlandırmak *v.t.* animate
canlandırmak *v. t.* enliven
canlandırmak *v.t.* personify
canlandırmak *v.t.* rally
canlandırmak *v.t.* uplift
canlanma *n.* refreshment
canlanma *n.* resurgence
canlanma *n.* revival
canlanmak *v.i.* revive
canlanmak *v.i.* rouse

canlı *a* alive
canlı *a.* live
canlı *a.* lively
canlı *a.* spirited
canlı *a.* vivacious
canlı *a.* vivid
canlılar *n* quick
canlılık *n.* vitality
canlılık *n.* vivacity
cansız *a.* inanimate
cansız *a.* lifeless
cansızlaşmak *v.i.* languish
cariye *n* concubine
casus *n.* spy
caydırmak *v.i.* dehort
caydırmak *v. t* dissuade
cazibe *n.* attraction
cazibe *n.* charm
cazibe *n.* fascination
cazibe *n.* glamour
cazibe *n.* lure
cazibe *n.* witchery
cazip *a* becoming
cebe atmak *v.t.* pocket
cebelleşmek *v.i.* grapple
cebelleşmek *v.i.* tussle
cebir *n.* algebra
cefa *n.* rigour
cehalet *n.* ignorance
cehennem *a.* hell
ceket *n.* jacket
cellat *n.* executioner
celp *n.* summons
cenaze *n.* funeral
cenaze evi *n.* mortuary
cenaze teskeresi *n* bier
cenaze töreni *n* burial
cengaver *a.* warlike
cennet *n.* heaven
cennet *n.* paradise
centilmen *n.* gentleman
cep *n.* pocket

cephane *n.* ammunition
cephane *n.* armoury
cephane sandığı *n* limber
cephanelik *n.* arsenal
cephe *n* facade
cereyan *n* draught
cerrah *n.* surgeon
cerrahi *n.* surgery
cesaret *n.* courage
cesaret *n.* valour
cesaret isteyen *a.* adventurous
cesaretini kırmak *v. t.* discourage
cesaretini kırmak *v. t* dishearten
cesaretlendirme *n.* abetment
cesaretli *a.* courageous
cesaretlilik *n* bravery
ceset *n* corpse
ceset yakmak *v. t* cremate
cesur *a* brave
cesur *adj.* hardy
cesur *a.* venturous
cetvel *n.* ruler
cevap *n* answer
cevap *n* reply
cevaplamak *v.t* answer
cevaplamak *v.i.* reply
cevaplanabilir *a.* answerable
cevher *n.* jewel
ceviz *n.* walnut
ceza *n* fine
ceza *n* forfeiture
ceza *n.* penalty
ceza *n.* punishment
ceza *v.t.* recompense
ceza *n.* recompense
ceza kesmek *v.t* fine
ceza olarak kaybetmek *v.t* forfeit
cezai *a.* penal
cezalandırıcı *a.* punitive
cezalandırmak *v.t.* penalize
cezalandırmak *v.t.* punish
cezbetmek *v.t.* attract

cezbetmek *n.* wile
cılız *n.* lean
cılız *a.* puny
cırlak *adj* argute
cırlama *n* squeak
cıva *n.* mercury
cıvıldamak *v. i* cheep
cıvıldamak *v.i.* chirp
cıvıldamak *v.i.* twitter
cıvıltı *n* chirp
cıvıltı *n.* twitter
cızırdamak *v.i.* sizzle
cızırtı *n.* sizzle
cibilliyetsiz *a.* ignoble
ciddi *a.* momentous
ciddi *a* serious
ciddi *a.* solemn
ciddi *a.* staid
ciddiyetsizlik *n.* levity
ciğer *n.* liver
cihaz *n.* appliance
cihaz *n* device
cila *n* glaze
cila *n.* gloss
cila *n* polish
cilalamak *v.t.* glaze
cilalamak *v.t.* polish
cilalamak *v.i* surface
cilalı *a.* glossy
cilt *n.* skin
cilt *n.* tome
cin gibi *a* arch
cinas *n.* pun
cinas *v.i.* pun
cinayet *n.* murder
cinayet işlemek *v.t.* murder
cingöz *a* crafty
cinnet *adv.* amuck
cins *n.* breed
cins *n.* lot
cinsel *a.* sexual
cinsellik *n.* sexuality

cinsiyet n. gender
cinsiyetsiz a. neuter
cinssiz n neuter
cirit n. javelin
cisimleşme n embodiment
cisimleştirmek v. t. embody
civa n. quicksilver
civar n. locality
civar n. neighbourhood
civarında *prep* about
civarında n. vicinity
civarında *adv* around
civarlar n.pl. outskirts
ciyaklamak v.i. squeak
coğrafi a. geographical
coğrafya n. geography
coğrafyacı n. geographer
coşku n enthusiasm
coşku n fervour
coşku n. jubilation
coşkun *adj.* avid
coşkun a. jubilant
coşkunluk n. vehemence
coşmak v. i exult
coşmuş a. rampant
cömert a. generous
cömert a. munificent
cömertlik n. generosity
Cuma n. Friday
Cumartesi n. Saturday
cumhuriyet n. republic
cumhuriyetçi a. republican
cumhuriyetçi n republican
cübbe n. frock
cüce n dwarf
cüce n. midget
cümbüş n festivity
cümbüş n. jollity
cümbüş n. revel
cümbüş n. revelry
cümle n. sentence
cüppe n. vestment

cüret n. daring
cüzam n. leprosy
cüzamlı n. leper
cüzamlı a. leprous
cüzdan n. wallet
çaba n effort
çabalamak n endeavour
çabalamak v.t. strain
çabalamak v.i. struggle
çabuk konuşma v.t. jabber
çabuklaştırmak v. t. expedite
çadır n. tent
çağ n epoch
çağaşım n anachronism
çağdaş a contemporary
çağdaşlık n. modernity
çağdışı a. antiquated
çağdışı a. outdated
çağırma n. calling
çağırmak v. t beckon
çağırmak v.t. page
çağırmak v.t. summon
çağırmak v. t. call
çağlayan n. waterfall
çağrı n. call
çağrı n. convocation
çağrıştırmak v. t evoke
çakal n. jackal
çakıl n. pebble
çakırkeyif a. tipsy
çakmak n. lighter
çakmak v.t. nail
çaldırmak v.t. ring
çalgıcı n. instrumentalist
çalı n bush
çalı bülbülü n. warbler
çalı çırpı n faggot
çalıkuşu n. wren
çalılık n. thicket
çalışan n employee
çalışkan a. laborious
çalışkan a. studious

çalışma n. study
çalışma masası n desk
çalışmak v.i. study
çalışmak v.t. work
çalıştırmak v.t. recruit
çalıştırmak v.t. task
çalkalama n wriggle
çalkantı n agitation
çalmak v.i. steal
çalmak v.t. toll
çalmak n. verge
çam n. pine
çamaşırcı n. laundress
çamaşırhane n. laundry
çamur n. mud
çamur n. slush
çamura batırmak v. t bemire
çamurda yürümek v.i. wade
çamurlamak v.t. puddle
çamurlanmak v.t. mire
çan n. toll
çan kulesi n. steeple
çanak n. crockery
çanak n dish
çanak çömlek n. pottery
çanta n. bag
çanta n. purse
çanta v.t. purse
çap n diameter
çapa n. anchor
çapkın n. rascal
çapkın a. roguish
çapkınlık n. roguery
çapraşık a. intricate
çapraşıklaştırmak v.t. perplex
çaprazlama adv. across
çaprazlamak v. t cross
çapulcu n. marauder
çaput n. tatter
çardak n booth
çardak n. dais
çare n medium

çare n. remedy
çare n resort
çark n. lathe
çark dişi n cog
çark etmek v.t. pivot
çarpıcı a. bold
çarpıcı a. conspicuous
çarpıcı a dramatic
çarpıcı a. graphic
çarpılan n. multiplicand
çarpım n. multiplication
çarpıntı n. palpitation
çarpışma n collision
çarpışmak v. i. collide
çarpmak v.t. bang
çarpmak v.t. multiply
çarpmak v.t. slam
çarpmak v.t. strike
çarşaf n. sheet
Çarşamba n. Wednesday
çarşı n. mart
çat n slam
çatı n. roof
çatıkatı n. loft
çatırdamak v. t brustle
çatırdamak v.t. crackle
çatırdamak v.i. rattle
çatırdamak v.t. snap
çatırtı n. & v. i clack
çatısını örtmek v.t. roof
çatışma n. clash
çatışma n. skirmish
çatışmak v. t. clash
çatışmak v.t. skirmish
çatlak n crack
çatlamak v.t fracture
çatlamak v. i crack
çavdar n. rye
çavuş n. sergeant
çay n tea
çaydanlık n. kettle
çaydanlık v.t key

çayır n. mead
çayır n. meadow
çaylak n. novice
çehre n. countenance
çehre n. physiognomy
çehre n. visage
çek n. cheque
çekçek n. rickshaw
çekememezlik n. intolerance
çeki düzen vermek v.t. array
çekici a. attractive
çekici a desirable
çekici kılmak v.t endear
çekiç n. hammer
çekiçlemek v.t hammer
çekilme n abdication
çekilme n ebb
çekilme n. withdrawal
çekilmek v.t. abdicate
çekilmek v. i ebb
çekilmek v.i. gravitate
çekim n. pull
çekimlemek v.t. & i. conjugate
çekingenlik n. timidity
çekinmeden adv downright
çekinmek v.t. shun
çekirdek n. kernel
çekirdek n. nucleus
çekiş n. hitch
çekiş n. traction
çekişme n. altercation
çekişme n contention
çekişme n dispute
çekişmek v. i contend
çekişmek v. i dispute
çekiştirmek v.t. backbite
çekiştirmek v.t. tug
çekmece n drawer
çekmek v.i. heave
çekmek adv. hither
çekmek v.t. pull
çelenk n. garland

çelenk n. wreath
çelenk giydirmek v.t. garland
çelik n. steel
çelimsiz a feeble
çelişki n. antinomy
çelişki n contradiction
çelişkili a. paradoxical
çelişmek v. t contradict
çeltik n. paddy
çene n. chin
çene n. jaw
çene kemiği n. maxilla
çene yalmak v.i. prattle
çengel n. grapple
çentik n. notch
çerçeve n frame
çerçi n hawker
çerez n nibble
çeşit n. kind
çeşitlemek v.t. vary
çeşitli a diverse
çeşitli a. manifold
çeşitli a. varied
çeşitli a. various
çeşitlilik n. variety
çete n. gang
çete hırsızlığı n. dacoity
çete üyesi n. dacoit
çetele n. tally
çevik a. agile
çevik adj alacrious
çeviklik n. agility
çeviri n. translation
çevirme n. enclosure
çevirmek v.t. translate
çevirmek v.i. turn
çevre n. circumference
çevre n. environment
çevre n. periphery
çevre n. surroundings
çevrelemek v. t enclose
çevrelemek v.t. gird

çevrelemek *v.t* girdle
çevrelemek *v.t.* wreathe
çevrilmiş yer *n.* bawn
çeyiz *n* dowry
çeyrek *n.* quarter
çıban *n* abscess
çıban *n* blain
çıban *n* boil
çığlık *n* scream
çığlık *n.* shriek
çığlık atmak *v.i.* scream
çıkarım *n.* inference
çıkarma *n.* subtraction
çıkarmak *v. t.* eject
çıkarmak *v. t* emit
çıkarmak *v. t* extract
çıkarmak *v.t.* infer
çıkarmak *v.t.* subtract
çıkartmak *v.i.* quarry
çıkıntı *n.* prominence
çıkış *n.* exit
çıkışmak *v.t* upbraid
çıkmak *v.t.* quit
çıkmaz *n* deadlock
çıkmaz *n.* impasse
çıkmaz *n.* predicament
çıkrık *n.* winder
çıktı *n.* output
çıldırmak *v.i.* rave
çıldırtmak *v.t.* infuriate
çılgınlık *n.* frenzy
çılgınlık *n.* lunacy
çın *n.* clink
çınar *n.* sycamore
çıngar *n.* row
çıngırak *n* rattle
çıplak *a.* naked
çıplak *n* nude
çıplak *a.* bare
çıplaklık *n.* nudity
çırak *n.* apprentice
çırpınma *n* flutter

çırpınmak *v.t* flutter
çırpma teli *n* whisk
çırpmak *v.i.* scramble
çırpmak *v.t.* whisk
çıtçıt *n* snap
çıtır *a* crisp
çıtkırıldım *n* dandy
çıyan *n.* centipede
çiçek *n* flower
çiçek *n.* smallpox
çiçek açmak *v.i.* bloom
çiçek demeti *n.* nosegay
çiçekçi *n* florist
çiçeklenmek *v.i* blossom
çiçekli taç *n* anadem
çift *a* double
çift *n.* pair
çift *a* twin
çift *n* couple
çiftçi *n* carl
çiftçi *n* farmer
çiftçi *n.* yeoman
çiftçilik *n.* husbandry
çiftleşmek *v.i.* copulate
çiftleşmek *v.t.* mate
çiftlik *n* farm
çiğnemek *v. t* chew
çiğnemek *v.t.* masticate
çiğnemek *v.t.* trample
çiğnemek *v.t.* transgress
çikolata *n* chocolate
çile *n.* ordeal
çileci *a.* ascetic
çilek *n.* strawberry
çim *n.* turf
çimdik *v.* pinch
çimdiklemek *v.t.* pinch
çimen *n.* lawn
çimen *n.* sod
çimento *n.* cement
çimlendirme *n.* germination
çimlendirmek *v.i.* germinate

çinko *n.* zinc
çirkef *n.* cesspool
çirkin *a.* seamy
çirkin *a.* ugly
çirkinleştirmek *v.t.* uglify
çirkinlik *n.* ugliness
çiselemek *v. i* drizzle
çisenti *n* drizzle
çit *n* fence
çit *n.* hedge
çitle çevirmek *v.t* fence
çiy *n.* dew
çizelge *n.* schedule
çizelge halinde *a.* tabular
çizelgelemek *v.t.* schedule
çizelgeye geçirmek *v.t.* tabulate
çizgi *n.* line
çizgi çekmek *v.t.* line
çizgilemek *v.t.* stripe
çizik *n.* scratch
çiziktirmek *v.t.* scrawl
çizim *n* drawing
çizim *n.* graph
çizme *n* boot
çizmek *v.t* draw
çoban *n.* herdsman
çoban *n.* shepherd
çobanyıldızı *n.* loadstar
çocuk *n* child
çocuk *n.* junior
çocuk *n.* kid
çocuk arabası *n.* perambulator
çocukça *a.* childish
çocukluk *n* boyhood
çocukluk *n.* childhood
çocuksu *a.* infantile
çocuksu *a.* puerile
çoğalma *n.* proliferation
çoğalmak *v.t.* propagate
çoğaltkan *a.* reproductive
çoğaltmak *v.t.* reproduce
çoğu kez *adv.* oft

çoğul *a.* plural
çoğunluk *n.* majority
çok *adv.* so
çok *adv.* too
çok *a.* very
çok dili *a.* polyglot
çok eşli *a.* polygamous
çok eşlilik *n.* polygamy
çok katlı *a.* multiplex
çok korkmak *v.t* dread
çok okumuş *a.* well-read
çok tanrılı *n.* polytheist
çok tanrılı *a.* polytheistic
çok yanlı *a.* multilateral
çok yıllık bitki *n.* perennial
çok yönlü *a.* versatile
çok yönlülük *n.* versatility
çok zarif *a.* superfine
çok zengin *n.* nabob
çokayaklı *n.* multiped
çokbiçimli *n.* multiform
çoklu *a.* multiple
çokluk *n.* plurality
çomak *n* cudgel
çorap *n.* hosiery
çorap *n.* sock
çorap *n.* stocking
çorba *n.* soup
çökme *n.* slump
çökmek *v. i* collapse
çökmek *v.i.* slump
çökmek *v.i.* subside
çöl *n* desert
çöl *n.* wilderness
çömelmek *v.i.* cower
çömelmek *v. i.* crouch
çömelmek *v.i.* squat
çömlekçi *n.* potter
çöp *n.* litter
çöp *n.* refuse
çöp *n.* rubbish
çöp *n.* trash

çöpçü *n.* scavenger
çöpçü *n.* sweeper
çöplük *n.* garbage
çözmek *v.t.* assoil
çözmek *v.t.* solve
çözücü *a.* solvent
çözücü *n* solvent
çözülmez *n.* insoluble
çözüm *n.* solution
çözümlemek *v.t* remedy
çözünmek *v.t* dissolve
çözünür *a.* soluble
çözünürlük *n.* solubility
çubuk *n.* bar
çubuk *n.* rod
çukur *n.* pit
çukur açmak *v.t* hollow
çuval *n.* sack
çünkü *conj.* as
çünkü *conj.* because
çünkü *conj.* for
çürük *adj* carious
çürük *n* decay
çürük *a.* rickety
çürümek *v. i* decay
çürümek *v.i.* perish
çürümek *v.i.* rot
çürümez *a.* incorruptible
çürütmek *v.t.* contuse
çürütmek *v.t.* refute

**D**

dadanmak *v.t.* haunt
dağ *n.* mountain
dağ geçidi *n.* ravine
dağcı *n.* mountaineer
dağılmak *v. t* disperse
dağılmak *v.i.* straggle
dağınıklık *n.* mess
dağınıklık *n.* muddle
dağıtım *n* distribution
dağıtmak *v. t* distribute
dağıtmak *v.i* mess
dağıtmak *v.t.* muddle
dağıtmak *v.t.* rag
dağlık *a.* mountainous
daha *adv.* any
daha *a* further
daha *a.* more
daha az *a.* less
daha az *n* less
daha azı *adv.* less
daha fazla *adv* more
daha fazla yaşa *v.i.* outlive
daha iyi *a* better
daha iyi *adv.* better
daha önceki *prep.* afore
daha sonra *a* after
daha sonra *adv.* afterwards
daha uzaktaki *adv.* further
daha yaşlı *a* elder
dahası *adv* besides
dahası *adv.* moreover
dahası *adv.* nay
dahi *n.* genius
dahil etmemek *v.t.* omit
dahili *a.* implicit
dahili *a.* inmost
dahili *a.* interior
dahilinde *prep.* within
daimi *a.* perpetual
daire *n.* circle
dairesel *a* circular
dakik *a.* minute
dakik *a.* punctual
dakika *n.* minute
dakiklik *n.* punctuality
daktilocu *n.* typist
dal *n* branch
dal *n.* twig
dalak *n.* spleen

dalaşma *n.* wrangle
dalaşmak *v. t* brangle
dalaşmak *v. i. & n* brawl
dalaşmak *v.i.* quarrel
dalaşmak *v.i.* wrangle
dalavere *n* intrigue
dalavere çevirmek *v.t.* plot
daldırmak *v. t* dip
daldırmak *v.t.* immerse
dalga *n.* wave
dalgalandırmak *v. i* cockle
dalgalandırmak *v.i.* undulate
dalgalanma *n.* ripple
dalgalanma *n.* surge
dalgalanmak *v.t.* ripple
dalgalanmak *v.i.* surge
dalgalanmak *v.t.* wave
dalgın *a.* meditative
dalgın *a.* pensive
dalgın *a.* wistful
dalış *n* dive
dalış *n* plunge
dalıvermek *v.i.* pounce
dalkavuk *n.* sycophant
dalkavukluk *n* flattery
dalkavukluk *n.* sycophancy
dalmak *v.i.* dap
dalmak *v. i* dive
dalmak *v.t* groove
dalmak *v.i.* muse
dalmak *v.t.* plunge
damak *n.* palate
damaksal *a.* palatal
damar *n.* vein
damat *n.* bridegroom
damat *n.* groom
damga *n.* imprint
damga *n.* stamp
damgalamak *v.t.* imprint
damgalamak *v.i.* stamp
damıtımevi *n* distillery
damızlık *n* brood

damızlık *n.* stud
damla *n* drip
damla *n* drop
damlamak *v. t* distil
damlamak *v. i* drop
damlatmak *v. i* drip
damlatmak *v.t.* instil
-dan *prep.* from
-dan sonra *conj.* after
dana *n.* calf
dang *n.* dengue
danışıklı *a* sham
danışma *n* consultation
danışmak *v. t* consult
danışmak *v.t.* refer
danışman *n.* counsellor
dans *n* dance
dans etmek *v. t.* dance
dantel *n.* lace
dantelli *a.* lacy
dar *a.* narrow
darağacı *n.* . gallows
daralma *n.* stricture
daraltmak *v.t.* narrow
darbe *n.* coup
darbe *n.* jolt
dargın *a.* indignant
dargınlık *n.* indignation
darı *n.* millet
darkafalı *a.* provincial
darmadağınık saç *n.* thatch
dart *n.* dart
dava etme *n.* litigation
dava vekili *n.* barrister
davacı *n* claimant
davacı *n.* litigant
davacı *n.* plaintiff
davada sonuca bağlanamama *a.* subjudice
davalı *n* defendant
davalı *n.* respondent
davet *n.* invitation

davet etmek *v.t.* invite
davranış *n* behaviour
davranış *n* conduct
davranış sergilemek *v.i.* act
davranmak *v. i.* behave
davul *n* drum
davul çalmak *v.i.* drum
dayanak noktası *n.* mainstay
dayandırmak *v.t.* base
dayanıklı *a* durable
dayanıklı *n.* fortitude
dayanıklı *a.* resistant
dayanıklı *a.* sound
dayanıklılık *n.* endurance
dayanıklılık *n.* longevity
dayanıksız *a* flimsy
dayanılır *a.* tolerable
dayanılmaz *a.* intolerable
dayanışma *n.* solidarity
dayanma gücü *n.* stamina
dayanmak *v* abutted
dayanmak *v.t.* endure
dayanmak *v.i.* lean
dayanmak *v.t.* withstand
dayanmak *v.t* bear
dayatma *n.* impossibility
-de *prep.* at
debelenmek *v.i.* wallow
debelenmek *v.i.* writhe
debris *n* debris
debriyaj *n* clutch
dedikodu *n.* gossip
defetmek *v.t.* oust
defetmek *v.t.* sack
defin *n.* sepulture
deflasyon *n.* deflation
defne *n.* laurel
değer *n.* merit
değer *n.* value
değer biçmek *v.t.* apprise
değer biçmek *v. t* estimate
değer vermek *v.t.* treasure

değer vermek *v.t.* value
değerinde *a* worth
değerini düşürmek *v. t.* debase
değerleme *n.* valuation
değerlendirme *n.* assessment
değerlendirmek *v. t* evaluate
değerlendirmek *v.t.* assess
değerli *a.* meritorious
değerli *a.* precious
değerli *a.* valuable
değersiz *a.* worthless
değil *adv.* not
değinmek *v.* advert
değinmemek *v.t.* skirt
değirmen *n.* mill
değirmen *v.t.* mill
değirmenci *n.* miller
değiş tokuş *n* exchange
değiş tokuş etmek *v. t* exchange
değişik *a.* alternative
değişim *n* alteration
değişim *n.* change
değişimli *a.* alternate
değişimli olarak yapmak *v.t.* alternate
değişken *a* fitful
değişken *a.* incalculable
değişken *a.* mercurial
değişken *a.* variable
değişme *n.* vicissitude
değişmez *a.* literal
değiştirme *n.* replacement
değiştirmek *v.t.* alter
değiştirmek *v. t.* change
değiştirmek *v.t.* switch
değnek *n.* cane
değnek *n* baton
değnekle dövmek *v. t.* cane
dehşete düşürmek *v.t.* terrify
deist *n.* deist
dek *prep.* till
dek *prep.* until

dekan *n.* dean
dekompozisyon *n.* decomposition
dekorasyon *n* decoration
dekore etmek *v. t* decorate
delalet etmek *v.t.* portend
delegasyon *n* delegation
delegasyon *n* deputation
delege *n* delegate
delege *n.* negotiator
delege *n.* representative
delgi *n.* auger
deli *a* crazy
deli *a.* insane
deli *n.* lunatic
deli *a.* lunatic
delidolu *a.* zany
delik *n* eyelet
delik *n* hole
delik *n.* vent
delik açmak *v.t* hole
delikanlı *n.* lad
delikanlı *n.* youngster
delil *n* evidence
delilik *n* craze
delilik *n.* delusion
delilik *n.* insanity
delinme *n.* puncture
delinme *v.t.* puncture
dellenmiş *a.* frantic
delmek *v.t.* perforate
delmek *v.t.* pierce
delmek *v.t.* prick
delmek *n.* ream
delmek *v.i.* riddle
delta *n* delta
demek *v.t.* say
demet *n* bunch
demet *n.* sheaf
demir *n.* iron
demir atmak *v.t* moor
demir dövmek *v.t* forge
demirci *n* blacksmith

demirci *n.* smith
demirhane *n* forge
demirhindi *n.* tamarind
demirleme *n* anchorage
demiryolu *n.* railway
demleme *n.* infusion
demlemek *v. t.* brew
demlemek *v.t.* infuse
demlemek *v.t.* steep
demode *a.* outmoded
demokrasi *n* democracy
demokratik *a* democratic
demoraj *n.* demurrage
-den başka *prep* save
-den beri *adv.* since
-den önce olmak *v.t.* antecede
-den sonra *adv.* post
deneme *n.* essay
deneme *n.* probation
deneme *n.* trial
deneme *n* try
deneme yazarı *n* essayist
denemek *v.i.* try
denetçi *n.* auditor
denetçi *n.* controller
denetçi *n* examiner
denetim *n.* audit
denetlemek *v.t.* audit
denetlemek *v.t.* inspect
denetlemek *v.t.* oversee
denetlemek *v.t.* superintend
denetlemek *v.t.* supervise
deney *n* experiment
deney şişesi *n* beaker
deneyim *n* experience
deneyimlemek *v. t.* experience
deneyimli *adj.* conversant
deneyimsiz *n.* inexperience
deneyüstü *a.* transcendent
denge *n.* balance
dengelemek *v.t.* balance
dengelemek *v. t.* equalize

dengelemek v.t. offset
dengelemek v.t. poise
dengesiz beslenme n. malnutrition
deniz n. sea
deniz adamı n. merman
deniz kızı n. mermaid
denizaltı n. submarine
denizaltı a submarine
denizci n. mariner
denize adv. overboard
denk olmayan a. morganatic
denklemek v. t equate
depo n depot
depo n. repository
depolama n. storage
depolamak v.t. store
depolamak v.t warehouse
deprem n earthquake
deprem n quake
depresyon n depression
derdini paylaşmak v. t commiserate
dere n. brook
dere n. creek
dere n. rivulet
derece n degree
derece n. gradation
derece n. grade
derecelendirmek v.t. rate
derecik n. streamlet
derhal adv. anon
derhal adv. forthwith
derhal a. immediate
derhal adv. now
deri n. leather
deri değiştirmek v.i. moult
derin a. deep
derin a. profound
derinliğini ölçmek v.t fathom
derinlik n depth
derinlik n. profundity
derisini yüzmek v.t skin
derleme n. digest

derleme n. miscellany
derlemek v. t compile
derli toplu a. orderly
dermansız a. nerveless
dermansızlık n debility
dermis n. cutis
ders n. lecture
ders n. lesson
ders n. course
ders vermek v lecture
dert n. affliction
dert n. care
dert n. malady
dertli a. woebegone
desilyon n. decillion
despot n despot
deste n deck
destek n crutch
destek n. support
destekçi n follower
desteklemek v.t favour
desteklemek v.t. prop
desteklemek v.t. sponsor
desteklemek v.t. stake
desteklemek v.t. subordinate
desteklemek v.t. support
desteklemek v.t uphold
destekleyen n. seconder
deşmek v.t. lance
detay n detail
detaylandırmak v. t elaborate
detektif n. detective
dev n. giant
dev a. massy
dev gibi a mammoth
dev gibi a. titanic
devam n. continuation
devam n. sequel
devam etmek v. i. continue
devamlı a continuous
devamlı kusur bulan adj censorious
devamlılık n continuity

**devasa** *a.* gigantic
**devasa** *a.* monumental
**devasız** *a.* incurable
**deve** *n.* camel
**devedikeni** *n.* thistle
**devekuşu** *n.* ostrich
**devetüyü** *n* buff
**devinbilim** *n.* dynamics
**devinim** *n.* mobility
**devinirlik** *n.* momentum
**devir** *n* era
**devir** *n.* spin
**devirli** *a* cyclic
**devirmek** *v.t.* overthrow
**devirmek** *v.t.* tip
**devirmek** *v.i.* topple
**devlet** *n.* polity
**devlet** *n.* state
**devlet adamı** *n.* statesman
**devre** *n.* circuit
**devre** *n* cycle
**devre** *n* bout
**devren kiraya vermek** *v.t.* sublet
**devrim** *n.* revolution
**devrimci** *a.* revolutionary
**devrimci** *n* revolutionary
**devriye** *n* patrol
**devriye gezmek** *v.i.* patrol
**deyim** *n.* idiom
**deyimsel** *a.* idiomatic
**dezavantaj** *n* disadvantage
**-dığı yere** *conj.* where
**dırdır** *n.* nag
**dırdır** *v.i.* quack
**dırdır** *n* quack
**dırdır etmek** *v.t.* nag
**dış** *a* external
**dış** *a.* outer
**dış** *prep* outside
**dış hatlar** *n* contour
**dış lastiği değiştirme** *n.* retread
**dış lastiği değiştirmek** *v.t.* retread
**dış ülke muhabiri** *n.* correspondent
**dışa doğru** *a.* outward
**dışarı** *a.* outside
**dışarı doğru** *adv* outwards
**dışarıda** *adv.* out
**dışarıda** *adv* outside
**dışarısı** *n* outside
**dışarıya** *adv* outward
**dışavurum** *n.* manifestation
**dışavurumcu** *a.* expressive
**dışında** *prep* but
**dışında** *prep* except
**dışkı** *n.* stool
**dışlanmış** *n.* outsider
**dıştan** *adv.* outwardly
**diafram** *n.* midriff
**didaktik** *a* didactic
**didik didik aramak** *v.i.* rummage
**didik didik aramak** *n* rummage
**didinmek** *v.i.* moil
**didinmek** *v.i.* slave
**diğer** *a.* other
**diğer adıyla** *adv.* alias
**-diğine göre** *conj.* since
**dik** *a.* perpendicular
**dik** *a.* sheer
**dik** *a.* upright
**dik bakış** *n* gaze
**dik dik bakmak** *v.t.* gaze
**dik kafalı** *a.* headstrong
**dikdörtgen** *n.* oblong
**dikdörtgen** *n.* rectangle
**dikdörtgen biçiminde** *a.* rectangular
**diken** *n.* barb
**diken** *n.* prick
**diken** *n.* thorn
**dikenli** *a.* barbed
**dikenli** *a.* thorny
**dikey** *a.* vertical
**dikili** *a* erect
**dikiş** *n.* seam

dikiş *n.* stitch
dikiz *n* peep
dikizlemek *v.i.* peep
dikkat *n.* attention
dikkat çekici *a.* remarkable
dikkat etmek *v.t.* mind
dikkate almak *v. t* consider
dikkate değer *a.* noteworthy
dikkatini çekmek *v. t.* caution
dikkatli *a.* attentive
dikkatli *a* careful
dikkatli *a.* mindful
dikkatsiz *a.* careless
dikkatsiz *a.* inattentive
dikkatsizlik *n.* oversight
dikmek *v. t* erect
dikmek *v.t.* plant
dikmek *v.t.* sew
dikmek *v.t.* stitch
diksiyon *n* diction
diktatör *n* dictator
dikte *n* dictation
dil *n.* language
dil *n.* lingo
dil *n.* tongue
dil dökmek *v. t* coax
dilber *n* belle
dilbilgisi *n.* grammar
dilbilim *n.* linguistics
dilbilimci *n.* philologist
dilbilimsel *a.* linguistic
dilci *n.* linguist
dilde sadelik yanlısı sanatçı *n.* purist
dile düşme *n.* notoriety
dile getirmek *v.t.* utter
dile getirmek *v.t.* voice
dilek *n.* wish
dilekçe *n.* petition
dilekçe sahibi *n.* petitioner
dilekçe vermek *v.t.* petition
dilemek *v.t.* implore
dilemek *v.t.* wish

dilenci *n* beggar
dilim *n.* slice
dilimlemek *v.t.* slice
dilsel *a.* lingual
dilsiz *n.* mute
dilsiz *a* dumb
din *n.* religion
dinamik *a* dynamic
dinamit *n* dynamite
dinamo *n* dynamo
dinç *a.* vigorous
dindar *a.* godly
dindar *a.* pious
dindarlık *n.* piety
dindirmek *v.t.* abate
dingil *n.* axle
dingil başlığı *n.* nave
dingin *n.* calm
dinginlik *n.* inertia
dini *a.* religious
dini nedenlerle evlenmeme *n.* celibacy
dini tatil günü *n.* sabbath
dinlemek *v.i.* listen
dinlenme *n* rest
dinlenmek *v.i.* rest
dinleyici *n.* listener
dinsel tören *n.* sacrament
dinsellik *n.* spirituality
dip akıntısı *n.* undercurrent
diploma *n* diploma
diplomasi *n* diplomacy
diplomat *n* diplomat
diplomatça *a.* tactful
diplomatik *a* diplomatic
dipnot *n.* postscript
direnç *n.* resistance
direniş *n.* opposition
direnmek *v.t.* resist
dirhem *n* dram
diriltmek *v.t.* vitalize
dirsek *n* elbow

disiplin *n* discipline
disiplini sağlamak *n.* proctor
disiplinsizlik *n.* indiscipline
disk *n.* disc
diskalifiye *n* disqualification
diskalifiye etmek *v. t.* disqualify
diş *n.* tooth
diş ağrısı *n.* toothache
diş çıkarmak *v.i.* teethe
diş doktoru *n* dentist
dişi *a* female
dişi aslan *n.* lioness
dişi kaplan *n.* tigress
dişi karaca *n* doe
dişi köpek *n* bitch
dişi tavuskuşu *n.* peahen
diyabet *n* diabetes
diyagram *n* diagram
diyakoz *n.* deacon
diyalog *n* dialogue
diyar *a.* realm
diyar *n.* vale
diye *conj.* that
diyet *n* diet
diz *n.* knee
dizanteri *n* dysentery
dizgin *n.* rein
dizginlemek *v.t.* rein
dizginlemek *v.t.* restrain
dizi *n* row
dizi *n.* series
dizin *n* directory
dizlenmek *v.i.* kneel
dizlik *n.* breeches
dizmek *v.t* marshal
dobra *a* blunt
dobra dobra *a* downright
dogma *n* dogma
dogmatik *a* dogmatic
doğa *n.* nature
doğal *a.* natural
doğal olarak *adv.* naturally
doğal ortam *n.* habitat
doğalcı *n.* naturalist
doğallık *n.* spontaneity
doğan *n* falcon
doğan *a.* nascent
doğaüstü *a.* supernatural
doğmak *v.* born
doğmak *v.i* ensue
doğramak *v. i.* dice
doğramak *v.t.* mince
doğramak *v.t.* saw
doğru *a.* accurate
doğru *a* correct
doğru *adv* right
doğru biçimde *adv.* aright
doğru dürüst *adv* aright
doğrucu *a.* truthful
doğrudan *a* direct
doğrulama *n* correction
doğrulama *n.* justification
doğrulama *n.* verification
doğrulamak *v.t.* affirm
doğrulamak *v.t.* attest
doğrulamak *v. t* correct
doğrulamak *v.t.* justify
doğrulamak *v.t.* verify
doğrultmak *v.t.* redress
doğrultmak *v.t.* right
doğruluk *n.* accuracy
doğu *n* east
doğu *adv* east
doğu *a* east
doğu *a* eastern
doğulu *a.* oriental
doğum *n.* birth
doğum *a.* natal
doğurganlık *n* fertility
doğurmak *v.t* breed
doğuş *n.* nativity
doksan *n.* ninety
doksanıncı *a.* ninetieth
doktor *n* doctor

doktora *n* doctorate
doku *n.* texture
doku *n.* tissue
dokuma *n* textile
dokuma tezgahı *n* loom
dokumacı *n.* weaver
dokumak *v.t.* weave
dokunaklı *a.* poignant
dokundurma *n* allusion
dokundurma *n.* skit
dokundurmalı *a.* allusive
dokunmak *v.t.* touch
dokunsal *a.* tactile
dokunulabilir *a.* palpable
dokunulmaz *a.* inviolable
dokunuş *n* touch
dokuz *n.* nine
dokuzuncu *a.* ninth
doküman *n* document
dolambaçlı *a.* oblique
dolambaçlı *a.* tortuous
dolandırıcı *n.* swindler
dolandırıcılık *n.* knavery
dolandırıcılık *n.* swindle
dolandırmak *v.t* fleece
dolandırmak *v.t* gull
dolandırmak *v.t.* swindle
dolanıp durmak *v.i.* meander
dolap *n* cupboard
dolap *n.* cabinet
dolar *n* dollar
dolaşmak *v.i.* roam
dolaşmak *v.i.* wander
dolaştırmak *v. i.* circulate
dolaştırmak *v. t* entangle
dolaştırmak *v.t.* tangle
dolayısıyla *adv.* hence
dolayısıyla *conj.* whereat
dolaylı *a.* indirect
doldurmak *v.t* fill
doldurmak *v.t.* populate
doldurmak *v.t.* stuff

dolmuş uçak *n* charter
dolu *a.* full
dolu *n.* hail
dolu yağmak *v.i* hail
doluluk *n.* fullness
domates *n.* tomato
domuz *n.* pig
domuz *n.* sow
domuz *n.* swine
domuz eti *n.* bacon
domuz eti *n.* pork
domuz yağı *n.* lard
donakalmış *a.* aghast
donanım *n.* implement
donanım *n.* installation
donanım *n.* outfit
donanma *n.* armada
donatmak *v.t.* apparel
donatmak *v.t* outfit
dondurmak *v.i.* freeze
donuklaşmak *v.t.* tarnish
donuklaştırmak *v. t.* dull
donyağı *n.* tallow
dopdolu *a.* replete
doru at *n.* bayard
doruk *n* crest
doruk *n.* pinnacle
dost *n.* mate
dostane *adj.* amicable
dostça *a.* neighbourly
dostça davranmak *v. t.* befriend
dosya *n* file
dosyalamak *v.t* file
doyma *n.* saturation
doymaz *a.* insatiable
doz *n* dose
dozaşımı *n.* overdose
dökmecilik *n.* foundry
dökmek *v.i.* pour
dökmek *v.t.* shed
dökmek *v.i.* spill
döküm *n.* cast

**döküm** *n* casting
**döküntü** *n.* junk
**döl** *n.* progeny
**döl** *n.* spawn
**döndürmek** *v.t.* reverse
**döndürmek** *v.i.* rotate
**döndürmek** *v.t.* wheel
**dönek** *a* fickle
**dönem** *n.* period
**dönem** *n.* semester
**dönem** *n.* term
**dönence** *n.* tropic
**döner** *a.* rotary
**döngeçlemeli** *adj.* centrifugal
**döngü** *n.* loop
**dönmek** *v.i.* revert
**dönmek** *v.i.* revolve
**dönüm noktası** *n.* milestone
**dönüş** *v.i.* return
**dönüş** *n.* return
**dönüş** *n* turn
**dönüşken** *a.* mutative
**dönüşlü** *a* reflexive
**dönüştürmek** *v. t* coke
**dönüştürmek** *v. t* convert
**dönüştürmek** *v.* transform
**dönüşüm** *n* conversion
**dönüşüm** *n.* transformation
**dönüşüm** *n* convert
**dört** *n.* four
**dört ayaklı** *n.* quadruped
**dörtgen** *n.* quadrangle
**dörtgen** *a. & n.* quadrilateral
**dörtköşe** *a.* quadrangular
**dörtlemek** *v.t.* quadruple
**dörtlü** *a.* quadruple
**dörtlük** *n.* stanza
**dörtnala koşmak** *v.t.* gallop
**döşemek** *v.t.* furnish
**döşemek** *v.t.* plank
**döşemek** *v.t.* tile
**döviz** *n* currency

**dövme** *n.* tattoo
**dövme yapmak** *v.i.* tattoo
**dövmek** *v.t.* thrash
**dövmek** *v. t.* beat
**dövüş** *n* combat
**dövüşçü** *n* combatant
**dövüşmek** *v. t.* combat
**dragon** *n* dragon
**drama** *n* drama
**drama yazarı** *n* dramatist
**dua** *n.* prayer
**dua etmek** *v.i.* pray
**duba** *n* ark
**dudak** *n.* lip
**dul** *n.* widow
**dul** *n.* widower
**dul bırakmak** *v.t.* widow
**duman** *n.* smoke
**dumanlı** *a.* smoky
**dumanlı sis** *n.* smog
**durak** *n* stop
**duraklamak** *v.i.* lag
**duraklamak** *v.i.* pause
**duraksama** *n.* hesitation
**durdurma** *n.* interruption
**durdurmak** *v. i.* cease
**durdurmak** *v. t* discontinue
**durdurmak** *v. t.* halt
**durdurmak** *v.i.* stem
**durdurmak** *v.t.* stop
**durgun** *a.* inactive
**durgun** *a.* stagnant
**durgunluk** *n.* inaction
**durgunluk** *n.* recession
**durgunluk** *n.* stagnation
**durma** *n.* standstill
**durmak** *v.i.* stand
**durulamak** *v.t.* rinse
**durum** *n* circumstance
**durum** *n.* plight
**durum** *n.* situation
**durum** *n.* status

durumsallık *n.* contingency
duruş *n* halt
duruş *n* poise
duruş *n.* posture
duruş *n.* stand
duş *n.* shower
duş almak *v.t.* shower
dut *n.* mulberry
duvar *n.* wall
duyarlı *a.* sensitive
duyarlılık *n.* sensibility
duygu *n* emotion
duygu *n.* sentiment
duygulu *a.* sentient
duygusal *a* emotional
duygusal *a.* sensuous
duygusal *a.* sentimental
duygusallık *n.* sensuality
duygusuz *a.* frigid
duymak *v.t.* hear
duyu *n.* sense
duyulamaz *a.* inaudible
duyulur *a* audible
duyurmak *v.t.* announce
duyuru *n.* announcement
düdük çalmak *v.i* pipe
düello *n* duel
düello yapmak *v. i* duel
düğme *n* button
düğmelemek *v. t.* button
düğüm *n.* knot
düğümlemek *v.t.* knot
düğün *a.* nuptial
düğün *n.* wedding
dük *n* duke
dümdüz *a* flat
dümen *n.* helm
dün *n.* yesterday
dün *adv.* yesterday
dünya *n* earth
dünya *n.* world
dünya işlerine dalmış kimse *n.*

worldling
dünyevi *a.* worldly
dürbün *n.* binocular
dürtmek *v.t* goad
dürtmek *v.t.* nudge
dürtü *n.* impulse
dürtü *n.* incentive
dürtüş *n.* poke
dürüst *a.* frank
dürüst *a.* honest
dürüst *a.* righteous
dürüstlük *n.* honesty
dürüstlük *n.* veracity
dürzü *n.* scoundrel
düş *n* fancy
düşkün *a.* affectionate
düşkün *a* fond
düşkün *a.* indulgent
düşkün *a.* keen
düşkünlük *n.* affection
düşkünlük *n.* keenness
düşman *n* enemy
düşmanca *a.* hostile
düşmanca *a.* virulent
düşmanlık *n* enmity
düşmanlık *n.* hostility
düşmek *v.i.* fall
düşük *n.* low
düşük yapma *n.* miscarriage
düşük yapmak *v.i.* miscarry
düşünce *n.* notion
düşünce *n* thought
düşünceli *a.* considerate
düşünceli *a.* thoughtful
düşüncesiz *a.* inconsiderate
düşünceye dalmak *v.t.* meditate
düşünmeden davranma *n.* indiscretion
düşünmek *v.t* figure
düşünmek *v.t.* think
düşünüp taşınma *n* contemplation
düşünüp taşınmak *v. t* contemplate

**düşünüp taşınmak** *v.t.* ponder
**düşünür** *n.* thinker
**düşüş** *n* decrease
**düşüş** *n* downfall
**düşüş** *n* fall
**düşüş** *n* spill
**düz** *a.* straight
**düz** *adv.* straight
**düzelmek** *v.t.* meliorate
**düzeltme** *n.* amendment
**düzeltme** *n.* rectification
**düzeltmek** *v.t.* amend
**düzeltmek** *v.i.* rectify
**düzeltmek** *v.t.* straighten
**düzenbaz** *n.* impostor
**düzenbaz** *n.* rogue
**düzenbaz** *n.* trickster
**düzenbazlık** *n* duplicity
**düzenbazlık** *n.* imposture
**düzenleme** *n.* adjustment
**düzenleme** *n.* regulation
**düzenleme** *n.* arrangement
**düzenlemek** *v.t.* adjust
**düzenlemek** *v. t* edit
**düzenlemek** *v.t.* organize
**düzenlemek** *v.t.* regulate
**düzenlemek** *v.t.* arrange
**düzenli** *a.* co-ordinate
**düzenli** *a.* neat
**düzenli** *a.* regular
**düzenli** *a.* tidy
**düzenlilik** *n.* regularity
**düzenlilik** *n.* tidiness
**düzensiz** *a.* irregular
**düzensizlik** *n* disorder
**düzensizlik** *n.* jumble
**düzey** *n.* level
**düzgün** *a.* shapely
**düzine** *n* dozen
**düzlem** *a.* plane
**düzlem** *n* plane
**düzleştirmek** *v.t.* smooth

**düzmece** *n* sham

# E

**-e aldırmadan** *a.* irrespective
**-e başvurmak** *v.i.* resort
**ebe** *n.* midwife
**ebedileştirmek** *v.t.* perpetuate
**ebediyen** *adv* forever
**ebeveyn** *n.* parent
**ebeveyne ait** *a.* parental
**-ebilmek** *n.* might
**ecnebi** *adj* alien
**eczacı** *n.* chemist
**eczacı** *n* druggist
**eczane** *n.* pharmacy
**edat** *n.* preposition
**edebi** *a.* literary
**edebiyat** *n.* literature
**edep** *n* decency
**edep** *n* decorum
**edepsiz** *a.* immodest
**edinilmiş** *adj* adscititious
**edinmek** *v.t.* adopt
**editoryal** *a* editorial
**editör** *n* editor
**efendi** *a.* gallant
**efendi** *n* gallant
**Efendiler** *n.* Messrs
**efendilik** *n.* gallantry
**efsane** *n.* legend
**efsanevi** *a.* legendary
**efsanevi** *a.* mythical
**egemen** *n.* ruling
**egemen** *a* sovereign
**egemenlik** *n.* mastery
**egemenlik** *n.* sovereignty
**egzersiz** *n.* exercise
**egzersiz yapmak** *v. t* exercise
**eğer** *conj.* if

eğilim *n.* tendency
eğilim *n.* trend
eğilimli *a.* apt
eğilimli olmak *v.t.* slant
eğilmek *v.i.* duck
eğilmek *v.i.* stoop
eğilmez *a.* inflexible
eğim *n* slant
eğim *n.* tilt
eğirmek *v.i.* spin
eğitim *n* education
eğitim *n.* training
eğitmek *v. t* educate
eğlence *n* amusement
eğlence *n.* entertainment
eğlence *n.* lark
eğlence *n.* pastime
eğlence düşkünü *n.* reveller
eğlenceli *n.* fun
eğlendirmek *v.t.* amuse
eğlendirmek *v. t* entertain
eğlenmek *v.i.* revel
eğmek *v.i.* tilt
eğmek *v. t* bend
eğri *n* bent
eğri *a* crook
ehemmiyetsiz *a.* immaterial
ehil *a* able
ehlileştirmek *a.* tame
ehlileştirmek *v.t.* tame
ehliyetsizlik *n.* incapacity
ek *n.* addition
ek *a* extra
ek *n.* supplement
ek *n.* attachment
ek mesai *n.* overwork
ek vergi *n.* surtax
Ekim *n.* October
ekin *n* crop
ekip *n.* crew
ekipman *n* equipment
eklem *n.* joint

ekleme *n.* insertion
eklemek *v.t.* add
eklenti *n.* appendage
ekmek *n* bread
ekmek *v.t.* sow
ekmekleştirmek *v. t.* & *i* breaden
ekonomi *n.* economics
ekonomi *n* economy
ekonomik *a* economical
ekran *n.* screen
ekselans *n* excellency
Ekselansları *n.* Highness
eksen *n.* axis
eksi *prep.* less
eksi *prep.* minus
eksi *n* minus
eksik *a* absent
eksik *adj.* deficient
eksiklik *n* absence
eksiklik *n.* shortage
eksiklik *n.* void
eksilme *n* wane
eksilmek *v.t.* lack
eksiltmek *v.t.* deduct
eksiltmek *v.t* lessen
ekspres *n* express
ekşi *a.* sour
ekşimek *v.* acetify
ekvator *n* equator
el *n* hand
el arabası *n.* cart
el bombası *n.* grenade
el falcısı *n.* palmist
el falı *n.* palmistry
el ilanı *n.* handbill
el işi *n.* handiwork
el kitabı *n* manual
el kol hareketi *n.* gesture
el koyma *n.* seizure
el koymak *v. t* confiscate
el koymak *v.t.* levy
el sanatı *n.* handicraft

el yazısı n calligraphy
el yazısı n. manuscript
el yazısı n. script
elbette adv. surely
elbise n. clothes
elçilik n embassy
elde edilebilir a. obtainable
elde etmek v.t. acquire
elde etmek v.t. gain
elde etmek v.t. obtain
elden çıkarma n disposal
elden çıkarmak v. t dispose
elden geçirme n. overhaul
elden geçirmek v.t. overhaul
eldiven n. glove
eldiven n. mitten
ele almak v.t. tackle
ele geçirmek v. t. capture
elek n. sieve
elektrik n electricity
elektriklendirmek v. t electrify
elektrikli a electric
elem n distress
eleme n elimination
elemek v. t eliminate
elemek v.t. sift
element n element
eleştiri n commentary
eleştiri n criticism
eleştiri v.t. review
eleştiri n review
eleştirmek v. t criticize
eleştirmen n commentator
eleştirmen n critic
elf n elf
eli açık a bountiful
elit a select
elle a. manual
ellemek v.t. grope
elli n. fifty
elma n. apple
elmas n diamond

elveda n. adieu
elveda interj. farewell
elverişli a convenient
elverişli a. opportune
elverişlilik n. convenience
elverişsiz a. impracticable
elverişsizlik n. impracticability
elyaf n. staple
elzem a. needful
emanet n. deposit
emanet etmek v. t. consign
emanet etmek v. t entrust
emanete hıyanet n. misappropriation
embriyo n embryo
emdirmek v.t. saturate
emek vermek v.i. labour
emekli n. pensioner
emekli etmek v.t. pension
emekli olmak v.i. retire
emeklilik n. pension
emeklilik n. retirement
emekliye ayırmak v.t. shelve
emektar n. veteran
emel n. aspiration
emin a. sure
emir n command
emir n. precept
emisari n emissary
emiş n. suck
emmek v.t absorb
emmek v.t. soak
emmek v.t. suck
emperyalizm n. imperialism
empoze etmek v.t. impose
emre yazılı a. promissory
emretmek v. t command
emretmek v. t direct
emretmek v. t dictate
emsali olmak v. t equal
emsalsiz a. nonpareil
emsalsiz a. peerless

emzik *n.* teat
emzirmek *v.i.* lactate
emzirmek *v.t.* suckle
en aşağı nokta *n.* nadir
en az *a.* least
en az *a.* minimal
en aza indirmek *v.t.* minimize
en azından *adv.* least
en çok *a.* most
en çok *adv.* most
en çok *n* most
en içteki *a.* innermost
en kötü *a* worst
en kötüsü *n.* worst
en önemli *a* foremost
en üstün derece *n.* superlative
endişe *n* concern
endişe *n* disquiet
endişe *n.* worry
endişelendirmek *v.t.* perturb
endişelenmek *v.i.* worry
endişeli *a.* anxious
endişeli *a.* fraught
endüstri *n.* industry
endüstriyel *a.* industrial
enerji *n.* energy
enerjik *a* energetic
enfeksiyon *n.* infection
enfiye *n.* snuff
enflasyon *n.* inflation
engel *n.* hindrance
engel *n.* hurdle
engel *n.* impediment
engel *n.* obstacle
engel *n.* obstruction
engel olmak *v. t.* encumber
engelleme *n.* inhibition
engellemek *v.t.* handicap
engellemek *v.t.* hinder
engellemek *v.t.* impede
engellemek *v.t.* obstruct
engelleyici *a.* obstructive

engelleyici *a.* prohibitive
engelli *a* disabled
engellilik *n* disability
engin *a* broad
engin *a.* immense
engin *n.* offing
enginar *n.* artichoke
enginlik *n.* immensity
enik *n.* whelp
eninde sonunda *adv.* ultimately
enine *prep.* athwart
enjeksiyon *n.* injection
enjekte etmek *v.t.* inject
enjekte etmek *v.t.* syringe
enkarnayon *n.* incarnation
enkarne *a.* incarnate
enkarne olmak *v.t.* incarnate
enkaz *n.* wreckage
enlem *n.* latitude
ense *n.* nape
enselemek *v.t.* nab
enstrüman *n.* instrument
enstrümantal *a.* instrumental
entelektüel *a.* intellectual
entelektüel *n.* intellectual
entomoloji *n.* entomology
entrika *n.* scheme
epey *adv* much
epey *adv.* pretty
epik *n* epic
epilepsi *n* epilepsy
erdem *n.* virtue
erdem örneği *n.* paragon
erdemli *a.* virtuous
erek *n.* terminus
ereksiyon *n* erection
ergen *a.* adolescent
ergenlik *n.* adolescence
ergenlik *n.* puberty
erik *n.* plum
erime *n* thaw
erimek *v.i.* melt

erimek *v.i* thaw
erimiş *a.* molten
erişim *n* access
erişkin *a* adult
erkek *a.* male
erkek *n* male
erkek avcı *n.* huntsman
erkek çocuk *n* boy
erkek fatma *n.* tomboy
erkek kaz *n.* gander
erkek kedi *n.* tomcat
erkekçe *a.* manlike
erkekçe *a.* virile
erkeklere özel *n.* stag
erkeklik *n.* manhood
erkeklik *n* manliness
erkeklik *n.* virility
erkeksi *a.* manly
erken *adv* early
erkenci *a* early
erotik *a* erotic
erteleme *n.* adjournment
erteleme *n.* postponement
erteleme *n.* procrastination
ertelemek *v.t. & i.* delay
ertelemek *v.t.* postpone
erzak *n. pl* victuals
esaret *n* bondage
esaret *n.* thralldom
esas *a.* fundamental
esef *n.* compunction
esin *n* muse
esin kaynağı *n.* inspiration
esinlemek *v.t.* inspire
esinti *n* waft
esinti *n.* whiff
esinti *n.* zephyr
esinti *n* blow
esir *n.* prisoner
esir etmek *v.t.* enslave
esirgemek *v.t.* grudge
esirgemek *v.t.* spare

eski tarih *n* antedate
eskiden *adv.* sometime
eskilik *n.* antiquity
eskimiş *a.* obsolete
eskiz *n.* sketch
eskort *n* escort
esmek *v.i.* blow
esnaf *n.* monger
esnaf *n.* tradesman
esnek *a* elastic
esnek *a* flexible
esnek *a.* supple
esneme *n.* yawn
esnemek *v.i.* yawn
espri *n.* witticism
esrarengiz *a.* uncanny
esrarlı *a.* mystic
estetik *a.* aesthetic
estetik *n.pl.* aesthetics
esvap *n.* attire
eş *n* mate
eş *n.* spouse
eşanlamlı *a.* synonymous
eşarp *n.* kerchief
eşarp *n.* scarf
eşdeğer *a* equivalent
eşek *n* donkey
eşek *n.* ass
eşekarısı *n.* hornet
eşik *n.* brink
eşik *n.* threshold
eşit *a* equal
eşit *n* equal
eşit *a* even
eşit *a.* tantamount
eşitlem *n* equation
eşitlemek *v. t* even
eşitlik *n* equality
eşitsizlik *n* disparity
eşkenar *a* equilateral
eşkin *n* canter
eşlemek *v.i.* match

eşlemlemek *v.t.* map
eşleştirmek *v. t* couple
eşleştirmek *v.t.* pair
eşlik etmek *v.t.* accompany
eşlik etmek *v. t* escort
eşsiz *a.* inimitable
eşsiz *a.* matchless
eşsizlik *n.* singularity
eşya *n.* ware
et *n* flesh
et *n.* meat
etajer *n.* rack
etek *n.* skirt
eter *n* ether
etik *n.* ethics
etik *n.* morality
etiket *n.* label
etiket *n.* sticker
etiket *n.* tag
etiketlemek *v.t.* label
etiketlemek *v.t.* tag
etken *n* factor
etki *n* effect
etki *n.* impact
etki *n.* influence
etkilemek *v.t.* affect
etkilemek *v. t* effect
etkilemek *v.t.* impress
etkilemek *v.t.* influence
etkileşim *n.* interplay
etkileyici *a.* impressive
etkili *a* effective
etkililik *n* efficacy
etkin *a* efficient
etkinleştirmek *v.t.* activate
etkinleştirmek *v. t* enable
etkinlik *n* efficiency
etkisiz *a.* ineffective
etkisiz *a.* inoperative
etkisizleştirmek *v.t.* counteract
etli *a.* pulpy
etrafında *adv.* round

etrafından akma *n.* circumfluence
etsuyu *n* broth
ev *n* house
ev sahibi *n.* host
evcil hayvan *n.* pet
evden uzak *adv.* afield
evet *adv.* yes
evham *n.* apprehension
evhamlı *a.* apprehensive
evlek *n.* furrow
evlenme *n.* matrimony
evlenme *n.* spousal
evlenmek *v.t.* marry
evlenmek *v.t.* wed
evliliğe ait *a.* matrimonial
evliliğe karşı kimse *n* agamist
evlilik *n.* marriage
evlilik *n.* wedlock
evlilik öncesi *adj.* antenuptial
evlilik öncesi *a.* premarital
evlilikle ilgili *a* conjugal
evlilikle ilgili *a.* marital
evren *n.* universe
evrensel *a.* universal
evrim *n* evolution
evrimleşmek *v.t* evolve
evriştirmek *v.t.* convolve
evvel *adv.* ago
eyer *n.* saddle
eyerlemek *v.t.* saddle
eylem *n* deed
eylem *n.* action
Eylül *n.* September
eyvah *interj.* alas
ezberden okumak *v.t.* recite
ezeli düşman *n.* nemesis
ezici *a.* oppressive
ezik *a.* meek
eziyet etmek *v.t.* agonize
eziyet etmek *v.t.* persecute
eziyet etmek *v.t.* torment
ezmek *v.t.* conculcate

ezmek v. t crush
ezmek v.t mash
ezmek v.t. squash

# F

faal a. active
faal a. industrious
faal a. living
faal a look
faaliyette bulunmak v.i function
fabl n. fable
fabrika n factory
facia n. holocaust
façeta n facet
fahişe n. bawd
fahişe n. prostitute
fahişe n. whore
fahişelik yapmak v.t. prostitute
fahri a. honorary
fahri a. voluntary
fakat conj. but
fakir v.t. depauperate
fakir n. pauper
fakirleştirmek v.t. impoverish
fakülte n faculty
fal n. auspice
falan adv. something
falcı n. seer
fanatik a fanatic
fanatik n fanatic
fanila n flannel
fantom n. phantom
fanus n. lantern
fare n. mouse
farfara n. windbag
fark n difference
farketmek v.t. notice
farketmek v.t. spot
farkı görmek v. i distinguish

farkında a. aware
farkında olmadan adv. unwittingly
farkında olmama n. oblivion
farklı a different
fars n farce
farzetmek v.i. deem
farzetmek v.t. opine
farzetmek v.i. theorize
fasıla n. lull
fasulye n. bean
fatura n bill
fatura n. invoice
fauna n fauna
favori n favourite
fayans n. tile
fayda n benefit
fayda sağlamak v.t. avail
fayda sağlamak v. t. court
faydacı a. utilitarian
faydalanmak v. t. benefit
faydalı a. serviceable
faydasızlık n. futility
fayton n. barouche
faz n. phase
fazla n over
fazla adv. beyond
fazla çalışmak v.i. overwork
fazla mesai adv. overtime
fazla para çekmek v.t. overdraw
fazla yüklemek v.t. overburden
fazla yüklemek v.t. surcharge
fazlalık n. surplus
fazlasıyla uzun a. lengthy
feci a disastrous
feci a. ghastly
fedai n bouncer
federal a federal
federasyon n federation
felaket n. calamity
felaket n disaster
felç n. palsy
felç n. paralysis

**felç etmek** *v.t.* paralyse
**felçli** *a.* paralytic
**felsefe** *n.* philosophy
**felsefi** *a.* philosophical
**fena** *n* ill
**fena şekilde** *adv.* badly
**fenalık** *n.* meanness
**fenalık** *n* mischief
**fener** *n* beacon
**fenomen** *n.* phenomenon
**feodal** *a* feudal
**feragat** *n* abnegation
**feragat etmek** *v.t* abnegate
**feragat etmek** *v.t* forgo
**ferah** *a.* roomy
**ferah** *a.* spacious
**feraset** *n.* acumen
**ferda** *n.* morrow
**feribot** *n* ferry
**ferman** *n.* mandate
**ferman** *n.* writ
**fermentasyon** *n* fermentation
**fermuar** *n.* zip
**fermuarlamak** *v.t.* zip
**feryat** *n* cry
**feryat** *n* howl
**feryat** *n* wail
**feryat etmek** *v. t* bewail
**feryat etmek** *v.t.* howl
**fesat** *a.* malicious
**feshetmek** *v.t* abolish
**feshetmek** *v. t.* abrogate
**feshetmek** *v.t.* annul
**feshetmek** *v.t.* countermand
**feshetmek** *v.t* outlaw
**feshetmek** *v.i.* repeal
**fesleğen** *n.* basil
**festival** *n* festival
**feston** *n* festoon
**fethetmek** *v. t* conquer
**fetih** *n* conquest
**feveran** *n.* outburst

**fevkalade** *a.* marvellous
**fıçı** *n.* barrel
**fıçı** *n* cask
**fıkra** *n* clause
**fındık** *n* nut
**fırça** *n* brush
**fırfır** *n.* frill
**fırfır** *v.t.* ruffle
**fırıldak** *n.* whirligig
**fırıldak** *n.* windmill
**fırın** *n* bakery
**fırın** *n.* kiln
**fırın** *n.* oven
**fırıncı** *n.* baker
**fırında pişirmek** *v.t.* bake
**fırlamak** *v.i.* spring
**fırlatma** *n* toss
**fırlatmak** *v.t* fling
**fırlatmak** *v.t.* hurl
**fırlatmak** *v.t.* toss
**fırlatmak** *v. t.* cast
**fırsat** *n.* opportunity
**fırsatçılık** *n.* opportunism
**fırsatçılık yapmak** *v.i.* profiteer
**fırtına** *n.* storm
**fırtına** *n.* tempest
**fırtınalı** *a.* stormy
**fırtınalı** *a.* tempestuous
**fısıldamak** *v.t.* whisper
**fısıltı** *n.* undertone
**fısıltı** *n* whisper
**fıskiye** *n.* fountain
**fışkın** *n.* sprig
**fışkırma** *n.* spout
**fışkırmak** *v. i* erupt
**fışkırtmak** *v.i.* spurt
**fıtık** *n.* hernia
**fidan** *n.* sapling
**fidanlık** *n.* plantation
**fidye** *n.* ransom
**fidye** *v.t.* ransom
**figan** *n.* lamentation

fihrist *n.* index
fiil *n.* verb
fikir *n.* idea
fikir *n.* opinion
fil *n* elephant
fil sürücüsü *n.* mahout
fildişi *n.* ivory
fildişi *n.* tusk
filika *n.* barge
filiz *n* blossom
filiz *n.* offshoot
filiz *n* sprout
filizlenme *n* bloom
filizlenmek *v.i.* sprout
film *n* film
film çekmek *v.t* film
film makinesi *n* bioscope
filo *n* fleet
filo *n.* squadron
filoloji *n.* philology
filolojik *a.* philological
filozof *n.* philosopher
filtre *n* filter
filtrelemek *v.t* filter
finans *n* finance
finansal *a* financial
finanse etmek *v.t* finance
finansör *n* financier
fincan *n.* cup
fincan *n.* mug
fincan tabağı *n.* saucer
firar etmek *v.i* flee
fire *n.* wastage
firma *n.* firm
fiske *n* pat
fistül *n* fistula
fisür *n* fissure
fiş *n* check
fiş *n.* jack
fiş *n.* plug
fiş *n.* voucher
fitil *n.* wick

fitlemek *v.t.* instigate
fitne *n.* instigation
fitneci *a* factious
fiyasko *n* fiasco
fiyat teklifi *n* bid
fiyat teklifinde bulunmak *v.t* bid
fiyonk *n* bow
fizik *n.* physics
fizikçi *n.* physicist
fiziksel *a.* physical
flama *n.* streamer
flaş *n* flash
flört *n* flirt
flört etmek *v.i* flirt
flüt *n* flute
flüt çalmak *v.i* flute
fokal *a* focal
fon *n.* fund
fonetik *a.* phonetic
fonetik *n.* phonetics
formül *n* formula
formülleştirmek *v.t* formulate
forum *n.* forum
forvet *n.* striker
fosfat *n.* phosphate
fosfor *n.* phosphorus
fosil *n.* fossil
fosurdamak *v.i.* puff
fotoğraf *n* photo
fotoğraf *n* photograph
fotoğraf çekmek *v.t.* photograph
fotoğraf makinası *n.* camera
fotoğrafçı *n.* photographer
fotoğrafçılık *n.* photography
fotoğrafik *a.* photographic
fotokopi *n.* xerox
fotokopisini çekmek *v.t.* xerox
Fransız *a.* French
Fransız *n* French
frapan *a* emphatic
fren *n* brake
fren yapmak *v. t* brake

fresk *a.* mural
fuar *n.* fair
fuaye *n.* lounge
fuhuş *n.* prostitution
funda *n.* shrub
fundalık *n.* moor
furya *n* glut
füzyon *n* amalgamation

**G**

gaddar *a.* barbarian
gaf *n* blunder
gaf *n.* slip
gaf yapmak *v.i* blunder
gaga *n* beak
gaga *n.* nib
gagalama *n.* peck
gagalamak *v.i.* peck
gaipten haber vermek *v.t* foretell
gak *n.* caw
gaklamak *v. i.* caw
gala *n.* premiere
galaksi *n.* galaxy
galeri *n.* gallery
galeyan *n* ferment
galip *n.* victor
galon *n.* gallon
galvanizlemek *v.t.* galvanize
gangster *n.* gangster
ganimet *n* booty
ganimet *n.* godsend
ganimet *n.* loot
ganimet *n.* trophy
ganimetlemek *v.i.* loot
garaj *n.* garage
garanti *n.* guarantee
garanti *n.* warrant
garanti *n.* warranty
garanti etmek *v.t* guarantee

garanti etmek *v.t.* warrant
gardiyan *n.* warder
gardrop *n.* wardrobe
garez *n.* malice
garez *n.* rancour
gargara yapmak *v.i.* gargle
garip *a.* strange
garip *a.* awkward
gariplik *n.* oddity
garson *n.* waiter
gasp *n.* usurpation
gaspetmek *v.t.* rape
gaspetmek *v.t.* usurp
gaspetmek *v.t.* wrest
gayda *n.* bagpipe
gayret *n.* ardour
gayret *v.i* endeavour
gayret *n.* zeal
gayretli *a.* ardent
gayretli *a.* zealous
gayrimeşru *a.* illegitimate
gaz *n.* gas
gaz halinde *adj.* aeriform
gaz haline getirmek *v.t.* aerify
gaza getirmek *v. t.* embolden
gazap *n.* fury
gazap *n.* wrath
gazel *n.* lyric
gazete *n.* daily
gazete *n.* gazette
gazete *n.* journal
gazeteci *n.* journalist
gazetecilik *n.* journalism
gazlı *a.* gassy
gazyağı *n.* kerosene
gebelik *n.* pregnancy
gece *n.* night
gece nöbeti *n.* vigil
gecekondu *a.* shanty
gecekondu *n.* slum
geceletmek *v.t.* quarter
geceleyin *adv.* nightly

geceleyin *a.* nocturnal
gecelik *n.* gown
gecelik *n.* nightie
gecelik *a* overnight
geceyarısı *n.* midnight
gecikmiş *adj.* belated
geciktirme *n.* retardation
geciktirmek *v.t.* retard
geciktirmek *v.t.* stall
geç *adv.* late
geçen *pron* former
geçenlerde *adv.* recently
geçerli *a.* valid
geçerlilik *n.* validity
geçersiz *a.* invalid
geçersiz kılmak *v.t.* overrule
geçici *a.* provisional
geçici *a.* temporal
geçici *a.* temporary
geçici *a.* tentative
geçici *n.* transitory
geçilmez *a.* impassable
geçim *n.* livelihood
geçim *n* living
geçim *n.* subsistence
geçindirmek *v.i.* subsist
geçiş *n.* crossing
geçiş *n.* transition
geçiş parası *n* toll
geçişli *n.* transitive
geçişmek *v.t.* intermingle
geçit *n* causeway
geçit *n.* gate
geçit töreni *n.* parade
geçmek *v.i.* pass
geçmiş *a.* past
geçmiş *prep.* past
geçmişe bakış *n.* retrospection
geçmişe bakma *n.* retrospect
gedik *n.* aperture
geğirme *n* belch
geğirmek *v. t* belch

gelecek *a.* future
gelecek *n* future
gelecek kuşaklar *n.* posterity
gelecekte *adv.* hereafter
gelenek *n.* custom
gelenek *n.* tradition
geleneksel *a* customary
geleneksel *a.* traditional
gelgit *n.* tide
gelgitle ilgili *a.* tidal
gelin *n* bride
gelinlik *a.* marriageable
gelir *n.* income
gelir *n.* proceeds
gelir *n.* revenue
gelişigüzel *a* cursory
gelişigüzel *a.* haphazard
gelişkin *a.* nubile
gelişme *n.* development
gelişme *n.* improvement
gelişmek *v.i* flourish
gelişmek *v.i.* thrive
gelişmiş *a.* forward
gelişmişliği *n.* sophistication
geliştirmek *v. t.* develop
geliştirmek *v.t.* improve
gelmek *v. i.* come
gemi *n* boat
gemi *n.* ship
gemi *n.* vessel
gemi yolculuğu *v.i.* cruise
gemici *n.* navigator
gemici *n.* sailor
gemiye binmek *v. t* embark
gemlemek *v. t* curb
genç *n.* teenager
genç *n* young
genç *a.* youthful
genç *a.* young
genç kız *n.* lass
gençler *n. pl.* teens
gençleşme *n.* rejuvenation

gençleştirmek v.t. rejuvenate
gençlik n. youth
gene de adv. nonetheless
genel a. general
genel af n. amnesty
genel bakış n. conspectus
genel vali n. viceroy
genelde adv. generally
genelde adv. ordinarily
genelev n brothel
genelge n. circular
genellik n. universality
genellikle adv. usually
geniş a. capacious
geniş a. large
geniş a. wide
geniş adv. wide
genişleme n. expansion
genişlemek v.t. expand
genişletmek v.t. widen
genişlik n breadth
genişlik n. width
geniz n nasal
genizsel a. nasal
geometri n. geometry
geometrik a. geometrical
gerçek n fact
gerçek a. real
gerçek a. true
gerçek n. truth
gerçek a. veritable
gerçekçi a. realistic
gerçekçilik n. realism
gerçekleşme n. realization
gerçekleştirmek v.t. implement
gerçekleştirmek v.t. realize
gerçeklik n. reality
gerçekten adv. really
gerçi conj. albeit
gerçi adv. notwithstanding
gerdel n. pail
gereğince adv. accordingly

gerekçe n. motive
gerekçe n. rationale
gerekçe n. reason
gerekçe göstermek v.i. reason
gerekçeli a. justifiable
gereken a necessary
gerekli n due
gerekli a essential
gerekli n. necessary
gerekli a. requisite
gereklilik n. must
gereklilik n. necessity
gereklilik n. requirement
gerekmek v. must
gereksinim n. lack
gereksiz a. needless
gereksiz a. redundant
gereksiz a. superfluous
gereksiz sözlerle dolu a. verbose
gerektiğinde conj. when
gerektirmek v.t. necessitate
gergedan n. rhinoceros
gergin n. tense
gergin a. tense
gerginlik n strain
gerginlik n. tension
geri alınabilir a. revocable
geri almak v.t. retrieve
geri almak v.t. revoke
geri almak v.t. undo
geri çağırma n. recall
geri çağırmak v.t. recall
geri çekilmek v.i. retreat
geri çekmek v.t. withdraw
geri istemek v.t. reclaim
geri kalan n. laggard
geri ödeme n. refund
geri ödemek v.t. refund
geri tepme n. rebound
geri tepme adv. recoil
geri tepmek v.i. rebound
geri tepmek v.i. recoil

gerilemek v.i. recede
gerilim n. voltage
gerilla n. guerilla
geriye adv. aback
geriye doğru adv. backward
gerizekalı n. moron
germek v.t. rack
germek v.t. stretch
germek n stretch
getirip götürmek v.t. shuttle
getirmek v. t bring
gevezelik v. i cackle
gevezelik n. prattle
gevezelik n yap
gevezelik etmek v.i. babble
gevezelik etmek v. t. chatter
gevezelik etmek v.i. gabble
geviş n. rumination
geviş getiren a. ruminant
geviş getiren n. ruminant
geviş getirmek v.i. ruminate
gevşek a flabby
gevşeklik a. slack
gevşeme n. relaxation
gevşetmek v.t. loosen
geyik n deer
gezegen n. planet
gezegensel a. planetary
gezgin n. traveller
gezi n. excursion
gezinmek v.i. loaf
gezinmek v.t. ramble
gezinmek v.i. rove
gezinmek v.i. stray
gezinmek v.i. stroll
gezinti n stroll
gezinti n. trip
gezinti n drive
gezinti arabası n chaise
gezmek v.t ambulate
gezmek v.i. tour
gezmek v.i. travel

gıcırdamak v. i creak
gıcırtı n creak
gıda n feed
gıdıklamak v.t. tickle
gıdıklanır a. ticklish
gırgır a. jocular
gırtlaksı a. guttural
gırtlaksı a. throaty
gibi adv. as
gibi prep like
gibi pron. such
giderme n. removal
gidermek v. t efface
gidermek v.t. quench
gidermek v.t. resolve
gidiş n. gait
girdap n. whirlpool
girdi n. input
girinti n. recess
girintili a. zigzag
giriş n entrance
giriş n entry
giriş n. introduction
giriş izni n. admittance
giriş yapmak v.t. prelude
girişim n enterprise
girişmek v. t. essay
girmek v. t enter
gitar n. guitar
gitmek v.i. go
gittikçe küçülmek v. t dwindle
giydirmek v. t clothe
giydirmek v.t garb
giydirmek v.t. robe
giyecek n. garment
giyinmek v. t dress
giymek v.t. wear
giyotin n. maiden
giysi n clothing
giysi n dress
giysi n. garb
gizem n. mystery

gizemcilik *n.* mysticism
gizemli *a.* mysterious
gizlemek *v. t.* conceal
gizlenmek *v.i.* lurk
gizli *adj.* clandestine
gizli *a.* confidential
gizli *a.* secluded
gizli *a.* secret
gizlice *n* sneak
gizlice *adv.* stealthily
gizlilik *n.* privacy
gizlilik *n.* secrecy
glakom *n.* glaucoma
gliserin *n.* glycerine
glükoz *n.* glucose
goblen *n.* tapestry
golcü *n.* scorer
golf *n.* golf
gonca *n* bud
gong *n.* gong
goril *n.* gorilla
göbek *n* belly
göç *n.* immigration
göç *n.* migration
göç *n.* trek
göç etmek *v.i.* immigrate
göçer *a.* nomadic
göçmek *v.i.* migrate
göçmek *v.i.* trek
göçmen *n.* immigrant
göçmen *n.* migrant
göçmen *n.* settler
göğüs *n* bosom
göğüs *n* breast
göğüs *n* chest
gök gürültüsü *n.* thunder
gök tutulması *n* eclipse
göklere çıkarmak *v. t* beslaver
göklere çıkarmak *v.t.* glorify
göksel *a.* heavenly
gökyüzü *n.* sky
göl *n.* lake

gölet *n.* lagoon
gölet *n.* pond
gölet *n.* puddle
gölge *n.* shadow
gölge düşürmek *v.t.* overshadow
gölge etmek *v.t* shadow
gölgede bırakmak *v.t.* outshine
gölgeli *a.* shadowy
gölgelik *n* bower
gölgelik *n.* canopy
gölgelik *n.* shade
gömlek *n.* shirt
gömmek *v. t.* bury
gömülmek *v.i* bog
gömüt *n.* sepulchre
göndermek *v.t.* send
gönlünü almak *v.t.* conciliate
gönüllü *n.* volunteer
gönüllü olmak *v.t.* volunteer
gönülsüz *a.* loath
gönye *n.* mitre
göreceli *a.* relative
göreneksel *a.* orthodox
görev *n.* task
görev *n* duty
görev süresi *n.* tenure
göreve başlatma *n.* induction
görevi kötüye kullanma *n.*
 malpractice
görevi yerine getirmek *v.i.* officiate
görevine bağlı *a* dutiful
görevlendirmek *v. t* delegate
görevlendirmek *v.t.* station
görevli *n.* attendant
görevli *n.* functionary
görevli *n.* incumbent
görgü kuralları *n* etiquette
görkem *n.* splendour
görkemli *a.* grand
görkemli *a.* imperial
görkemli *a.* magnificent
görkemli *a.* majestic

görkemli *a.* palatial
görkemli *a.* stately
görkemli *a.* sumptuous
görmek *v.t.* see
görmek *v.t.* sight
görmezden gelmek *v.t.* ignore
görsel *a.* visual
görünmek *v.i.* seem
görünmek *v.i.* appear
görünmez *a.* invisible
görünmez tehlike *n.* pitfall
görüntülemek *v.t.* view
görünüm *n.* view
görünür *a.* visible
görünürlük *n.* visibility
görünüş *n* appearance
görünüş *n.* aspect
görünüş *n.* semblance
görüş *n.* sight
görüştürmemek *v.t.* seclude
görüverme *n.* glimpse
gösterge *a.* indicative
gösterge *n.* indicator
gösteri *n.* demonstration
gösteri yapmak *v. t* demonstrate
gösterim *n.* notation
gösterip de vermemek *v.t.* tantalize
gösteriş *n.* pretension
gösteriş yapmak *v.t.* parade
göstermek *v.t.* represent
göstermek *v.t.* screen
göstermek *v.t.* show
götürmek *v.t.* usher
götürülmüş *adj.* borne
gövde *n.* trunk
göz *n* eye
göz atmak *n* browse
göz banyosu *n* eyewash
göz boyamak *v.t.* hoodwink
göz doktoru *n.* oculist
göz kamaştırmak *v. t.* dazzle
göz kırpmak *v. t. & i* blink

göz süzme *n* ogle
göz süzmek *v.t.* ogle
göz yumma *n.* condonation
göz yumma *n.* connivance
göz yuvarı *n* eyeball
gözaltı *n.* arrest
gözcülük etmek *v.t.* invigilate
gözdağı *n.* intimidation
gözdağı *n* menace
gözdağı vermek *v.t.* intimidate
gözdağı vermek *v.t* menace
gözde *a* favourite
gözden geçirmek *v.t.* revise
gözden kaybolmak *v.i.* vanish
göze almak *v.t.* venture
göze batan *a* flagrant
göze çarpan *a.* outstanding
göze hitap eden *a.* sightly
gözenek *n.* pore
gözenekli *adj* cellular
gözetim *n.* superintendence
gözetim *n.* supervision
gözetim *n.* surveillance
gözetlemek *v.i.* pry
gözetlemek *v.i.* spy
gözetme *n* wink
gözetmen *n.* invigilator
gözetmen *n.* supervisor
gözetmenlik *n.* invigilation
gözlem *n.* observation
gözlemevi *n.* observatory
gözlemlemek *v. t* behold
gözlemlemek *v.t.* observe
gözlerini bağlamak *v. t* blindfold
gözlük *n.* goggles
gözlükçü *n.* optician
gözünde canlandırmak *v.t.* visualize
gözyaşı *n.* tear
gözyaşı *n.* tear
grafik *n.* chart
gram *n.* gramme
gramerci *n.* grammarian

gramofon *n.* gramophone
gresleme *n.* lubrication
grev *n* strike
gri *a.* grey
grotesk *a.* grotesque
grup *n.* group
gruplandırmak *v.t.* group
gruplaşma *n* faction
gruplaştırmak *v.t.* regiment
guava *n.* guava
guguk kuşu *n* cuckoo
gulu gulu *n.* gobble
gulyabani *n* bogle
guruldama *n.* rumble
guruldamak *v.i.* grumble
guruldamak *v.i.* rumble
gurur *n.* pride
gururlu *a.* proud
gut *n.* gout
gübre *n* dung
gübre *n* fertilizer
gübre *n.* manure
gübre *n.* muck
gübrelemek *v.t* fertilize
gübrelemek *v.t.* manure
gücendirmek *v.t.* aggrieve
gücenme *n* displeasure
güç *a.* arduous
güç *n.* potency
güç *n.* power
güç *n.* strength
güçbela *adv.* barely
güçlendirmek *v. t.* cement
güçlendirmek *v.t.* fortify
güçlendirmek *v.t.* reinforce
güçlendirmek *v.t.* strengthen
güçlü *adj.* mighty
güçlü *a.* potent
güçlü *a.* powerful
güçlü *a.* robust
güçlü *a.* strong
güçlü taraf *n.* forte
güçsüzlük *n.* weakness
gül *n.* rose
güle güle *interj.* good-bye
güllük gülistanlık *a.* roseate
gülmek *v.i* laugh
gülmek *v.i* sneer
gülümseme *n.* smile
gülümsemek *v.i.* smile
gülünç *a* comical
gülünç *a.* humorous
gülünç *a.* laughable
gülünç *a.* ridiculous
gülüp geçmek *v.i.* frolic
gülüş *n.* laugh
güm *n.* thud
gümbürdemek *v.t.* thump
gümüş *n.* silver
gümüşlemek *v.t.* silver
gümüşten *a* silver
gün *n* day
gün ortası *n.* midday
günah *n.* sin
günah işlemek *v.i.* sin
günah keçisi *n.* scapegoat
günahına girmek *v.t.* malign
günahına girmek *v.t.* wrong
günahkâr *a.* sacrilegious
günahkâr *a.* sinful
günahkâr *n.* sinner
günahtan arındırma *n.* purgation
günce *n* diary
güncel *a.* timely
güncel *a.* topical
güncel *a.* up-to-date
gündelik *a* leisure
gündelikçi *n.* peon
gündüzleyin *adv* adays
güneş *a.* solar
güneş *n.* sun
güneşlenmek *v.i.* bask
güneşlenmek *v.t.* sun
güneşli *a.* sunny

güney *n.* south
güneydeki *a.* southerly
güneyden *adv* south
güneyli *a.* southern
günlük *a* daily
günlük *adv.* daily
günümüzde *adv.* today
güreşmek *v.i.* wrestle
gürgen *n.* beech
gürlemek *v.i.* thunder
gürleyen *a.* thunderous
gürültü *n.* bang
gürültü *n.* noise
gürültülü *a.* loud
gürültülü *a.* noisy
güve *n.* moth
güveç *n.* stew
güven *n.* reliance
güven *n.* trust
güvence *n.* assurance
güvence vermek *v.t.* reassure
güvenceye almak *v.t.* secure
güvenen *a.* trustful
güvenilir *a* credible
güvenilir *a.* reliable
güvenilir *a.* trustworthy
güvenilir *n.* trusty
güvenilmez *a.* unreliable
güvenli *a.* safe
güvenli *a.* secure
güvenlik *n.* safety
güvenlik *n.* security
güvenmek *v.i.* rely
güvenmek *v.t* trust
güvenmemek *v.t.* mistrust
güvensizlik *n.* mistrust
güvercin *n* dove
güvercin *n.* pigeon
güzel *a* beautiful
güzel *a.* lovely
güzel *a.* nice
güzel *a.* picturesque

güzel *a* pretty
güzelim *a* darling
güzelleştirmek *v. t* beautify
güzellik *n* beauty
güzellik *n.* prettiness

# H

haber vermek *v.t.* inform
haberci *n.* messenger
haberdar *n.* acquaintance
haberdar olmak *v.t.* acquaint
haberler *n.* news
haberleşmek *v. i* correspond
habersiz *a.* unaware
habersizce *adv.* unawares
habis *a* malign
habislik *n.* malignancy
hac *n.* pilgrimage
hacıyatmaz *n.* tumbler
hacim *n* bulk
hacim *n.* volume
hacimli *a* bulky
hacimli *a.* voluminous
haciz *n.* levy
haczetmek *n* confiscation
haczetmek *v.t.* sequester
haczetmek *v.t.* vest
haç *n* cross
haçlı seferi *n* crusade
hadise *n.* incident
hafıza *n.* memory
hafıza kaybı *n* amnesia
hafif *a* light
hafif *a.* mild
hafif *a.* slight
hafif uyku *n.* doze
hafifçe *adv.* lightly
hafifleme *n.* abatement
hafifleme *n.* remission

hafifletme *n.* mitigation
hafifletme *n.* moderation
hafifletmek *v. t* cushion
hafifletmek *v.i.* lighten
hafta *n.* week
haftalık *a.* weekly
haftalık *n.* weekly
hain *n.* traitor
hain *a.* treacherous
hainlik *n.* treason
hak *n* right
hak etmek *v. t.* deserve
hak tanımak *v. t.* entitle
hakaret *n* affront
hakaret *n.* insult
hakaret *n.* snub
hakaret etmek *v.t.* affront
hakaret etmek *v.t.* insult
hakaret etmek *v.t.* outrage
hakem *n.* referee
hakem *n.* umpire
hakemlik *n.* arbitration
hakemlik yapmak *v.t.* umpire
hakikaten *adv.* indeed
hakiki *a* bonafide
hakiki *a.* genuine
hakim *n.* judge
hakimiyet *n* domination
hakimiyet *n* dominion
hakimlik *n.* magistracy
hakketmek *v. t* engrave
hakkında *adv* about
haksız *a* unfair
haksız *a.* unjust
haksız *a.* wrongful
haksızca *adv.* wrong
haksızlık *n.* injustice
haksızlık etmek *v.t.* victimize
hala *n.* aunt
hale *n.* nimbus
halef *n.* successor
halen *adv.* presently

halhal *n* anklet
halı *n.* carpet
halı *n.* rug
hali vakti yerinde *a.* well-to-do
haliç *a* armlet
halinden memun *adj.* complacent
halk *n.* populace
halka duyurmak *v.t.* publicize
halka sevdirmek *v.t.* popularize
halkacık *n* annulet
halkoylaması *n.* plebiscite
halletmek *v.t* hurdle
halsiz *a* faint
halsiz *a.* sluggish
halsizlik *n.* malaise
ham *a.* raw
ham *a* crude
hamal *n.* porter
hamamböceği *n* cockroach
hamile *a.* pregnant
hamile olmak *v.i.* teem
hamle *n.* lunge
hamle *n.* onset
hamle *n* spurt
hamle yapmak *v.i* lunge
hamletmek *v.t.* ascribe
hammallık *n.* portage
hamur *n* dough
hamurlaştırmak *v.t.* pulp
han *n.* inn
hançer *n.* baselard
hançer *n.* dagger
hanedan *n* dynasty
hangar *n* aerodrome
hangi *a* which
hangi *pron.* which
hangi *pron.* what
hanım *n.* dame
hanım *n.* lady
hanım *n..* missis, missus
hap *n.* pill
hapır hupur yemek *v.t.* munch

hapis *n.* jail
hapis *n.* prison
hapse atmak *v.t.* imprison
hapsedilme *n.* porridge
hapsedilmek *v* custody
hapsetmek *v.i.* mew
hapsetmek *n.* mew
hapşırma *n* sneeze
hapşırmak *v.i.* sneeze
harabe *n.* wreck
harap etmek *v. t* destroy
hararetli *adv.* ablaze
harbiyeli *n.* cadet
harcama *n.* expense
harcamak *v.t.* spend
harcamak *v.t.* waste
harç *n* compost
harçlık *n.* allowance
hardal *n.* mustard
hareket *n.* motion
hareket *n.* move
hareket *n.* movement
hareket etmek *v.t.* move
hareket ettirmek *v.i.* motion
harekete geçmek *v.t.* prompt
hareketlendirmek *v.t.* mobilize
hareketli *adj* brisk
hareketli *a.* mobile
hareketsiz *a.* motionless
hareketsiz *a.* still
hariç *n* without
harika *a* fantastic
harika *n.* marvel
harika *a.* wonderful
harika *a.* wondrous
harita *n* map
harman *n* blend
harman dövmek *v.t.* thresh
harmanlamak *v. t* blend
harmonyum *n.* harmonium
harp *n.* harp
harp *n.* war

hasat *n.* harvest
haset *n* envy
haset etmek *v. t* envy
hasım *n* foe
hasır *n.* wicker
hasis *n.* miser
hasretlik çekmek *v.i.* pine
hassas *n.* precision
hassas *a* tender
hassas *a.* touchy
hasta *n* patient
hasta *a.* sick
hasta *a.* unwell
hasta *a.* ill
hasta etmek *v.t.* ail
hastahane *n.* hospital
hastalık *n* disease
hastalık *n.* illness
hastalık *n.* sickness
hastalıklı *a.* invalid
hastalıklı *a.* sickly
haşhaş *n.* hemp
haşlamak *v.i.* seethe
haşmet *n.* majesty
haşmet *n.* stateliness
haşmet *n.* sublimity
hat değiştirmek *v.t.* shunt
hata *n* error
hata *n.* mistake
hata yapmak *v.t.* mistake
hatalı *a* erroneous
hatalı *a.* incorrect
hatalı *a.* inexact
hatalı *a.* wrong
hatalı *a* false
hatalı kullanım *n.* misuse
hatalı kullanmak *v.t.* misuse
hatır *n.* sake
hatıra *n.* memento
hatıra *n.* souvenir
hatırlama *n.* recollection
hatırlama *n.* remembrance

hatırlamak *v.t.* recollect
hatırlatan *a.* reminiscent
hatırlatıcı *a* memorial
Hatırlatma *n.* reminder
hatırlatmak *v.t.* remind
hav *n* nap
hav hav *n.* bark
hava *n* air
hava *n* weather
hava tahmini *n* forecast
hava taşıtı *n.* aircraft
havacı *n.* aviator
havacılık *n.pl.* aeronautics
havacılık *n.* aviation
havada *adv.* aloft
havadis *n. pl.* tidings
havai *a.* aerial
havalandırma *n.* ventilation
havalandırmak *v.t.* ventilate
havalandırmak *v.t.* weather
havale *n.* remittance
havalı *a.* airy
havalı *n* swagger
havan *v.t.* mortar
havari *n.* apostle
havari *n* disciple
havasız *a.* stuffy
havaya atmak *v.t.* sky
havlamak *v.t.* bark
havlu *n.* towel
havuç *n.* carrot
haya *n.* testicle
hayal etmek *v.t.* imagine
hayal gücü *n.* imagination
hayal kırıklığına uğratmak *v. t.* disappoint
hayalet *n.* ghost
hayalet *n.* spectre
hayalet *n.* wraith
hayali *a* fictitious
hayali *a.* imaginary
hayali *a.* visionary

hayali *n.* visionary
hayalperest *a.* imaginative
hayalperest *a.* quixotic
hayat dolu *a.* animate
hayati *a.* vital
hayatta kalma *n.* survival
hayatta kalmak *v.i.* survive
haydut *n.* bandit
hayır *adv.* no
hayırlı *a.* auspicious
hayırlı *a* beneficial
hayırsever *a.* charitable
hayırsever *a.* philanthropic
hayırsever *n.* philanthropist
hayırseverlik *n.* charity
hayırseverlik *n.* philanthropy
hayıt *n* agnus
haykırmak *n.i.* bawl
haykırmak *v.i* exclaim
haykırmak *v.i.* shriek
hayli *adv.* fairly
hayra yorulamayan *a.* ominous
hayran bırakmak *v.t* fascinate
hayret *n.* amazement
hayret *n.* astonishment
hayret *n* daze
hayrette bırakmak *v. t* bewilder
haysiyetsizlik *n* dishonour
hayvan *n.* animal
hayvan gibi *n* brute
hayvan hırsızı *n* abactor
hayvan hırsızlığı *n* abaction
hayvan kesmek *v. t* butcher
hayvan yavrusu *n* cub
hayvanat bahçesi *n.* zoo
hayvanca *a* beastly
haz *n.* gratification
haz *n* relish
hazımsızlık *n.* indigestion
hazır *a.* ready
hazır olma *n.* readiness
hazırcevap *n.* repartee

hazırlamak *v.t* engross
hazırlamak *v.t.* prepare
hazırlayıcı *a.* preparatory
hazırlık *n.* preparation
hazine *n.* treasure
hazine *n.* treasury
hazinedar *n.* treasurer
hazmedilemez *a.* indigestible
hazzetmek *v.t.* relish
heba etmek *v.t.* squander
hece *n.* syllable
hecelemek *v.t.* spell
hecesel *n.* syllabic
hedef *n.* target
hediye *n* bounty
hediye etmek *v. t* bestow
hekim *n.* physician
hela *n.* latrine
helezon *n.* spiral
helezoni sedef kabuk *n.* conch
hemen *adv.* straightway
hemşire *n.* nurse
hemşirelik yapmak *v.t* nurse
hendek *n* ditch
hendek *n.* moat
hendek *n.* trench
hengame *n* rout
hengâme *n.* tumult
henüz *adv.* yet
hep *adv* ever
hep beraber *adv.* altogether
hep yeşil *a* evergreen
hepsi *pron* all
hepsini *adv* all
her *a* each
her *a* every
her bir *pron.* each
her derde deva ilaç *n.* panacea
her hafta *adv.* weekly
her ikisi *a* both
her ikisi *pron* both
her ikisi de *conj* both

her kim *pron.* whoever
her nasılsa *adv.* somehow
her nerede *adv.* wherever
her şey *n* all
her şeye gücü yeten *a.* omnipotent
her şeyi bilen *a.* omniscient
her şeyi bilme *n.* omniscience
her şeyi yapabilme *n.* omnipotence
her yerde birden bulunma *n.* omnipresence
her zaman *adv* always
her zaman her yerde var olan *a.* omnipresent
herhangi *pron* whichever
herkül gibi *a.* herculean
herzamanki *a.* wonted
hesap *n.* account
hesap *n.* calculation
hesap defteri *n.* ledger
hesap makinesi *n* calculator
hesap vermek *v.t.* account
hesaplamak *v. t.* calculate
hesaplamak *v.t.* compute
hesaplaşma *n.* liquidation
hesapsız *a.* measureless
heves *n* fad
hevesle *adv* avidly
hevesli *adj.* athirst
hevesli *a* eager
hevesli *a* enthusiastic
heybetli *a.* imposing
heyecan *n.* thrill
heyecanlandırmak *v. t* excite
heyecanlandırmak *v.t.* thrill
heykel *n.* sculpture
heykel *n.* statue
heykelsi *a.* sculptural
heykeltraş *n.* sculptor
hıçkırık *n.* hiccup
hıçkırık *n* sob
hıçkırmak *v.i.* sob
hıncını almak *v.t.* vindicate

hınç *n.* vindication
hırçın *a.* harsh
hırçınlık *n* acrimony
hırlama *n.* grunt
hırlamak *v.i.* grunt
hırpalama *n.* maltreatment
hırs *n.* ambition
hırs *n.* greed
hırsız *n* burglar
hırsız *n.* thief
hırsızlık *n.* theft
hırsızlık yapmak *n* burglary
hırslı *a.* ambitious
hırslı *a* competitive
hırslı *a.* greedy
hısım *n.* kin
hısım *n.* kith
hız *n.* rapidity
hız *n.* speed
hız *n.* velocity
hız vermek *v.i.* hasten
hızla *adv.* speedily
hızla koşmak *v. i.* dash
hızlandırma *n* acceleration
hızlandırmak *v.t* accelerate
hızlanmak *v.i.* speed
hızlı *a* fast, quick
hızlı *a.* rapid
hızlı *a.* speedy
hızlı *a.* swift
hibe *n.* honorarium
hibernasyon *n.* hibernation
hiciv *n.* lampoon
hiciv *n.* satire
hiciv *a.* satirical
hicivci *n.* satirist
hicret *n.* transmigration
hicvetmek *v.t.* lampoon
hicvetmek *v.t.* satirize
hiç *a.* any
hiç *n.* nil
hiçbir *a.* no

hiçbir şey *n.* nothing
hiçbir şey *adv.* nothing
hiçbir yerde *adv.* nowhere
hiçbiri *conj.* neither
hiçbiri *pron.* none
hiçbirisi *adv.* none
hiçlik *n.* nonentity
hiçlik *n.* nought
hiddet *n.* ire
hiddetli *a.* irate
hidrojen *n.* hydrogen
hijyen *n.* hygiene
hijyenik *a.* hygienic
hikaye *n* novel
hile *n.* cheat
hile *n* deceit
hile *n* double
hile *n.* fraud
hile *n.* hoax
hile *n.* ruse
hile *n.* shuffle
hile *n* trick
hile *n.* trickery
hile *n.* imposition
hile karıştırmak *v.t.* manipulate
hile katma *n.* adulteration
hilekar *n.* knave
hileli *a.* fraudulent
hileli *a.* tricky
hilesiz *adv* bonafide
hileyle kaçıp kurtulmak *v. t* dodge
himaye *n.* patronage
hindi *n.* turkey
hindiba *n.* dandelion
hindistancevizi *n* coconut
hindistancevizi lifi *n* coir
Hindistanlı *a.* Indian
hintyağı *n.* castoroil
hipnotize *v.t.* hypnotize
hipnotizma *n.* mesmerism
hipnoz *n.* hypnotism
his *n* feeling

| | |
|---|---|
| hisar *n.* fort | hor kullanmak *v.t.* mistreat |
| hisse *n.* allotment | horlamak *v.i.* snore |
| hisse senedi *n.* stock | horoz *n* cock |
| hissetmek *v.t* feel | hortum *n.* hose |
| hissiz *a.* callous | horultu *n* snore |
| hissizlik *n.* insensibility | hostel *n.* hostel |
| hişt *n* hush | hoş *n* delight |
| hitabe *n.* oration | hoş *a.* pleasant |
| hitabet *a.* rhetorical | hoşgeldin *v.t* welcome |
| hitap etmek *v.t.* address | hoşgörü *n.* tolerance |
| hiyerarşi *n.* hierarchy | hoşgörü *n.* toleration |
| hiza *n.* alignment | hoşgörülü *a.* lenient |
| hizaya getirmek *v.t.* align | hoşgörülü *a.* tolerant |
| hizaya getirmek *v.t.* level | hoşlanmak *v.t* fancy |
| hizmet *n* facility | hoşlanmak *v.t.* like |
| hizmet *n.* serve | hoşlanmamak *v. t* dislike |
| hizmet etmek *v.i.* minister | hoşnut *n* content |
| hizmet etmek *v.t* service | hoşnutsuz *a.* malcontent |
| hizmet vermek *v.t.* serve | hoşnutsuzluk *n* discontent |
| hizmetçi *n.* maid | hovarda *n* debauchee |
| hizmetçi *n* menial | hovarda *n.* libertine |
| hizmetçi *n.* servant | hovardalık *n* debauchery |
| hobi *n.* hobby | hovardalık *n.* profligacy |
| hokey *n.* hockey | hödük *n* churl |
| hokkabaz *n.* juggler | hödük *n.* ruffian |
| hokkabazlık yapmak *v.t.* juggle | höyük *n.* mound |
| holigan *n.* hooligan | Hristiyan *n* Christian |
| homeopat *n.* homoeopath | Hristiyan *a.* Christian |
| homeopati *n.* homeopathy | Hristiyan alemi *n.* Christendom |
| homojen *a.* homogeneous | Hristiyanlık *n.* Christianity |
| homurdanma *n.* murmur | hudut *n.* bound |
| homurdanma *n.* snort | hudut *n.* demarcation |
| homurdanmak *v.i.* growl | hudut *n.* frontier |
| homurdanmak *v.t.* murmur | hudut *n.* margin |
| homurdanmak *v.i.* snarl | hukukçu *n.* jurist |
| homurdanmak *v.i.* snort | hurafe *n.* superstition |
| homurtu *n* growl | hurda *n.* scrap |
| hop *n* hop | hurdacı *n.* wrecker |
| hop etmek *v.i.* palpitate | hurma ağacı *n.* palm |
| hoplamak *v. i* hop | husumet *n* animosity |
| hoplatmak *v.t.* dandle | husumet *n* antagonism |
| hor görme *n* contempt | hususi *n.* particular |

huş ağacı n. birch
huşu n. awe
huysuz a. moody
huysuz a. petulant
huysuzluk n. petulance
huzur n. serenity
huzur n. tranquility
huzurlu a. peaceful
huzursuz a. restive
huzursuz a. uneasy
huzursuzluk n unrest
hücre n. cell
hücum n. irruption
hücum n. onslaught
hüküm n. provision
hüküm sürmek v.i. reign
hüküm vermek v.t. adjudge
hüküm vermek v.t. sentence
hükümdar n. monarch
hükümdar n. sovereign
hükümet n. government
hükümsüz n invalid
hükümsüz a. void
hükümsüz kılmak v.t. invalidate
hülya n. reverie
hüner n. artifice
hüner n stunt
hürmet n deference
hürmet n. obeisance
hürmet n. reverence
hürmet n. veneration
hürmet etmek v.t. venerate
hüsran n. frustration
hüsrana uğratmak v.t. frustrate
hüzün n dejection
hüzünlendirmek v.t. sadden

# I

ılık a. lukewarm
ılık a. warm
ılıman a. temperate
ılımlı a. moderate
ılımlılaştırmak v.t. moderate
ırgat n. windlass
ırkçılık n. racialism
ırksal a. racial
ırmak n. beck
ırsi n. hereditary
ırsiyet n. heredity
ısı n. heat
ısırgan n. nettle
ısırık n bite
ısırmak v. t. bite
ısıtmak v.t heat
ısıtmak v.t. warm
ıslah n betterment
ıslah n reclamation
ıslahevi n. reformatory
ıslahevi a reformatory
ıslak a. wet
ıslaklık n. wetness
ıslatma n. soak
ıslatmak v. t drench
ıslatmak v.t. wet
ıslık n whistle
ıslık çalmak v.i. whistle
ıslık gibi ses çıkarmak v. assibilate
ıspanak n. spinach
ısrar n. insistence
ısrar etmek v.t. insist
ısrarcı a. insistent
ıssız a forlorn
ıssız adaya bırakmak v.t maroon
ıstakoz n. lobster
ıstırap n. agony
ıstırap n. anguish
ışık n. light

ışık saçmak v. i beam
ışıl ışıl a brilliant
ışıldamak v.i. scintillate
ışıldamak v.i. sparkle
ışın n beam
ışın n. ray
iade n. reinstatement
iade n remand
ibadet n. worship
ibadetçi n. worshipper
ibaret olmak v. i consist
icat n. invention
icat etmek v.t. invent
icaz a. laconic
icra n execution
icra etmek v.t. perform
icra etmek v. t execute
iç a. indoor
iç a. inland
iç a. inner
iç prep. inside
iç n. within
iç çamaşırı n. underwear
iç çekiş n. sigh
iç çekmek v.i. sigh
iç kısım n. interior
içbükey adj. concave
içe doğru adv. inwards
içebakış n. introspection
içecek n beverage
içecek n drink
içeri n. inside
içeri a inside
içeri a. inward
içeride adv. inside
içeride prep. up
içerik a. content
içerik n. content
içerilerde adv. inland
içerim n. implication
içerleme n. resentment
içerlemek v.t. resent

içermek v.t. contain
içermek v.t. implicate
içermek v.t. include
içermek v.t. involve
içgüdü n. instinct
içgüdüsel a. instinctive
için prep for
için için yanmak v.i. smoulder
içinde adv. aboard
içinde prep. in
içinde adv. within
içinde prep. among
içine prep. into
içine çekmek v.i. inhale
içini boşaltmak v.t. unburden
içini doldurmak v.t. pad
içip ağlayan a maudlin
içki alemi n. wassail
içmek v. t drink
içsel a. internal
içten adv. kindly
içtihat n. jurisprudence
içtima n muster
içtima yapmak v.t. muster
idare n. administration
idare edilir a. manageable
idare etmek v. t conduct
idare etmek v.t. manage
idareli a economic
idari a. administrative
idari a. managerial
iddia n. allegation
iddia n claim
iddia etmek v.t. allege
iddia etmek v. t claim
iddialı a. pretentious
ideal a. ideal
ideal ortam n. optimum
idealist n. idealist
idealist a. idealistic
idealizm n. idealism
idealleştirmek v.t. idealize

idol *n.* idol
idrak *n* cognizance
idrak *n* comprehension
idrak etmek *v. t* conceive
idrak etmek *v.t.* apprehend
idraklı *a* comprehensive
idrar *a.* urinary
idrar *n.* urine
ifade *n.* expression
ifade etmek *v. t.* express
ifade etmek *v.t.* phrase
ifade vermek *v.i.* testify
iffet *n.* chastity
iffetli *a.* chaste
iffetsiz *a.* impure
iflas *n.* bankruptcy
iflas etmiş *n.* bankrupt
ifşa etmek *v. t* divulge
ifşa etmek *v. t* expose
iftira *n.* libel
iftira *n.* slander
iftira atmak *v.t.* libel
iftira etmek *v.* asperse
iftira etmek *v. t.* calumniate
iğfal *n.* seduction
iğne *n.* needle
iğne *n.* pin
iğneleyici *a.* sarcastic
iğrenç *a* dread
iğrenç *a* gross
iğrenç *a.* heinous
iğrenç *a.* nasty
iğrenç *a.* odious
iğrenç *a.* repugnant
iğrenç *a.* repulsive
iğrenç *a.* vile
iğrençlik *n.* odium
iğrendirmek *v.i.* revolt
iğrenmek *v.t.* abhor
ihanet *n* betrayal
ihanet *n.* treachery
ihbar etmek *v. t* denounce

ihbarcı *n.* informer
ihlal *n* breach
ihlal *n.* infringement
ihlal *n.* intrusion
ihlal *n.* transgression
ihlal etmek *v.t.* infringe
ihlal etmek *v.t.* violate
ihlali *n.* violation
ihmal *n* disregard
ihmal *n* neglect
ihmal *n.* omission
ihmal etmek *v.t.* neglect
ihmalkar *a.* negligent
ihmalkarlık *n.* laxity
ihmalkarlık *n.* negligence
ihracat *n* export
ihraç etmek *v. t.* export
ihraççı *n.* originator
ihsan *n.* benefaction
ihsan etmek *v.t.* vouchsafe
ihtar *n.* admonition
ihtar *n* demerit
ihtar *n.* injunction
ihtar *a.* notice
ihtar etmek *v.t.* admonish
ihtilaf *n* collusion
ihtilaf *n* controversy
ihtilal *n.* insurrection
ihtimal *n.* likelihood
ihtimal *n.* verisimilitude
ihtiras *n.* mammon
ihtişam *n.* grandeur
ihtişam *n.* pomp
ihtişamlı *a.* glorious
ihtiyacı olmak *v.t.* need
ihtiyacını karşılamak *v. i* cater
ihtiyaç *n.* need
ihtiyar *a* elderly
ihtiyat *n.* spare
ihtiyatlı *a.* cautious
ihtiyatlı *a.* prudent
ihtiyatlı *a.* wary

ihtiyatsızlık *n.* imprudence
ihzar emri *n.* habeascorpus
ikame *n.* substitution
ikamet *n.* habitation
ikamet *n* stay
ikamet etmek *v. i* dwell
ikamet etmek *v.i.* reside
ikametgah *n* abode
ikametgah *n* dwelling
iki *n.* two
iki *a.* two
iki açılı *adj.* biangular
iki anlamlı *a* equivocal
iki ayaklı *n* biped
iki ayda bir *adj.* bimonthly
iki dilli *a* bilingual
iki eşlilik *n* bigamy
iki hafta *n.* fort-night
iki haftada bir *adj* bi-weekly
iki katı *a.* twofold
iki katına çıkarmak *v.t.* redouble
iki kere *adv.* twice
iki kere *pref* bi
iki mihverli *adj* biaxial
iki nokta üst üste *n* colon
iki yılda bir olan *adj* biennial
ikilem *n* dilemma
ikilem *n.* quandary
ikili *a* dual
ikinci *a.* second
ikinci *n* second
ikincil *a.* secondary
ikisinden biri *a.* either
ikisinden biri *adv.* either
ikisinden sonuncusu *a.* latter
ikiye ayırmak *v.t* bisect
ikiye katlamak *v. t.* double
ikiyüz senelik *adj* bicentenary
ikiyüzlü *n.* hypocrite
ikiyüzlülük *n.* hypocrisy
ikiz *n.* twin
iklim *n.* climate

ikna *n.* persuasion
ikna etmek *v. t* convince
ikna etmek *v.t.* persuade
ikrah *n.* abhorrence
ikram *n* treat
ikramiye *n* bonus
ikramiyeli *a.* remunerative
ikrar *n.* acknowledgement
iktidarsız *a.* impotent
il *n.* province
ilaç *n* drug
ilaç *n.* medicament
ilaç vermek *v.t.* physic
ilah *n.* deity
ilahi *n* chant
ilahi *a* divine
ilahi *n.* hymn
ilahilik *n* divinity
ilahiyat *n.* theology
ilâhiyat *a.* theological
ilahiyatçı *n.* theologian
ilahlaştırmak *v.t.* worship
ilan *n.* proclamation
ilan *n.* banner
ilan etmek *v.t.* proclaim
ilan etmek *v.t.* pronounce
ilave *a.* additional
ilave *n.* adjunct
ilave *n* excess
ilçe *n.* county
ile *prep.* with
ileri *adv.* forth
ileri *adv* forward
ileri *a.* onward
ileri sürmek *v.t.* adduce
ileri sürmek *v.t.* profess
ilerici *a.* progressive
ileride *adv.* ahead
ileride *adv.* onwards
ileriki tarihe yazmak *v.t.* post-date
ileriyi görme *n.* prescience
ileriyi görmek *v.t* foresee

ilerleme *n.* advancement
ilerleme *n.* progress
ilerleme kaydetmek *v.i.* progress
ilerlemek *v.t.* advance
ilerlemek *v.i.* proceed
ilerlemesini sağlamak *v.t* further
ilerletmek *v.t* forward
ilerletmek *v.t.* second
ilerleyin *n.* scroll
iletişim *n.* communication
iletişim kurmak *v. t* communicate
iletken *n* conductor
iletmek *v. t.* convey
iletmek *v.t.* transmit
ilgi *n.* relevance
ilgi *n.* interest
ilgi odağı *n.* limelight
ilgilendirmek *v. t* concern
ilgili *a.* interested
ilgili *a.* pertinent
ilgili *n.* regard
ilgili olmak *v.i.* pertain
ilginç *a.* interesting
ilgisiz *a.* indifferent
ilgisiz *adv.* aloof
ilgisizlik *n.* apathy
ilgisizlik *n.* indifference
ilhak etmek *v.t.* annex
ilim *n.* learning
ilim *n.* lore
ilinti *n.* correlation
ilişki *n.* relation
ilişki *n.* association
ilişkilendirmek *v.t.* associate
ilişkilendirmek *v.t.* relate
iliştirmek *v.t.* attach
iliştirmek *v.t.* pin
ilk *a* first
ilk harf *n.* initial
ilk izlenime göre *adv.* primafacie
ilkbahar *a.* vernal
ilke *n.* motto

ilke *n.* principle
ilkel *a.* primeval
ilkel *a.* primitive
ilkel *a.* rudimentary
ilkin *adv* first
illet *n.* nuisance
illüstrasyon *n.* illustration
ilmik *n.* noose
ilmiklemek *v.t.* noose
iltifat *n.* compliment
iltifat *n.* courtship
iltifat etmek *v. t* compliment
iltihaplanma *n.* inflammation
iltimas *n.* nepotism
ilüzyon *n.* illusion
ima *n.* insinuation
ima etmek *v.t.* imply
ima etmek *v.t.* insinuate
imal etmek *v.t.* manufacture
imalat *n* manufacture
imalatçı *n.* maker
imalatçı *n* manufacturer
imalı *a.* suggestive
iman *n.* creed
imansız *n.* miscreant
imdat *n.* succour
imge *n.* image
imgelem *n.* imagery
imha *n* annihilation
imha etmek *v.t.* annihilate
imha etmek *v. t.* demolish
imkansız *a.* impossible
imparator *n* emperor
imparatoriçe *n* empress
imparatorluk *n* empire
imrenmek *v.t.* covet
imtiyaz *n* concession
imtiyaz *n.* frachise
imtizaç *n.* concord
imza *n.* autograph
imza *n.* signature
imzalayan *n.* signatory

imzasızlık *n.* anonymity
in *n.* lodge
inanç *n* belief
inanç *n* faith
inanç *n.* tenet
inançsızlık *n.* misbelief
inanılmaz *a* fabulous
inanılmaz *a.* incredible
inanmak *v. t* believe
inat *n.* obstinacy
inat etmek *v.i.* persist
inatçı *a.* mulish
inatçı *a.* obstinate
inatçı *n.* stickler
inatçı *a.* stubborn
inatçı *a.* tenacious
inatçılık *n.* obduracy
ince *n.* slender
ince *a.* slim
ince *n.* subtle
ince *a.* thin
ince belli *a.* waspish
ince eleyip sık dokumak *v.t.* scrutinize
ince mum *n* taper
inceden inceye *adv.* minutely
inceleme *n.* investigation
inceleme *n.* perusal
inceleme *n.* scrutiny
incelemek *v.t.* investigate
incelemek *v.t.* peruse
incelik *n.* subtlety
incelik *n.* tact
incelmek *v.i.* taper
inceltmek *v.t.* refine
inceltmek *v.t.* thin
inci *n.* pearl
incik *n.* shin
incil *n* bible
incil *n.* gospel
incir *n* fig
inç *n.* inch

indigo *n.* indigo
indirim *n* discount
inek *n.* cow
infilak *n* blast
infilak etmek *v.i* blast
inflamatuar *a.* inflammatory
İngiliz anahtarı *n.* wrench
İngilizce *n* English
İngiltere *n* albion
inisiyatif *n.* initiative
iniş *n.* landing
inkar *n* denial
inkar etmek *v. t.* deny
inkar etmek *v.t.* gainsay
inleme *n* groan
inleme *n.* moan
inlemek *v.i.* groan
inlemek *v.i.* moan
inlemek *v.i.* wail
inme *n.* stroke
inmek *v.i.* alight
inmek *v. i.* descend
insaf *n.* mercy
insaflı *a.* merciful
insafsız *adj.* merciless
insan *a.* human
insan soyu *n.* mankind
insan yerleştirmek *v.t.* people
insancıl *a.* humane
insani *a* humanitarian
insaniyetsiz *a.* inhuman
insanlar *n.* people
insanlaştırmak *v.t.* humanize
insanlık *n.* humanity
insanüstü *a.* superhuman
inşa etmek *v. t* build
inşa etmek *v. t.* construct
inşaat *n* construction
intestinal *a.* intestinal
intihar *n.* suicide
intihar niteliğinde *a.* suicidal
intikal etmek *v.i.* lapse

intikam *n.* revenge
intikam *n.* vengeance
intikam almak *v.t.* avenge
intikam almak *v.t.* revenge
intikamcı *a.* revengeful
inziva *n.* seclusion
inziva yeri *n.* hermitage
ip *n.* rope
ipek *n.* silk
ipeksi *a.* silky
ipekten *a.* silken
iplik *n* strand
iplik *n.* thread
iplik *n.* yarn
ipotek *n.* lien
ipotek *n.* mortgage
ipotek borçlusu *n.* mortgagor
ipotek etmek *v.t.* mortgage
iptal *n* cancellation
iptal *n* repeal
iptal *n.* revocation
iptal *n.* termination
iptal etmek *v. t.* cancel
ipucu *n* clue
ipucu *n.* hint
ipucu *n.* inkling
ipucu vermek *v.i* hint
irade *n.* volition
irade *n.* will
irin *n.* pus
irin akması *n.* pyorrhoea
irkilmek *v.i.* wince
İrlandalı *n.* Irish
İrlanda'ya ait *a.* Irish
ironi *n.* irony
ironik *a.* ironical
irtibat *n.* juncture
irtibat *n.* liaison
irtikap etmek *v.t.* misappropriate
is *n.* soot
is yapmak *v.t.* soot
ishal *n* diarrhoea

isilik *a.* rash
isim *n.* name
isim *n.* noun
isim hatası *n.* misnomer
isimlendirmek *v.t.* name
iskele *n.* scaffold
iskelet *n.* skeleton
iskemle *n* chaise
İskoç *n.* Scot
İspanyol *n.* Spaniard
İspanyol *n.* Spanish
İspanyolca *a.* Spanish
ispat *n.* substantiation
israf *n* extravagance
israf etmek *v.t.* lavish
istasyon *n.* station
istatistik *n.* statistics
istatistikçi *n.* statistician
istatistiksel *a.* statistical
istek *n* want
isteka *n* cue
istekli *a.* willing
isteklilik *n.* willingness
isteksiz *a.* averse
isteksiz *a.* indisposed
isteksiz *a.* reluctant
isteksizlik *n.* aversion
isteksizlik *n.* reluctance
istemek *v.t.* require
istemek *v.t.* requisition
istemek *v.t.* want
istemi *a.* prompt
isteri *n.* hysteria
isterik *a.* hysterical
istiare *n.* metaphor
istifa *n.* resignation
istifa etmek *v.t.* resign
istiflemek *v.t.* stow
istihza *n.* sarcasm
istihza etmek *v.i.* jeer
istikrar *n.* stability
istikrarsızlık *n.* instability

istila *n* annexation
istila *n.* influx
istila *n.* invasion
istila etmek *v.t.* invade
istirahat *n.* repose
istiridye *n.* oyster
istisna *n* exception
İsviçre *n.* swiss
İsviçre *a* swiss
isyan *n.* insurgent
isyan *n.* mutiny
isyan *n.* rebellion
isyan *n.* revolt
isyan *n.* riot
isyana teşvik *n.* sedition
isyankar *a.* insurgent
isyankar *a.* mutinous
iş *n* business
iş *n.* job
iş *n.* work
iş *n.* affair
iş adamı *n* businessman
iş gücü *n.* labour
işaret *n.* mark
işaret *n.* sign
işaret *a.* signal
işaret etmek *v.t.* point
işaret etmek *v.t.* sign
işaret parmağı *n* forefinger
işaretle çağırmak *v.t.* beckon
işaretlemek *v.t* mark
işaretleyici *n.* marker
işbirliği *n* collaboration
işbirliği *n* co-operation
işbirliği yapmak *v. i* collaborate
işbirliği yapmak *v. i* co-operate
işçi *n.* labourer
işçi *n.* worker
işçi *n.* workman
işçilik *n.* workmanship
işe almak *v. t* employ
işeme *n.* urination

işemek *v.i.* urinate
işgal etmek *v.t.* occupy
işgüzar *a.* officious
işitsel *adj.* auditive
işkence *n.* torment
işkence *n.* torture
işkence etmek *v.t.* torture
işlek cadde *n.* thoroughfare
işlem *n.* proceeding
işlem *n.* transaction
işlem yapmak *v.t.* transact
işlenebilir *a.* workable
işletmek *v.t.* operate
işlev *n.* function
işleyen *a.* operative
iştah *n.* appetence
iştah *n.* appetite
iştah açıcı *a.* piquant
iştahlı *adj.* appetent
işten çıkarma *n.* severance
işveren *n* employer
itaat *v.i* abide
itaat *n.* compliance
itaat *n.* obedience
itaat *n.* subordination
itaat etmek *v.t.* obey
itaatkar *a.* obedient
itaatkâr *a.* observant
itaatkâr *a.* submissive
itaatsizlik *n* distrust
itaatsizlik etmek *v. t* disobey
italik *n.* italics
İtalyan *n.* Italian
İtalya'ya ait *a.* Italian
itelemek *v.t.* jostle
ithaf *n* dedication
ithal *n.* import
ithal etmek *v.t.* import
itham *n.* indictment
itham etmek *v.t.* impeach
itham etmek *v.t.* indict
itibar *n.* reputation

itibari *a.* notional
itibari *a.* titular
itibarlı *a* creditable
itici *a.* repellent
itidal *n.* sobriety
itilaf *n.* conflict
itimat *n* confidence
itimat etmemek *v. t.* distrust
itinalı *a.* dainty
itinalı *a.* painstaking
itiraf *n* confession
itiraf etmek *v.t.* admit
itiraf etmek *v. t.* confess
itiraz *n* demur
itiraz *n.* objection
itişme *n.* romp
itişmek *v.i.* romp
itme *v.t.* push
itme *n.* push
itme *n.* repulse
itme *n* thrust
itmek *v.t.* propel
itmek *v.t.* repulse
itmek *v.t.* thrust
ittifak *n.* alliance
ittifak etmek *v.t.* ally
ittihaz *n.* acquiescence
iyelik *n.* possession
iyi *a* fine
iyi *a.* good
iyi *n* good
iyi *a.* well
iyi kalpli *adj* benign
iyi niyet *n.* goodwill
iyi niyetle *adv.* heartily
iyice *a.* middling
iyileşmek *v.i.* heal
iyileştirici *a.* remedial
iyileştirmek *v. t* better
iyileştirmek *v.t.* reform
iyilik *n* favour
iyilik *n.* goodness

iyilikseverlik *n* benevolence
iyimser *n.* optimist
iyimser *a.* optimistic
iyimserlik *n.* optimism
iz *n* scar
iz *n.* trace
iz *n.* track
iz *n.* trail
iz *n.* weal
izci *n* scout
izdiham *n.* multitude
izdiham *n.* stampede
izin *n* pass
izin *n.* permission
izin *n.* permit
izin verilebilir *a.* permissible
izin vermek *v.t.* allow
izin vermek *v.t.* permit
izlemek *v.t* follow
izlemek *n.* monitor
izlemek *v.i.* stalk
izlemek *v.t.* trace
izlemek *v.t.* track
izlenebilir *a.* traceable
izlenim *n.* impression
izobar *n.* isobar
izolasyon *n.* isolation
izolatör *n.* insulator
izole etmek *v.t.* isolate

# J

jant *n.* rim
jargon *n.* jargon
jartiyer *n.* garter
jeneratör *n.* generator
jeoloji *n.* geology
jeolojik *a.* geological
jeolojist *n.* geologist
jet *n.* jet

jeton n. token
jibon n. gibbon
jimnastik a. gymnastic
jimnastik n. gymnastics
jimnastikçi n. gymnast
joker n. joker
jöle n. jelly
jubile n. jubilee
jupiter n. jupiter
jüri n. jury
jüri n. juryman
jüri üyesi n. juror
jüt n. jute
jüvenil a. juvenile

**K**

kaba n boor
kaba a. impolite
kaba a. rude
kaba a. uncouth
kaba a unmannerly
kaba a. vulgar
kaba et n buttock
kabadayı n bully
kabadayı a. rowdy
kabadayılık etmek v. t. bully
kabahat n. misconduct
kabahat n. misdemeanour
kabahatli a culpable
kabak n. pumpkin
kabak n squash
kabakulak n. mumps
kabarcık n bleb
kabarcık n blister
kabarcık n bubble
kabare n. cabaret
kabarıklık n. puff
kabarmak v.i billow
kabartma n. relief

kabartmalı alfabe n braille
kabataslak a. sketchy
kabataslak çizmek v.t. sketch
kabızlık n. constipation
kabil n cain
kabile a. tribal
kabile n. tribe
kabile reisi n. chieftain
kabiliyet n. aptitude
kabiliyetli a. competent
kabiliyetli a. gifted
kabiliyetsiz a. incapable
kabin n. cabin
kablo n. cable
kablo n cord
kablolama n. wiring
kablosuz a. wireless
kabristan n. necropolis
kabuk n. crust
kabuk n. peel
kabuk n. shell
kabul n acceptance
kabul n. admission
kabul edilebilir a acceptable
kabul edilemez a. inadmissible
kabul etmek v. accept
kabul etmek v. acknowledge
kabul etmek v.t. grant
kabullenmek v.i. acquiesce
kaburga n. rib
kaburgalara ait adj. costal
kabus n. nightmare
kaç çatma n. frown
kaçak a. fugitive
kaçak n. fugitive
kaçakçı n. smuggler
kaçakçılık yapmak v.t. smuggle
kaçınılmaz a. inevitable
kaçınmak v.i. abstain
kaçırma n abduction
kaçırmak v.t. abduct
kaçırmak v.t. kidnap

kaçırmamak *v.t.* seize
kaçış *n* dodge
kaçış *n* escape
kaçmak *v.i* abscond
kaçmak *v. i* elope
kaçmak *v.i* escape
kadar *prep.* pending
kadar *n. conj.* till
kadar *conj* until
kadeh *n.* goblet
kademeli *a.* gradual
kader *n* destiny
kader *n* fate
kadın *n.* petticoat
kadın *n.* woman
kadın kahraman *n.* heroine
kadın şair *n.* poetess
kadınlaştırmak *v.t.* womanise
kadınlık *n.* womanhood
kadınsı *a* effeminate
kadınsı *a* feminine
kadınsı *n.* womanish
kadife *n.* velvet
kadife çiçeği *n.* marigold
kadim *a.* immemorial
kadmiyum *n* cadmium
kadran *n.* dial
kadro oluşturmak *v.t.* staff
kafa derisi *n* scalp
kafa patlatmak *v.t.* mull
kafası karışmış *adj* addle
kafasını bulandırmak *v.t.* mystify
kafasını karıştırmak *v. t* confuse
kafasını kesmek *v. t.* behead
kafatası *n.* skull
kafaya almak *v.t* hoax
kafayı çekmek *v. i* booze
kafe *n.* cafe
kafes *n.* cage
kafi *adv* enough
kâfir *a.* profane
kafiye *n.* rhyme

kafiyeli olmak *v.i.* rhyme
kâfur *n.* camphor
kâğıt *n.* paper
kahır *n.* damnation
kahkaha *n.* laughter
kahkül *n.* fringe
kahraman *n.* hero
kahraman *n.* protagonist
kahramanca *a.* heroic
kahramanlık *n* exploit
kahramanlık *n.* heroism
kahramanlık *n.* prowess
kahretmek *v. t.* damn
kahvaltı *n* breakfast
kahve *n* coffee
kahverengi *a* brown
kahverengi *n* brown
kaide *n.* norm
kaide *n.* pedestal
kaktüs *n.* cactus
kakule *n.* cardamom
kalabalık *n* crowd
kalabalık *n.* horde
kalabalık *a.* populous
kalabalık *n.* throng
kalabalık ev *n.* warren
kalan *n.* remainder
kalaylamak *v.t.* tin
kalbur *n.* grate
kalça *n* hip
kalçete *n.* gasket
kaldıraç *n.* lever
kaldıraçla kaldırmak *v.t.* lever
kaldırılabilir *a.* removable
kaldırım *n.* pavement
kaldırım döşemek *v.t.* pave
kaldırmak *v.t.* jack
kaldırmak *v.t.* lift
kaldırmak *v.t.* remove
kale *n.* castle
kale *n.* citadel
kale *n.* rook

kale *n.* stronghold
kale hendeği ile kuşatmak *v.t.* moat
kalem *n.* pen
kalem *n.* pencil
kaleme almak *v.t.* pen
kalemle çizmek *v.t.* pencil
kalemtıraş *n.* sharpener
kalıcı *a.* permanent
kalıcı *a.* persistent
kalıcılık *n.* permanence
kalın *a.* thick
kalın *n.* thick
kalın *adv.* thick
kalın bağırsak *n* colon
kalın kafalı *n* blockhead
kalın kafalı *a.* obtuse
kalınlaştırmak *v.i.* thicken
kalıntı *n.* relic
kalıntı *a.* residual
kalıntı *n.* residue
kalıntılar *n.* remains
kalıp *n.* mould
kalıtsal *a.* heritable
kalite *n.* quality
kalkan *n.* shield
kalmak *v.i.* stay
kalmamak *v.i.* wither
kalori *n.* calorie
kalp *n.* heart
kalsiyum *n* calcium
kama *n.* wedge
kamarot *n.* steward
kamçı *n* lash
kamçılamak *v.t* flog
kamp *n.* camp
kamp yapmak *v. i.* camp
kampanya *n.* campaign
kamu *a.* public
kamu *n.* public
kamyon *n.* lorry
kamyon *n.* truck
kan *n* blood

kan davası *n.* feud
kanal *n.* canal
kanal *n* channel
kanal *n* drainage
kanalizasyon *n.* sewage
kanalizasyon *n.* sewerage
kanamak *v. i* bleed
kanat *n.* wing
kanatlı *adj.* aliferous
kanca *n.* hook
kandaş *adj* cognate
kandırmak *v. t* deceive
kandırmak *v.t.* string
kandırmak *v.t.* trick
kanepe *n.* couch
kanepe *n.* sofa
kanıt *n.* proof
kanıt *a* proof
kanıtlamak *v.t.* prove
kanıtlamak *v.t.* substantiate
kanka *n.* pal
kanlı *a* bloody
kanser *n.* cancer
kanton *n* canton
kanun *n.* act
kanun *n.* law
kanun yapmak *v.i.* legislate
kanunen *n* bylaw, bye-law
kanuni *a.* lawful
kanunsuz *a.* illicit
kaos *n.* chaos
kap *n.* utensil
kapak *n.* lid
kapak *n.* cap
kapak *n.* cover
kapalı *n.* close
kapamak *v.t.* shut
kapamak *v.t.* top
kapasite *n.* capacity
kapatıcı *n.* closure
kapatılma *n.* confinement
kapatmak *v. t* close

**kapatmak** *v.t.* wall
**kapatmak** *v.t.* liquidate
**kapı** *n* door
**kapıcı** *n.* superintendent
**kapıyı çalmak** *v.t.* knock
**kapitalist** *n.* capitalist
**kaplama** *n* coating
**kaplamak** *v.t.* plate
**kaplamak** *v.t.* sheet
**kaplan** *n.* tiger
**kaplumbağa** *n.* tortoise
**kaplumbağa** *n.* turtle
**kapmak** *v. i.* bag
**kapmak** *v. t* contract
**kapmak** *v.t.* snatch
**kapmak** *n.* snatch
**kapris** *n.* caprice
**kapris** *n.* vagary
**kapris** *n.* whim
**kaprisli** *a.* capricious
**kaprisli** *a.* wayward
**kaprisli** *a.* whimsical
**kapsam** *n.* scope
**kapsama** *n.* inclusion
**kapsamak** *v. t.* cover
**kapsayan** *a.* inclusive
**kapsül gibi** *adj* capsular
**kaptan** *n.* captain
**kaptan** *n.* skipper
**kaptanlık** *n.* captaincy
**kar** *n.* snow
**kâr** *n.* profit
**kâr etmek** *v.t.* profit
**karabatak** *n.* cormorant
**karaca** *n.* roe
**karakol** *n.* outpost
**karakter** *n.* character
**karakurbağası** *n.* toad
**karalama** *n* scrawl
**karalamak** *v.t.* scribble
**karalamak** *n.* scribble
**karalayıcı** *a.* slanderous

**karanfil** *n* clove
**karanfil** *n.* pink
**karanlık** *n* dark
**karanlık işler yapmak** *v.i.* traffic
**karanlıkta bırakmak** *v. t* benight
**karar** *n* decision
**karar** *n.* judgement
**karar** *n.* verdict
**karar vermek** *v. t* decide
**karar vermek** *v. t* determine
**kararlı** *a.* adamant
**kararlı** *a* decisive
**kararlı** *a.* resolute
**kararlı** *a.* stable
**kararlı** *a.* steadfast
**kararlılık** *n.* determination
**kararlılık** *n.* resolution
**kararname** *n* decree
**kararsız** *a.* hesitant
**kararsız** *a.* infirm
**kararsızca** *n.* shilly-shally
**kararsızlık** *n.* indecision
**kararsızlık** *n.* infirmity
**karartma zamanı** *n* curfew
**karartmak** *v. t.* blacken
**karartmak** *v.i.* darkle
**karartmak** *v.t.* shade
**karasevda** *n.* melancholia
**karat** *n.* carat
**karavan** *n.* caravan
**karbit** *n.* carbide
**karbon** *n.* carbon
**kardeş** *n.* sister
**kardeş katilliği** *n.* fratricide
**kardeşçe** *a.* fraternal
**kardeşlik** *n* brotherhood
**kardeşlik** *n.* fraternity
**kardeşlik** *n.* sisterhood
**kardeşlik cemiyeti** *n.* confraternity
**kardinal** *n.* cardinal
**kardiyak** *adj.* cardiacal
**kare** *n.* square

**kare** *a* square
**karga** *n* crow
**kargaşa** *n* commotion
**kargaşa** *n.* turmoil
**kargaşalı** *a.* tumultuous
**kargo** *n.* cargo
**karı** *n.* wife
**karın** *n* abdomen
**karınca** *n* ant
**karış** *n.* span
**karışık** *a.* miscellaneous
**karışıklık** *n* confusion
**karışıklık** *n.* misrule
**karışıklık** *n* scramble
**karışım** *n.* concoction
**karışım** *n.* hotchpotch
**karışım** *n* hybrid
**karışım** *n.* mixture
**karışlamak** *v.t.* span
**karışmak** *v.i.* meddle
**karıştırmak** *v.t.* jumble
**karıştırmak** *v.i* mix
**karıştırmak** *v.i.* shuffle
**karıştırmak** *v.i.* stir
**karikatür** *n.* caricature
**karikatür** *n.* cartoon
**karine** *n.* presumption
**kariyer** *n.* career
**karlanmak** *v.i.* snow
**karlı** *a.* snowy
**kârlı** *a.* profitable
**karma** *a.* hybrid
**karma eğitim** *n.* co-education
**karmakarışık** *adv.* chaotic
**karmakarışık** *a.* topsyturvy
**karmakarışık etmek** *v. t* clutter
**karmaşık** *a* complex
**karmaşıklaştırmak** *v. t* complicate
**karnabahar** *n.* cauliflower
**karnaval** *n* carnival
**karpal** *adj* carpal
**karpuz** *n.* water-melon

**karşı** *prep.* against
**karşı** *prep.* towards
**karşı** *prep.* versus
**karşı çıkmak** *v. t* counter
**karşı çıkmak** *v. t* demur
**karşı çıkmak** *v.t.* object
**karşı koymak** *v.t.* oppose
**karşılama** *n* welcome
**karşılamak** *v.t.* afford
**karşılamak** *v.t.* satisfy
**karşılaşma** *n.* encounter
**karşılaşmak** *v. t* encounter
**karşılaştırma** *n* comparison
**karşılaştırma** *v. t* contrast
**karşılaştırmak** *v. t* compare
**karşılaştırmalı** *a* comparative
**karşılık** *n.* counterpart
**karşılıklı** *a.* reciprocal
**karşılıklı ilişkisi olmak** *v.t.* correlate
**karşılıklı olarak** *adv.* vice-versa
**karşın** *prep.* notwithstanding
**karşıt** *a* adverse
**karşıt** *a* contrary
**karşıt** *a.* opposite
**karşıt anlamlı** *n.* antonym
**karşıt gruplara ayırmak** *v.t.* contrapose
**karşıt iddia** *n.* countercharge
**karşıtlık** *n* contrast
**karşıtlık yaratmak** *v.t.* antagonize
**kart** *n.* card
**kartal** *n* eagle
**karton** *n.* cardboard
**karton kutu** *n* carton
**kartuş** *n.* cartridge
**karun** *n.* croesus
**karyola** *n.* cot
**kas** *n.* muscle
**kasa** *n.* casing
**kasa** *n.* safe
**kasaba** *n.* town
**kasap** *n* butcher

kase *n* bowl
kaset *n.* cassette
kasıla kasıla *a.* spasmodic
Kasım *n.* november
kasınç *n.* myalgia
kasırga *n.* cyclone
kasırga *n.* hurricane
kasırga *n.* tornado
kasırga *n.* whirlwind
kasıt *n.* premeditation
kasıtlı *a.* intentional
kaside *n.* ode
kasiyer *n.* cashier
kask *n.* helmet
kaslı *a.* muscular
kasmak *v.t.* tighten
kasnak *n.* pulley
kast *n* caste
kasten *adv.* purposely
kastetmek *v.t* mean
kasti *a* deliberate
kastral *adj* castral
kasvet *n.* gloom
kasvetli *a.* gloomy
kasvetli *adj* melancholy
kasvetli *a.* sombre
kaş *n* brow
kaş çatma *n.* scowl
kaş çatmak *v.i.* scowl
kaşağılamak *v.t* groom
kaşe *n* cachet
kaşık *n.* spoon
kaşık dolusu *n.* spoonful
kaşıklamak *v.t.* spoon
kaşınmak *v.i.* itch
kaşıntı *n.* itch
kaşlarını çatmak *v.i* frown
kat *n* fold
kat *n* multiple
kat *n.* storey
katalog *n.* catalogue
katarakt *n.* cataract

katedral *n.* cathedral
katedral *n.* minster
kategori *n.* category
kategorik *a.* categorical
katı *a.* rigid
katı *n* solid
katı madde *n.* adamant
katılaşmak *v.t.* ossify
katılım *n.* attendance
katılım *n.* participation
katılımcı *n.* participant
katılmak *v.t.* join
katılmak *v.i.* partake
katılmak *v.i.* participate
katılmak *v.t.* attend
katır *n.* mule
katışık *a* mongrel
katil *n.* murderer
katil *n.* thug
kâtip *n* clerk
katkı *n* contribution
katkıda bulunmak *v. t* contribute
katlamak *v.t.* crankle
katlamak *v.t* fold
katlanılır *a* endurable
katlanılmaz *a.* insupportable
katlanmak *v.t.* undergo
katletmek *v.t.* slaughter
katlılık *n.* multiplicity
katliam *n* bloodshed
katliam *n.* massacre
katliam *n.* slaughter
katliam yapmak *v.t.* massacre
katman *n.* layer
katmer *n* ply
katolik *a.* catholic
katolik dua kitabı *n.* breviary
katran *n.* tar
katranlamak *v.t.* tar
katsayı *n.* coefficient
kauçuk *n.* rubber
kavak *n.* poplar

| | |
|---|---|
| kavalye *n.* squire | kayın *n.* in-laws |
| kavanoz *n.* jar | kayıp *n.* loss |
| kavga *n* fight | kayısı *n.* apricot |
| kavga *n.* quarrel | kayış *n.* strap |
| kavga *n.* scuffle | kayıt *n.* matriculation |
| kavga *n.* strife | kayıt *n.* registration |
| kavga etmek *v.t* fight | kayıt *n.* registry |
| kavgacı *a* bellicose | kaymak *v. i* creep |
| kavgacı *a* belligerent | kaymak *v.i.* slip |
| kavgacı *a.* combatant | kaynağına inmek *v.t.* retrace |
| kavgacı *a.* quarrelsome | kaynak *n.* basis |
| kavgacılık *n* belligerency | kaynak *n.* resource |
| kavis yapmak *v.t.* arch | kaynak *n.* source |
| kavramak *v. t* comprehend | kaynak *n* weld |
| kavramak *v.t.* grab | kaynamak *v.i.* boil |
| kavramak *v.t.* grasp | kaynamak *v.i.* swarm |
| kavrayış *n* grasp | kaynamak *v.i.* well |
| kavrayış *n.* insight | kaynaşma *n.* fusion |
| kavşak *n.* junction | kaynaştırıcı *n.* merger |
| kavun *n.* melon | kaynaştırmak *v.t.* conglutinate |
| kavurmak *v.t.* parch | kaynaştırmak *v.t.* fuse |
| kavurmak *v.t.* scorch | kaynaştırmak *v.t.* merge |
| kavurucu *a.* torrid | kaynatmak *v.i.* simmer |
| kaya *n.* rock | kaypak *a.* shifty |
| kaybetmek *v.t.* lose | kaytarıcı *n.* shirker |
| kaybetmek *v.t.* misplace | kaytarma *n* evasion |
| kayda değer *a.* appreciable | kaytarmak *v. t* evade |
| kayda değer *a.* notable | kaytarmak *v.t.* shirk |
| kayda değerlilik *n.* notability | kaz *n.* goose |
| kayda geçirmek *v.i.* file | kaza *n* accident |
| kaydedici *n.* recorder | kaza *n.* misadventure |
| kaydetmek *v.t.* matriculate | kaza *n* crash |
| kaydetmek *v.t.* record | kaza yapmak *v. i* crash |
| kaydırmak *v.t.* shift | kazak *n.* jersey |
| kaydırmak *v.i.* slide | kazak *n.* pullover |
| kaydolmak *v. t* enrol | kazan *n* boiler |
| kaydolmak *v.t.* register | kazanan *n.* winner |
| kaygan *a* slick | kazanç *n.* acquisition |
| kaygan *a.* slippery | kazanç *n* gain |
| kayganlaştırıcı *n.* lubricant | kazanç *n* win |
| kayganlaştırmak *v.t.* lubricate | kazanç *n* yield |
| kaygı *n.* anxiety | kazanç sağlamak *v.t.* yield |

**kazançlı** *a.* lucrative
**kazanılmış mal** *n* acquest
**kazanım** *n.* acquirement
**kazanmak** *v.t.* win
**kazanmak** *v. t* earn
**kazara** *a* accidental
**kazazede** *n.* casualty
**kazı** *n.* excavation
**kazık** *n* overcharge
**kazık** *n.* pale
**kazık** *n.* picket
**kazık** *n* stake
**kazıklamak** *v.t.* overcharge
**kazımak** *v.t.* inscribe
**kazma** *n.* mattock
**kazmak** *v.t.* dig
**kazmak** *v. t.* excavate
**keçi** *n.* goat
**keder** *n.* grief
**keder** *n.* sorrow
**kederlendirmek** *v. t* deject
**kederlenmek** *v.t.* grieve
**kederli** *a.* rueful
**kederli** *n.* woeful
**kedi** *n.* cat
**kedi** *n.* kitten
**kefalet** *n.* bail
**kefaletle serbest bırakmak** *v. t.* bail
**kefaret** *n.* atonement
**kefaret etmek** *v.i.* atone
**kefen** *n.* shroud
**kefil** *n.* surety
**kefil olmak** *v.i.* vouch
**kefil olunabilir** *a.* bailable
**kehanet** *n.* oracle
**kehanet** *n.* prophecy
**kehanette bulunmak** *v.t.* prophesy
**kekelemek** *v.i.* stammer
**kekemelik** *n* stammer
**kel** *a.* bald
**kelebek** *n* butterfly
**kelepçe** *n* clamp

**kelepçe** *n.* handcuff
**kelepçe** *n* cuff
**kelepçelemek** *v.t* handcuff
**kelime** *n.* vocabulary
**kelime** *n.* word
**kelime oyunu** *n.* crambo
**kelime oyunu** *n.* quibble
**kelime oyunu yapmak** *v.i.* quibble
**kelimesi kelimesine** *adv.* verbatim
**keman** *n* fiddle
**keman** *n.* violin
**kemancı** *n.* violinist
**kemer** *n.* arch
**kemer** *n* belt
**kemer** *n.* waistband
**kemeraltı** *n.* portico
**kemik** *n.* bone
**kemirgen** *n.* rodent
**kemirmek** *v.t.* nibble
**kenar** *n* brim
**kenar takmak** *v.t* fringe
**kendi** *a.* own
**kendi** *a.* respective
**kendi isteğiyle** *adv.* voluntarily
**kendim** *pron.* myself
**kendinden emin** *a.* confident
**kendinden geçme** *n.* rapture
**kendini beğenmiş** *a.* smug
**kenetlemek** *v.t.* jam
**kent** *a* civic
**kentsel** *a.* municipal
**kentsel** *a.* urban
**kepazelik** *n.* infamy
**kepçe** *n.* ladle
**kepçelemek** *v.t.* ladle
**kereste** *n.* timber
**kerpiç** *n.* adobe
**kertenkele** *n.* lizard
**kesat olmak** *v.i.* stagnate
**kese** *n.* pouch
**kesek** *n.* clod
**keseli** *n.* marsupial

kesik *n* cut
kesin *a* conclusive
kesin *a* definite
kesin *a* net
kesin *n.* precise
kesinlik *n.* certainty
kesinlikle *adv.* certainly
kesintisiz *a* through
kesip parçalara ayırmak *v. t* dissect
kesir *n.* fraction
kesişmek *v.t.* intersect
keski *n* chisel
keskin *a.* pungent
keskin *a.* sharp
keskin *adv.* sharp
keskin *n.* sharper
keskin ağızlı *adj.* cultrate
keskinleştirmek *v.t.* sharpen
keskiyle kesmek *v. t.* chisel
kesme işareti *n.* apostrophe
kesmek *v. t* cut
kesmek *v.t* fell
kesmek *v.t.* sever
kesmek *v.t.* slash
kestane *n.* chestnut
kestane *n.* maroon
kestirme *n.* nap
kestirmek *v.i.* nap
keşfetmek *v.t.* ascertain
keşfetmek *v. t* discover
keşfetmek *v.t* explore
keşfetmek *v.i* scout
keşif *n.* discovery
keşif *n* exploration
keşiş *n.* hermit
keşmekeş *n.* snarl
ket vurmak *v.t.* inhibit
ketçap *n.* ketchup
keten *n.* linen
keten tohumu *n.* linseed
ketum *a.* secretive
keyfi *a.* arbitrary

keyfini kaçırmak *v.t.* upset
keyifli *a.* gauntlet
keyifli *a.* jolly
keza *adv.* likewise
kıç *n* bottom
kıç *n.* stern
kıdem *n.* seniority
kıdemli *a.* senior
kıdemli *n.* senior
kıdemli *a.* veteran
kıdemli kişi *n* elder
kıkırdamak *v. i* chuckle
kıkırdamak *v.i.* giggle
kıl *n* bristle
kılavuz *n.* guide
kılavuzluk etmek *v.t.* guide
kılıbık *a.* henpecked
kılıç *n.* sabre
kılıç *n.* sword
kılıçtan geçirmek *v.t.* sabre
kılıf *n.* husk
kılık *n.* livery
kılık değiştirmek *v. t* disguise
kılıksız *a.* shabby
kımıldamak *v. i. & n* budge
kın *n.* scabbard
kınama *n* blame
kınama *n* condemnation
kınama *n.* reprimand
kınama *v.t.* reproach
kınama *n.* reproach
kınamak *v. t.* censure
kınamak *v. t.* condemn
kınamak *v.t.* reprimand
kınanma *n.* denunciation
kınından çıkarmak *v.t.* unsheathe
kıpırdamak *v.t.* shove
kıpırdamak *n.* shove
kıpkırmızı *n* crimson
kır evi *n* cottage
kırbaç *n.* whip
kırbaçlamak *v.* lash

kırbaçlamak *n.* scourge
kırbaçlamak *v.t.* scourge
kırbaçlamak *v.t.* whip
kırıcı *a.* offensive
kırık *n.* fracture
kırılgan *a.* brittle
kırılgan *a.* fragile
kırılma *n* breakage
kırıntı *n* crumb
kırıp geçirmek *v.t.* decimate
kırışıklık *n.* wrinkle
kırıştırmak *v.t.* wrinkle
kırıtmak *v.i.* swagger
kırk *n.* forty
kırkayak *n.* millipede
kırlangıç *n.* swallow
kırmak *v. t* break
kırmızı *a.* red
kırmızı *n.* red
kırmızı biber *n* capsicum
kırmızı biber *n.* chilli
kırmızımsı *a.* reddish
kırpmak *v.i.* wink
kırsal *a.* rural
kırtasiye *n.* stationery
kırtasiyeci *n.* stationer
kısa *a.* short
kısa bakış *n.* glance
kısa kesmek *v. t* curtail
kısa roman *n.* novelette
kısaca *adv.* shortly
kısalık *n* brevity
kısaltma *n* abbreviation
kısaltmak *v.t.* abbreviate
kısaltmak *v.t.* shorten
kısık ateşte pişirmek *v.t.* stew
kısıntı *n.* retrenchment
kısır *adj.* acarpous
kısırlık *n.* sterility
kısıtlama *n.* limitation
kısıtlama *n.* restriction
kısıtlamak *v.t.* constrict

kısıtlamak *v.t.* restrict
kısıtlayıcı *a.* restrictive
kıskaç *n* barnacles
kıskanç *a* envious
kıskanç *a.* jealous
kıskançlık *n.* jealousy
kıskanılacak *a* enviable
kısmak *v.t.* retrench
kısmetli *a.* providential
kısmi *a.* partial
kısrak *n.* mare
kış *n.* winter
kışkırmak *v.t* foment
kışkırtıcı *a.* provocative
kışkırtma *n* urge
kışkırtmak *v.t.* abet
kışkırtmak *v.t.* agitate
kışkırtmak *v. t* commove
kışkırtmak *v.t.* incite
kışkırtmak *v.t.* provoke
kışkırtmak *v.t* urge
kışla *n.* barrack
kışla *n.* cantonment
kışlamak *v.i* winter
kıt *a.* scant
kıt *a.* scarce
kıta *n* continent
kıtasal *a* continental
kıtlık *n* famine
kıtlık *n.* scarcity
kıvılcım *n.* spark
kıvılcım *n.* spark
kıvırmak *v. t* curve
kıvranmak *v.t.* suffer
kıvrılmak *v.i.* snake
kıvrılmak *v.i.* wriggle
kıvrım *n* bend
kıvrım *n* crimp
kıvrım *n* curve
kıvrım *n.* twist
kıvrım *n.* undulation
kıyamet *n.* pandemonium

kıyı *n* coast
kıyı *n.* shore
kıyıda *adv.* ashore
kıyım *n* carnage
kıyısal *a.* littoral
kıymetli *a.* invaluable
kıymık *n.* splinter
kız *n.* girl
kız çocuk *n* daughter
kız kurusu *n.* spinster
kızak *n* skid
kızamık *n* measles
kızarıklık *n* blush
kızarmak *v.t.* redden
kızartı *n* flush
kızartma *n* fry
kızartmak *v.t.* fry
kızartmak *v.t.* roast
kızdırıcı *a.* irritant
kızdırmak *v.t.* annoy
kızdırmak *v. t* displease
kızdırmak *v. t* enrage
kızdırmak *v.t.* vex
kızgın *a* cross
kızgın bakış *n.* glare
kızılderili çadırı *n.* wigwam
kızımsı *a.* girlish
kibar *a.* gentle
kibar *a* kind
kibar *a.* polite
kibar *a.* urbane
kibarlık *n.* courtesy
kibir *n.* arrogance
kibir *n* conceit
kibir *n* disdain
kibir *n.* vanity
kibirlenmek *v.t.* pride
kibirli *a.* arrogant
kibirli *a* contemptuous
kibirli *a.* haughty
kil *n* clay
kiler *n.* ambry

kiler *n* cellar
kiler *n.* pantry
kilise *n.* church
kilise *n.* parish
kilise avlusu *n.* churchyard
kilise vakfı *n.* patrimony
kilit *n.* lock
kilitlemek *v.t* lock
kim *pron.* who
kime *pron.* whom
kimin *pron.* whose
kimlik *n.* identity
kimse *n* cad
kimse *pron.* nobody
kimse *pron.* someone
kimse *n.* wight
kimse *pron.* one
kimsesiz *a* outcast
kimya *n.* chemistry
kimyasal *a.* chemical
kimyasal madde *n.* chemical
kin *n* animus
kin *n* grudge
kinaye *n.* allegory
kinaye *n* dig
kinayeli *a.* allegorical
kinik *n* cynic
kinin *n.* quinine
kip *n.* modality
kir *n* dirt
kira *n.* rent
kira sözleşmesi *n.* lease
kiracı *n.* lessee
kiracı *n.* tenant
kiracılık *n.* tenancy
kiralama *n.* hire
kiralama *v.t* hire
kiralamak *v.t.* lease
kiralamak *v.t.* rent
kiralamak *v.t.* let
kireç *n.* lime
kireçlemek *v.t* lime

kiriş *n.* girder
kirlenme *n.* pollution
kirletmek *v.t.* litter
kirletmek *v.t.* pollute
kirletmek *v.t.* soil
kirletmek *v.t.* vitiate
kirli *a* dirty
kirpik *n* eyelash
kişi *n.* person
kişileştirme *n.* impersonation
kişileştirme *n.* personification
kişilik *n.* personality
kişiliksiz *a.* impersonal
kişisel *a.* personal
kişneme *n.* neigh
kişnemek *v.i.* neigh
kişniş *n.* coriander
kitabe *n* epitaph
kitabe *n.* inscription
kitap *n* book
kitap ayracı *n.* book-mark
kitap kurdu *n* book-worm
kitapçı *n* book-seller
kitapçık *n* brochure
kitapçık *n.* handbook
kitapçık *n.* leaflet
kitle *v.i* mass
klasik *a* classic
klasik *n* classic
klasik *a* classical
klavyede yazmak *v.t.* type
klinik *n.* clinic
klişe *n.* stereotype
klor *n* chlorine
kloroform *n* chloroform
klozet *n.* closet
koalisyon *n* coalition
kobalt *n* cobalt
kobra *n* cobra
koca *n* husband
kocaman *a* enormous
kocaman *a.* huge

kocaman *a.* massive
koç *n* coach
koç *n.* ram
koç burcu *n* aries
kod *n* code
kodaman *n.* magnate
kof *a.* hollow
koğuş *n.* ward
kokain *n* cocaine
koklama *n* sniff
koklamak *v.t.* smell
koklamak *v.i.* sniff
kokpit *n.* cock-pit
koku *n.* fragrance
koku *n.* odour
koku *n.* scent
koku *n.* smell
kokulu *a.* fragrant
kokulu *a.* odorous
kokutmak *v.i.* stink
kol *n* sleeve
kol *n.* arm
kolalamak *v.t.* starch
kolay *a* easy
kolay *a* facile
kolay anlaşılan *a.* articulate
kolay bozulan *a.* perishable
kolayca *adv.* readily
kolaylaştırmak *v.t* facilitate
kolaylaştırmak *v. t* ease
kolaylık *n* ease
kolej *n* college
koleksiyon *n* collection
kolera *n.* cholera
koli *n.* parcel
kolon *n* column
koloni *n* colony
koltuk *n.* seat
kolye *n.* necklace
koma *n.* coma
kombinezon *n* chemise
komedi *n.* comedy

**komedyen** *n.* comedian
**komik** *a* comic
**komik** *n.* funny
**komik ihtiyar bunak** *n.* pantaloon
**komisyon** *n.* commission
**komisyoncu** *n* broker
**komisyoncu** *n.* commissioner
**komite** *n* committee
**kompakt** *a.* compact
**kompleks** *n.* insecurity
**kompleksli** *a.* insecure
**komplikasyon** *n.* complication
**komplo** *n.* conspiracy
**komplo kurmak** *v. i.* conspire
**komplocu** *n.* conspirator
**kompozisyon** *n* composition
**komrad** *n.* comrade
**komşu** *n.* neighbour
**komunizm** *n* communism
**komutan** *n* commander
**konak** *n.* mansion
**konaklama** *n.* accommodation
**konaklamak** *v.t.* lodge
**konargöçer** *n.* nomad
**konasyon** *n.* conation
**konferans** *n* conference
**konfor** *n.* comfort
**konforlu** *a* comfortable
**kongre** *n* congress
**koni** *n.* cone
**konjonktiv** *n.* conjunctiva
**konmak** *v.i.* land
**konsantre** *n.* concentration
**konsantre olmak** *v. t* concentrate
**konser** *n.* concert
**konservelemek** *v.t.* pot
**konsey** *n.* council
**kont** *n.* count
**kontes** *n.* countess
**kontluk** *n.* shire
**kontol etmek** *v. t.* check
**kontrasepsiyon** *n.* contraception

**kontrat** *n* contract
**kontrol** *n* control
**kontrol etmek** *v. t* control
**kontrolü kaldırmak** *v.t.* decontrol
**konu** *n.* matter
**konu** *n.* subject
**konu** *a* subject
**konu** *n.* topic
**konuksever** *a.* hospitable
**konum** *n.* location
**konumlandırmak** *v.t.* position
**konuşkan** *a.* talkative
**konuşlanmak** *v.t.* deploy
**konuşma** *n.* speech
**konuşma** *n* talk
**konuşma tarzı** *n.* parlance
**konuşmak** *v.t.* converse
**konuşmak** *v.i.* speak
**konuşmak** *v.i.* talk
**konuştu** *n.* spoke
**konyak** *n* brandy
**koordinasyon** *n* co-ordination
**koordine etmek** *v. t* co-ordinate
**koparmak** *v.t.* rupture
**kopma** *n.* rupture
**kopmak** *v.t.* sunder
**koproloji** *n.* coprology
**kopya** *n* copy
**kopya** *n* duplicate
**kopya** *n.* replica
**kopyalamak** *v. t* copy
**kopyalamak** *v. t* duplicate
**kordat** *adj.* cordate
**koridor** *n.* corridor
**koridor** *n.* hall
**Korint** *n.* Corinth
**korkak** *n.* coward
**korkaklık** *n.* cowardice
**korkmuş** *a.* afraid
**korku** *n* fear
**korku** *n.* fright
**korku** *n.* horror

**korkunç** *a.* fearful
**korkunç** *a.* horrible
**korkunç** *a.* terrible
**korkusu ile** *conj.* lest
**korkusuz** *a.* stalwart
**korkusuz** *n* stalwart
**korkutarak dağıtmak** *v.i* stampede
**korkutmak** *v.t.* frighten
**korkutmak** *v.t.* horrify
**korkutmak** *v.t.* scare
**korkutmak** *v.t.* startle
**korkutmak** *v.t.* terrorize
**korlaşmak** *v.i.* glow
**kornea** *n* cornea
**kornet** *n.* cornet
**koro** *n* choir
**koro** *n.* chorus
**koroid** *n* choroid
**korsaj** *n* bodice
**korsan** *n.* pirate
**korsanlık** *n.* piracy
**korsanlılık yapmak** *v.t* pirate
**korse** *n.* girdle
**koru** *n.* coppice
**korucu** *n* forester
**korucu** *n.* ranger
**koruma** *n.* bodyguard
**koruma** *n.* preservation
**koruma** *n.* protection
**korumak** *v.i.* guard
**korumak** *v.t.* preserve
**korumak** *v.t.* protect
**korumak** *n.* safeguard
**koruyucu** *n.* preservative
**koruyucu** *a.* preservative
**koruyucu** *a.* protective
**koruyucu** *n.* protector
**kostik** *a.* caustic
**kostüm** *n.* costume
**koşmak** *v.i.* run
**koşmak** *n.* run
**koşu yapmak** *v.t.* jog

**koşucu** *n.* runner
**koşul** *n* condition
**koşul** *n.* proviso
**koşum** *n.* harness
**koşum takmak** *v.t* harness
**koşuşturma** *n* whirl
**koşuşturmak** *v.i.* sprint
**koşuşturmak** *n.i.* whirl
**kot** *n.* jean
**kota** *n.* quota
**kova** *n* bucket
**kova burcu** *n.* aquarius
**kovalamak** *v. t.* chase
**kovalamak** *v.t.* pursue
**kovan** *n* alveary
**kovanlık** *n.* apiary
**kovmak** *v. t.* expel
**kovuk** *n.* cavity
**kovuşturma** *v.t.* prosecute
**kovuşturma** *n.* prosecution
**koymak** *v.t.* put
**koyu renkli** *a* dark
**koyun** *n.* mutton
**koyun** *n.* sheep
**koyvermek** *v.t.* release
**koz** *n.* trump
**koz oynamak** *v.t.* trump
**kozmetik** *a.* cosmetic
**kozmetik** *n.* cosmetic
**kozmik** *adj.* cosmic
**köhne** *a.* musty
**kök** *n.* root
**kök** *n.* stem
**kökbilim** *n.* etymology
**köken** *n.* descent
**köken** *n.* origin
**köklendirmek** *v.i.* root
**köknar** *n* fir
**kökünden sökmek** *v.t.* uproot
**kökünü kurutmak** *v. t* eradicate
**köle** *n.* slave
**köle** *n.* thrall

köle gibi *a.* servile
köle gibi *a.* slavish
kölelik *n.* servility
kölelik *n.* slavery
kömür *n* coal
köpek *n* dog
köpek evi *n.* kennel
köpek yavrusu *n.* puppy
köpekbalığı *n.* shark
köprü *n* bridge
köpük *n* foam
köpük *n.* lather
köpüklenmek *v.t* foam
köpürtmek *v. t. & i.* churn
köreltmek *v. t.* damp
körfez *n* bay
körfez *n* bight
körfez *n.* gulf
körlük *n* blindness
körük *n.* bellows
köstebek *n.* mole
köstek *n* fetter
köstek olmak *v.t* fetter
köşe *n* corner
köşeli *a.* angular
köşesine çekilmiş *n.* recluse
kötü *a.* bad
kötü *a.* vicious
kötü *a.* wicked
kötü adam *n.* villain
kötü biçimde *adv.* ill
kötü idare *n.* maladministration
kötü kalpli *a.* mean
kötü nam *n* disrepute
kötü niyetli *a.* malignant
kötü şöhretli *n.* arrant
kötü yola düşmek *v.i.* backslide
kötü yönetim *n.* mismanagement
kötüleşmek *v.t.* worsen
kötüleştirme *n.* aggravation
kötüleştirmek *v.t.* aggravate
kötüleyici *a* abusive

kötülük *n.* misdeed
kötümser *n.* pessimist
kötümser *a.* pessimistic
kötümserlik *n.* pessimism
kötürüm etmek *v.t.* mutilate
kötüye kullanmak *v.t.* abuse
köy *n.* village
köyde yaşamak *v.t.* rusticate
köylü *n.* peasant
köylü *n.* ploughman
köylü *n.* villager
köylüler *n.* peasantry
köylüleşme *n.* rustication
köylülük *n.* rusticity
kraker *n* cracker
kral *n.* king
kral katili *n.* regicide
kralcı *n.* royalist
kraliçe *n.* queen
kraliyet *n.* kingdom
kraliyet *n.* royalty
kravat *n* tie
kredi *n* credit
krem *n* cream
kremasyon *n* cremation
kreş *n.* kindergarten
kreş *n.* nursery
kriket *n* cricket
kriptografi *n.* cryptography
kristal *n* crystal
kristalleştirmek *v. t.* candy
kriter *n* criterion
kritik *adj.* crucial
kritik *a* critical
kriz *n* crisis
kriz *n* fit
krom *n* chrome
kronik *a.* chronic
kronograf *n* chronograph
kronoloji *n.* chronology
kruvazör *n* cruiser
kserofil *a.* xerophilous

ksilofon *n.* xylophone
kuantum *n.* quantum
kubbe *n* dome
kubbe *n.* vault
kucak *n.* lap
kucaklamak *v. t.* embrace
kucaklaşma *n* embrace
kudret helvası *n.* manna
kuduz *n.* rabies
kuğu *n.* swan
kukla *n.* marionette
kukla *n.* puppet
kukuleta *n.* hood
kulaç *n* crawl
kulaç *n* fathom
kulak *n* ear
kulak kabartmak *v.t.* overhear
kulak kiri *n* cerumen
kulak temizleme aygıtı *n.* aurilave
kule *n.* tower
kullandırmak *v.t.* agist
kullanım *n.* usage
kullanım *n.* use
kullanım *n.* utilization
kullanmak *v.t.* use
kulp *n.* handle
kulübe *n.* hut
kulüp *n* club
kum *n.* sand
kumandan *n* commandant
kumar *n* gamble
kumar oynamak *v.i.* gamble
kumar oynamak *v.i* game
kumarbaz *n.* gambler
kumaş *n* fabric
kumaş *n* cloth
kumaşçı *n* draper
kumlu *a.* sandy
kumsal *n* shoal
kundakçılık *n* arson
kunduz *n* beaver
kupon *n.* coupon

kur yapmak *v.t.* woo
kura *n* draw
kuraklık *n* drought
kural *n.* norm
kural *n.* rule
kuralsız *a* anomalous
kuralsızlık *n* anomaly
kuramcı *n.* theorist
kurbağa *n.* frog
kurbağa sesi *n.* croak
kurban *n.* sacrifice
kurban *a.* sacrificial
kurban *n.* victim
kurban etmek *v.t.* sacrifice
kurcalamak *v.t.* poke
kurcalamak *v.t.* rout
kurcalamak *v.i.* tamper
kurdele *n.* ribbon
kurgu *n* fiction
kurmak *v. t.* establish
kurmak *v.t.* found
kurmak *v.t.* install
kurmak *v.t.* wind
kurnaz *a.* artful
kurnaz *a* cunning
kurnaz *a.* shrewd
kurnaz *a.* sly
kurnaz *a.* wily
kurnazlık *n.* stratagem
kursak *n.* craw
kurşun *n* bullet
kurşun *n.* lead
kurşundan *a.* leaden
kurt *n.* wolf
kurtarıcı *n.* liberator
kurtarıcı *n.* saviour
kurtarılamaz *a.* irrecoverable
kurtarma *n.* recovery
kurtarma *n* rescue
kurtarma *n.* salvage
kurtarmak *v.t.* recover
kurtarmak *v.t.* redeem

kurtarmak *v.t.* rescue
kurtarmak *v.t.* rid
kurtarmak *v.t.* salvage
kurtarmak *v.t.* save
kurtuluş *n.* emancipation
kurtuluş *n.* salvation
kuru *adj.* arid
kuru *a* dry
kuru üzüm *n.* raisin
kurucu *adj.* constituent
kurucu *n.* founder
kurul başkanı *n* chairman
kurulamak *v.t.* towel
kuruluş *n* establishment
kuruluş *n.* foundation
kurum *n* corporation
kurumla yürümek *v.i.* strut
kuruntu *n.* misgiving
kuruş *n.* penny
kurutmak *v. i.* dry
kuruyuş *n* arefaction
kurye *n.* courier
kusmak *v.t.* vomit
kusmuk *n* vomit
kusur *n* blemish
kusur *n.* blot
kusur *n* defect
kusur *n* fault
kusur *n* flaw
kusur *n.* imperfection
kusur *n.* shortcoming
kusur *n.* taint
kusur bulmak *v. t.* chide
kusurlu *adv.* amiss
kusurlu *a.* imperfect
kuş *n* bird
kuşam *n.* apparel
kuşane *n.* aviary
kuşanmak *v.t.* attire
kuşatma *n.* siege
kuşatmak *v.t.* begird
kuşatmak *v. t* besiege

kuşatmak *v. t.* encircle
kuşatmak *v. t* encompass
kuşatmak *v. t* envelop
kuşatmak *v. t* equip
kuşatmak *v.t* hedge
kuşatmak *v.t.* surround
kuşkucu *n.* sceptic
kuşkulandırmak *v.t.* misgive
kuşkulanmak *v.i* fear
kuşkulanmak *v.t.* suspect
kuşkulu *a.* questionable
kuşüzümü *n.* currant
kutlama *n.* celebration
kutlamak *v. t. & i.* celebrate
kutlamak *v.t* felicitate
kutsal *adj* celestial
kutsal *a.* holy
kutsal *a.* sacred
kutsal *a.* sacrosanct
kutsal şeye saygısızlık *n.* sacrilege
kutsallık *n.* sanctity
kutsama *n.* sanctification
kutsamak *v. t* bless
kutsamak *v.t.* hallow
kutu *n* box
kutu *n.* case
kutup *n.* pole
kutupsal *n.* polar
kuvvet *n* force
kuvvetli *a* forceful
kuvvetli *a.* lusty
kuvvetli *a.* retentive
kuvvetten düşürmek *v. t.* enfeeble
kuyruk *n.* queue
kuyruk *n.* tail
kuyruklu yıldız *n* comet
kuytu *n.* nook
kuyu *n.* well
kuyumcu *n.* goldsmith
kuyumcu *n.* jeweller
kuyumcu *n.* jewellery
kuzen *n.* cousin

**kuzen** *n.* niece
**kuzey** *n.* north
**kuzey** *a* north
**kuzey** *adv.* north
**kuzeyden** *a.* northerly
**kuzeyden** *adv.* northerly
**kuzeye ait** *a.* northern
**kuzguni** *n.* raven
**kuzu** *n.* lamb
**kuzucuk** *n.* lambkin
**kübik** *a* cubical
**kübik** *adj.* cubiform
**küçücük** *a.* tiny
**küçük** *a.* little
**küçük** *a.* petty
**küçük** *a.* small
**küçük hanım** *n.* damsel
**küçük kapı** *n.* wicket
**küçük şişe** *n.* phial
**küçük şişe** *n.* vial
**küçük taç** *n.* coronet
**küçükler** *n* minor
**küçüklük** *adv.* smallness
**küçülmek** *v.i.* wane
**küçültmek** *v.i* shrink
**küçümseme** *n.* scorn
**küçümsemek** *v. t* despise
**küçümsemek** *v.i.* scoff
**küçümsemek** *v.t.* scorn
**küf** *n.* mildew
**küf** *n* mould
**küf** *n.* rot
**küfe** *n.* crate
**küflü** *a.* mouldy
**küfretmek** *v.t.* rail
**kükreme** *n.* roar
**kükremek** *v. i* bellow
**kükremek** *v.i.* roar
**kükürt** *n.* sulphur
**kül** *n.* ash
**külah** *n* coif
**külçe** *n.* nugget

**külfet** *n.* onus
**külfetli** *a* burdensome
**külfetli** *a.* onerous
**kült** *n* cult
**kültür** *n* culture
**kültürel** *a* cultural
**küme** *n* cluster
**kümelemek** *v. i.* cluster
**kümes hayvanları** *n.* poultry
**küp** *n* cube
**küre** *n.* globe
**küre** *n.* orb
**küre** *n.* sphere
**kürek** *n.* oar
**kürek** *n.* shovel
**kürek** *n.* spade
**kürek çekmek** *v.i.* paddle
**kürek çekmek** *v.t.* row
**kürekçi** *n.* oarsman
**küreklemek** *v.t.* shovel
**küreklemek** *v.t.* spade
**küresel** *a.* global
**küresel** *a.* spherical
**kürk** *n.* fur
**kürsü** *n.* rostrum
**kürtaj** *n* abortion
**kürtaj yaptırmak** *v.i* abort
**küspe** *n.* pulp
**küstah** *a.* impertinent
**küstah** *a.* insolent
**küstahlık** *n* flippancy
**küstahlık** *n.* hardihood
**küstahlık** *n.* impertinence
**küstahlık** *n.* insolence
**kütle** *n.* mass
**kütlesel** *a* molar
**kütük** *n.* log
**kütük** *n.* stump
**kütüphane** *n.* library
**kütüphane memuru** *n.* librarian
**küvet** *n.* cuvette
**küvet** *n.* tub

# L

labirent *n.* labyrinth
labirent *n.* maze
labiyal *a.* labial
laboratuar *n.* laboratory
laf *n.* say
laf kalabalığı *n.* redundance
laf kalabalığı *n.* verbosity
lağım *n* sewer
lağım kapağı *n.* manhole
lahana *n.* cabbage
laik *a.* lay
lakayıt *a.* nonchalant
laktometre *n.* lactometer
laktoz *n.* lactose
lakuna *n.* lacuna
lama *n.* lama
lamba *n.* lamp
laminat *v.t.* laminate
lanet *n* curse
lanetlemek *v. t* curse
lapa *n.* mush
lastik *n.* tyre
lastik çizme *n.* wellington
latife *n.* jest
latife etmek *v.i.* jest
lav *n.* lava
lavabo *n.* lavatory
lavabo *n* sink
lavanta *n.* lavender
layık *a.* worthy
layık olmak *v.t* merit
layıkıyla *adv* duly
legorn *n.* leghorn
leğen *n.* basin
leğimlemek *v.t.* weld
lehçe *n* dialect
lehçe *n.* vernacular
lehim *n.* solder
lehimlemek *v.t.* solder
lehte *a* favourable
lejyona ait *n.* legionary
leke *n.* slur
leke *n.* smear
leke *n.* stain
leke *n.* stigma
lekelemek *v.t.* attaint
lekelemek *v.t.* smear
lekelemek *v.t.* stain
lekelemek *v. t* blot
lekesiz *a.* spotless
leksikografi *n.* lexicography
lento *n.* lintel
leopar *n.* leopard
levazım *n.* munitions
levha *n.* slab
levrek *n.* perch
leylak *n.* lilac
leylek *n.* stork
lezzet *n* flavour
lezzet *n.* savour
lezzet *v.t.* savour
lezzet *n.* smack
lezzet *n.* zest
lezzetli *a.* palatable
lezzetli *a.* tasty
lezzetli *a* delicious
lezzetli şey *n.* dainty
lezzetsiz *a.* insipid
lezzetsizlik *n.* insipidity
liberal *a.* liberal
liberalizm *n.* liberalism
liberallik *n.* liberality
liç *v.t.* leach
lider *n.* leader
liderlik *n.* leadership
lif *n* fibre
lig *n.* league
likör *n.* liquor
liman *n.* harbour
liman *n.* haven
liman *n.* port

limon *n.* lemon
limonata *n.* lemonade
linç etmek *v.t.* lynch
linyit *n.* lignite
lir *n.* lyre
lirik *a.* lyric
lirik güfte yazarı *n.* lyricist
lirik tarzında *a.* lyrical
lisans *n.* licence
lisans *n.* undergraduate
lisans sahibi *n.* licensee
lisanslamak *v.t.* license
liste *n.* list
liste yapmak *v.t.* list
listeleme *n.* tabulation
literatür *n.* litterateur
litre *n.* litre
liturjik *a.* liturgical
lob *n.* lobe
lobi *n.* lobby
lodos *n.* south
logaritma *n.* logarithm
lokalize etmek *v.t.* localize
lokma *n.* morsel
lokma *n.* mouthful
lokomotif *n.* locomotive
lokus *n.* locus
lolipop *n.* lollipop
lonca *n.* guild
lord *n.* lord
lordluk *n.* lordship
losyon *n.* lotion
loş *a* dim
lüks *a.* luxurious
lüks *n.* luxury
lüks düşkünü *n.* voluptuary
lüle *n.* ringlet

# M

maaş *n.* salary
maaş *n.* stipend
macera *n* adventure
maceraperest *a.* venturesome
maç *n.* match
maç *n* match
madalya *n.* medal
madalya sahibi *n.* medallist
madalyon *n.* locket
madde *n.* substance
madde *n* material
maddecilik *n.* materialism
maddi *a.* pecuniary
maddileştirmek *v.t.* materialize
madenci *n.* miner
madenci *n.* pitman
madeni para *n* coin
maderşahi *n.* matriarch
mağara *n.* cave
mağara *n* den
mağaza *n.* shop
mağaza *n.* store
mahal *n.* lieu
mahal *n.* locale
mahalle *n* district
mahcup *a.* ashamed
mahkeme *n.* tribunal
mahkemeye başvurmak *v.t.* litigate
mahkum *n* convict
mahkum etmek *v. t.* convict
mahkum etmek *v. t.* doom
mahkumiyet *n* conviction
mahmuz *n.* spur
mahmuzlamak *v.t.* spur
mahrum *a* devoid
mahrum etmek *v. t.* bereave
mahrumiyet *n* bereavement
mahvetmek *n.* ruin
mahvetmek *v.t.* ruin

**mahvetmek** *v.t.* wreck
**mahzun** *n.* mournful
**maiyet** *n.* retinue
**maiyet** *n.* suite
**makale** *n* article
**makara** *n.* reel
**makas** *n.* scissors
**makas** *n. pl.* shears
**makaslamak** *v.t.* shear
**makbul** *a.* admissible
**makbuz** *n.* receipt
**maksimum** *a.* maximum
**maksimum** *n* maximum
**maksimuma çıkarmak** *v.t.* maximize
**makul** *a.* advisable
**makul** *a* feasible
**makul** *a* level
**makul** *a.* reasonable
**mal** *n.* asset
**mal olmak** *v.t.* cost
**mal sahibi** *n.* proprietor
**mala** *n.* trowel
**mali** *a* fiscal
**malikâne** *n.* manor
**malikâne'ye ait** *a.* manorial
**malt** *n.* malt
**malzeme** *n.* ingredient
**malzeme** *a.* material
**mamud** *n.* mammoth
**mamul** *n.* merchandise
**manastır** *n.* abbey
**manastır** *n.* cloister
**manastır** *n* convent
**manastır** *n.* monastery
**manastır** *n.* nunnery
**manastır başrahibesi** *n.* prioress
**manastır hayatı** *n* monasticism
**manav** *n.* grocery
**mandal** *n.* latch
**mandal** *n.* peg
**mandallamak** *v.t.* peg
**mandıra** *n* dairy

**manevi** *a.* spiritual
**manevra** *n.* manoeuvre
**manevra yapmak** *v.i.* manoeuvre
**manganez** *n.* manganese
**mango** *n* mango
**mani** *n* curb
**mani** *n* handicap
**mania** *n* mania
**manifesto** *n.* manifesto
**manikür** *n.* manicure
**manipülasyon** *n.* manipulation
**mankafa** *n* dunce
**mankafa** *n.* loggerhead
**manken** *n.* mannequin
**mantar** *n.* fungus
**mantar** *n.* mushroom
**mantık** *n.* logic
**mantıkçı** *n.* logician
**mantıklı** *a.* sensible
**mantıklı** *a.* logical
**mantıksız** *a.* illogical
**mantıksız** *a.* irrational
**manto** *n.* overcoat
**manyak** *n.* maniac
**manyetik** *a.* magnetic
**manyetizma** *n.* magnetism
**manzara** *n.* landscape
**manzara** *n.* scenery
**manzara** *n.* spectacle
**manzara** *n.* vista
**manzaralı** *a.* scenic
**marangoz** *n.* carpenter
**marangoz** *n.* joiner
**marangozluk** *n.* carpentry
**maraton** *n.* marathon
**marazi** *a.* morbid
**marazilik** *n* morbidity
**mareşal** *n* marshal
**margarin** *n.* margarine
**marifetli** *a.* skilful
**marjinal** *a.* marginal
**marka** *n* brand

marmelat *n.* marmalade
marn *n.* marl
Mars *n* Mars
marş *n* anthem
marş *n.* march
Mart *n* March
martı *n.* gull
marya *n* ewe
masaj *n.* massage
masaj yapmak *v.t.* massage
masal *n.* tale
maskara *n.* mummer
maskaralık *n* antic
maske *n.* guise
maske *n.* mask
maskelemek *v. t* bemask
maskelemek *v.t.* veil
maskeli balo *n.* masquerade
maskot *n.* mascot
maskülen *a.* masculine
mason *n.* mason
masonluk *n.* masonry
masör *n.* masseur
masraf *n.* cost
masraflı *a.* costly
masrafsız *a.* scot-free
mastürbasyon yapmak *v.i.* masturbate
masum *a.* innocent
masumiyet *n.* innocence
maşa *n. pl.* tongs
mat etmek *v.t.* mate
mat etmek *v.t.* outwit
matador *n.* matador
matara *n* flask
matara *n.* canteen
matbaada basmak *v.t.* print
matem *n.* mourning
matem tutmak *v.i.* sorrow
matematik *n* mathematics
matematikçi *n.* mathematician
matematiksel *a.* mathematical

matine *n.* matinee
matkap *n* drill
matkaplamak *v. t.* drill
matris *n* matrix
maun *n.* mahogany
mavi *n* blue
mavi *a* blue
maya *n.* yeast
mayalanmak *v.t* ferment
mayın *n* mine
Mayıs *n.* May
maymun *n* ape
maymun *n.* monkey
maymun iştahlı *a.* temperamental
mazbut *n.* orderly
mazeret *n.* alibi
mazi *n.* past
mazlum *n* underdog
mazur görmek *v.t* excuse
mazur görmek *v.t.* pardon
mebus *n* deputy
mecbur etmek *v. t* compel
mecbur etmek *v.t.* subject
mecburen *adv.* needs
mecburi *a* compulsory
mecburi *a.* obligatory
mecburiyet *n.* obligation
meclis *n.* chamber
meclis *n.* parliament
meclis *a.* parliamentary
meclis *n.* assembly
meclis üyesi *n.* councillor
mecra *n.* culvert
meç *n.* rapier
medeni *a* civil
medenileştirmek *v. t* civilize
medenilik *n.* urbanity
medeniyet *n.* civilization
mediko *n.* medico
meditasyon *n.* mediation
medyan *a.* median
megafon *n.* megaphone

**megalit** *n.* megalith
**megalitik** *a.* megalithic
**mekanik** *a* mechanic
**mekanik** *n.* mechanics
**mekaniksel** *a.* mechanical
**mekanizma** *n.* mechanism
**mekik** *n.* shuttle
**mektuplaşma** *n.* correspondence
**melankoli** *n.* melancholy
**melankolik** *a.* melancholic
**melek** *n* angel
**meleme** *n* bleat
**melemek** *v. i* bleat
**melez** *n.* mulatto
**melodram** *n.* melodrama
**melodramatik** *a.* melodramatic
**meltem** *n* breeze
**melun** *a.* accursed
**membran** *n.* membrane
**meme** *a.* mammary
**meme** *n.* udder
**meme ucu** *n.* nipple
**memeli** *n.* mammal
**memnun** *a.* glad
**memnun etmek** *v. t* content
**memnun etmek** *v.t.* please
**memnuniyet** *n* contentment
**memnuniyet** *n.* satisfaction
**memur** *n.* officer
**memur** *n* official
**memuriyet** *n* employment
**menapoz** *n.* menopause
**mendil** *n.* handkerchief
**menekşe** *n.* violet
**menenjit** *n.* meningitis
**menetmek** *v. t.* debar
**menfur** *a.* loathsome
**menfur** *a.* nefarious
**mengene** *n.* vice
**meni** *n.* semen
**menkul** *n.* movables
**menşe** *n.* lineage

**menü** *n.* menu
**menzil** *n.* range
**mera** *n.* lea
**merak** *n* curiosity
**meraklanmak** *v.i.* wonder
**meraklı** *a* curious
**meraklı** *a.* nosey
**meraklı** *a.* nosy
**meram** *n.* purport
**meram** *v.t.* purport
**merasimli** *a.* ceremonial
**mercan** *n* coral
**mercek** *n.* lens
**mercek** *n.* objective
**mercimek** *n.* lentil
**merdane** *n.* roller
**merdiven** *n.* ladder
**merhametle** *adv* benignly
**merhem** *n.* balm
**merhem** *n.* ointment
**meridyen** *a.* meridian
**merkez** *n* center
**merkez** *n* centre
**merkezi** *a.* central
**mermi** *n.* projectile
**mermi** *a* projectile
**merserize yapmak** *v.t.* mercerise
**mersin** *n.* myrtle
**mert** *a.* chivalrous
**mert** *a.* manful
**mesafe** *n.* mileage
**mesai** *n* overtime
**mesaj** *n.* message
**mesane** *n* bladder
**mesel** *n.* parable
**meshetmek** *v.t.* anoint
**Mesih** *n.* Christ
**Mesih** *n.* messiah
**mesken** *n* domicile
**mesleği olmayan** *n.* layman
**meslek** *n.* profession
**meslek** *n.* vocation

meslektaş *n* colleague
mest *a.* rapt
mest etmek *v. t* enrapture
mesuliyet *n.* liability
meşale *n.* torch
meşe *n.* oak
meşgul *a* busy
meşgul etmek *v. t* engage
meşhur *a.* proverbial
meşruluk *n.* legitimacy
meşum *a.* baleful
meşum *a.* inauspicious
metabolizma *n.* metabolism
metafizik *n.* metaphysics
metafiziksel *a.* metaphysical
metal *n.* metal
metalik *a.* metallic
metalurji *n.* metallurgy
metanet *n.* steadiness
meteliksiz *a.* penniless
meteor *n.* meteor
meteor *a.* meteoric
meteorolog *n.* meteorologist
meteoroloji *n.* meteorology
methetmek *v. i* brag
methetmek *v. t.* extol
metin *n.* text
metinsel *n.* textual
metre *n.* metre
metres *n.* courtesan
metres *n.* mistress
metres *n.* paramour
metreslik *n.* concubinage
metrik *a.* metrical
metropolit *a.* metropolitan
mevcut *a.* present
mevcut *a.* stock
mevcut *a* available
mevcut olmamak *v.t* absent
mevsim *n.* season
mevsimlik *a.* seasonal
mevsimsiz *a.* inopportune

meydan okuma *n.* challenge
meydan okumak *v. t.* challenge
meyhane *n.* tavern
meyil *n.* inclination
meyil *n.* proclivity
meyil *v. t.* decline
meyilli *adj.* declivitous
meyletmek *v.i.* incline
meyletmek *v.i.* tend
meyve *n.* fruit
meyve suyu *n* juice
meyvesiz *n* barren
mezar *n.* grave
mezar *a.* grave
mezar *n.* tomb
mezarlık *n.* cemetery
meze *n* appetizer
mezhep *n* creed
mezhep *n.* sect
mezmur *n.* psalm
mezra *n.* hamlet
mezun *n* graduate
mezun kız *n* alumna
mezun olmak *v.i.* graduate
mıknatıs *n.* magnet
mıknatıs taşı *n.* loadstone
mırıldanmak *v. i* hum
mırıldanmak *v.i.* mumble
mırıldanmak *v.i.* mutter
mırıtı *n* hum
mırlamak *n.* purr
mırlamak *v.i.* purr
mısır *n.* maize
mısır *n* corn
-mış gibi yapmak *v.t.* pretend
mızmızlanma *n* whine
mızmızlanmak *v.i.* whine
mızrak *n.* lance
mızrak *n.* spear
mızrak ucu *n.* spearhead
mızraklamak *v.t.* spear
mızraklı *n.* lancer

mide *n.* stomach
mide bulantısı *n.* nausea
midesel *a.* gastric
midilli *n.* pony
mid-off *n.* mid-off
mid-on *n.* mid-on
migren *n.* migraine
mika *n.* mica
mika *n.* muscovite
mikrodalga *n.* microwave
mikrofilm *n.* microfilm
mikrofon *n.* microphone
mikroloji *n.* micrology
mikrometre *n.* micrometer
mikrop *n.* germ
mikroskop *n.* microscope
mikroskopik *a.* microscopic
miktar *n* amount
miktar *n.* quantity
miktar *n.* sum
mil *n.* mile
mil *n.* spindle
milin sekizde biri *n.* furlong
milis *n.* militia
militan *n.* militant
millet *n.* nation
milletler topluluğu *n.*
 commonwealth
milli *a.* national
millileştirme *n.* nationalization
millileştirmek *v.t.* nationalize
milliyet *n.* nationality
milliyetçi *n.* nationalist
milliyetçilik *n.* nationalism
milyar *n* billion
milyon *n.* million
milyoner *n.* millionaire
mim oynamak *v.i* mime
mimar *n.* architect
mimari *n.* architecture
mimik *n* mimic
minare *n.* minaret

minber *a.* pulpit
minder *n* cushion
mine *n* enamel
mineral *n.* mineral
mineral *a* mineral
mineralog *n.* mineralogist
mineraloji *n.* mineralogy
minibüs *n.* van
minimum *n.* minimum
minimum *a* minimum
ministrant *a.* ministrant
minnettar *a.* grateful
minnettarlık *n.* gratitude
minyatür *n.* miniature
minyatür *a.* miniature
minyon *n.* minion
miras *n.* heritage
miras *n.* inheritance
miras kalmak *v.t.* inherit
mirasçı *n.* heir
mirasyedi *n.* spendthrift
misafir *n.* guest
misafirperver olmayan *a.*
 inhospitable
misafirperverlik *n.* hospitality
misantrop *n.* misanthrope
misil *n.* missile
misilleme *n.* retaliation
misilleme yapmak *v.i.* retaliate
misk *n.* musk
misket limonu *n.* lime
misket tüfeği *n.* musket
miskin *a.* indolent
miskin *n.* sluggard
mistik *n* mystic
misyon *n.* mission
misyoner *n.* missionary
mit *n.* myth
mitoloji *n.* mythology
mitolojik *a.* mythological
mivher *n.* pivot
miyop *a.* myopic

miyopluk *n.* myopia
miyozis *n.* myosis
mizaç *n.* temperament
mizah *n.* humour
mizah dergisi *n* comic
mizahçı *n.* humorist
mobilya *n.* furniture
mod *n.* mode
moda *n* fashion
moda *n.* vogue
modaya uygun *a* fashionable
model *n.* model
model *n.* pattern
modellemek *v.t.* model
modern *a.* modern
modernleştirmek *v.t.* modernize
molar *n.* molar
molekül *n.* molecule
moleküler *a.* molecular
molla *n.* mullah
moloz *n.* rubble
monarşi *n.* monarchy
mongos *n.* mongoose
monoestrus *n.* monoestrous
monogami *n.* monogamy
monograf *n.* monograph
monogram *n.* monogram
monokl *n.* monocle
monokrom *a.* monochromatic
monoküler *a.* monocular
monolatri *n.* monolatry
monolit *n.* monolith
monolog *n.* monologue
monolog *n.* soliloquy
monoteist *n.* monotheist
monoteizm *n.* monotheism
monoton *a.* monotonous
monotonluk *n* monotony
montajcı *n* fitter
mor *adj.n.* purple
moral *n.* morale
moralini bozmak *v. t.* demoralize

moralini bozmak *v. t* depress
morfin *n.* morphia
morg *n.* morgue
mors *n.* walrus
motel *n.* motel
motif *n.* motif
motivasyon *n.* motivation
motive etmek *v* motivate
motor *n* engine
motor *n.* motor
motoru çalıştırmak *v.i.* motor
mozaik *n.* mosaic
mozole *n.* mausoleum
mölemek *v.i* moo
muaf *adv.* exempt
muaf olma *n.* impunity
muaf tutmak *v. t.* exempt
muafiyet *n* release
muamele *n.* dealing
muamele etmek *v.t.* treat
muamma *n.* conundrum
muamma *n* enigma
muazzam *a.* stupendous
muazzam *a.* tremendous
mucit *n.* inventor
mucize *n.* miracle
mucizevi *a.* miraculous
muğlaklık *n.* ambiguity
muhabbet *n* conversation
muhabir *n.* reporter
muhafaza etmek *v. t* conserve
muhafız *n* custodian
muhafız *n.* keeper
muhafız *n.* warden
muhalefet *n* defiance
muhalif *n.* adversary
muhalif *n.* opponent
muhallebi *n* custard
muharip *n* belligerent
muharip *a.* militant
muhasebeci *n.* accountant
muhasebeci *n* book-keeper

muhasebecilik *n.* accountancy
muhatap *n.* addressee
muhavazakar *n* conservative
muhik *adj.* cogent
muhit *adj.* ambient
muhit *n.* milieu
muhtaç *a* dependent
muhtelif *a.* multifarious
muhtelif *a.* numerous
muhtemel *a.* likely
muhtemel *a.* probable
muhtemel *a.* prospective
muhtemel olmayan *a.* unlikely
muhtemelen *adv.* probably
muhteşem *a.* gorgeous
muhteşem *a.* regal
muhteşem *a.* spectacular
muhteşem *a.* splendid
muhtıra *n* memorandum
mukabele *n.* retort
mukabele etmek *v.t.* retort
mukus *n.* mucus
multipar *a.* multiparous
mum *n.* candle
mumlamak *v.t.* wax
mumya *n.* mummy
mumyalamak *v. t* embalm
munzam vergi *n.* supertax
murakabe *v.i.* introspect
murdarlık *n.* impurity
muska *n.* amulet
muslin *n.* mull
muslin *n.* muslin
musluk *n.* tap
muson *n.* monsoon
mustang *n.* mustang
mutaassıp *n.* zealot
mutasyon *n.* mutation
mutfak *n.* cuisine
mutfak *n.* kitchen
mutilasyon *n.* mutilation
mutlaka *adv* absolutely

mutlu *a.* happy
mutlu *a* merry
mutluluk *n.* happiness
mutsuz *a.* unhappy
muvafakat etmek *v. i* consent
muvakkat *n.* interim
muz *n.* banana
muzaffer *a.* triumphant
muzaffer *a.* victorious
muziplik *n.* frolic
muziplik *n.* prank
mübalağa *n.* hyperbole
mübaşir *n.* bailiff
mübaşir *n.* beadle
mübaşir *n.* usher
mübeşşir *n* forerunner
mücadele *n* struggle
mücâdele *n.* tussle
mücerret *a.* intangible
mücevher *n* gem
mücrim *n.* malefactor
müdafaa *n.* advocacy
müdahale *n.* interference
müdahale etmek *v.i.* interfere
müdavi *a* curative
müddet *n* duration
müddet *n* spell
müebbet *a.* lifelong
müessese *n.* institution
müeyyide *n.* sanction
müfettiş *n.* inspector
müfettiş *n.* overseer
müfredat *n* curriculum
müfredat *n.* syllabus
müfrit *n* extremist
mühendis *n* engineer
mühür *n.* seal
mühürlemek *v.t.* seal
müjdeci *n.* herald
mükaleme *n.* parley
mükemmel *a.* excellent
mükemmel *a.* perfect

mükemmel *a.* superb
mükemmel *a.* superlative
mükemmelleştirmek *v.t.* perfect
mükemmellik *n.* excellence
mükemmellik *n.* perfection
mülakat *n.* interview
mülakat yapmak *v.t.* interview
mülayim *adj.* bland
mülk *n.* property
mülkiyet *n.* ownership
mülteci *n.* refugee
mümkün *a.* possible
mümtaz *a.* laureate
münacat *n.* invocation
münakaşalı *n.* moot
münasebet *n.* intercourse
münasebetsiz *a.* improper
münasip *adj* apposite
münasip *a* expedient
mür *n.* myrrh
mural *n.* mural
mürebbiye *n.* governess
mürekkep *n.* ink
mürettip *n.* compositor
mürtehin *n.* mortgagee
müsamaha *n.* complaisance
müsamahakar *adj.* complaisant
müshil *n.* purgative
müshil *a* purgative
müsibet *n* evil
müsrif *a* extravagant
müsrif *a.* lavish
müsrif *a.* profligate
müştemilat *n.* outhouse
müşterek *a* communal
müşterek *adj.* conjunct
müşterek *a.* mutual
müştereken *adv.* jointly
müşteri *n..* client
müşteri *n* customer
müteahhit *n* contractor
müteşekkir *a.* thankful

mütevazi *a.* humble
mütevelli *n.* trustee
müthiş *a.* terrific
müttefik *n.* ally
müttefik *a.* unanimous
müzakere *n* deliberation
müzakere *n.* nagotiation
müzakere edilebilir *a.* negotiable
müzakere etmek *v. i* confer
müzakere etmek *v. i* deliberate
müzakere etmek *v.t.* negotiate
müzakere etmek *v.i* parley
müzayede *n* auction
müze *n.* museum
müzik *n.* music
müzisyen *n.* musician

# N

nabız *n.* pulse
nabız *n* pulse
nabzı atmak *v.i.* pulse
nacak *n.* hatchet
nadir *a.* rare
nadiren *a.* occasional
nadiren *adv.* seldom
nafaka *n.* alimony
nafile *a.* futile
nafile *a.* vain
nağme *n.* melody
nağme *n.* tune
nahiye *a.* township
nahoş *a.* disagreeable
nahoş *a.* objectionable
nakarat *n* refrain
nakış *n* embroidery
nakışlı *a.* ornamental
nakit *n.* cash
nakledilebilir *a.* transferable
nakledilmek *v.t.* transplant

nakletme *n* conveyance
nakletme *n.* recitation
nakletmek *v.t.* narrate
nakletmek *v.t.* transfer
nakliye *n.* freight
nakliyeci *n.* mover
nallamak *v.t.* shoe
namı diğer *n.* alias
namussuzluk *v. t* dishonour
nane *n.* mint
nane *n.* mint
nankör *a.* thankless
nankörlük *n.* ingratitude
nara *n.* yell
narin *a.* delicate
narin *a.* frail
narkotik *n.* narcotic
narkoz *n.* narcosis
narsisizm *n.* narcissism
nasıl *adv.* how
nasıl olursa *adv.* however
nasihat *n* advice
nasihat *n.* counsel
nasihat etmek *v.i.* sermonize
nasihat vermek *v. t.* counsel
navlun *n.* cartage
naylon *n.* nylon
nazaran *prep.* considering
nazari *n.* bookish
nazımlaştırmak *v.t.* versify
nazik *a.* courteous
ne *a.* what
ne *interj.* what
ne de *conj* nor
nebze *n.* jot
nebze *n.* modicum
neden *adv.* why
neden olmak *v.t.* induce
nedensel *adj.* causal
nedim *n.* courtier
nefes *n* breath
nefes almak *v. i.* breathe

nefesi kesilmek *v.i* gasp
nefret *n.* hate
nefret etmek *v.t.* hate
nehir *n.* river
nektar *n.* nectar
nem *n.* humidity
nem *n.* moisture
nemlendirmek *v.t.* moisten
nemli *a* damp
nemli *a.* humid
nemli *a.* moist
neolitik *a.* neolithic
neon *n.* neon
Neptün *n.* Neptune
nerede *adv.* where
nereden *adv.* whence
neredeyse *adv.* almost
neredeyse *adv.* nearly
neredeyse hiç *adv.* hardly
nerelerde *adv.* whereabouts
nereye *adv.* whither
nergis *n.* daffodil
nesil *n.* generation
nesir *n.* prose
neslinden olan *n* descendant
nesnesiz *a. (verb)* intransitive
neşe *n* bliss
neşe *n.* cheer
neşe *n.* glee
neşe *n.* hilarity
neşe *n.* joy
neşe *n.* merriment
neşe *n.* mirth
neşeli *a.* cheerful
neşeli *a.* hilarious
neşeli *n.* joyful, joyous
neşesiz *a* cheerless
neşter *a.* lancet
netice *n* consequence
netice *n.* upshot
neticede *adv.* eventually
nevroz *n.* neurosis

**neyin içinde** *adv.* wherein
**neyse** *pron.* whatever
**nezaketsiz** *a* discourteous
**nezaketsizlik** *n* disrespect
**nezle** *n* cold
**nezle** *n.* influenza
**nicel** *a.* quantitative
**nida** *n.* interjection
**nida** *n.* shout
**nihai** *a.* ultimate
**nihayet** *adv.* lastly
**nihilizm** *n.* nihilism
**nikah** *n.* nuptials
**nikel** *n.* nickel
**nikotin** *n.* nicotine
**nilüfer** *n.* lotus
**nimet** *n* boon
**ninni** *n.* lullaby
**nisap** *n.* quorum
**nişan** *n.* engagement
**nişancı** *n.* marksman
**nişasta** *n.* starch
**nitel** *a.* qualitative
**nitelendirmek** *v.i.* qualify
**nitelikli** *a* eligible
**nitrojen** *n.* nitrogen
**niyet** *n.* intent
**niyet** *n.* intention
**niyetlenmek** *v.t.* intend
**nizam** *n* canon
**nizamname** *n.* ordinance
**nizamsız** *a.* lawless
**Noel** *n* Christmas
**Noel** *n.* Xmas
**Noel ilahisi** *n* carol
**noksan** *a* . incomplete
**noksan** *a* minus
**nokta** *n* dot
**nokta** *n.* point
**nokta** *n.* spot
**noktalama** *n.* punctuation
**noktalamak** *v. t* dot

**noktalamak** *v.t.* punctuate
**nomenklatür** *n.* nomenclature
**nominal** *a.* nominal
**normal** *a.* normal
**normalleştirmek** *v.t.* normalize
**normallik** *n.* normalcy
**nostalji** *n.* nostalgia
**nostrum** *n.* nostrum
**not** *n.* note
**not almak** *v.t.* jot
**not etmek** *v.t.* note
**noter** *n.* notary
**nöbetçi** *n.* sentinel
**nöbetçi dikmek** *v.t.* picket
**nörolog** *n.* neurologist
**nöroloji** *n.* neurology
**nötr** *a.* neutral
**nötr hale getirme** *v.t.* neutralize
**nötron** *n.* neutron
**numara** *n.* number
**numaralamak** *v.t.* number
**nutuk çekmek** *v.t.* moralize
**nutuksal** *a.* oratorical
**nü** *a.* nude
**nüans** *n.* nuance
**nüfus** *n.* population
**nüfus sayımı** *n.* census
**nüfuz** *n.* penetration
**nüfuz etmek** *v.t.* penetrate
**nüfuzlu** *a.* influential
**nükleer** *a.* nuclear
**nüks** *n.* relapse
**nüksetmek** *v.i.* relapse
**nükte** *n.* sally
**nükte** *v.i.* sally
**nükteli** *a.* witty

# O

o *pron.* she
o *dem. pron.* that
o *rel. pron.* that
o *pron.* it
o (erkek) *pron.* he
o zaman *adv.* then
o zamanki *a* then
obezite *n.* obesity
obje *n.* object
obur *n.* glutton
obur *a.* voracious
oburluk *n.* gluttony
ocak *n* cooker
ocak *n.* furnace
ocak *n.* hearth
octroi *n.* octroi
oda *n.* room
oda arkadaşı *n* chum
oda arkadaşı *n.* inmate
odak *n* focus
odaklanmak *v.t* focus
oduncul *a.* xylophagous
ofis *n.* office
ofset *n* offset
Oğlak burcu *n* Capricorn
oğlancı *n.* sodomite
oğlancılık *n.* sodomy
oğlum *n.* son
oğul *n.* swarm
ok *n* arrow
okçu *n* archer
oksijen *n.* oxygen
okşamak *v. t.* caress
okşamak *v.t* fondle
okşamak *v.t.* stroke
okşayarak sevmek *v.t.* pet
oktav *n.* octave
okul *n.* school
okumak *v.t.* read

okumamış *a.* illiterate
okumamışlık *n.* illiteracy
okumuş *a.* learned
okunaklı olarak *adv.* legibly
okunaksız *a.* illegible
okunaksızlık *n.* illegibility
okunur *a.* legible
okuryazar *a.* literate
okuryazarlık *n.* literacy
okuyucu *n.* reader
oküler *a.* ocular
okyanus *n.* ocean
okyanus *a.* oceanic
olacak *v.t.* will
olağan *a.* usual
olağanüstü *a.* extraordinary
olağanüstü *n.* paramount
olağanüstü *a.* phenomenal
olanaklı *a* earthly
olanca *a.* utmost
olarak *pron.* as
olasılık *n.* odds
olasılık *n.* possibility
olasılık *n.* probability
olay *n* event
olay *n.* happening
olay *n.* issue
oldukça *adv.* quite
oldukça *adv.* rather
oldukça *adv.* substantially
oldukça *adv.* well
oldukça büyük *a.* sizable
oley *interj.* hurrah
olgu *n* concept
olgun *a.* mature
olgun *a* ripe
olgunlaşmak *v.i* mature
olgunlaşmak *v.i.* ripen
olgunluk *n.* maturity
oligarşi *n.* oligarchy
olimpiyat *n.* olympiad
olmadan *prep.* without

olmadıkça *conj.* unless
olmak *v.t.* be
olmak *v.t.* happen
olmak *v. i* become
olmaksızın *adv.* without
olmaz *n* no
olta *n* angle
oluk *n.* groove
oluk *n.* gutter
olumlu *a* affirmative
olumlu *a.* positive
olumsuz *n.* negative
olup olmadığını *conj.* whether
oluş *n* being
oluş *n.* occurrence
oluş *n* conception
oluşturmak *v. t* compose
omega *n.* omega
omlet *n.* omelette
omurga *n.* backbone
omurga *n.* spine
omuz *n.* shoulder
omuz çantası *n.* satchel
omuz silkmek *v.t.* shrug
omuzlamak *v.t.* shoulder
on *n., a* ten
on üç *n.* thirteen
on üç *a* thirteen
on üçüncü *a.* thirteenth
on yedi *n., a* seventeen
on yedinci *a.* seventeenth
on yıl *n* decade
on yıllık *n.* decennary
onaltı *n., a.* sixteen
onaltıncı *a.* sixteenth
onanlabilir *a.* repairable
onarım *n.* repair
onarmak *v.t* fix
onarmak *v.t.* mend
onarmak *v.t.* repair
onay *n.* approval
onaylamak *v.t.* approve

onaylamak *v. t.* endorse
onaylamak *v.t.* ratify
onaylamak *v.t.* sanction
onaylamak *v.t.* subscribe
onaylamak *v.t.* validate
onaylamama *n* disapproval
onaylamamak *v. t* disapprove
onbeş *n* fifteen
onbir *n* eleven
ondalık sayı *a* decimal
ondokuz *n.* nineteen
ondokuzuncu *a.* nineteenth
ondört *n.* fourteen
ondurmak *v.t.* ameliorate
oniki *n.* twelve
oniki *n* twelve
onikinci *a.* twelfth
onikinci *n.* twelfth
onları *pron.* them
onların *a.* their
onlarınki *pron.* theirs
ons *n.* ounce
onsekiz *a* eighteen
onu *pron.* him
onu *pron.* her
onun *a* her
onun (erkek) *pron.* his
onur *n.* honour
onurlandırmak *v. t* honour
opak *a.* opaque
opaklık *n.* opacity
opal *n.* opal
opera *n.* opera
operasyon *n.* operation
operatör *n.* operator
optik *a.* optic
optimum *a* optimum
orada *adv.* there
oradaki *a.* younder
oradan *adv.* thence
orak *n.* sickle
orakçı *n.* reaper

**oralarda** *adv.* thereabouts
**oran** *n.* proportion
**oran** *n.* rate
**oran** *n.* ratio
**orantılamak** *v.t.* proportion
**orantılı** *a.* proportional
**orantılı** *a.* proportionate
**oraya** *adv.* thither
**ordonat** *n.* ordnance
**ordu** *n.* army
**ordu** *n* military
**organ** *n.* organ
**organik** *a.* organic
**organizma** *n.* organism
**orgasm** *n.* climax
**oriform** *adj.* auriform
**orijinal** *n* original
**orkestra** *n.* orchestra
**orkestraya ait** *a.* orchestral
**orman** *n* forest
**orman** *n.* jungle
**orman** *a.* sylvan
**orman** *n.* woods
**ormancılık** *n* forestry
**orospu** *n.* strumpet
**orta** *a.* intermediate
**orta** *a* medium
**orta** *a.* mid
**orta** *a.* middle
**orta** *n* middle
**ortaçağ** *a.* medieval
**ortaçağa ait** *a.* medieval
**ortadan kaybolmak** *v. i* disappear
**ortadan kayboluş** *n* disappearance
**ortak** *n.* associate
**ortak** *a.* common
**ortak** *n* co-partner
**ortak dil** *n.* linguafranca
**ortaklaşa** *a* collective
**ortaklık** *n.* partnership
**ortalama** *n.* average
**ortalama** *n.* mean
**ortalamasını almak** *v.t.* average
**ortası** *prep.* midst
**ortasına** *prep.* amid
**ortaya çıkarmak** *v.t.* unearth
**ortaya çıkmak** *v.i.* arise
**ortaya çıkmak** *v.t.* arouse
**ortaya koymak** *v.t.* manifest
**ortodoksluk** *n.* orthodoxy
**oruç** *n* fast
**oruç tutmak** *v.i* fast
**oryantal** *n* oriental
**Osmanlı** *n.* ottoman
**ot** *n* grass
**ot** *n.* weed
**otantik** *a.* authentic
**otel** *n.* hotel
**otlak** *n.* pasture
**otlamak** *v.i.* graze
**otlanmak** *v.t.* sponge
**otları temizlemek** *v.t.* weed
**otlatmak** *v.t.* pasture
**otobiyografi** *n.* autobiography
**otobüs** *n* bus
**otokrasi** *n* autocracy
**otokrat** *n* autocrat
**otokratik** *a* autocratic
**otomatik** *a.* automatic
**otomobil** *n.* automobile
**otonom** *a* autonomous
**otopsi** *n.* post-mortem
**otorite** *n.* authority
**otoyol** *n.* highway
**oturaklı** *a.* sedate
**oturan** *n.* occupant
**oturan** *n.* occupier
**oturan kimse** *n.* inhabitant
**oturma** *n.* occupancy
**oturma** *n.* residence
**oturmak** *v.i.* sit
**oturmaya elverişli** *a.* inhabitable
**oturtmak** *v.t.* seat
**oturulabilir** *a.* habitable

oturum *n.* session
otuz *n.* thirty
otuz *a* thirty
otuzuncu *a.* thirtieth
otuzuncu *n* thirtieth
ova *n.* plain
oval *a.* oval
oval *n* oval
ovmak *v.t.* rub
ovmak *n* rub
oy *n.* vote
oy birliği *n.* consensus
oy hakkı *n.* suffrage
oy toplamak *v. t.* canvass
oyalanmak *v.i.* procrastinate
oyalanmak *v.i.* linger
oybirliği *n.* unanimity
oylama yapmak *v.i.* ballot
oylamak *v.i.* vote
oynamak *v.i.* play
oysa *conj.* whereas
oyuk *n* burrow
oyuk *n.* hollow
oyuk *n.* niche
oyun *n.* game
oyun *n* gull
oyun *n.* play
oyun zarları *n.* dice
oyuncak *n.* toy
oyuncak at *n.* hobby-horse
oyuncak bebek *n* doll
oyuncu *n.* player
oyunculuk *n.* acting
ozan *n.* bard
öbür tarafına *prep.* across
ödeme *v.t.* pay
ödeme *n.* payment
ödeme *n.* redemption
ödeme *n.* repayment
ödeme *n.* discharge
ödeme gücü *n.* solvency
ödemek *v.t.* reimburse
ödemek *v.t.* repay
ödemek *v. t* discharge
ödememek *v. t.* bilk
ödememek *v.t.* repudiate
ödenecek *a.* payable
ödenek *n* grant
ödül *n.* award
ödül *n.* prize
ödül *n.* reward
ödüllendirmek *v.t.* award
ödüllendirmek *v.t.* remunerate
ödüllendirmek *v.t.* reward
ödünç almak *v. t* borrow
ödünç vermek *v.t.* lend
öfke *n.* rage
öfke *v.i.* rage
öfke *n.* temper
öfkelendirmek *v.t.* nettle
öfkelenmek *v.i.* rampage
öfkelenmek *v.i.* storm
öğe *n.* item
öğle yemeği *n.* lunch
öğle yemeği yemek *v.i.* lunch
öğleden evvel *n* forenoon
öğlen *n.* noon
öğrenci *n.* learner
öğrenci *n.* pupil
öğrenci *n.* student
öğrenmek *v.i.* learn
öğreti *n* doctrine
öğretim *n.* instruction
öğretim *n.* tuition
öğretmek *v.t.* teach
öğretmen *n.* instructor
öğretmen *n.* lecturer
öğretmen *n.* preceptor
öğretmen *n.* teacher
öğün *n.* meal
öğütmek *v.i.* grind
öğütücü *n.* grinder
ökse *n* birdlime
ökseotu *n.* mistletoe

öksürmek *v. i.* cough
öksürük *n.* cough
öksüz *n.* orphan
öksüz bırakmak *v.t* orphan
öksüzler yurdu *n.* orphanage
öküz *n.* ox
ölçek *n.* scale
ölçeklendirmek *v.t.* scale
ölçmek *v.t* measure
ölçü *n.* measure
ölçülebilir *a.* measurable
ölçülü *a.* metric
ölçülülük *n.* temperance
ölçüm *n.* computation
ölçüm *n.* measurement
öldükten sonra gerçekleşen *a.* posthumous
öldürmek *v.t.* kill
öldürmek *v.t.* slay
öldürücü *a.* lethal
öldürücü *a.* murderous
öldürücülük *n.* virulence
ölmek *v. i* die
ölü *a* dead
ölü yakılan odun yığını *n.* pyre
ölülerin ruhu için dua *n.* requiem
ölüm *n* death
ölüm *n* decease
ölüm sonrası *a.* post-mortem
ölümcül *a* deadly
ölümcül *a* fatal
ölümcül *a.* moribund
ölümcül *a.* terminal
ölümlü *a.* mortal
ölümlü *n* mortal
ölümlülük *n.* mortality
ölümsüz *a.* immortal
ölümsüzleştirmek *v.t.* immortalize
ölümsüzlük *n.* immortality
ölümüne *adj.* alamort
ön *n.* front
ön *a* front
ön *a.* preliminary
ön *n* preliminary
ön ayak *n* foreleg
ön kol *n* forearm
önbellek *n* cache
önbilgi *n.* foreknowledge
önce *conj* before
önce *a.* prior
önce *prep* before
önce *adv.* before
önce gelen *n.* antecedent
önceden *adv* formerly
önceden belirlemek *v.t.* predetermine
önceden uyarmak *v.t* forewarn
önceden varsayma *n.* presupposition
önceden varsaymak *v.t.* presuppose
önceki *a.* antecedent
önceki *a* former
önceki *a.* previous
öncel *n.* predecessor
öncelik *n.* precedence
öncelik *n.* priority
öncelikle *adv.* primarily
öncesinde *adv.* beforehand
öncü *n.* pioneer
öncü *n.* precursor
öncülük etmek *v.t.* pioneer
öncülük etmek *v.t.* spearhead
öne sürmek *v.t.* assert
önek *n.* prefix
önem *n.* importance
önem *n.* significance
önem taşımak *v.i.* matter
önemli *a.* important
önemli *a.* major
önemli *a.* prominent
önemli *a.* significant
önemli *a.* substantial
önemli oranda *a* considerable
önemsemek *v.t.* heed

önemsememek *v.t.* slight
önemsememek *v.i.* toy
önemsememek *v.i* trifle
önemsiz *a.* frivolous
önemsiz *a.* insignificant
önemsiz *a.* minor
önemsiz *a.* negligible
önemsiz *a.* paltry
önemsiz *a.* trivial
önemsizlik *n.* insignificance
öneri *n.* proposal
öneri *n.* suggestion
öneri *n* tender
önerme *n.* proposition
önermek *v.t.* propose
önermek *v.t.* suggest
öngörmek *v.t.* predict
öngörü *n.* prediction
önkoşul *n* prerequisite
önkoşullu *a.* prerequisite
önlem *n.* precaution
önleme *n.* prevention
önlemek *v.t* forestall
önlemek *v.t.* prevent
önlemek *v.t.* thwart
önlemek *v.t.* ward
önleyici *a.* preventive
önlük *n.* apron
önlük *n.* smock
önsezi *n* foresight
önsezi *n.* hunch
önsezi *n.* intuition
önsezi *n.* premonition
önsöz *n* foreword
önsöz *n.* preamble
önsöz *n.* preface
önsöz yazmak *v.t.* preface
önük *n* eunuch
önünde bulunmak *v.t* front
önüne *v.* precede
önünü kapatmak *v.t* block
önyargı *n* bias

önyargı *n.* prejudice
öö *adv.* am
öpmek *v.t.* kiss
öpücük *n.* kiss
ördek *n.* duck
örgü *n.* lattice
örgü *n.* mesh
örmek *v.t.* knit
örnek *n* example
örnek *n.* instant
örnek *n.* precedent
örnek *n.* sample
örnek *n.* specimen
örneklemek *v.t.* sample
örneklerle açıklamak *v.t.* illustrate
örs *n.* anvil
örtmek *v. t.* cap
örtmek *v. t* encase
örtmek *v.t* mantle
örtü *n.* coverlet
örtü *n* mantle
örtü *n.* throw
örtülmek *v.t.* shroud
örtülü *a.* latent
örtüşme *n* overlap
örümcek *n.* spider
örümcek ağı *n* cobweb
örümcek ağı *n.* web
öteberi *n. pl* paraphernalia
ötede *prep.* beyond
ötedeki *a.* ulterior
öteki *a.* that
ötmek *v. i* coo
ötücü kuş *n.* songster
ötüş *n* coo
övgü *n* commendation
övgü *n* laud
övgü *n.* panegyric
övgü *n.* praise
övgüye değer *a.* commendable
övgüye değer *a.* laudable
övmek *v.t* acclaim

övmek *v. t* commend
övmek *v.t.* laud
övmek *v.t.* praise
övünen *a.* vainglorious
övünme *n* brag
öykü *n.* narrative
öykü *n.* story
öyküsel *a.* narrative
öz *n.* core
öz *n* essence
öz *n.* quintessence
öz *n.* self
özdeyiş *n* byword
özel *a* especial
özel *a.* private
özel *a.* special
özel *a.* specific
özel alan *n.* preserve
özel ders *n.* tutorial
özel dersle ilgili *a.* tutorial
özel öğretmen *n.* tutor
özellik *n* feature
özellik *n.* trait
özen *n* diligence
özen *n* heed
özendirmek *v.t.* tempt
özenli *a* diligent
özenli *a* elaborate
özet *n* abridgement
özet *n.* summary
özet *a* summary
özet *n.* synopsis
özetle *adv.* summarily
özetlemek *v.t* abridge
özetlemek *n.* precis
özetlemek *v.t.* summarize
özgeçmiş *n.* resume
özgün *a.* original
özgünlük *n.* originality
özgür *a.* free
özgür bırakmak *v.t* free
özgürlük *n.* freedom

özgürlük *n.* liberty
özlem *n.* longing
özlem *n.* yearning
özlemek *v.i* long
özlemek *v.i.* yearn
özlemek *v.t.* miss
özlü *a.* brief
özlü *a* concise
öznel *a.* subjective
özsu *n.* sap
özür *n.* apology
özür *n* excuse
özür dilemek *v.i.* apologize
özverili *a.* selfless

# P

pabuççu *n.* cosier
paçavra *n.* rag
pagoda *n.* pagoda
paha biçme *n* estimation
pahalı *a* expensive
paket *n.* pack
paket *n.* packet
paketlemek *v.t.* pack
pakt *n.* pact
pala *n* paddle
palamut *n.* acorn
palanga *n.* tackle
paldır küldür *adv.* headlong
paldır küldür *adv.* pell-mell
palet *n.* palette
palto *n* coat
palyaço *n* clown
pamuk *n.* cotton
pamukkurdu *n.* weevil
pancar *n* beet
pandispanya *n.* trifle
pandomim *n.* pantomime
panel *n.* panel

panel v.t. panel
panik n. panic
panjur n. shutter
pano n board
panorama n. panorama
panteist n. pantheist
panteizm n. pantheism
panter n. panther
pantolon n. pl trousers
pantomim n. mime
panzehir n. antidote
panzehir n. mithridate
papa n. pope
papağan n. parrot
papalık n. papacy
papatya n daisy
papaya ait a. papal
papaz n. monk
papaz n. parson
par n. par
para n. lucre
para n. money
para basma n coinage
para basmak v.t. mint
para hırsı n. avarice
para yardımı yapmak v.t. subsidize
para yatırmak v. t deposit
paradoks n. paradox
parafin n. paraffin
paraflamak v.t initial
paragöz a. stingy
paragöz tip n. hireling
paragraf n. paragraph
paralel a. parallel
paralel v.t. parallel
paralelkenar n. parallelogram
paralellik n. parallelism
paralı asker a. mercenary
parantez n. parenthesis
parasal a. monetary
paraşüt n. parachute
paraşütçü n. parachutist

paravan n blindage
parazit n. parasite
parazit n. statics
parça n. fragment
parça n. piece
parça n bit
parçacık a. particle
parçalamak v.t. lacerate
parçalamak v.t. mangle
parçalamak v.t. segment
parçalamak v.t. smash
parçalamak v.t. splinter
parçalanmak v.t tatter
parçalar halinde adv. asunder
parçalara ayırma n dissection
parfüm n. perfume
parfüm sürmek v.t. perfume
parıldama n. scintillation
parıldamak v.i. glitter
parıltı n glitter
parıltı n glow
parite n. parity
park n. park
park etmek v.t. park
parlak a bright
parlak a. lustrous
parlak a. shiny
parlak kırmızı n. vermillion
parlaklık n brilliance
parlaklık n. lustre
parlaklık n. radiance
parlaklık n. refulgence
parlaklık n shine
parlamenter n. parliamentarian
parlatmak v. t brighten
parlatmak v.i. shine
parlayan adv. aglow
parmak n finger
parmaklamak v.t finger
parmaklık n. railing
parmaklıklar n. lists
parodi n. parody

parodi yapmak *v.t.* parody
parola *n.* watchword
parsellemek *v.t.* parcel
parti *n.* party
partiotism *n.* partiotism
partizan *n.* partisan
partizan *a.* partisan
partner *n.* partner
parya *n.* outcast
pas *n.* rust
pasaj *n* arcade
pasaj *n.* passage
pasaklı *a.* slatternly
pasaklı *a.* slipshod
pasaklı kadın *n.* slattern
pasaport *n.* passport
pasif *a.* passive
paskalya *n* easter
paslanmak *v.i* rust
paslanmaz *a.* stainless
paslı *a.* rusty
paspas *n.* mop
paspas yapmak *v.t.* mop
pasta *n.* cake
pastel *n.* pastel
pastoral *a.* pastoral
pat *n* pop
pat diye *adv* pat
pat diye düşmek *v.i.* thud
pata *n.* stalemate
pataklamak *v.t.* wallop
patates *n.* potato
patavatsız *a.* indiscreet
paten *n.* skate
paten kaymak *v.t.* skate
patent *n* patent
patentlemek *v.t.* patent
patentli *a.* patent
patırtı *n* din
patika *n.* alley
patinaj yapmak *v.i.* skid
patlama *n* burst

patlama *n* eruption
patlama *n.* explosion
patlamak *v. i.* burst
patlamak *v. t.* explode
patlatmak *v.i.* pop
patlayıcı *n.* explosive
patlayıcı *a* explosive
patlıcan *n* brinjal
patron *n* boss
patron *n.* patron
pavyon *n.* pavilion
pay *n.* share
pay *n* share
pay etme *n.* allocation
payanda *n.* prop
payanda *n* strut
paylamak *v.t.* lambaste
paylaşmak *v.t.* share
pazar *n* market
Pazar *n.* Sunday
pazarlamak *v.t* market
pazarlanabilir *a.* marketable
pazarlık *n.* bargain
pazarlık etmek *v.t.* bargain
pazarlık etmek *v.i.* haggle
Pazartesi *n.* Monday
peçe *n.* veil
peçete *n.* napkin
ped *n.* pad
pedagog *n.* pedagogue
pedagoji *n.* pedagogy
pedal *n.* pedal
pedal çevirmek *v.t.* pedal
peder *a.* reverend
pehlivan *n.* wrestler
pek *a* much
pekişmek *v.t.* stiffen
pekiştirmek *v. t.* consolidate
pekiştirmek *v.t.* corroborate
pekmez *n* molasses
pelerin *n.* cloak
pelerin *n.* cape

pelin *n.* wormwood
pelteklik *v.t.* lisp
pembe *a* pink
pembe *a.* rosy
pembemsi *a.* pinkish
pencere *n.* window
pençe *n* claw
pençe *n.* paw
pençe *n* pounce
pençe vurmak *v.t* sole
pençelemek *v.t.* paw
penis *n.* penis
perakende *n.* retail
perakende *adv.* retail
perakende *a* retail
perakende satmak *v.t.* retail
perakendeci *n.* retailer
perçem *n* forelock
perçin *n.* rivet
perçinlemek *v.t.* rivet
perde *n* curtain
performans *n.* performance
peri *n* fairy
peri *n.* sylph
periferik *adj* acentric
perişan *a.* prostrate
perişan etmek *v.t.* prostrate
periyodik *n.* periodical
periyodik *a.* periodical
permutasyon *n.* permutation
personel *n.* personnel
personel *n.* staff
perspektif *n.* perspective
Perşembe *n.* Thursday
peruk *n.* wig
pervasız *a.* reckless
peşinden gitmek *v. t* dog
petek *n.* honeycomb
petrol *n.* petroleum
peygamber *n.* prophet
peygamberce *a.* prophetic
peynir *n.* cheese

pıhtı *n.* clot
pıhtı *n* curd
pıhtılaşmak *v. t* clot
pırasa *n.* leek
pırıl pırıl *a.* refulgent
pırıltı *n* dazzle
pırıltı *n.* sparkle
pırıltı *v.i.* twinkle
pırıltı *n.* twinkle
pırlamak *n.* whir
piç *n.* bastard
pigme *n.* pigmy
pigme *n.* pygmy
pikniğe gitmek *v.i.* picnic
piknik *n.* picnic
pil *n* battery
pilot *n.* pilot
pinekleme *n.* slumber
pineklemek *v.i.* slumber
pinti *n.* niggard
pinti *a.* scotch
pintice *a.* niggardly
piramit *n.* pyramid
pire *n.* flea
pirinç *n.* brass
pirinç *n.* rice
pirzola *v. t* chop
pis *a* filthy
pis koku *n.* stench
pis koku *n* stink
piskopos *n* bishop
pisletmek *v.t.* profane
pislik *n* filth
piston *n.* leverage
piston *n.* piston
pisuar *n.* urinal
pişirmek *v. t* cook
pişman *a.* repentant
pişmanlık *v.i.* regret
pişmanlık *n* regret
pişmanlık *n.* remorse
pişmek *v.t.* sophisticate

**piton** *n.* python
**piyadeler** *n.* infantry
**piyango** *n.* lottery
**piyanist** *n.* pianist
**piyano** *n.* piano
**plaj** *n* beach
**plaka** *n.* plate
**plan** *n.* plan
**planlamak** *v. t* concert
**planlamak** *v.t.* plan
**planör** *n.* glider
**platform** *n.* platform
**plato** *n.* plateau
**platonik** *a.* platonic
**playcard** *n.* playcard
**pliteness** *n.* politeness
**poca** *n.* lee
**pod** *n.* pod
**poesy** *n.* poesy
**pohpohlama** *n* adulation
**poignacy** *n.* poignacy
**polen** *n.* pollen
**poliglot** *n.* polyglot
**polis** *n.* police
**polis** *n.* policeman
**polis memuru** *n* constable
**polisiye** *a* detective
**politeizm** *n.* polytheism
**politeknik** *a.* polytechnic
**politeknik** *n.* polytechnic
**politika** *n.* policy
**politikacı** *n.* politician
**polo** *n.* polo
**pompa** *n.* pump
**pompalamak** *v.t.* pump
**pontentiality** *n.* pontentiality
**poplin** *n.* poplin
**popüler** *a.* popular
**popülerlik** *n.* popularity
**porselen** *n.* china
**porselen** *n.* porcelain
**porsiyon** *n* portion

**porsiyon** *v.t.* portion
**portakal** *n.* orange
**portal** *n.* portal
**portatif** *a.* movable
**portföy** *n.* portfolio
**portre** *n.* portrait
**post** *n* fleece
**posta** *n.* mail
**posta** *n.* post
**posta** *a.* postal
**posta müdürü** *n.* postmaster
**posta ücreti** *n.* postage
**postacı** *n.* postman
**postalamak** *v.t.* mail
**postalamak** *v.t.* post
**postanesinin** *n.* post-office
**poster** *n.* poster
**potansiyel** *a.* potential
**potansiyel** *n.* potential
**potas** *n.* potash
**potasyum** *n.* potassium
**poyra** *n.* hub
**poz** *n.* pose
**poz vermek** *v.i.* pose
**pozisyon** *n.* position
**pragmatik** *a.* pragmatic
**pragmatizm** *n.* pragmatism
**pranga** *n.* shackle
**pratik** *a.* handy
**pratik** *a.* practical
**pratik yapmak** *v.t.* practise
**pratiklik** *n.* practicability
**prehistorik** *a.* prehistoric
**prelüd** *n.* prelude
**prematüre** *a.* premature
**prens** *n.* prince
**prenses** *n.* princess
**prestij** *n.* prestige
**prestijli** *a.* prestigious
**prevalans** *n.* prevalance
**prim** *n.* premium
**profesör** *n.* professor

profesyonel *a.* professional
profil *n.* profile
profil *v.t.* profile
program *n.* programme
programlamak *v.t.* programme
proje *n.* project
projeksiyon *n.* projection
projektör *n.* projector
prolog *n.* prologue
propaganda *n.* propaganda
propagandacı *n.* propagandist
prosedür *n.* procedure
prospektüs *n.* prospectus
protein *n.* protein
protesto *n.* protest
protesto *n.* protestation
protesto etmek *v.i.* protest
prototip *n.* prototype
prova *n.* rehearsal
prova yapmak *v.t.* rehearse
provokasyon *n.* provocation
prömiyer *n* premier
psikiyatri *n.* psychiatry
psikiyatrist *n.* psychiatrist
psikolog *n.* psychologist
psikoloji *n.* psychology
psikolojik *a.* psychological
psikopat *n.* psychopath
psikoterapi *n.* psychotherapy
psikoz *n.* psychosis
psişik *a.* psychic
puan *n.* score
puanlamak *v.t* grade
puanlamak *v.t.* score
puding *n.* pudding
pudralık *n.* compact
pulluk *n.* plough
punch *n.* punch
punch *v.t.* punch
puro *n.* cigar
pus *n.* haze
puslu *a.* hazy

pusu *n.* ambush
pusula *n.* chit
pusula *n* compass
pusuya yatmak *v.t.* waylay
putperest *n.* idolater
püre *n.* mash
püriten *n.* puritan
pürüzlü *a.* rough
pürüzsüz *a.* smooth
püskürtmek *v.t.* repel
püskürtmek *v.i.* spout
püskürtmek *v.t.* spray

# R

rabate *n.* rabate
radikal *a.* radical
radyant *a.* radiant
radyasyon *n.* radiation
radyo *n.* radio
radyum *n.* radium
raf *n.* shelf
rafineri *n.* refinery
rağmen *conj.* although
rağmen *conj.* notwithstanding
rağmen *n.* spite
rağmen *conj.* though
rahat *n.* snug
rahatlamak *v.t.* relax
rahatlatmak *v. t* comfort
ahatlatmak *v.t.* relieve
rahatsız etmek *v. t* disturb
rahatsız etmek *v.t.* harass
rahatsızlık *n.* ailment
rahatsızlık *n.* annoyance
rahatsızlık *n* discomfort
rahibe *n.* nun
rahibe *n.* priestess
rahim *n.* uterus
rahim *n.* womb

**rahip** *n.* priest
**rahiplik** *n.* priesthood
**rahmetli** *a.* late
**rakam** *n* digit
**rakamsal** *a.* numeral
**raket** *n.* racket
**rakip** *n.* rival
**rakip olmak** *v.t.* rival
**rakipsiz** *n.* nonpareil
**ralli** *n* rally
**rampa** *n.* ascent
**ranza** *n* berth
**rapor** *n.* report
**rapor etmek** *v.t.* report
**raptetmek** *v.t.* append
**rasgele** *a.* random
**rastgele** *a.* indiscriminate
**rasyonel** *a.* rational
**rasyonelleştirmek** *v.t.* rationalize
**rasyonellik** *n.* rationality
**raşitizm** *n.* rickets
**ray** *n.* rail
**raydan çıkarmak** *v. t.* derail
**razı olmak** *v.t.* accede
**razı olmak** *v.i.* assent
**razı olmak** *v. i* comply
**razı olmak** *v.t.* consently
**reactinary** *a.* reactinary
**realist** *n.* realist
**reçel** *n.* jam
**reçete** *n.* prescription
**reddedilemez** *a.* irrefutable
**reddetmek** *n* decline
**reddetmek** *v.t.* negative
**reddetmek** *v.t.* refuse
**reddetmek** *v.t.* reject
**refah** *n.* affluence
**refah** *n* felicity
**refah** *n.* prosperity
**refah** *a.* prosperous
**refah** *n.* welfare
**refakat** *n* accompaniment

**referandum** *n.* referendum
**referans** *n.* reference
**refleks** *n.* reflex
**refleks** *a* reflex
**reflektör** *n.* reflector
**reform** *n.* reform
**reformasyon** *n.* reformation
**reformcu** *n.* reformer
**regl** *n.* menses
**regülatör** *n.* regulator
**rehabilitasyon** *n.* rehabilitation
**rehabilite etmek** *v.t.* rehabilitate
**rehberlik** *n.* guidance
**rehin** *n.* hostage
**rehin** *n.* pledge
**rejim** *n.* regime
**rekabet** *n.* rivalry
**rekabet etmek** *v. i* compete
**rekabet etmek** *v.i.* vie
**reklam** *n* advertisement
**reklamını yapmak** *v.t.* advertise
**rekor** *n.* record
**rekreasyon** *n.* recreation
**rektör** *n.* chancellor
**rektum** *n.* rectum
**rendelemek** *v.t* grate
**renk** *n* colour
**renk** *n.* tint
**renklendirmek** *v.t.* tincture
**renklendirmek** *v.t.* tint
**requiste** *n* requiste
**resepsiyon** *n.* reception
**resif** *n.* atoll
**resim** *n.* painting
**resim** *n.* picture
**resimli** *a.* pictorial
**resital** *n.* recital
**resmetmek** *v.t.* picture
**resmi** *a* formal
**resmi** *a.* official
**resmi olarak** *adv.* officially
**resmi olmayan** *a.* informal

resmileştirmek *v.t.* solemnize
ressam *n.* painter
ressam dayanma değneği *n.* maulstick
restoran *n.* restaurant
restorasyon *n.* restoration
ret *n.* rebuff
ret *v.t.* rebuff
ret *n.* refusal
ret *n.* rejection
retina *n.* retina
retorik *n.* rhetoric
retrospektif *a.* retrospective
reverans yapmak *v. t* bow
revizyon *n.* revision
revolver *n.* revolver
rezervasyon *n.* reservation
rezonans *n.* resonance
rıhtım *n.* dock
rıhtımlar *n.* wharfage
rıza *n.* consent
riayet *n.* observance
rica *n* request
rica etmek *v.i.* conjure
rica etmek *v.t.* request
rica etmek *v.t.* sue
ringa *n.* herring
risk *n.* risk
riske atmak *v.t.* risk
riske girmek *v.t* hazard
riskli *a.* risky
ritim *n.* rhythm
ritmik *a.* rhythmic
riyakar *a.* hypocritical
riziko *n.* jeopardy
robot *n.* robot
roket *n.* rocket
rol *n.* role
rom *n.* rum
romantik *a.* romantic
romantizm *n.* romance
romatizma *n.* rheumatism

romatizmal *a.* rheumatic
rosto *a* roast
rosto *n* roast
rota *n.* route
rotasyon *n.* rotation
royal *a.* royal
rozet *n.* badge
röle *n.* relay
römork *n.* trailer
röntgen *n.* x-ray
röntgen çekmek *v.t.* x-ray
rötarlı *a.* overdue
rötuş *v.t.* retouch
ruble *n.* rouble
rudiment *n.* rudiment
ruh *n.* manes
ruh *n.* psyche
ruh *n.* soul
ruh *n.* spirit
ruh çağıran *n.* necromancer
ruh hali *n.* mood
ruh sağlığı *n.* sanity
ruhanilik *n.* spiritualism
ruhban sınıfı *n* clergy
rulo *n.* roll
rumuz *n.* nickname
rupi *n.* rupee
rustik *a.* rustic
rustik *n* rustic
rutin *n.* routine
rutin *a* routine
rutubet *n* damp
rutubetli *adj.* dank
rüşvet *n* bribe
rüşvet vermek *v. t.* bribe
rütbe *n.* rank
rütbe *a* rank
rütbelendirmek *v.t.* rank
rüya *n* dream
rüya görmek *v. i.* dream
rüzgâr *n.* wind
rüzgar ölçer *n* anemometer
rüzgârlı *a.* windy

# S

saat *n.* clock
saat *n.* hour
saat *n.* watch
sabah *n.* morning
sabıka *n* prior
sabır *n.* patience
sabırlı *a.* patient
sabırsız *a.* impatient
sabırsızlık *n.* impatience
sabit *a* constant
sabit *a.* stationary
sabit *a.* steady
sabit bakış *n.* stare
sabotaj *n.* sabotage
sabun *n.* soap
sabunlamak *v.t.* soap
sabunlu *a.* soapy
saç *n* hair
saç kepeği *n* dandruff
saçkıran *n.* ringworm
saçma *a* absurd
saçma *a.* nonsensical
saçmak *v. t* bestrew
saçmak *v.t.* scatter
saçmalamak *v. i* blether
saçmalamak *v.i.* yap
saçmalık *n* absurdity
saçmalık *n.* nonsense
sadaka *n.* alms
sadakat *n.* allegiance
sadakat *n.* loyalty
sadakatli *a* faithful
sade *a.* austere
sade *a.* plain
sade *n.* stark
sadece *adv.* just
sadece *a.* mere
sadece *adv.* only
sadık *a.* loyal

sadık *n.* loyalist
sadık *a.* staunch
sadist *n.* sadist
sadizm *n.* sadism
saf *a.* naive
saf *a* pure
safdil *n.* simpleton
safir *n.* sapphire
safkan *n.* pedigree
saflık *adj.* credulity
saflık *n.* naivety
saflık *n.* purity
safra *n* bile
safran *n.* saffron
safran *a* saffron
safsata *n* fallacy
safsata *n.* sophism
sağ *a.* right
sağ kol *n.* henchman
sağanak *n* downpour
sağduyu *n.* prudence
sağduyusunu etklilemek *v.t.* jaundice
sağır *a* deaf
sağlam *a.* solid
sağlam *a.* sturdy
sağlamak *v. t* ensure
sağlamak *v.i.* provide
sağlamlaştırmak *v.t.* stabilize
sağlık *n.* health
sağlıkevi *n* dispensary
sağlıklı *a.* healthy
sağlıklı *a.* wholesome
sağmak *v.t.* milk
sağmal *a.* milch
saha *n* field
sahip *n.* owner
sahip olmak *v.t.* own
sahip olmak *v.t.* possess
sahip olmak *v.t.* have
sahiplenmek *v.t.* appropriate
sahipsizlik *n.* abeyance

sahne *n.* scene
sahne *n.* stage
sahnelemek *v. t* enact
sahnelemek *v.t.* stage
sahte *a.* counterfeit
sahte *a* duplicate
sahte *adj* mock
sahte *a.* spurious
sahte kılık *n* disguise
sahteci *n.* counterfeiter
sahtecilik *n* forgery
sahtekar *a* dishonest
sahtekarlık *n.* dishonesty
sahtelemek *v.i.* sham
sahtelik *n* affectation
sakal *n* beard
sakar *a* clumsy
sakarin *n.* saccharin
sakat *n* cripple
sakat *a.* lame
sakınca *n* drawback
sakınma *n.* avoidance
sakınmak *v.i.* beware
sakınmak *v.t.* avoid
sakız *n.* gum
sakin *n.* calm
sakin *a.* leisurely
sakin *a.* placid
sakin *a.* resident
sakin *n* resident
sakin *a.* serene
sakin *a.* tranquil
sakinleşmek *v. t.* calm
sakinleştirmek *v.t.* sedate
sakinleştirmek *v.t.* steady
saklamak *v. t* enshrine
saklamak *v.t.* keep
saklanma yeri *n.* hide
saklanmak *v.t* hide
saksağan *n.* magpie
salak *adj.* daft
salamura *n* brine

salata *n.* salad
salatalık *n* cucumber
saldırgan *a.* aggressive
saldırgan *n.* aggressor
saldırı *n* aggression
saldırı *n.* assault
saldırı *n.* attack
saldırı *n* offensive
saldırmak *v.t.* assault
saldırmak *v.t.* attack
saldırmak *v.i.* swoop
salgı *n.* secretion
salgılamak *v.t.* secrete
salgın *n* epidemic
salık vermek *v.t.* recommend
salıncak *n* swing
salınım *n.* oscillation
salınmak *v.i.* oscillate
salıvermek *v.t.* loose
sallamak *v.t.* rock
sallamak *v.i.* shake
sallanarak yürümek *v.i.* waddle
sallanma *n* sway
sallanmak *v.i.* loll
sallanmak *v.i.* quake
sallanmak *v.i.* swing
sallanmak *v.i.* waver
salon *n* drawing-room
salon *n.* parlour
salon *n.* saloon
saltanat *n* reign
salya *n* spittle
salyangoz *n.* snail
saman *n* fodder
saman *n.* hay
saman *n.* straw
saman ile örtmek *v.t.* thatch
samimi *a* cordial
samimi *adj.* cozy
samimi *a.* intimate
samimi *a.* near
samimi *a.* sincere

samimiyet *n.* intimacy
samimiyet *n.* sincerity
samimiyetsiz *a.* insincere
samimiyetsizlik *n.* insincerity
sanal *a* virtual
sanat *n.* art
sanatçı *n.* artist
sanatçı *n.* performer
sanatoryum *n.* sanatorium
sancı *n.* pang
sancılı *a.* painful
sandal *n.* sandal
sandal ağacı *n.* sandalwood
sandalla gezmek *v.i* boat
sandalye *n.* chair
sanduka *n* cist
sandviç *n.* sandwich
sanmak *v.t.* repute
sansar *n.* marten
sansasyon *n.* sensation
sansasyonel *a.* sensational
sansür *n.* censor
sansür *n.* censorship
sansürlemek *v. t.* censor
santigrad *a.* centigrade
sap *n* grip
sap *n.* stalk
sapan bıçağı *n* colter
sapık *a.* perverse
sapık *v.t.* pervert
sapıklık *n.* aberrance
sapıklık *n.* perversion
sapıklık *n.* perversity
saplama *n.* stab
saplamak *v.t.* stud
saplantı *n.* obsession
sapma *n* deviation
sapmak *v. i.* depart
saptamak *v. t* detect
saptırmak *v.t. & i.* deflect
saptırmak *v. i* deviate
sararmak *v.t.* yellow

sarartmak *v.t.* singe
saray *n.* palace
saray *n.* court
saray şairi *n* laureate
sarf *n* expenditure
sarfetmek *v. t* expend
sargı *n* dressing
sargı *n.* wrapper
sarı *a.* yellow
sarı *n* yellow
sarılık *n.* jaundice
sarımsak *n.* garlic
sarımsı *a.* yellowish
sarkaç *n.* pendulum
sarkıntılık *n.* molestation
sarkmak *v. t* dangle
sarmak *v.t.* furl
sarmalamak *v.t.* wrap
sarmaşık *n* creeper
sarmaşık *n* ivy
sarnıç *n.* reservoir
sarp *a.* steep
sarsılmak *v.i.* sway
sarsıntı *n.* lurch
sarsıntı *n* shake
sarsıntılı *a.* jerky
sarsmak *v.t.* jolt
sarsmak *v.t.* unsettle
satıcı *n* dealer
satıcı *n.* salesman
satıcı *n.* seller
satıcı *n.* vendor
satılabilir *a.* salable
satın alıcı *n.* buyer
satın alma *n.* purchase
satın alma *v.t.* purchase
satın almak *v. t.* buy
satış *n.* sale
satiable *a.* satiable
satmak *v.t.* sell
satranç *n.* chess
savak *n.* sluice

savar *n* repellent
savaş *n* battle
savaş *n.* warfare
savaş arabası *n* chariot
savaşçı *n.* warrior
savaşmak *v. i.* battle
savaşmak *v.i.* war
savcı *n.* prosecutor
savunma *n* defence
savunma *n.* plea
savunmak *v.t.* advocate
savunmak *v. t.* champion
savunmak *v. t* defend
savunmak *v.t.* shield
savunmasız *a.* indefensible
savunmasız *a.* vulnerable
savunucu *adv.* defensive
savunulabilir *a.* tenable
savurgan *a.* prodigal
savurgan *a.* wasteful
savurganlık *n.* prodigality
savuşturma *n.* parry
savuşturmak *v.t.* parry
sayaç *n.* counter
sayaç *n.* meter
sayesinde *prep.* through
sayfa *n.* page
sayfa arkası *adv.* overleaf
saygı *n* esteem
saygı *n.* respect
saygı *n* consideration
saygı duymak *v.t.* respect
saygıdeğer *a.* venerable
saygılı *a.* respectful
saygılı *a.* reverent
saygılı *a.* reverential
saygın *n* august
saygınlık *n* eminence
saygınlık *n.* repute
saygısızlık *n.* slight
sayıca geçmek *v.t.* outnumber
sayılandırıcı *n.* numerator

sayım yapmak *v.t.* tally
sayısal *a.* numerical
sayısız *a.* countless
sayısız *a.* innumerable
sayısız *n.* myriad
sayısız *a* myriad
sayısız *a.* numberless
saymak *v. t.* count
saymak *v. t.* enumerate
saymak *v.t.* reckon
saymamak *v. t* exclude
sebat *n.* persistence
sebat etmek *v.i.* persevere
sebebi olmak *v.t* occasion
sebebiyet *n* causality
sebep *n.* cause
sebep olmak *v. t* beget
sebep olmak *v.t* cause
sebze *n.* vegetable
secde *n.* prostration
seçenek *n.* option
seçenek *n.* pick
seçim *n.* choice
seçim *n* election
seçim *n.* selection
seçim yapmak *v. t.* choose
seçkin *a* eminent
seçkinlik *n* distinction
seçkinlik *n.* pre-eminence
seçmek *v. t* elect
seçmek *v.t.* pick
seçmek *v.t.* select
seçmeli *a.* optional
seçmen *n.* constituent
seçmen *n* electorate
seçmen *n.* voter
seçmenler *n* constituency
sedan *n.* sedan
sedir *n.* cedar
sedye *n.* stretcher
sefil *a.* abject
sefil *a.* sordid

sefil *a.* squalid
sefil *n.* wretch
seher *n* aurora
sekiz *n* eight
sekiz köşeli *a.* octangular
sekizgen *n.* octagon
sekreter *n.* secretary
sekreterya *n.* secretariat(e)
seks *n.* sex
seksen *n* eighty
seksenlik *a.* octogenarian
seksenlik *a* octogenarian
seksi *n.* sexy
sekte *n.* pause
sektör *n.* sector
sel *n* flood
sel *n.* spate
sel *n.* torrent
sel basmak *v.t* flood
sel gibi *a.* torrential
selam *n.* salutation
selam *n* salute
selamlamak *v.t.* greet
selamlamak *v.t* hail
selamlamak *v.t.* salute
selektif *a.* selective
selvi *n* cypress
semaver *n* urn
sembol *n.* symbol
sembolik *a.* symbolic
sembolize etmek *v.t.* symbolize
sembolizm *n.* symbolism
seminal *a.* seminal
seminer *n.* seminar
sempati *n.* sympathy
sempatik *a.* sympathetic
sempozyum *n.* symposium
semptom *n.* symptom
semptomatik *a.* symptomatic
sena *n.* glorification
senato *n.* senate
senatoya ait *a.* senatorial

senatör *n.* senator
senatörce *a* senatorial
sendeleme *n.* stumble
sendelemek *v.i.* lurch
sendika *n.* union
senet *n.* muniment
senfoni *n.* symphony
sent *n* cent
sentetik *a.* synthetic
sentetik *n* synthetic
sentez *n.* synthesis
sepet *n.* basket
sepsis *n.* sepsis
septik *a.* septic
seramik *n* ceramics
serap *n.* mirage
serbestlik *n.* leisure
serçe *n.* sparrow
serf *n.* serf
sergi *n* display
sergi *n.* exhibition
sergilemek *v. t* display
sergilemek *v. t* exhibit
seri *a.* serial
seri *n.* serial
serim *a* chilly
serinletmek *v.t.* refresh
sermek *v.t.* lay
serpinti *n* spray
serpiştirmek *v. t.* sprinkle
serpiştirmek *v.t.* strew
serpmek *v. i.* dabble
sersem *a.* giddy
sersemletmek *v.t.* stun
sersemletmek *v.t.* stupefy
serseri *n.* rover
serseri *n.* vagabond
serseri *a* vagabond
sert *n* cast-iron
sert *a* coarse
sert *a* curt
sert *a.* hard

| | |
|---|---|
| sert *n.* stiff | sevindirici *a.* welcome |
| sert *a.* tough | sevindirmek *v. t.* delight |
| sert amir *n.* martinet | sevindirmek *v.t.* gladden |
| sert cevap *n.* rejoinder | sevinmek *v.i.* rejoice |
| sert rüzgar *n.* gale | sevkiyat *n.* consignment |
| sertifika *n.* certificate | sevmek *v.t.* love |
| sertleşmek *v.t.* harden | seyahat *n* expedition |
| sertleştirmek *v.t.* temper | seyahat *n* travel |
| sertleştirmek *v.t.* toughen | seyahat etmek *v. t* commute |
| servet *n.* riches | seyir *n.* navigation |
| servet *n.* wealth | seyirci *n.* audience |
| servis *n.* service | seyirci *n.* on-looker |
| ses *n.* sound | seyirci *n.* spectator |
| ses *n.* voice | seyredilebilir *a.* navigable |
| ses çıkarmak *v.i.* sound | seyrek *a.* sparse |
| ses verme *n.* sonority | seyreltmek *v.t.* adulterate |
| sesli harf *n.* vowel | seyretmek *v.i.* navigate |
| sessiz *a.* mum | seyretmek *v.t.* watch |
| sessiz *a.* mute | seyyah *n.* pilgrim |
| sessiz *a.* quiet | seyyah *n.* voyager |
| sessiz *n.* quiet | seyyar *adj* ambulant |
| sessiz *a.* silent | sezgili *a.* intuitive |
| sessiz harf *n.* consonant | sezi *n.* sentience |
| sessizleştirmek *v.t.* quiet | sezinlemek *v.t.* sense |
| sessizlik *n.* silence | sezmek *v.t.* scent |
| sessizlik *n.* stillness | sıcacık *a.* cosy |
| sesüstü *a.* supersonic | sıcak *a.* hot |
| set *a* set | sıcaklık *n.* temperature |
| set çekmek *v.t* foil | sıcaklık *n.* warmth |
| sevdalanma *n.* infatuation | sıçan *n.* rat |
| sevecen *a.* loving | sıçrama *n* leap |
| sevgi *n* love | sıçrama *n* splash |
| sevgi belirtisi *n.* endearment | sıçramak *v.i.* vault |
| sevgili *n* beloved | sıçratmak *v.t.* delibate |
| sevgili *n* darling | sıçratmak *v.i.* splash |
| sevgili *n.* lover | sıçrayış *n.* jump |
| sevgili *a* dear | sıçrayış *n* skip |
| sevilen *a* beloved | sıfat *n.* adjective |
| sevimli *a.* amiable | sıfır *a.* null |
| sevimli *a.* lovable | sıfır *n.* zero |
| sevimlilik *n.* amiability | sıfırlama *n.* nullification |
| sevinç *n.* gaiety | sıfırlamak *v.t.* nullify |

| | |
|---|---|
| sığ *a.* shallow | sınırdışı etmek *v.t.* deport |
| sığınak *n.* refuge | sınırlamak *v. t* confine |
| sığınak *n* bunker | sınırlanabilır *a.* terminable |
| sığınmak *v.i.* nestle | sınırlandırmak *v.t.* limit |
| sığır *n.* cattle | sınırlı *a.* limited |
| sığır *n.* yak | sınırsız *a.* immeasurable |
| sığır eti *n* beef | sınırsız *a.* limitless |
| sığlık *n.* shoal | sır *n.* secret |
| sığmamak *v.t.* outgrow | sıra *n.* row |
| sıhhi *a.* sanitary | sıra *n.* sequence |
| sık *n.* frequent | sıra *n.* tier |
| sık sık *adv.* often | sıradan *a.* ordinary |
| sıkı *a* firm | sıralamak *v.t.* line |
| sıkı *a.* strict | sırasında *prep* during |
| sıkı *a.* stringent | sırasında *conj.* while |
| sıkı *a.* tight | sırdaş *n* confidant |
| sıkıcı *a* dull | sırım *n.* whipcord |
| sıkıcı *a.* tedious | sırrını söylemek *v. i* confide |
| sıkılık *n.* stringency | sırsız porselen *n* bisque |
| sıkıntı *n.* hardship | sırt *n.* back |
| sıkıntı *n.* tribulation | sırt *n.* ridge |
| sıkıntı *n* vexation | sırtlan *n.* hyaenahyaena |
| sıkıntılı *adj.* crump | sıska *a.* lank |
| sıkışıklık *n.* jostle | sıtma *n* ague |
| sıkıştırmak *v. t.* compress | sıtma *n.* malaria |
| sıkıştırmak *v.t.* straiten | sıva *n.* daub |
| sıkıştırmak *v.t.* wedge | sıva *n.* plaster |
| sıklık *n.* frequency | sıvamak *v. t.* daub |
| sıkmak *v.t.* squeeze | sıvamak *v.t.* plaster |
| sımsıkı tutmak *v.t.* grip | sıvazlamak *v.t.* pat |
| sınamak *v.t.* test | sıvı *n* fluid |
| sınav *n.* examination | sıvı *a.* liquid |
| sınava giren *n* examinee | sıvı *n* liquid |
| sınıf *n* class | sıvılaştırmak *v.t.* liquefy |
| sınıflandırma *n* classification | sıvışmak *v. i* decamp |
| sınıflandırmak *v.t.* assort | sıyırmak *v.t.* scar |
| sınıflandırmak *v. t* classify | sıyrık *n* graze |
| sınıflandırmak *v.t* sort | sıyrık *n.* nick |
| sınır *n* border | sızı *n.* throe |
| sınır *n* boundary | sızıntı *n.* leakage |
| sınır *n.* limit | sızıntı *n.* ooze |
| sınır koymak *v.t* border | sızlamak *v.i* smart |

sızlanma *v.i.* whimper
sızmak *v.i.* leak
sızmak *v.i.* ooze
sızmak *v.i.* seep
sicil *n* file
sicil *n.* register
sicil memuru *n.* registrar
sicim *n.* string
siesta *n.* siesta
sigara *n.* cigarette
sigorta *n* fuse
sigorta *n.* insurance
sigortalamak *v.t.* insure
siğil *n.* wart
sihirbaz *n.* magician
sihirbaz *n.* wizard
sihirli *a.* magical
siklostil *n* cyclostyle
siklostilleştirilmiş *v. t* cyclostyle
silah *n.* weapon
silahlanma *n.* armament
silahlanmak *v.t.* arm
silahlanmak *v.t* forearm
silahları bırakma *n.* disarmament
silahsızlandırmak *v. t* disarm
silahşör *n.* musketeer
silindir *n* cylinder
silkinme *n.* jerk
silme *n.* wipe
silmek *v. t* delete
silmek *v. t* erase
silmek *v.t.* wipe
silo *n.* grannary
silüet *n.* silhouette
simetri *n.* symmetry
simetrik *a.* symmetrical
simgelemek *v.t.* typify
simultane *a.* simultaneous
simya *n.* alchemy
sincap *n.* squirrel
sindirim *n* digestion
sindirmek *v. t.* digest

sindirmek *v.t.* overawe
sindirmek *v.t.* stomach
sinema *n.* cinema
sinema *n.* movies
sinir *n.* anger
sinir *n.* nerve
sinirlendirmek *v.t.* irritate
sinirli *a.* angry
sinirli *a.* furious
sinirli *a.* nervous
sinirotu *n.* plantain
sinonim *n.* synonym
sinsi *a.* underhand
sinyal *n.* signal
sinyal vermek *v.t.* signal
sipariş *n.* order
sipariş etmek *v.t* order
siper *n* bulwark
siren *n.* siren
sirk *n.* circus
sirke *n* alegar
sirke *n.* vinegar
sirkülasyon *n* circulation
sis *n* fog
sisli *a.* misty
sismik *a.* seismic
sistem *n.* system
sistem *n.* tract
sistematik *a.* systematic
sistemleştirmek *v.t.* systematize
sitem *n.* reproof
sitrik *adj.* citric
sivil *n* civilian
sivilce *n.* pimple
sivrilmek *v.i* excel
sivrisinek *n.* mosquito
siyah *a* black
siyaset *n.* politics
siyasi *a.* politic
siyasi *a.* political
skandal *n* scandal
skolastik *a.* scholastic

skuter *n.* scooter
slayt *n* slide
slogan *n.* slogan
soba *n.* stove
sofist *n.* sophist
sofistike *a.* sophisticated
sofu *n.* ascetic
soğan *n.* onion
soğuk *a* cold
soğuk *a* cool
soğutma *n.* refrigeration
soğutmak *v. i.* cool
soğutmak *v.t.* refrigerate
soğutucu *n* cooler
sohbet *n.* chat
sohbet etmek *v. i.* chat
sokak *n.* street
soket *n.* socket
sokmak *v.t.* sting
sokmamak *v.t* bar
sokulmak *v.* nuzzle
sokulmak *v.i.* sneak
sol *a.* left
sol *n.* left
solcu *n* leftist
solgun *a.* wan
solicitious *a.* solicitious
sollamak *v.t.* overtake
solmak *v.i* fade
solmak *v.i.* pale
solocu *n.* soloist
solucan *n.* worm
soluk *a* pale
soluklandırmak *v.t.* wind
soluklanmak *v.i.* respire
soluksuzluk *n* apnoea
soluma *n.* gasp
soluma *n.* pant
solumak *v.i.* pant
solunum *n.* respiration
som *a.* sterling
somun *n.* loaf

somurtkan *a.* morose
somurtkan *a.* sullen
somurtmak *v.t.* sour
somut *a* concrete
somut *a.* tangible
son *n.* end
son *a* final
son *a.* last
son *a.* recent
son derece *adv.* highly
son derece *n* utmost
son söz *n* epilogue
son zamanlarda *adv.* lately
sona ermek *v.t.* adjourn
Sonbahar *n.* autumn
sone *n.* sonnet
sonek *v.t.* affix
sonek *n.* suffix
sonek *v.t.* suffix
sonik *a.* sonic
sonlandırmak *v. t* end
sonra *a.* next
sonra *adv.* thereafter
sonradan görme *n.* upstart
sonraki *adv.* next
sonraki *a.* subsequent
sonsuz *a.* eternal
sonsuz *a.* infinite
sonsuzluk *n* eternity
sonsuzluk *n.* infinity
sonu olan *a* finite
sonuca varmak *v.* amount
sonuç *n.* result
sonuç *n.* conclusion
sonuç çıkarmak *v. t* conclude
sonuçlanmak *v.i.* culminate
sonuçlanmak *v.i.* result
sonuncu *n* last
sonuncusu *adv.* last
sopa *n* bat
sopa *n.* stick
sorgu *n.* interrogation

sorgu *n* interrogative
sorgu *n.* query
sorguç *n* aigrette
sorgulamak *v.t* query
sorgulamak *v.t.* question
sorgulamak *v.t.* quiz
sorgulu *a.* interrogative
sorguya çekmek *v.t.* interrogate
sormak *v.t.* ask
soru *n.* question
sorumlu *a* accountable
sorumlu *a.* liable
sorumlu *a.* responsible
sorumluluk *n.* responsibility
sorumsuz *a.* irresponsible
sorun *n.* problem
sorun *n.* trouble
sorunsal *a.* problematic
soruşturma *n.* inquest
soruşturma *n.* inquisition
soruşturma *n* probe
soruşturma *v.t.* quest
soruşturmacı *a.* inquisitive
soruşturmak *v.t.* probe
sos *n.* dip
sos *n.* sauce
sosyal *a.* sociable
sosyal *n.* social
sosyalist *n,a* socialist
sosyalizm *n* socialism
sosyallik *n.* sociability
sosyoloji *n.* sociology
soy *n.* ancestry
soyadı *n.* surname
soygun *n.* robbery
soyguncu *n.* robber
soylu *n.* noble
soylu *a.* princely
soymak *v.t.* bare
soymak *v.t.* peel
soymak *v.t.* rifle
soymak *v.t.* rob

soysal *a.* ancestral
soyunma odası *n.* locker
soyunmak *v.t.* strip
soyut *a* abstract
soyut yapıt *n* abstract
soyutlamak *v.t* abstract
söğüt *n.* willow
sömürgeci *a* colonial
sömürmek *v. t* exploit
söndürmek *v.t* extinguish
söndürmek *v.t.* slake
sönük *a.* lacklustre
sönükleştirmek *v. t* dim
sörf *n.* surf
sövüp saymak *v.t.* miscall
söylem *n* discourse
söylemek *v.t.* tell
söylenti *n.* hearsay
söylenti *n.* rumour
söyleşmek *v. t* commune
söyleyiş *n.* utterance
söz *n* promise
söz *a.* wordy
söz kesme *n.* betrothal
söz vermek *v.t* promise
söz vermek *v. t.* commit
sözcü *n.* speaker
sözcü *n.* spokesman
sözcüklerle anlatmak *v.t* word
sözdizimi *n.* syntax
sözlenmek *v. t* betroth
sözlü *a.* verbal
sözlü *a.* verbatim
sözlü *a* viva-voce
sözlü olarak *adv.* verbally
sözlü olarak *adv.* viva-voce
sözlü sınav *n* viva-voce
sözlük *n* dictionary
sözlük *n.* lexicon
sözlükçe *n.* glossary
sözsel *a.* oral
sözsel olarak *adv.* orally

**sözsüz** *a.* tacit
**sözümona** *a.* would-be
**spanyel** *n.* spaniel
**spazm** *n.* spasm
**spekülasyon** *n.* speculation
**spekülasyon yapmak** *v.i.* speculate
**sperm** *n.* sperm
**spinal** *a.* spinal
**spiral** *a.* spiral
**spiritualist** *n.* spiritualist
**sponsor** *n.* sponsor
**spontan** *a.* spontaneous
**spor** *n.* sport
**spor salonu** *n.* gymnasium
**spor yapmak** *v.i.* sport
**sporcu** *n.* sportsman
**sportif** *a.* sportive
**sprey** *n.* spray
**sputnik** *n.* sputnik
**stabilizasyon** *n.* stabilization
**stadyum** *n.* stadium
**staj yapmak** *v.t.* intern
**stajyer** *n.* probationer
**stajyer** *n.* trainee
**standardizasyon** *n.* standardization
**standart** *n.* standard
**standart** *a* standard
**standartlaştırmak** *v.t.* standardize
**star** *n.* star
**star** *v.t.* star
**statik** *n.* static
**stellar** *a.* stellar
**stenograf** *n.* stenographer
**stenografi** *n.* stenography
**stereotipi basmak** *v.t.* stereotype
**steril** *a.* sterile
**sterilizasyon** *n.* sterilization
**sterilize etmek** *v.t.* sterilize
**sterlin** *n.* sterling
**stetoskop** *n.* stethoscope
**stil** *n.* style
**stoacı** *n.* stoic

**stoklamak** *v.t.* stock
**stopaj** *n* stoppage
**strateji** *n.* strategy
**stratejik** *a.* strategic
**stratejist** *n.* strategist
**stres** *n.* stress
**stüdyo** *n.* studio
**su** *n.* water
**su geçirmez** *a.* waterproof
**su geçirmez yapmak** *v.t.* waterproof
**su götürmez** *a.* indisputable
**su perisi** *n.* nymph
**su samuru** *n.* otter
**su sızdırmaz** *a.* watertight
**suç** *n* crime
**suç** *n.* offence
**suç ortağı** *n* accomplice
**suç yüklemek** *v.t.* frame
**suçlama** *n* accusation
**suçlama** *n.* impeachment
**suçlamak** *v.t.* accuse
**suçlamak** *v.* arraign
**suçlamak** *v. t* blame
**suçlamak** *v.t.* incriminate
**suçlu** *n* criminal
**suçlu** *a* criminal
**suçlu** *n* culprit
**suçlu** *a.* guilty
**suçlu** *n.* offender
**suçluluk** *n.* guilt
**suflör** *n.* prompter
**sugeçirmez kumaş** *n* camlet
**suikast** *n* assassination
**suikast düzenlemek** *v.t.* assassinate
**suikastçı** *n.* assassin
**suistimal** *n* abuse
**sukabağı** *n.* gourd
**sukemeri** *n* aqueduct
**sulak** *a.* marshy
**sulama** *n.* irrigation
**sulamak** *v.t.* irrigate
**sulamak** *v.t.* water

sulandırılmış *a* dilute
sulandırmak *v. t* dilute
sulu *a.* juicy
sulu *a.* watery
sulugöz *a.* lachrymose
sunak *n.* altar
sundary *a.* sundary
sundurma *n.* porch
sundurma *n* stoop
sunmak *v.t.* present
sunmak *v.t.* submit
sunuş *n.* presentation
sur *n.* rampart
suret *n* fac-simile
susamak *v.i.* thirst
suskun *a.* reticent
suskun *a.* taciturn
suskunluk *n.* reticence
susturmak *v.i* hush
susturmak *v.t.* muffle
susturmak *v.t.* silence
susturmak *v.t.* gag
susturucu *n.* muffler
susturucu *n.* silencer
susuz *a.* thirsty
susuzluk *n.* thirst
sübvansiyon *n.* subsidy
süklüm püklüm *a.* sheepish
sükunet *n.* composure
sükunet *n.* still
sülfürik *a.* sulphuric
sülüğen *a.* vermillion
sülük *n.* leech
sümük *n.* slime
sümüklü *a.* slimy
sümüksü *a.* mucous
sünepe *a.* slovenly
sünger *n.* sponge
süngü *n* bayonet
süngülemek *v. t* bolt
süpermen *n.* superman
süpürge *n* broom

süpürme *n.* sweep
süpürmek *v.i.* sweep
sürahi *n.* jug
sürahi *n.* pitcher
sürat koşusu *n* sprint
süratle *adv.* apace
sürdürme *n.* pursuance
sürdürmek *v.t.* resume
sürdürmek *v.t.* sustain
sürdürmek *v.t.* wage
sürdürülmesini *n.* resumption
süre *n.* while
süre *n.* while
süreç *n.* process
süregelen *adj.* continual
süresi dolmak *v.i.* expire
sürgün *n.* banishment
sürgün *n.* exile
sürgün *n.* outlaw
sürgün *n* shoot
sürgüne göndermek *v. t* exile
sürgüne yollamak *v.t.* banish
sürmek *v.i.* last
sürmek *v.t.* ostracize
sürmek *v.t.* till
sürpriz *n.* surprise
sürşarj *n.* surcharge
sürtmek *v.i.* loiter
sürtük *n.* minx
sürtük *n.* slut
sürtünme *n.* friction
sürü *n* flock
sürü *n.* herd
sürücü *n* driver
sürücü *n.* motorist
sürüklemek *v. t* drag
sürüklemek *v.t.* trail
sürüklemek *v.t.* train
sürüklemek *v.t.* waft
sürüm *n* edition
sürüngen *n.* reptile
sürünmek *v. t* crawl

süs *n* trim
süslemek *v.t.* adorn
süslemek *v.t.* ornament
süslü *a* flowery
süslü *a.* gilt
süspansiyon *n.* suspension
süt *n.* milk
sütlü *a.* milky
sütten kesme *n* ablactation
sütten kesmek *v.t* ablactate
sütun *n.* pillar
sütun *n* post
süvari *n.* cavalry
süveter *n.* sweater
süzmek *v. t* drain
süzmek *v.t.* sieve
süzülmek *v.t.* glide
süzülmek *v.t.* plane
şablon *n.* stencil
şablonlamak *v.i.* stencil
şafak *n* dawn
şafak sökmek *v. i.* dawn
şaft *n.* shaft
şah mat *n* checkmate
şahinsi *adj* accipitral
şahit *n.* deponent
şahlanmak *v.t.* rear
şahsi eşya *n.* belongings
şahsiyet *n.* personage
şahsiyet *n.* somebody
şair *n.* poet
şair bozuntusu *n.* poetaster
şair bozuntusu *n.* rhymester
şaka *n.* joke
şaka *n.* pleasantry
şaka yapmak *v.i.* joke
şakacı *v.i.* wag
şakacı *n* wag
şakalaşmak *v.t.* banter
şakıma *v.i.* warble
şakıma *n* warble
şaklaban *n* buffoon

şakrak *a.* jovial
şal *n.* shawl
şal *n* wrap
şalgam *n.* turnip
şalter *n.* switch
şamandıra *n* buoy
şamandıra *n.* moorings
şamar atmak *v. t* cuff
şamata *n.* hubbub
şamata *n.* uproar
şamatalı *a.* uproarious
şampiyon *n.* champion
şampuan *n.* shampoo
şampuanlamak *v.t.* shampoo
şan *n.* glory
şangırtı *n* smash
şans *n.* luck
şans *n.* chance
şanslı *a.* lucky
şanssız *a.* unfortunate
şanssızlık *n.* mischance
şanstan *adv.* luckily
şantaj *n* blackmail
şantaj yapmak *v.t* blackmail
şapel *n.* chapel
şapka *n.* hat
şapkacı *n.* milliner
şaplak *n.* smack
şaplak *n* smack
şaplatmak *v.i.* smack
şarap *n.* malmsey
şarap *n.* wine
şarj *n.* charge
şarj etmek *v. t.* charge
şark *n.* orient
şarkı *n.* song
şarkı söylemek *v.i.* sing
şarkıcı *n.* singer
şarkıcı *n.* vocalist
şarlatanlık *n.* quackery
şart *n* must
şart *n.* stipulation

şarta bağlı *a* conditional
şartlı tahliye *n.* parole
şartlı tahliye etmek *v.t.* parole
şaşaalı *a.* resplendent
şaşı *n* squint
şaşı olmak *v.i.* squint
şaşırtmak *v.t.* amaze
şaşırtmak *v.t.* astonish
şaşırtmak *v. t.* baffle
şaşırtmak *v.t.* nonplus
şaşırtmak *v.t.* shock
şaşırtmak *v.t.* surprise
şaşkınlık *n.* perplexity
şaşkınlık *n* wonder
şaşmak *v.i* marvel
şatafat *n.* pageantry
şayak *n.* serge
şebeke *n.* network
şef *a.* chief
şeffaf *a.* transparent
şefkat *n* compassion
şeftali *n.* peach
şehir *n* city
şehit *n.* martyr
şehitlik *n.* martyrdom
şehvet düşkünü *a.* licentious
şehvet düşkünü kimse *n.* sensualist
şehvetli *a.* lascivious
şehvetli *a.* sensual
şehvetli *a.* voluptuous
şeker *n.* sugar
şekerleme *n.* candy
şekerleme *n* confectionery
şekerleme *n.* sweetmeat
şekerleme *n.* toffee
şekerleme yapmak *v. i* doze
şekerlemeci *n* confectioner
şekerlemek *v.t.* sugar
şekil *n* form
şekil *n.* shape
şekilde *n.* manner
şekillendirmek *v.t.* form

şekillendirmek *v.t* shape
şempanze *n.* chimpanzee
şemsiye *n.* umbrella
şen *adj.* convivial
şen *a* festive
şen *a.* mirthful
şen şakrak *a.* sprightly
şenlik *n.* joviality
şenlik ateşi *n* bonfire
şer *n.* malignity
şerefli *a.* honourable
şerit *n.* strip
şerit *n.* stripe
şerit *n.* welt
şevk *n.* lust
şevk *n.* verve
şevlendirmek *v.i.* slope
şey *n.* stuff
şey *n.* thing
şeytan *n.* demon
şeytan *n* devil
şeytan *n.* satan
şeytantersi *n.* asafoetida
şık *a.* sleek
şıkırtı *n.* jingle
şımartmak *v. t* cocker
şımartmak *v.t.* pamper
şımartmak *v.t.* spoil
şıngırdatmak *v.i.* jingle
şırınga *n.* syringe
şiddet *n.* severity
şiddet *n.* violence
şiddetle dövmek *v. t* belabour
şiddetli *a.* acute
şiddetli *a* drastic
şiddetli *a.* intensive
şiddetli *a.* vehement
şiddetli *a.* violent
şifa *n* cure
şifalı bitki *n.* herb
şifre *n.* cipher, cipher
şifre *n* cypher

şiir *n.* poem
şiir *n.* poetry
şiir sanatı *n.* poetics
şiir sanatı *n.* versification
şiirsel *a.* poetic
şikayet *n* complaint
şikayet etmek *v. i* complain
şikayetçi *n* malcontent
şilin *n.* shilling
şilte *n.* mattress
şimdi *conj.* now
şimdiki *a* current
şimdiye dek *adv.* hitherto
şimşek *n.* lightening
şipşak *a* snap
şirin *a.* winsome
şirket *n.* company
şirret *n.* shrew
şişe *n* bottle
şişeleme fabrikası *n* bottler
şişkinlik *n* swell
şişman *a* fat
şişmek *v.i.* swell
şoför *n.* chauffeur
şok *n.* shock
şoke etmek *v.t* astound
şort *n. pl.* shorts
şov *n.* show
şovalye *n.* knight
şovalye ilan etmek *v.t.* knight
şölen *n* feast
şömine rafı *n.* mantel
şövalye *n* chevalier
şövalyelik *n.* chivalry
Şubat *n* February
şurada *adv.* younder
şurup *n.* syrup
şüphe *n* doubt
şüphe *n.* suspicion
şüpheci *a.* sceptical
şüphecilik *n.* scepticism
şüphelenmek *v. i* doubt

şüpheli *a.* suspect
şüpheli *a.* suspicious

# T

taahhüt *n* affidavit
taahhüt etmek *v.t.* stipulate
taarruz etmek *v.* assail
taba *n., a.* tan
tabaka *n.* stratum
tabakçı *n.* tanner
tabakhane *n.* tannery
tabanca *n.* gun
tabanca *n.* pistol
tabii *a.* indigenous
tabir *n.* locution
tabir *n.* phrase
tablet *n.* tablet
tablo *n.* table
tablo *v.t.* table
tabu *n.* taboo
tabu *a* taboo
tabulator *n.* tabulator
tabur *n* battalion
tabut *n* coffin
tabut *n* casket
taciz *n.* harassment
tacizde bulunmak *v.t.* molest
taç *n.* tiara
taç *n* crown
taç giydirmek *v. t* crown
taç giyme töreni *n* coronation
taç yaprağı *n.* petal
tadil *n.* amelioration
tadil etmek *v.t.* modify
tadilat *n.* modification
tahammülsüz *a.* intolerant
tahıl *n.* cereal
tahıl *n.* grain
tahıllı *a* cereal

tahkir *n.* invective
tahliye *n* evacuation
tahliye *n* eviction
tahliye etmek *v. t* evacuate
tahliye etmek *v. t* evict
tahmin *n.* estimate
tahmin *n.* guess
tahmin *n.* surmise
tahmin etmek *v.t* forecast
tahmin etmek *v.i* guess
tahribat *n.* havoc
tahrik *n.* inducement
tahriş *n.* irritation
tahriş edici *n.* irritant
tahsil etmek *v. t.* cash
tahsildar *n* collector
tahsis etmek *v.t.* consign
tahsisat *n.* appropriation
taht *n.* throne
tahta *n.* plank
tahta çıkarmak *v. t* enthrone
tahta çıkmak *v.t.* throne
tahtından indirmek *v. t* dethrone
tahtırevan *n.* palanquin
takas *n.* barter
takas etmek *v.t.* barter
takdir *n.* admiration
takdir *n.* appreciation
takdir biçmek *v.t.* appraise
takdir etmek *v.t.* prize
takdir etmek *v.t.* appreciate
takdire değer *a.* praiseworthy
takdis *n* benison
takdis etmek *v.t.* consecrate
takdis etmek *v.t.* sanctify
takı *n.* ornamentation
takılma *n.* raillery
takılmak *v.t.* tease
takım *n.* kit
takım *n.* platoon
takım *n* set
takım *n.* squad

takım *n.* team
takım elbise *n.* suit
takım yıldız *n.* constellation
takip *n.* pursuit
takla *n.* somersault
takla atmak *v.i.* somersault
taklidini yapmak *v.t* mimic
taklit *n.* imitation
taklit *a.* mimic
taklit *n* mimicry
taklit etmek *v.t.* ape
taklit etmek *v. t* emulate
taklit etmek *v.t.* imitate
taklit etmek *v.t.* impersonate
taklitçi *a.* apish
taklitçi *n.* imitator
takma ad *n.* pseudonym
takmak *v.t.* insert
takmak *v.t* set
takmak *v.t* thread
takriben *adv.* anigh
taksi *n.* cab
taksi *n.* taxi
taksi ile gitmek *v.i.* taxi
taksim etmek *v.t.* apportion
taksit *n.* instalment
taktik *n.* tactics
taktikçi *n.* tactician
takvim *n.* calendar
takviye *n.* reinforcement
talep *n* demand
talep *n.* requisition
talep *n.* solicitation
talep etmek *v. t* demand
talih *n.* fortune
talihli *a.* fortunate
talihsiz *a.* luckless
talip *n.* aspirant
talip *n.* suitor
talip olmak *v.t.* aspire
tam *a* absolute
tam *a* thorough

| | |
|---|---|
| tam *a* utter | tanıtım *n.* publicity |
| tamah *n* cupidity | tanjant *n.* tangent |
| tamahkâr *a.* miserly | tank *n.* tank |
| tamamen *adv.* bodily | tanker *n.* tanker |
| tamamen *adv* entirely | tanrı *n.* god |
| tamamen *adv* fast | tanrıça *n.* goddess |
| tamamen *adv.* full | tanrılaştırma *n.* apotheosis |
| tamamen *adv.* through | tanrılık *n.* godhead |
| tamamen *adv.* utterly | tantana *n.* ado |
| tamamen *adv.* wholly | tantana *n.* rampage |
| tamamıyla *adv* even | tapa *n.* cork |
| tamamıyla *adv.* fully | tapalamak *v.t.* plug |
| tamamlama *n.* completion | tapılası *a.* adorable |
| tamamlama *n.* fulfilment | tapınak *n.* sanctuary |
| tamamlamak *v. t* complete | tapınak *n.* temple |
| tamamlamak *v.t.* fulfil | tapınak *n.* temple |
| tamamlamak *v.t.* supplement | tapınma *n.* adoration |
| tamamlanmış *a* complete | tapmak *v.t.* adore |
| tamamlayıcı *a* complementary | tapmak *v.t.* revere |
| tamamlayıcı *a.* supplementary | taraf *n.* behalf |
| tamamlayıcı şey *n* complement | taraf tutmak *v. t* bias |
| tamir *n* fix | taraf tutmak *v.i.* side |
| tamirci *n.* mechanic | tarafından *prep* by |
| tamircilik *n.* tinker | taraflılık *n.* preoccupation |
| tampon *n.* bumper | tarafsız *a* equitable |
| tanıdık *a* familiar | tarafsız *a.* impartial |
| tanık *n.* witness | tarafsız *a.* objective |
| tanık olmak *v.i.* witness | tarafsızlık *n.* impartiality |
| tanıklık *n.* testimony | tarak *n* comb |
| tanılamak *v.t.* identify | taramak *v.t.* scan |
| tanım *n* definition | taranmış *n.* worsted |
| tanıma *n.* recognition | tarçın *n* cinnamon |
| tanımak *v.t.* recognize | tarım *n* agriculture |
| tanımlama *n.* identification | tarıma elverişli *adj* arable |
| tanımlamak *v. t* define | tarımbilim *n.* agronomy |
| tanımlamak *v.t.* portray | tarımsal *a* agricultural |
| tanımlanamaz *a.* indescribable | tarif *n* description |
| tanımlayıcı *a* descriptive | tarif etmek *v. t* describe |
| tanınmış *a.* well-known | tarife *n.* tariff |
| tanıştırmak *v.t.* introduce | tarih *n* date |
| tanıtıcı *a.* introductory | tarih *n.* history |
| tanıtım *n.* promotion | tarihçi *n.* annalist |

tarihçi n. historian
tarihi a. historic
tarihi a. historical
tarla sürmek v.i plough
tartaklamak v.t. manhandle
tartışma n. argument
tartışma n. debate
tartışmak v.t. argue
tartışmak v. t. debate
tartışmak v. t. discuss
tartmak v.t. weigh
tasarı n. design
tasarı hazırlayan a draftsman
tasarlamak v. t. design
tasarlamak v. t devise
tasarlamak v.i. incubate
tasarlamak v.t. premeditate
tasarlamak v.i. scheme
tasdik n affirmation
tasfiye v.t. purge
taslağını çizmek v.t. outline
taslak n draft
taslak n. outline
taslak n. stub
taslak çizmek v. t draft
taslamak v.t feign
tasvip n. approbation
tasvip etmek v.t approbate
taş n. stone
taş kalpli a. obdurate
taş ocağı n. quarry
taşıma n. transport
taşıma n. transportation
taşımak v. t. carry
taşımak v.t ferry
taşımak v.t. transport
taşınabilir a. portable
taşınmaz a. immovable
taşırmak v.t. glut
taşıt n. vehicle
taşıyan n bearing
taşıyıcı n. carrier

taşlamak v.t. stone
taşlarla süslemek v.t. jewel
taşlı a. stony
taşralı olma n. provincialism
tat n. taste
tatil n. holiday
tatil n. vacation
tatil olmak v.t. prorogue
tatlandırmak v.t. sweeten
tatlı a. luscious
tatlı a. saccharine
tatlı a. sweet
tatlı n sweet
tatlı a. toothsome
tatlılık n. sweetness
tatmak v.t. taste
tatmin edememek v. t. dissatisfy
tatmin edici a. satisfactory
tatminsizlik n dissatisfaction
tavan n. ceiling
tavsiye n. recommendation
tavsiye edilebilirlik n advisability
tavsiye etmek v.t. advise
tavşan n. hare
tavşan n. rabbit
tavuk n. chicken
tavuk n. hen
tavuskuşu n. peacock
tayfun n. typhoon
tayın n. ration
tayin n. assignee
tayin etmek v.t. appoint
tayin etmek v.t. assign
taze a. fresh
tazı n. greyhound
tazı n. hound
tazminat n.pl. amends
tazminat n. indemnity
tazminat n redress
teberru n. gratuity
teberru n. legacy
tebliğ n bulletin

**tebrik** *n* congratulation
**tebrik etmek** *v. t* congratulate
**tecavüz** *n.* rape
**tecâvüz** *n.* trespass
**tecâvüz etmek** *v. i* encroach
**tecâvüz etmek** *v.i.* trespass
**tecrit** *n.* abstraction
**tecrit** *n.* insularity
**tedarik** *n.* procurement
**tedarikçi** *n.* supplier
**tedavi** *n.* therapy
**tedavi** *n.* treatment
**tedavi etmek** *v. t.* cure
**tedavisi mümkün** *a* curable
**tedavülden kaldırmak** *v.t.* demonetize
**tedbir** *n.* providence
**tedbirli** *adj.* circumspect
**tedbirli** *a.* precautionary
**tefeci** *n.* usurer
**tefecilik** *n.* usury
**teferruat** *n* appurtenance
**teftiş** *n.* inspection
**teğmen** *n.* lieutenant
**tehdit** *n.* threat
**tehdit etmek** *v.t.* threaten
**tehlike** *n.* danger
**tehlike** *n.* hazard
**tehlike** *n.* peril
**tehlikeli** *a* dangerous
**tehlikeli** *a.* perilous
**tehlikeye atmak** *v. t.* endanger
**tehlikeye atmak** *v.t.* imperil
**tehlikeye atmak** *v.t.* jeopardize
**tehlikeye atmak** *v.t.* peril
**teist** *n.* theist
**teizm** *n.* theism
**tek** *a.* one
**tek** *a.* single
**tek** *n.* sole
**tek** *a* sole
**tek** *n* solo

**tek eşli** *a.* monogynous
**tek heceli** *a.* monosyllabic
**tek heceli** *n.* monosyllable
**tek katlı ev** *n* bungalow
**tek sesli şarkı** *n.* monody
**tek taraflı** *a* ex-parte
**tek taraflı** *adv* ex-parte
**tek tük** *a.* sporadic
**tekdir** *n.* censure
**tekdüze** *a.* humdrum
**tekel** *n.* monopoly
**tekelci** *n.* monopolist
**tekeline almak** *v.t.* monopolize
**tekerlek** *a.* wheel
**tekerlek izi** *n.* rut
**tekil** *a.* singular
**tekil** *adv.* singularly
**tekil** *a.* odd
**teklemek** *v.t.* single
**teklif** *n* offer
**teklif** *n* tender
**teklif etmek** *v.t.* offer
**teklif veren kimse** *n* bidder
**tekme** *n.* kick
**tekmelemek** *v.t.* kick
**teknik** *n.* technical
**teknik** *n.* technique
**teknik ayrıntı** *n.* technicality
**teknisyen** *n.* technician
**teknoloji** *n.* technology
**teknoloji uzmanı** *n.* technologist
**teknolojik** *a.* technological
**tekrar** *adv.* again
**tekrar** *n.* recurrence
**tekrar basmak** *v.t.* reprint
**tekrarlama** *n.* repetition
**tekrarlamak** *v.t.* reiterate
**tekrarlamak** *v.t.* repeat
**tekrarlanma** *n.* reiteration
**tekrarlayan** *a.* recurrent
**tekstil** *a.* textile
**tekzip** *n.* refutation

tel *n.* wire
tel çekmek *v. t.* cable
telaffuz *n.* pronunciation
telafi *n* compensation
telafi etmek *v.t* compensate
telâfi etmek *v.t.* recoup
telaş etmek *v. t* bustle
telaşçı *a.* hasty
telefon *n.* phone
telefon *n.* telephone
telefon etmek *v.t.* telephone
telefonla eden *n* caller
telekomünikasyon *n.* telecommunications
telepathist *n.* telepathist
telepati *n.* telepathy
telepatik *a.* telepathic
teleskop *n.* telescope
teleskopik *a.* telescopic
televizyon *n.* television
televizyon yayını *n.* telecast
telgraf *n.* telegram
telgraf *n.* telegraph
telgraf çekmek *v.t.* telegraph
telgraf gibi *a.* telegraphic
telgrafçı *n.* telegraphist
telgrafçılık *n.* telegraphy
telle bağlamak *v.t.* wire
telsiz *n* wireless
tema *n.* theme
temas *n.* contact
temas etmek *v. t* contact
tematik *a.* thematic
tembel *n.* lazy
tembelleşmek *v.i.* laze
tembellik *n.* laziness
tembellik *n.* sloth
temel *n.* base
temel *a* staple
temelinde *a.* innate
temettü *n* emolument
temin etmek *v.t.* assure

temin etmek *v.t.* procure
teminat alan *n.* warrantee
temiz *adj.* clean
temiz *a* clear
temiz *a.* white
temizlemek *v. t* clean
temizlemek *v. t* cleanse
temizlemek *v. t* clear
temizlik *n* cleanliness
temizlik *n* clearance
temsil *n.* representation
temyiz *n.* appeal
temyiz etmek *v.t.* appeal
temyize giden *n.* appellant
ten rengi *n* complexion
tencere *n.* pot
teneke *n.* can
teneke *n.* tin
teneke kutu *n.* canister
tenis *n.* tennis
tentür *n.* tincture
teokrasi *n.* theocracy
teorem *n.* theorem
teori *n.* theory
teorik *a.* theoretical
tepe *n.* hill
tepe köşkü *n* belvedere
tepecik *n.* hillock
tepeden bakmak *v. t.* disdain
tepki *n.* reaction
tepki *n.* repercussion
tepki *n.* response
tepki göstermek *v.i.* react
tepmek *v.t.* spurn
tepsi *n.* tray
ter *n.* sweat
teras *n.* terrace
terbiyeli *a.* mannerly
tercih *n.* preference
tercih etmek *v.i.* opt
tercih etmek *v.t.* prefer
tercihli *a.* preferential

tercüman n. interpreter
tercüme etmek v.t. interpret
terebentin n. turpentine
tereddüt etmek v.i. hesitate
tereddüt etmek v.i. shilly-shally
tereyağ n butter
terfi n accession
terfi ettirmek v.t. promote
terk etmek v.t. abandon
terleme n. perspiration
terlemek v.i. perspire
terlemek v.i. sweat
terlik n. slipper
termal a. thermal
terminal n terminal
terminoloji n. terminology
terminolojik a. terminological
termometre n. thermometer
termos n. thermos
terör n. terror
terörist n. terrorist
terrarism n. terrarism
terriyer n. terrier
ters a. backward
ters n. reversal
ters a. reverse
ters n reverse
ters ters bakmak v.i glare
ters vuruş n. backhand
tersinden anlamak v.t. misconstrue
tersine çevirmek v.t. invert
tersinir a. reversible
terslemek v.t. snub
tertip n. array
tertip etmek v. t concoct
tertiplemek v.t. tidy
terzi n. tailor
tesadüf etmek v. i coincide
tesadüfen a. casual
tesadüfi a. incidental
tescilli a. proprietary
teselli n consolation

teselli n. solace
teselli etmek v. t console
tesirli a forcible
tesis etmek n. institute
tesisatçı n. plumber
teskin etmek v.t. tranquillize
teslim n surrender
teslim etmek v.t. concede
teslim etmek v. t deliver
teslim olmak v. t capitulate
teslim olmak v.t. surrender
teslimat n delivery
tespih n. rosary
test n. quiz
test n test
test etmek v. t examine
testere n. saw
teşebbüs n. attempt
teşebbüs n. venture
teşebbüs etmek v.t. attempt
teşekkür etmek v.t. thank
teşekkürler n. thanks
teşhir n. exhibit
teşhis n diagnosis
teşhis koymak v. t diagnose
teşkil etmek v. t constitute
teşkilat n corps
teşkilat n. organization
teşrifatçı n chamberlain
teşvik n. goad
tetik n. trigger
tetikte a. vigilant
tetikte a. watchful
tevazu n. humility
teyid n confirmation
teyid etmek v. t confirm
tez n. thesis
tez n. treatise
tezahürat n acclamation
tezahürat n. ovation
tezkere n. missive
tıbbi a. medical

tıbbi *a.* medicinal
tıkaç *n.* gag
tıkamak *v.t.* silt
tıkırdamak *v.i.* tick
tıkırtı *n.* click
tıkırtı *n.* tick
tıkıştırmak *v. t* cram
tıklatmak *v.t.* tap
tılsım *n.* talisman
tımar *n* benefice
tınaz *n.* rick
tınlamak *v.i.* resound
tıp *n.* medicine
tıp *n.* physic
tıpkı *a.* identical
tıraş *n* shave
tıraş olmak *v.t.* shave
tırıs *n* trot
tırıs gitmek *v.i.* trot
tırmalamak *v.t.* scratch
tırmanma *n.* climb
tırmanmak *v. i* clamber
tırmanmak *v.i* climb
tırmanmak *v.t.* mount
tırmık *n* drag
tırmıklamak *v.t.* seam
tırnak *n.* nail
tırpan *n.* scythe
tırpan *v.t.* scythe
tırtıl *n* caterpillar
tıs *n* hiss
tıslamak *v.i* hiss
ticaret *n* commerce
ticaret *a.* mercantile
ticaret *n.* trade
ticaret yapmak *v.i* trade
ticari *a* commercial
tifo *n.* typhoid
tifüs *n.* typhus
tik ağacı *n.* teak
tiksindirici *a* abominable
tiksindirici *a.* mawkish

tiksindirici *a.* obnoxious
tiksinmek *v.t.* loathe
tiksinti *n.* repulsion
tilki *n.* fox
tilki *n.* vixen
timsah *n* alligator
timsah *n* crocodile
timsali *a* figurative
tip *n.* type
tipi *n* blizzard
tipik *a.* representative
tipik *a.* typical
tirad *n.* tirade
tiran *n.* tyrant
tiranlık *n.* tyranny
tire *n* dash
tiriz *n.* lath
titiz *a.* rigorous
titizlik *n.* nicety
titrek *a.* shaky
titreme *n* flicker
titreme *n.* quiver
titreme *v.i.* quiver
titreme *n.* tremor
titremek *v.i.* tremble
titremek *v.i.* vibrate
titreşim *n.* vibration
titreşme *n.* pulsation
titreşmek *v.t* flicker
titriz *n.* mullion
tiyatro *n.* theatre
tiyatroya ait *a.* theatrical
tiz *a.* shrill
tiz *a.* strident
tohum *n.* seed
tohum *v.t.* seed
toka *n* buckle
toka *n* clasp
tokat *n* lick
tokat *n.* slap
tokat atmak *v.t.* slap
tokatlamak *v.t.* smack

‹luk n. satiety
‹mak n. maul
‹mak v.t maul
ere v.t. tolerate
nurcuklanmak v.i. proliferate
ı n. ton
ı n. tone
ı n. tonne
nik a. tonic
nik n. tonic
noz n. vault
p n. ball
p n. cannon
pa tutmak v. t bombard
pa tutmak n. v. & t cannonade
paç n. spinner
pak n. lump
pallamak v.t. lame
ıpaz n. topaz
ıplam n whole
ıplama ulaşmak v.i amount
ıplamak v.t. aggregate
ıplamak v. t collect
ıplamak v. t convene
ıplamak v.t. gather
ıplamak v.t. sum
ıplamak v.t. total
ıplamda a overall
oplanma n. meet
oplanmak v.t. assemble
oplanmak v.i flock
oplanmak v.i troop
oplantı n. convention
oplantı n. meeting
oplantı organizatörü n convener
oplantı salonu n. auditorium
oplantıya çağırmak v.t. convoke
oplum n. community
oplum n. society
topograf n. topographer
topografik a. topographical
topografya n. topography

toprak n. soil
topraktan a earthen
toptan a wholesale
toptan olarak adv. wholesale
toptan satış n. wholesale
toptancı n. jobber
toptancı n. wholesaler
toptancılık n. jobbery
topuk n. heel
torna n. lathe
tornacı n. turner
torpido n. torpedo
torpillemek v.t. torpedo
tortu n. sediment
tost n. toast
tost v.t. toast
tosun n bullock
toy adj callow
toy a. immature
toyluk n. immaturity
toyluk n. naivete
toynak n. hoof
toz n dust
toz n. powder
toz almak v.t. dust
toz bezi n duster
toz haline getirmek v.t. powder
tökezlemek v.i. stumble
tökezlemek v.t. trip
tören n. ceremony
tören n. pageant
tören n. solemnity
törenle ilgili a. ceremonious
törpü n file
törpülemek v.t file
tövbe n. repentance
tövbe etmek v.t. forswear
tövbe etmek v.i. repent
töz n. ore
trafik n. traffic
trajedi n. tragedy
trajedi yazarı n. tragedian

**trajik** *a.* tragic
**traktör** *n.* tractor
**tramvay** *n.* tram
**trans** *n.* trance
**transfer** *n.* transfer
**transit** *n.* transit
**transkripsiyon** *n.* transcription
**transmisyon** *n.* transmission
**travers** *n.* sleeper
**tren** *n.* train
**tripod** *n.* tripod
**trompet** *n.* trumpet
**trompet** *v.i.* trumpet
**tropikal** *a.* tropical
**trup** *n.* troupe
**tugay** *n.* brigade
**tuğ** *n* brigadier
**tuğla** *n* brick
**tuhaf** *a.* peculiar
**tuhaf** *a.* queer
**tuhaf** *a* rum
**tuhaf** *n.* rummy
**tuhaf** *a.* weird
**tuhafça** *a.* outlandish
**tuhafiye** *n.* millinery
**tuhafiyeci** *n.* milliner
**tuhaflık** *n.* crotchet
**tulum** *n.* overall
**tur** *n.* outing
**tur** *n.* tour
**turist** *n.* tourist
**turizm** *n.* tourism
**turnuva** *n.* tournament
**turp** *n.* radish
**turşu** *n.* pickle
**turşu yapmak** *v.t* pickle
**turşusunu kurmak** *v.t.* condite
**turuncu** *a* orange
**tutam** *n.* wisp
**tutar** *n.* total
**tutarlı** *a* coherent
**tutarlı** *a* consistent

**tutarlılık** *n.* consistence,-cy
**tutkallamak** *v.t.* size
**tutku** *n.* passion
**tutkulu** *a.* passionate
**tutkun** *n* devotee
**tutmak** *v.t* hold
**tutmak** *v.t.* remand
**tutmak** *v.t.* retain
**tutsak** *n.* captive
**tutsak** *a.* captive
**tutsak etmek** *v. t.* captivate
**tutsaklık** *n.* captivity
**tutucu** *a* conservative
**tutuklamak** *v.t.* arrest
**tutukluk** *n* lisp
**tutum** *n.* attitude
**tutumlu** *a.* frugal
**tutumlu** *a.* provident
**tutumlu** *a.* thrifty
**tutumluluk** *n.* thrift
**tutuş** *n.* hold
**tutuşmak** *v.i* flame
**tutuşmak** *v.t.* inflame
**tutuşmak** *v.t.* kindle
**tuval** *n.* canvas
**tuvalet** *n.* toilet
**tuz** *n.* salt
**tuzağa düşürmek** *v.t* mesh
**tuzağa düşürmek** *v.t.* net
**tuzak** *n.* snare
**tuzak** *n. pl.* toils
**tuzak** *n.* trap
**tuzak kurmak** *v.t.* snare
**tuzlamak** *v.t* salt
**tuzlu** *a.* saline
**tuzlu** *a.* salty
**tuzluluk** *n.* salinity
**tüberküloz** *n.* tuberculosis
**tüccar** *n.* merchant
**tüccar** *n.* trader
**tüfek** *n* rifle
**tükenmeyen** *a.* lasting

tükenmez *a.* interminable
tükenmiş *a* extinct
tüketim *n* consumption
tüketim vergisi *n* excise
tüketmek *v. t* consume
tükürmek *v.i.* spit
tükürük *n.* saliva
tükürük *n* spit
tükürük hokkası *n.* spittoon
tüm *a.* total
tümen *n.* legion
tümör *n.* tumour
tümsekli *adj* bumpy
tümü *a.* all
tümüyle *adv.* stark
tünek *n.* roost
tünek *v.i.* roost
tüneklemek *v.i.* perch
tünel *n.* tunnel
tünel açmak *v.i.* tunnel
tüp *n.* tube
tür *n.* sort
tür *n.* species
türban *n.* turban
türbe *n.* shrine
türbin *n.* turbine
türbülans *n.* turbulence
türbülanslı *a.* turbulent
türemek *v. t.* derive
tütsü *n.* incense
tütsülemek *v. t* cense
tütsülemek *v.t.* incense
tüttürmek *v.i.* smoke
tütün *n.* tobacco
tüy *n* feather
tüyme *n* scamper
tüymek *v.i* scamper
tüzel *adj.* corporate
tüzük *n.* statute

# U

ucu açık puro *n* cheroot
ucuz *a* cheap
ucuz *a.* inexpensive
ucuzlamak *v. t.* cheapen
uç *n* edge
uç *n* extreme
uç *n.* tip
uç *n.* tip
uç *n.* top
uçak *n.* aeroplane
uçak *n.* plane
uçaksavar *a.* anti-aircraft
uçarı *a.* lewd
uçmak *v.i* fly
uçmak *v.i.* soar
uçsuz bucaksız *a.* vast
uçurtma *n.* kite
uçurum *n* abyss
uçurum *n.* cliff
uçuş *n* flight
uçuş *n* fly
ufacık *a.* minuscule
ufak ev *n.* lodging
ufaklık *n.* bantling
ufalamak *v. t* crumble
ufuk *n.* horizon
uğramak *v.t.* incur
uğraş *n.* occupation
uğraşmak *v. i* cope
uğraşmak *v.i.* strive
uğraşmak *v.i.* toil
uğursuz *a.* sinister
ulaç *n.* gerund
ulaş *n.* attainment
ulaşmak *v.t.* attain
ulaşmak *v.t.* reach
uluslararası *a.* international
ummak *v. t* expect
umrunda olmak *v. i.* care

| | |
|---|---|
| **umudetmek** *v.t.* hope | **uyanmak** *v.t.* wake |
| **umudunu kesmek** *v. i* despair | **uyanmak** *n* wake |
| **umursamak** *v.t.* regard | **uyarı** *n.* caution |
| **umut** *n* hope | **uyarı** *n.* warning |
| **umut** *n.* prospect | **uyarı niteliğinde** *a.* monitory |
| **umut verici** *a.* promising | **uyarıcı** *n.* stimulant |
| **umutlu** *a.* hopeful | **uyarıcı** *n.* stimulus |
| **umutlu** *a.* sanguine | **uyarlamak** *v.t.* adapt |
| **umutsuz** *a* desperate | **uyarlamak** *v.t.* transcribe |
| **umutsuz** *a.* hopeless | **uyarmak** *v.t.* stimulate |
| **umutsuzluk** *n* despair | **uyarmak** *v.t.* tip |
| **un** *n* flour | **uyarmak** *v.t.* warn |
| **unlu** *a.* mealy | **uydu** *n.* satellite |
| **unutkan** *a* forgetful | **uydurma** *n* canard |
| **unutmak** *v.t* forget | **uydurma** *n* fabrication |
| **unutulmaz** *a.* memorable | **uydurma** *n* figment |
| **urgan** *n.* tether | **uydurmak** *v.t* fabricate |
| **usta** *a* accomplished | **uydurmak** *v.t.* square |
| **usta** *n* foreman | **uydurmak** *v.t.* tailor |
| **usta** *n.* master | **uygulama** *n.* practice |
| **usta** *a.* proficient | **uygulama** *n.* application |
| **usta** *a.* versed | **uygulamak** *v.t.* apply |
| **ustaca** *a.* masterly | **uygulanabilir** *a.* applicable |
| **ustura** *n.* razor | **uygulanabilir** *a.* practicable |
| **ut** *n.* lute | **uygulayıcısı** *n.* practitioner |
| **utanç verici** *a.* shameful | **uygun** *a.* agreeable |
| **utandırmak** *v.t.* abash | **uygun** *a.* appropriate |
| **utandırmak** *v. t* embarrass | **uygun** *a* decent |
| **utandırmak** *v.t.* mortify | **uygun** *a.* proper |
| **utandırmak** *v.t.* offend | **uygun** *a.* relevant |
| **utandırmak** *v.t.* scandalize | **uygun** *a.* suitable |
| **utandırmak** *v.t.* shame | **uygun şekilde** *adv* appositely |
| **utangaç** *a.* bashful | **uygunluk** *n.* conformity |
| **utangaç** *n.* shy | **uygunluk** *n.* suitability |
| **utanmaz** *a.* shameless | **uygunsuz** *a.* inconvenient |
| **uvertür** *n.* overture | **uyku** *n.* sleep |
| **uyandırmak** *v.t.* awake | **uyku vakti** *n.* bed-time |
| **uyandırmak** *v.t.* whet | **uykuda** *adv.* asleep |
| **uyanık** *a.* alert | **uykulu** *a.* sleepy |
| **uyanık** *a* awake | **uykusuz** *a.* wakeful |
| **uyanıklık** *n.* alertness | **uyluk** *n.* thigh |
| **uyanıklık** *n.* vigilance | **uymak** *v.t.* suit |

uymak *v. t.* carve
uysal *a* amenable
uysal *adj.* compliant
uysal *a* docile
uysal *a.* malleable
uyuklama *n.* somnolence
uyuklayan *n.* somnolent
uyum *n.* harmony
uyum *n.* rapport
uyum *n.* unison
uyumak *v.i.* sleep
uyumlamak *v.t.* tune
uyumsuz *n.* misfit
uyumsuzluk *v.t.* mismatch
uyurgezer *n.* somnambulist
uyurgezerlik *n.* somnambulism
uyuşmazlık *n* discord
uyuşuk *a.* lethargic
uyuşuk *a.* numb
uyuşuk *n.* slothful
uyuşukluk *n.* lethargy
uyuz *n.* scabies
uzak *a* distant
uzak *a* far
uzak *n* far
uzak *a.* remote
uzaklaştırma *n.* expulsion
uzaklaştırmak *v.t* fend
uzaklık *n* distance
uzakta *adv.* afar
uzakta *adv.* away
uzakta *adv.* far
uzama *n.* prolongation
uzanmak *v.i.* lie
uzantı *n.* appendix
uzatma *n.* extent
uzatmak *v. t* extend
uzatmak *v.t.* lengthen
uzatmak *v.t.* prolong
uzaysal *a.* spatial
uzlaşma *n* compromise
uzlaşma *n.* reconciliation

uzlaşmak *v. t* compromise
uzlaşmaz *a.* irreconcilable
uzlaştırmak *v.t.* reconcile
uzman *a* expert
uzman *n* expert
uzman *n.* specialist
uzmanlaşma *n.* specialization
uzmanlaşmak *v.t.* master
uzmanlaşmak *v.i.* specialize
uzmanlık *n.* speciality
uzun *a.* long
uzun *adv.* long
uzun adım *n* stride
uzun adımlarla yürümek *v.i.* stride
uzun boylu *a.* tall
uzun ömürlü *a.* perennial
uzunca *a.* oblong
uzunluk *n.* length
ücret *n* fee
ücret *n* pay
ücret *n.* price
ücret *n.* remuneration
ücret *n.* wage
ücretlendirmek *v.t.* price
üç *n.* three
üç *a* three
üç aylık *a.* quarterly
üç kat *a.* triplicate
üç kere *adv.* thrice
üç kopya *n* triplicate
üç renkli *a.* tricolour
üç renkli bayrak *n* tricolour
üç tekerlekli bisiklet *n.* tricycle
üçgen *n.* triangle
üçgen şeklinde *a.* triangular
üçkağıtçılık *n.* guile
üçlem *n.* trinity
üçleme *n.* triplication
üçlemek *v.t.,* triple
üçlemek *v.t.* triplicate
üçlü *n.* trio
üçlü *a.* tripartite

üçlü *a.* triple
üçüncü *a.* third
üçüncü *n.* third
üçüncü olarak *adv.* thirdly
üksek *a.* high
ülke *n.* country
ülkenin iç kısmı *n.* midland
ülkesine geri dönme *n.* repatriation
ülkesine iade etmek *v.t.* repatriate
ülkesine iade etmek *n* repatriate
ülkü *n* ideal
ülser *n.* ulcer
ülserli *a.* ulcerous
ültimatom *n.* ultimatum
ün *n* fame
ün *n.* renown
üniversite *n.* university
ünlem *n* exclamation
ünlü *n* celebrity
ünlü *a* famous
ünlü *a.* renowned
üreme *n* reproduction
üretici *n.* grower
üretim *n.* production
üretken *a.* productive
üretken *a.* prolific
üretmek *v.t.* generate
üretmek *v.t.* produce
üretmek *n.* produce
ürkek *a.* timid
ürkek *a.* timorous
ürkmek *v.i.* shy
ürkü *n.* scare
ürpermek *v.i.* shiver
ürpermek *v.i.* shudder
ürperti *n.* chill
ürperti *n* shudder
ürün *n.* commodity
ürün *n.* product
üst *prep.* on
üst *prep.* over
üst *n.* top

üst *a.* upper
üst tabaka *n.* gentry
üstat *n.* adept
üstat *n.* mentor
üstelemek *n.* badger
üstlenmek *v.t.* undertake
üstün *a.* pre-eminent
üstün *a.* superior
üstün olmak *v.i.* predominate
üstün olmak *v.i.* preponderate
üstünde *prep.* above
üstünde *adv* over
üstündeki *adv* above
üstüne yıkmak *v.t.* impute
üstünlük *n.* predominance
üstünlük *n.* superiority
üstünlük *n.* supremacy
üstüste binmek *v.t.* overlap
üşüşmek *v.t.* mob
üşüşmek *v.t.* throng
ütopik *a.* utopian
ütopya *n* . utopia
ütülemek *v.t.* iron
üye *n* fellow
üye *n.* member
üyelik *n.* membership
üzengi *n.* stirrup
üzere *adv* due
üzerinden *prep.* via
üzerine *prep* upon
üzgün *a.* sad
üzgün *a.* sorry
üzmek *v. t* distress
üzmek *v.t.* trouble
üzüm *n.* grape

# V

vaaz *n.* sermon
vaaz vermek *v.i.* preach

vade *n* expiry
vadi *n* dale
vadi *n.* valley
vaftiz *n.* baptism
vaftiz etmek *v.t.* baptize
vagon *n.* wagon
vah *n.* woe
vaha *n.* oasis
vahiy *n.* revelation
vahşet *n* atrocity
vahşet *n* barbarity
vahşet *n.* savagery
vahşi *a* brutal
vahşi *a.* savage
vahşi *n* savage
vaiz *n.* preacher
vajina *n.* vagina
vakayiname *n.pl.* annals
vakayiname *n.* chronicle
vakum *n.* vacuum
valf *n.* valve
vali *n* ban
vali *n.* governor
vali *n.* prefect
vantilatör *n* fan
vantilatör *n.* ventilator
vapur *n.* steamer
var olmak *v.i* exist
vardiya *n* shift
varış *n.* arrival
varış noktası *n* destination
varlık *n* entity
varlık *n* existence
varlık *n.* presence
varlıklı *adj.* bornrich
varlıklı *a.* wealthy
varmak *v.i.* arrive
varsayılan *n.* default
varsayım *n.* assumption
varsayım *n* conjecture
varsayım *n.* hypothesis
varsayım *n.* supposition

varsayımsal *a.* hypothetical
varsaymak *v.t.* assume
varsaymak *v. t* conjecture
varsaymak *v.t.* presume
varyans *n.* variance
varyasyon *n.* variation
vasat *a.* average
vasat *a.* mediocre
vasıf *n.* attribute
vasıfsız *a.* menial
vasi *n.* guardian
vasiyet etmek *v. t.* bequeath
vasiyetname *n.* testament
vat *n.* watt
vatandaş *n* citizen
vatandaşlığa almak *v.t.* naturalize
vatandaşlık *n* citizenship
vatansever *a.* patriotic
vatansever kişi *n.* patriot
vatka *n.* padding
vazektomi *n.* vasectomy
vazelin *n.* vaseline
vazgeçilmez *a.* indispensable
vazgeçirmek *v.t.* wean
vazgeçme *n.* renunciation
vazgeçmek *v.t.* relinquish
vazgeçmek *v.t.* renounce
vazgeçmek *v.t.* waive
ve *conj.* and
veba *n.* pestilence
veba *a.* plague
veciz *a.* terse
vecize *n.* adage
vecize *n* dictum
vecize *n* epigram
veda *n* farewell
vefasız *a* disloyal
vefasızlık *n.* perfidy
vefat *a.* obituary
vefat etmek *v. i* decease
vejetaryen *n.* vegetarian
vejetaryen *a* vegetarian

vekâleten yapılan *a.* vicarious
vekil *n.* proxy
vekil *n.* substitute
vekil *n.* vicar
veraset *n.* succession
verem *n* consumption
verendah *n.* verendah
vergi *n.* tax
vergi veren *n.* tributary
vergi veren *a.* tributary
vergilendirme *n.* taxation
vergilendirmek *v.t.* tax
vergiye tabi *a.* taxable
verici *n.* transmitter
verim *n* feat
verimli *a.* fruitful
verimlilik *n.* productivity
vermek *v.t.* give
vermek *v.t* hand
vernik *n.* varnish
verniklemek *v.t.* varnish
vesaire *n.* etcetera
vesayet *n.* wardship
vesile *n.* occasion
vesvese *n.* solicitude
veteriner *a.* veterinary
veto *n.* veto
veto etmek *v.t.* veto
veyahut *adv* else
vezin *n.* prosody
veznedar *n.* teller
vıcık vıcık *a.* slushy
vızıldamak *v. i* buzz
vızıldamak *v.i.* whiz
vızıltı *n.* buzz
vicdan *n* conscience
vida *n.* screw
vidalamak *v.t.* screw
villa *n.* villa
vinç *n* crane
vinç *n.* winch
virgül *n* comma

virüs *n.* virus
viski *n.* scotch
viski *n.* whisky
vitamin *n.* vitamin
vites *n.* gear
vizon *n.* mink
vizyon *n.* vision
vokal *a.* vocal
volkan *n.* volcano
volkanik *a.* volcanic
volt *n.* volt
vuku *n.* advent
vuku bulmak *v.i.* occur
vurgu *n* emphasis
vurgulamak *v.t* accent
vurgulamak *v. t* emphasize
vurgulamak *v.t* stress
vurgun *n.* pelf
vurguncu *n.* profiteer
vurmak *v.t.* hit
vurmak *v.t.* pound
vurmak *v.t.* shoot
vurmak *v.t.* whack
vurucu *n.* batsman
vuruş *n* hit
vuruş *n* stroke
vuruş *n* beat
vuruş yapmak *v. i* bat
vuzuh *n.* lucidity

# W

warrantor *n.* warrantor
withe *n.* withe

# X

x-ışını *a.* x-ray

# Y

yabalamak *v.t.* winnow
yaban domuzu *n* boar
yaban ördeği *n.* coot
yabanarısı *n.* wasp
yabancı *a.* alien
yabancı *a* foreign
yabancı *n* foreigner
yabancı *n.* stranger
yabancılaştırmak *v.t.* alienate
yabani *a.* wild
yadsıma *n.* negation
yağ *n* fat
yağ *n* grease
yağ *n.* oil
yağ bezesi *n.* wen
yağdırmak *v.t* volley
yağız *a.* swarthy
yağlamak *v. t* butter
yağlamak *v.t* flatter
yağlamak *v.t* grease
yağlamak *v.t* oil
yağlı *a.* greasy
yağlı *a.* oily
yağma *n* plunder
yağma *n* spoil
yağmak *v.i.* rain
yağmalamak *v.t.* depredate
yağmalamak *v.i.* maraud
yağmalamak *v.t.* plunder
yağmalamak *v.t.* ransack
yağmalamak *v.t.* ravage
yağmur *n* rain
yağmurlu *a.* rainy
yağmurluk *n* waterproof
Yahudi *n.* Jew
yaka *n* collar
yakalama *n.* capture
yakalamak *v. t.* catch
yakalamak *v. t.* entrap

yakalamak *v.t.* trap
yakayı sıyırma *n* elusion
yakın *a.* close
yakın *a.* proximate
yakın ilişki *n.* affiliation
yakında *adv.* near
yakında *adv.* soon
yakınında *prep.* near
yakınında *prep.* around
yakınlık *n.* proximity
yakınma *n.* grievance
yakışık alır *a.* seemly
yakışıklı *a.* handsome
yakışıksızlık *n.* impropriety
yakışmak *v.t* fit
yakıt *n.* fuel
yaklaşan *a.* forthcoming
yaklaşık *a.* approximate
yaklaşım *n.* approach
yaklaşmak *v.t.* approach
yakmak *v. t* burn
yakut *n.* ruby
yalaka *n.* lackey
yalamak *v.t.* lick
yalan *n* lie
yalan *a.* mendacious
yalan söylemek *v.i* lie
yalancı *n.* liar
yalancı şahitlik *n.* perjury
yalanlamak *v.t.* confute
yalçın *a.* rugged
yalıtım *n.* insulation
yalıtmak *v.t.* insulate
yalnız *a.* alone
yalnız *a.* lone
yalnız *a.* lonely
yalnız *a.* solitary
yalnız *a.* solo
yalnızca *adv.* solo
yalnızlık *n.* loneliness
yalnızlık *n.* solitude
yalpalamak *v.i.* reel

yalpalamak *v.i* wobble
yaltaklanmak *v.t.* wheedle
yalvarma *n.* entreaty
yalvarmak *v.t.* adjure
yalvarmak *v. t.* beg
yalvarmak *v.t.* conjure
yalvarmak *v. t.* entreat
yalvarmak *v.i.* plead
yalvarmak *v.t.* solicit
yama *n.* graft
yama *n* patch
yamaç *n.* slope
yamalamak *v.t* graft
yamalamak *v.t.* patch
yamalamak *v.t.* piece
yamamak *v. t* botch
yamyamlar *n.* androphagi
yan *a.* auxiliary
yan *n.* side
yan ürün *n* by-product
yan yana *adv* abreast
yanak *n* cheek
yanaşmak *v.i.* near
yandaş *n* exponent
yanıcı *a.* inflammable
yanık *n* burn
yanık *n* singe
yanılma *n* misapprehension
yanılmak *v. i* err
yanılmak *v.t.* misapprehend
yanılmaz *a.* infallible
yanıltmak *n.t.* delude
yanıltmak *v.t.* mislead
yanına *prep.* beside
yanında *prep.* along
yanında *adv* by
yanıtlamak *v.i.* respond
yani *adv.* namely
yani *conj.* so
yankı *n* echo
yankılanan *a.* resonant
yankılanmak *v. t* echo

yanlış *a.* inaccurate
yanlış anlama *n.* misunderstanding
yanlış anlamak *v.t.* misunderstand
yanlış değerlendirmek *v.t.* misjudge
yanlış evlilik *n.* misalliance
yanlış hesaplama *n.* miscalculation
yanlış hesaplamak *v.t.* miscalculate
yanlış kanı *n.* misconception
yanlış kavramak *v.t.* misconceive
yanlış tanıtmak *v.t.* misrepresent
yanlış uygulama *n.* misapplication
yanlış yönlendirme *n.* misdirection
yanlış yönlendirmek *v.t.* misdirect
yanlış yönlendirmek *v.t.* misguide
yansıma *n.* onomatopoeia
yansıma *n.* reflection
yansıtıcı *a.* reflective
yansıtmak *v.t.* mirror
yansıtmak *v.t.* project
yansıtmak *v.t.* reflect
yapabilmek *v. t.* can
yapabilmek *v.* can
yapamaz *a.* unable
yapay *a.* artificial
yapayalnız *a.* lonesome
yapı *n* build
yapı *n* mould
yapı *n.* structure
yapım *n* make
yapısal *a.* structural
yapışkan *a.* adhesive
yapışkan *adj* cohesive
yapışkan *n.* glue
yapışkan *n.* sticky
yapışma *n.* adhesion
yapışmak *v.i.* adhere
yapışmak *v. i.* cling
yapışmak *v.t.* stick
yapıştırıcı *n.* adhesive
yapıştırmak *v.t.* adhibit
yapıştırmak *v.t.* paste
yapmacık *a* bogus

yapmacıklık n. mannerism
yapmak v. t do
yapmak v.t. make
yaprağını dökmeyen n evergreen
yaprak n. leaf
yapraklı a. leafy
yara n. wound
yaradılıştan a. inborn
yaradılıştan a. inherent
yaralamak v.t. injure
yaralamak v.t. wound
yaramaz a. naughty
yaramazlık n. misbehaviour
yaramazlık yapmak v.i. misbehave
yaranma n. subservience
yaranmaya çalışan a. subservient
yarar n. utility
yararlanmak v.t. utilize
yararlı a. salutary
yararlı a. useful
yarasa n bat
yaratıcı adj. creative
yaratıcı n creator
yaratıcı a. inventive
yaratık n creature
yaratım n creation
yaratmak v. t create
yarda n. yard
yardım n aid
yardım n. assistance
yardım n help
yardım etmek v.t. assist
yardım etmek v.t. help
yardıma gelmek v.t. succour
yardıma muhtaç a. needy
yardımcı a. helpful
yardımcı a. subsidiary
yardımcı olmak v.t aid
yardımsever a benevolent
yargıç n. magistrate
yargıçlık n. judicature
yargılamak v.i. judge

yargıtay n chancery
yarı a. hale
yarı a half
yarıçap n. radius
yarıda kesmek v.t. interrupt
yarık n cleft
yarık n. rift
yarık n slash
yarık n. slit
yarıküre n. hemisphere
yarılma n split
yarılmak v.t. slit
yarım n. half
yarım nota n. minim
yarın n. tomorrow
yarın adv. tomorrow
yarış n. race
yarış v.i race
yarışma n. competition
yarışma n. contest
yarışmak v. t contest
yarıya bölmek v.t. halve
yarmak v.i. split
yas tutmak v.i. mourn
yasa boşluğu n. loop-hole
yasadışı a. illegal
yasak n. ban
yasak n. prohibition
yasaklamak v.t forbid
yasaklamak v.t. prohibit
yasaklamak v.t. taboo
yasaklayıcı a. prohibitory
yasal a. legal
yasal a. legitimate
yasal a. statutory
yasallaştırmak v.t. legalize
yasallık n. legality
yasama n. legislation
yasama meclisi n. legislature
yasamacı n. legislator
yasayan a. legislative
yasemin n. jasmine,jessamine

yaslanmak *v.i.* repose
yastık *n* pillow
yaş *n.* age
yaşam *n* life
yaşamak *v.i.* live
yaşartmak *v. t* blear
yaşayabilir *a.* viable
yaşlanmış *a.* aged
yaşlı *a.* old
yat *n.* yacht
yat ile yolculuk etmek *v.i* yacht
yatak *n* bed
yatak takımı *n.* bedding
yatakta *adv.* abed
yatık *a.* italic
yatırım *n.* investment
yatırım yapmak *v.t.* invest
yatırmak *v.t.* pillow
yatış *n* lay
yatışmak *v.t.* lull
yatıştırıcı *adj* calmative
yatıştırıcı *a.* sedative
yatıştırıcı *n* sedative
yatıştırmak *v.t.* appease
yatıştırmak *v.t.* pacify
yatıştırmak *v.t.* soothe
yatıştırmak *v.t.* still
yavan *a.* prosaic
yavaş *a* slow
yavaş yavaş *adv.* leisurely
yavaşça *adv.* slowly
yavaşlamak *v.t.* slacken
yavaşlamak *v.i.* slow
yavaşlık *n.* slowness
yavru kuş *n.* nestling
yavrular *n.* offspring
yay *n.* arc
yay *n* bow
yaya *n.* pedestrian
yaya yolcu *n.* wayfarer
yaygara *n* clamour
yaygara *n.* fuss

yaygara koparmak *v. i.* clamour
yaygara koparmak *v.i* fuss
yaygın *a.* prevalent
yaygın *a.* widespread
yayık *n.* churn
yayık ayranı *n* buttermilk
yayılım *n.* spread
yayılma *n.* propagation
yayılmak *v.t.* pervade
yayılmak *n* ramble
yayımcı *n.* publisher
yayımlamak *v. t* broadcast
yayımlamak *v.t.* radio
yayın *n* broadcast
yayın *n.* publication
yayınlamak *v.t.* publish
yayınlamak *v.t.* telecast
yayınlamak *v.t.* televise
yayınlanmak *v.i.* issue
yaylım ateş *n.* volley
yaymak *v.t.* radiate
yaymak *v.t.* rumour
yaymak *v.i.* spread
yaz *n.* summer
yaz ortası *n.* midsummer
yaza özgü *adj* aestival
yazar *n.* author
yazar *n.* novelist
yazar *n.* writer
yazarı bilinmeyiş *n.* anonymity
yazı *n* letter
yazı *n.* scripture
yazıcı *n.* printer
yazık *n.* pity
yazmak *v.t.* write
yedek *n.* auxiliary
yedek *a* spare
yedi *n.* seven
yedili *a* seven
yedinci *a.* seventh
yeğen *n.* nephew
yele *n.* mane

yelek *n.* jerkin
yelek *n.* vest
yelek *n.* waistcoat
yelken *n.* sail
yeltenmek *v. i.* dare
yem *n* bait
yemek *v. t* eat
yemek *n.* food
yemek tarifi *n.* recipe
yemin *n.* adjuration
yemin *n.* oath
yemin etmek *v.t.* swear
yemlemek *v.t.* bait
yemlik *n.* crib
yemlik *n.* manger
Yen *n.* Yen
yenebilir *n.* eatable
yenebilir *a* eatable
yengeç *n* crab
yeni *a.* new
yeni baskı *n.* reprint
yeniden *adv.* afresh
yeniden *adv.* anew
yeniden dirilen *a.* resurgent
yeniden doğuş *n.* rebirth
yeniden doğuş *n.* renaissance
yeniden doldurmak *v.t.* replenish
yeniden katılmak *v.t.* rejoin
yeniden kurmak *v.t.* reinstate
yenilebilir *a* edible
yenileme *n.* renewal
yenileme *n.* renovation
yenilemek *v.t.* innovate
yenilemek *v.t.* regenerate
yenilemek *v.t.* renew
yenilemek *v.t.* renovate
yenilenme *n.* regeneration
yenileştirmek *v.t.* restore
yenilgi *n* defeat
yenilik *n.* innovation
yenilikçi *n.* innovator
yenilmek *v.i.* succumb

yenilmez *a.* invincible
yenmek *v. t.* defeat
yenmek *v.i.* prevail
yenmek *v.i.* triumph
yenmek *v.t.* vanquish
yenmek *v.t.* worst
yer *n.* place
yer *n.* site
yer ayırmak *v. t.* book
yeraltı *a.* subterranean
yeraltı dünyası *n.* underworld
yerçekimi *n.* gravitation
yerçekimi *n.* gravity
yerel *a* domestic
yerel *a.* local
yerel *a.* vernacular
yergici *n.* pamphleteer
yerinde *a.* apposite
yerindelik *n.* propriety
yerinden sökmek *v. t* displace
yerine geçmek *v.t.* supersede
yerine koymak *v.t.* replace
yerini almak *v.t.* substitute
yerini belirlemek *v.t.* locate
yerle bir etmek *v.t.* raze
yerleşik *a.* sedentary
yerleşme *n.* settlement
yerleşmek *v.t.* inhabit
yerleşmek *v.i.* settle
yerleşmek *v.t.* stable
yerleştirmek *v.t.* place
yerleştirmek *v.t* accommodate
yerli *a.* native
yerli *n* native
yermek *v.t.* slander
yermek *v.t.* vilify
yersiz *a.* undue
yersiz *a.* untoward
yeşil *a.* green
yeşil *n* green
yeşil *a.* verdant
yeşilaycı *a.* teetotal

yeşilaycı *n.* teetotaller
yeşillik *n* foliage
yeşillik *n.* greenery
yeşim *n.* jade
yetenek *n* ability
yetenek *n.* capability
yetenek *n.* talent
yetenekli *a.* capable
yeterli *a.* adequate
yeterli *a* due
yeterli *a* enough
yeterli *a.* sufficient
yeterlik *n* competence
yeterlik *n.* proficiency
yeterlik *n.* qualification
yeterlik *n.* sufficiency
yeterlilik *n.* adequacy
yetersiz *a.* incompetent
yetersiz *a.* insufficient
yetersiz *a.* meagre
yetersiz *a.* scanty
yetersizlik *n.* paucity
yetişkin *n.* adult
yetiştirmek *v. t* cultivate
yetki alanı *n.* jurisdiction
yetki vermek *v.t.* accredit
yetki vermek *v. t* empower
yetkilendirmek *v.t.* authorize
yetmek *v.i.* suffice
yetmiş *n., a* seventy
yetmişinci *a.* seventieth
yığın *n* batch
yığın *n.* heap
yığın *n.* pile
yığınla *adv* aheap
yığmak *v.t.* amass
yığmak *v.t* heap
yığmak *v.t.* lump
yığmak *v.t.* pile
yıkama *n* wash
yıkamak *v.t.* wash
yıkanabilir *a.* washable

yıkayıcı *n.* washer
yıkıcı *a.* subversive
yıkılma *n.* subversion
yıkılmak *v.i.* tumble
yıkılmak *n.* tumble
yıkılmamak *v. t* bide
yıkım *n* blight
yıkım *n* destruction
yıkım *n* overthrow
yıkım *n.* ravage
yıkıntı *n.* wrack
yıkmak *v.t.* subvert
yıl *n.* year
yılan *n.* serpent
yılan *n.* snake
yılan gibi *n.* serpentine
yılankavi *a.* sinuous
yılda bir *adv.* yearly
yıldırım *n* bolt
yıldırmak *v. t.* cow
yıldırmak *v. t* daunt
yıldız imi *n.* asterisk
yıldızlı *a.* starry
yıldönümü *n.* anniversary
yıllık *a.* annual
yıllık *a.* yearly
yıllık taksit *n.* annuity
yıllıkçı *n* annuitant
yılmaz *a.* indomitable
yıpranmış *a.* worn
yıpratmak *v.t.* thumb
yırtmak *v.t.* rip
yırtmak *v.t.* tear
yiğit *a* daring
yiğit *a.* interpid
yiğit *a.* stout
yiğit *a.* valiant
yiğitlik *n.* intrepidity
yiğitlik *n* pluck
yine *adv.* still
yine de *adv.* though
yine de *conj.* yet

**yine de** *conj.* nevertheless
**yinelemek** *v.i.* recur
**yirmi** *a.* twenty
**yirmi** *n* twenty
**yirmi yaş dişi** *n.* wisdom-tooth
**yirminci** *a.* twentieth
**yirminci** *n* twentieth
**yiyici** *a.* venal
**yiyicilik** *n.* venality
**yoğun** *a* dense
**yoğun** *a.* intense
**yoğunlaştırmak** *v. t* condense
**yoğunlaştırmak** *v.t.* intensify
**yoğunluk** *n* density
**yoğunluk** *n.* intensity
**yok etme** *n.* obliteration
**yoklama** *n.* roll-call
**yoklamak** *v.i.* fumble
**yoklamak** *v.t.* survey
**yokluk** *n* dearth
**yokluk** *n.* privation
**yoksa** *conj.* otherwise
**yoksul** *a.* poor
**yoksulluk** *n.* poverty
**yoksun bırakmak** *v. t* deprive
**yol** *n.* lead
**yol** *n.* path
**yol** *n.* road
**yol** *n.* way
**yol göstermek** *v.t.* pilot
**yol parası** *n* fare
**yol şeridi** *n.* lane
**yolcu** *n.* passenger
**yolculuğa çıkmak** *v.i.* journey
**yolculuk** *n.* journey
**yolculuk** *n.* voyage
**yolculuk etmek** *v.i.* voyage
**yoldan çıkmış** *adv.* astray
**yoldaş** *n.* companion
**yollamak** *v.t.* ship
**yolmak** *v.t.* pluck
**yolsuzluk** *n.* irregularity

**yonca** *n.* lucerne
**yontmak** *v.t.* hew
**yontmak** *v.t.* whittle
**yorgan** *n.* quilt
**yorgun** *a.* weary
**yorgun** *a.* weary
**yorgunluk** *n* fatigue
**yormak** *v.t.* tire
**yormak** *v.t. & i* weary
**yorucu** *a.* strenuous
**yorucu** *a.* tiresome
**yorulmak** *v.t* fatigue
**yorum** *n* comment
**yorum** *n.* remark
**yorum** *n.* version
**yorumlamak** *v. i* comment
**yosun** *n.* moss
**yoz** *n* fallow
**yoz** *a.* corrupt
**yozlaşma** *n.* corruption
**yozlaştırmak** *v. t.* corrupt
**yön** *n* direction
**yön değiştirmek** *v.t.* avert
**yöneltme** *v.t.* orientate
**yöneltmek** *v.t.* orient
**yönetici** *n.* administrator
**yönetici** *n.* director
**yönetici** *n.* manager
**yönetim** *n.* governance
**yönetim** *n.* management
**yönetmek** *v.t.* administer
**yönetmek** *v.t.* govern
**yönetmek** *v.t.* rule
**yönlendirmek** *v. t* divert
**yönlendirmek** *v.t.* lead
**yönlendirmek** *v.t.* steer
**yönlendirmek** *v.t.* wield
**yöntem** *n.* method
**yöntemsel** *a.* methodical
**yörünge** *n.* orbit
**yudum** *n.* gulp
**yudum** *n.* sip

**yudum** *n.* swallow
**yudumlamak** *v.t.* sip
**yudumlamak** *v.i.* sup
**yuh** *interj* fie
**yuha** *n.* hoot
**yuhalamak** *v.i* hoot
**yukarı** *a.* upward
**yukarı çıkmak** *v.t.* ascend
**yukarıya** *adv.* up
**yukarıya** *adv.* upwards
**yulaf** *n.* oat
**yumak** *n.* clew
**yumak** *n.* skein
**yumru** *n.* node
**yumruk** *n* fist
**yumruk** *n.* thump
**yumurta** *n* egg
**yumurta sarısı** *n.* yolk
**yumurtalık** *n.* ovary
**yumurtlamak** *v. t* blurt
**yumurtlamak** *v.i.* spawn
**yumuşacık** *a.* velvety
**yumuşak** *n.* soft
**yumuşaklık** *n.* lenience, leniency
**yumuşamak** *v.i.* relent
**yumuşatıcı** *n.* laxative
**yumuşatıcı** *a* laxative
**yumuşatmak** *v.t.* limber
**yumuşatmak** *v.t.* soften
**Yunan** *a* Greek
**Yunanlı** *n.* Greek
**yurtdışında** *adv* abroad
**yurttaşlık bilgisi** *n* civics
**yutmak** *v.t* engulf
**yutmak** *v.t.* swallow
**yuva** *n.* home
**yuva** *n.* nest
**yuva kurmak** *v.t.* nest
**yuvarlak** *a.* round
**yuvarlak** *n.* round
**yuvarlaklaştırmak** *v.t.* round
**yuvarlamak** *v.i.* roll

**yuvarlanmak** *v.i.* trickle
**yuvarlanmak** *n.* welter
**yüce** *a.* almighty
**yüce** *a.* sublime
**yüce** *n* sublime
**yüce** *a.* supreme
**yüceltmek** *v.t* dignify
**yüceltmek** *v. t* exalt
**yüceltmek** *v.t.* sublimate
**yük** *n* burden
**yük** *n.* load
**yük arabası** *n.* wain
**yüklem** *n.* predicate
**yükleme** *n.* shipment
**yüklemek** *v. t* burden
**yüklemek** *v.t.* load
**yüksek** *a.* lofty
**yüksek sesle** *adv.* aloud
**yükseklik** *n.* altitude
**yükseklik** *n.* height
**yüksekte uçan** *adj* altivolant
**yükselme** *n* elevation
**yükselmek** *v.* rise
**yükselmek** *v.i.* tower
**yükselteç** *n* amplifier
**yükseltmek** *v.t.* amplify
**yükseltmek** *v. t* elevate
**yükseltmek** *v.t.* heighten
**yükseltmek** *v.t.* raise
**yüksük** *n.* thimble
**yün** *n.* wool
**yün harmani** *n.* toga
**yünlü** *a.* woollen
**yünlü** *n* woollen
**yüreklendirmek** *v. t* encourage
**yüreklilik** *n* boldness
**yürümek** *v.i.* pace
**yürümek** *v.i.* walk
**yürürlükten çıkarmak** *v* abolition
**yürüyüş** *n* stalk
**yürüyüş** *n* tread
**yürüyüş** *n* walk

yüz *n* face
yüz *n*. hundred
yüz bin *n* lac, lakh
yüz misli *n*. & *adj* centuple
yüz yıllık *adj*. centennial
yüzde *adv*. percent
yüzdelik *n*. percentage
yüzdürmek *v.i.* sail
yüze ilişkin *a* facial
yüzen *adv*. afloat
yüzen *a*. natant
yüzey *n*. surface
yüzeye çıkmak *v. i* emerge
yüzeysel *a*. superficial
yüzeysellik *n*. superficiality
yüzgeç *n* fin
yüzleşmek *v.t* face
yüzleştirme *n*. confrontation
yüzme *n* swim
yüzmek *v.i.* swim
yüzölçümü *n*. acreage
yüzü kızarmak *v.i* blush
yüzü kızarmak *v.i* flush
yüzü kızarmış *adv* ablush
yüzücü *n*. swimmer
yüzük *n*. ring
yüzükoyun *a*. prone
yüzüncü yıl dönümü *n*. centenary
yüzüstü bırakmak *v.t*. forsake

# Z

zafer *n*. triumph
zafer *a*. triumphal
zafer *n*. victory
zahmet *n*. toil
zahmetli *a*. laboured
zahmetli *a*. troublesome
zalim *a*. atrocious
zalim *n* fiend

zaman *n*. time
zaman *adv*. when
zamanlamak *v.t*. time
zamanlaması iyi *a*. seasonable
zamanlaması iyi *a*. well-timed
zambak *n*. lily
zamir *n*. pronoun
zamk *n*. mucilage
zamk *n*. paste
zamparalık etmek *n*. wench
zanaat *n* craft
zanaatkar *n* craftsman
zanlı *n*. accused
zanlı *n* suspect
zannetmek *v.t.* suppose
zannetmek *v.t.* surmise
zarafet *n* elegance
zarafet *n*. grace
zarafet *v.t.* grace
zarar *n*. damage
zarar *n* deficit
zarar *n*. harm
zarar *n* hurt
zarar *n*. injury
zarar vermek *v. t.* damage
zarar vermek *v.t* harm
zararlı *a*. maleficent
zararlı *a*. pernicious
zararlı bitki zehiri *n*. pesticide
zarf *n*. adverb
zarf *n* envelope
zarf niteliğinde *a*. adverbial
zarfında *a* pending
zarif *adj* elegant
zarif *a*. gracious
zaten *adv*. already
zatürree *n*. pneumonia
zavallı *a*. miserable
zayıf *a*. weak
zayıf kimse *n*. weakling
zayıflamak *v.i.* slim
zayıflatmak *v.t.* undermine

| | |
|---|---|
| zayıflatmak *v.t. & i* weaken | zıt *adj* absonant |
| zebra *n.* zebra | zıtlaşmak *v. i* conflict |
| zehir *n.* poison | zıtlık *n.* antipodes |
| zehir *n.* venom | zift *n.* pitch |
| zehirlemek *v.t.* intoxicate | ziftlemek *v.t.* pitch |
| zehirlemek *v.t.* poison | zihinsel *a.* mental |
| zehirlenme *n.* intoxication | zihnini meşgul etmek *v.t.* preoccupy |
| zehirleyici *n.* intoxicant | zihniyet *n.* mentality |
| zehirli *a.* poisonous | zikir *n.* mention |
| zehirli *a.* venomous | zikzak *n.* zigzag |
| zeka *n.* intelligence | zikzak yapmak *v.i.* zigzag |
| zekâ *n.* wit | zil *n* bell |
| zeki *a.* clever | zina *n.* adultery |
| zeki *a.* intelligent | zincifre *n* cinnabar |
| zemin *n* floor | zincir *n* chain |
| zemin *n.* ground | zincirlemek *v.t.* shackle |
| zeminleştirmek *v.t* floor | zindancı *n.* jailer |
| zencefil *n.* ginger | zinde *a* fit |
| zenci *n.* nigger | ziraatçı *n.* agriculturist |
| zenci erkek *n.* negro | zirai *a.* agrarian |
| zenci kadın *n.* negress | zirve *n.* apex |
| zengin *a.* affluent | zirve *n.* peak |
| zengin *a.* rich | zirve *n.* summit |
| zenginleştirmek *v. t* enrich | ziyadar *a.* lucent |
| zenginlik *a.* richness | ziyafet *n.* banquet |
| zerdeçal *n.* curcuma | ziyafet *n.* bantam |
| zerdeçal *n.* turmeric | ziyafet vermek *v.t.* banquet |
| zeren *n* narcissus | ziyaret *n.* visit |
| zerre *n.* aught | ziyaret etmek *v.t.* visit |
| zerre *n.* mote | ziyaretçi *n.* visitor |
| zerre *n.* vestige | ziynet *n.* ornament |
| zevk *n* enjoyment | zodyak *n* zodiac |
| zevk *n.* like | zonklama *n.* throb |
| zevk *n.* pleasure | zonklamak *v.i.* pulsate |
| zevk almak *v. t* enjoy | zonklamak *v.i.* throb |
| zevkli *a.* tasteful | zoolog *n.* zoologist |
| zeytin *n.* olive | zooloji *n.* zoology |
| zıplamak *v.i* jump | zoolojik *a.* zoological |
| zıplamak *v.i.* leap | zor *a* difficult |
| zırh *n.* armour | zorla girmek *v.t.* intrude |
| zırh *n* mail | zorlamak *v. t.* enforce |
| zırh eldiveni *n.* gauntlet | zorlamak *v.t* force |

**zorlu** *a* formidable
**zorluk** *n.* adversity
**zorluk** *n* difficulty
**zorunda bırakmak** *v.t.* oblige
**zorunlu** *a* incumbent
**zorunlu** *a.* mandatory
**zorunlu olarak** *adv.* perforce
**zorunluluk** *a.* imperative
**zulüm** *n.* persecution

**zulümcü** *n.* oppressor
**zum** *n.* zoom
**zumlamak** *v.i.* zoom
**zümrüt** *n* emerald
**züppe** *n.* snob
**züppe** *a.* snobbish
**züppelik** *n.* snobbery
**zürafa** *n.* giraffe